Ronald Dworkin e a Teoria do Direito

Ronald Dworkin e a Teoria do Direito

O DIREITO EM DESACORDO

2022

Ronaldo Porto Macedo Junior

ALMEDINA

RONALD DWORKIN E A TEORIA DO DIREITO
O DIREITO EM DESACORDO

AUTOR: Ronaldo Porto Macedo Junior

DIRETOR ALMEDINA BRASIL: Rodrigo Mentz
EDITORA JURÍDICA: Manuella Santos de Castro
EDITOR DE DESENVOLVIMENTO: Aurélio Cesar Nogueira
ASSISTENTES EDITORIAIS: Isabela Leite e Larissa Nogueira
ESTAGIÁRIA DE PRODUÇÃO: Laura Roberti

DIAGRAMAÇÃO: Almedina
DESIGN DE CAPA: Roberta Bassanetto

ISBN: 9786556275475
Junho, 2022

Dados Internacionais de Catalogação na Publicação (CIP)
(Câmara Brasileira do Livro, SP, Brasil)

Macedo Junior, Ronaldo Porto
Ronald Dworkin e a teoria do direito /
Ronaldo Porto Macedo Junior. – 1. ed. –
São Paulo : Almedina, 2022

Bibliografia.
ISBN 978-65-5627-547-5

1. Direito – Teoria 2. Dworkin, Ronald,
1931-2013 I. Título

22-106311 CDU-340.11

Índices para catálogo sistemático:

1. Direito : Teoria 340.11)

Aline Graziele Benitez – Bibliotecária – CRB-1/3129

Este livro segue as regras do novo Acordo Ortográfico da Língua Portuguesa (1990).

EDITORA: Almedina Brasil
Rua José Maria Lisboa, 860, Conj.131 e 132, Jardim Paulista | 01423-001 São Paulo | Brasil
editora@almedina.com.br
www.almedina.com.br

A partida de futebol é mais disputada por torcedores do que por atletas no campo.[1]

A função da regra é descrever brevemente uma realidade. Assim, não é o direito que deve ser tirado da regra, mas, do direito que existe, deve ser tirada a regra.[2]

1 ANDRADE, Carlos Drummond de. *O avesso das coisas*. 6. ed. Record, 2007.
2 Digesto, 50, 17, 1 Fragmento de Paulo. No original: "Regula est quae rem quae est breviter enarrat. Non ex regula jus sumatur sed ex jure quod est regula fiat".

NOTA DO AUTOR

Este livro foi apresentado originariamente como tese para concurso de Professor Titular do Departamento de Filosofia e Teoria Geral do Direito da Faculdade de Direito da Universidade de São Paulo ocorrido em 2013.

Ele pode ser visto como um desenvolvimento, em cursos e seminários sobre teoria do direito que tenho ministrado na Faculdade de Direito da USP e na FGV Direito São Paulo nos últimos anos, de uma linha de pesquisa iniciada em minha obra anterior (*Do xadrez à cortesia*, Saraiva, 2013). Neles tenho me orientado por dois objetivos principais. Por um lado, tenho visado ao desenvolvimento da capacidade de leitura rigorosa de textos conceitualmente complexos e à criação de um ambiente de debate teórico pelos alunos[3].

Por outro lado, tenho objetivado aprofundar o estudo e o conhecimento sistemático e analítico de uma rica tradição de pensamento teórico jurídico ainda mal conhecida no Brasil, em que teoria do direito é

[3] Dentro desse esforço docente, publiquei recentemente MACEDO JUNIOR, Ronaldo Porto. O método de leitura estrutural. In: MACEDO JUNIOR, Ronaldo Porto. (Org.). *Filosofia política*. São Paulo: Atlas, 2008 — também disponível em MACEDO JUNIOR, Ronaldo Porto. O método de leitura estrutural (textos em debate). Cadernos Direito GV, v. 4, n. 2, p. 5-41, mar. 2007b. Caderno especial. Disponível em: <http://bibliotecadigital.fgv.br/dspace/bitstream/handle/10438/2814/caderno%20direito%2016%20-%20revisado%20031207.pdf?sequence=1>. Acesso em: 28 ago. 2013 — e MACEDO JUNIOR, Ronaldo Porto. Como dar seminários sobre textos conceitualmente complexos. In: FEFERBAUM Marina; GHIRARDI, José Garcez (Orgs.). *Ensino do direito para um mundo em transformação*. São Paulo: Fundação Getulio Vargas, 2012a. p. 95-146. (Coleção Acadêmica Livre). Disponível em: <http://direitogv.fgv.br/sites/direitogv.fgv.br/files/arquivos/anexos/ensino_do_direito_para_um_mundo_em_transformacao.pdf>. Acesso em: 16 jul. 2013.

com frequência confundida com doutrina jurídica ou sistematização dogmática.

Na realização desse esforço e desses objetivos, tenho contado com a preciosa e entusiasmada colaboração de muitos professores, amigos, alunos, orientandos e interessados. Beneficiei-me muito dos comentários de diversos estudantes em cursos que ministrei nos últimos anos sobre teoria do direito, lógica e metodologia do direito e ética que trabalharam os temas do convencionalismo jurídico, das teorias da interpretação e da razão jurídica, em especial por meio do estudo do pensamento de, dentre outros, Ronald Dworkin (*Levando os direitos a sério*, *Virtude soberana*, *Justice for Hedgehogs*, *Uma questão de princípio*, *O domínio da vida*), Joseph Raz (*Ethics in the Public Domain*), Scott Shapiro (*Legality*), H. L. A. Hart (*O conceito de direito: ensaios de teoria de filosofia do direito*), Andrei Marmor (*Social Conventions*), Jules Coleman (*The Practice of Principle*), John Finnis (*Natural Law and Natural Rights*), Neil Maccormick (*Institutions of Law*), Bernard Williams (*Ethics and the Limits of Philosophy*, *Truth and Truthfulness*), R. M. Hare (*A linguagem da moral*), Peter Singer (*Ética prática*)[4], Ludwig Wittgenstein (*Investigações filosóficas*) etc.

É difícil dizer com precisão o quanto devo aos debates e aos comentários derivados dessas atividades docentes. Com certeza devo muito a eles, motivo pelo qual é imensa a minha gratidão por esse convívio.

[4] Dworkin, Ronald, *Taking rights seriously*, 1977a; Dworkin, Ronald. *Sovereign virtue*: the theory and practice of equality. Cambridge, USA: Harvard University Press, 2000; Dworkin, Ronald, *Justice for hedgehogs*, 2011; Dworkin, Ronald. *A matter of principle*. Cambridge, USA: Harvard University Press, 1985a; Dworkin, Ronald. *Life's dominion*: an argument about abortion, euthanasia, and individual freedom. New York: Alfred A. Knopf, 1993; Raz, Joseph. *Ethics in the public domain*: essays in the morality of law and politics. Oxford: Clarendon, 1995b; Shapiro, Scott, 2011; Hart, H. L. A. *Ensaios sobre teoria e filosofia do direito*. Tradução de José Garcez Ghirardi e Lenita Maria Rimoli Esteves. Revisão de Ronaldo Porto Macedo Junior e Leonardo Gomes Penteado Rosa. São Paulo: Elsevier, 2010. (Coleção Teoria e Filosofia do Direito); Hart, H. L. A., *O conceito de direito*, 1994a; Coleman, Jules. *The practice of principle: in defense of a pragmatist approach to legal theory*, 2001c; Finnis, John. *Natural law and natural rights*. Oxford: Clarendon, 1980; Maccormick, Neil. *Institutions of law*: an essay in legal theory. Oxford: Oxford University Press, 2007; Williams, Bernard. *Ethics and the limits of philosophy*. Cambridge, USA: Harvard University Press, 1985; Hare, R. M., 1991; Singer, Peter. *Ética prática*. Tradução de Jefferson Luiz Camargo. São Paulo: Martins Fontes, 2002.

Aproveito para também agradecer os comentários e a leitura atenta feita por minha esposa, Ana Cristina Braga Martes, e por meus orientandos Leonardo Gomes Penteado Rosa, Pablo Antônio Lago, Felipe Paschoalini, Horácio Neiva e Marina Ruzzi.

A ajuda de Mariana Amaral e Yago Mina foi essencial na revisão e na editoração final do texto.

Sou também imensamente grato a banca que examinou este trabalho por ocasião de sua defesa, que me estimularam a revisar alguns pontos antes desta publicação. Fizeram parte dela os professores José Eduardo Faria, Celso Campilongo, Raffaele Di Giorgi, Carlos Maria Cárcova e Cícero Araújo.

Dedico este trabalho a Ana Cristina e Francisco, que sempre emprestam muito valor a minha vida.

Ubatuba, julho de 2021

SUMÁRIO

INTRODUÇÃO

I. O convencionalismo jurídico e o *desafio dworkiniano*

A teoria do direito é um campo do conhecimento humano marcado por profundos desacordos. Uma parcela muito significativa dos trabalhos mais expressivos nessa área se dedica a reapreciar algumas perguntas clássicas, como "o que é o direito?", "qual é sua a natureza?" e "qual é a natureza da teoria sobre o direito?". Tais questões indicam que uma das dimensões de nossos desacordos jurídicos se refere aos desacordos sobre o próprio conceito de direito.

Este trabalho analisa um capítulo especialmente importante da história do debate teórico em torno dessas questões que dominaram os meios acadêmicos anglo-saxão e continental europeu nas últimas décadas. Ele trata das reações que alguns trabalhos teóricos — e, de modo muito particular, a obra de Ronald Dworkin — provocaram entre os defensores do positivismo jurídico, em especial os defensores da tese das fontes sociais do direito[5]. Tais autores, também chamados de *positivistas metodológicos*,

[5] Eu assim as denomino porquanto muitas críticas ao convencionalismo não foram formuladas apenas por Ronald Dworkin, mas também por diversos teóricos que participaram desse debate Cfr. STAVROPOULOS, Nicos. *Objectivity in law*. Oxford: Clarendon, 1996.; STAVROPOULOS, Nicos. Hart's semantics. In: COLEMAN, Jules (Ed.). *Hart's postscript*: essays on the postscript to "The concept of law". Oxford: Oxford University Press, 2001, p. 59-98; PERRY, Stephen. Hart on social rules and the foundations of law: liberating the internal point of view. *Fordham Law Review*, New York, v. 75, p. 1171-209, 2007; POHLMAN, H. L. *Justice Oliver Wendell Holmes and utilitarian jurisprudence*. Cambridge, USA: Harvard University Press, 1984; PERRY, Stephen. Interpretation and methodology in legal theory. In: MARMOR, Andrei (Ed.). *Law and interpretation*. Oxford: Clarendon, 1995, p. 97-135; FINNIS, John. Revolutions and continuity of law. In: SIMPSON, Brian (Ed.). *Oxford studies in jurisprudence*, Oxford, v. 44, p. 65-69, 1973; RAZ, Joseph. *The authority of law*. Oxford:

procuraram, apresentando uma *teoria convencionalista do direito*, responder àquilo que neste trabalho denomino de *desafio dworkiniano*. Esse desafio

Clarendon, 1979; Perry, Stephen. Hart's methodological positivism. *Legal Theory*, Oxford, v. 4, p. 427-467, 1998; Waldron, Jeremy. Who needs rules of recognition? In: Adler, Matthew; Himma, Kenneth (Eds.). *The rule of recognition and the U.S. Constitution*. Oxford: Oxford University Press, 2009, p. 327-350; Waldron, Jeremy. Who needs rules of recognition? *NYU School of Law*, Public Law Research Paper n. 9-21. Disponível em: <http://ssrn.com/abstract=1358477>. Acesso em: 13 ago. 2013; Greenawalt, Kent. Hart's rule of recognition and the U.S. *Ratio Juris*, Malden, v. 1, p. 40-57, 1988; Green, Leslie. Law, coordination and the common good. *Oxford Journal of Legal Studies*, Oxford, v. 3, p. 299-324, 1983. Green, Leslie. Authority and convention. *The Philosophical Quarterly*, Oxford, v. 35, n. 141, p. 329-346, Oct. 1985. Special issue: Philosophy and the Law; Coleman, Jules (Ed.). *Hart's Postscript*: essays on the postscript to "The concept of law". Oxford: Oxford University Press, 2001a. Adler, Matthew; Himma, Kenneth (Eds.). *The rule of recognition and the U.S. Constitution*. Oxford: Oxford University Press, 2009. faz um amplo espectro de posições sobre esse debate. Compartilham as críticas ao convencionalismo também Greenberg, Mark. How facts make law. In: Hershovitz, Scott. *Exploring law's empire*: the jurisprudence of Ronald Dworkin. New York: Oxford University Press, 2006, p. 225-264; Zipursky, Benjamin. Pragmatism, positivism, and the conventionalistic fallacy. In: Campbell, J. Keim; O'rourke, M.; Shier, D. (Eds.). *Law and social justice*. Cambridge: MIT Press, 2005, p. 285-310. Disponível em: <http://ssrn.com/abstract=604584>. Acesso em: 13 ago. 2013; Zipursky, Benjamin. The model of social facts. In: Coleman, Jules (Ed.). *Hart's postscript*: essays on the postscript to "The concept of law". Oxford: Oxford University Press, 2001, p. 219-270. BIX, Brian; Coleman, Jules. Legal positivism, and legal authority. *Quinnipiac Law Review*, Hamden, v. 16, p. 241-254, Fall, 1996. Uma crítica parcial é proposta por Himma, Kenneth Einar. Substance and method in conceptual jurisprudence and legal theory. *Virginia Law Review*, Charlottesville, v. 88, n. 5, p. 1119-1228, Sept. 2002c. Disponível em: <http://ssrn.com/abstract=929281>. Acesso em: 13 ago. 2013, também publicado em Campbell, Joseph Keim; O'rourke, Michael; Shier, David (Eds.). *Law and social justice*. Cambridge: MIT Press, 2005. (Topics in contemporary philosophy), p. 311-326.Mais recentemente alguns trabalhos foram também publicados autores externos ao mundo anglófono. Dentre eles cabe destacar: Arena, Federico José. *El convencionalismo jurídico*: Un recorrido analítico. Madrid: Marcial Pons, 2014; Bayón Mohíno, Juan Carlos. "Derecho, convencionalismo y controvérsia". In: Redondo, María Cristina; Navarro López, Pablo Eugenio (orgs.). *La relevancia del derecho*: Ensayos de filosofía jurídica, moral y política. Barcelona: Gedisa, 2002; Celano, Bruno. "La regola di riconoscimento è una convenzione?", *Ragion Pratica*, 21, pp. 347-360, 2003; García Figueroa, Alfonso Jaime. "El convencionalismo jurídico o o la irrelevancia del juspositivismo", *Persona y derecho*: Revista de fundamentación de las Instituciones Jurídicas y de Derechos Humanos, 79, pp. 71-114, 2018; Laise, Luciano D. "Convencionalismo semántico e interpretación jurídica", *Problema. Anuario de Filosofía y Teoría del Derecho*, Ciudad de México, n. 11, pp. 273-339, dez. 2017. Disponível em:

consistiu na crítica das explicações do positivismo hartiano sobre como a regra de reconhecimento (*rule of recognition*) se torna normativa e gera obrigações para as autoridades às quais ela serve de base e sobre a natureza das controvérsias e dos desacordos nas práticas jurídicas argumentativas comuns em nossos tribunais. Esses tipos de *desacordos teóricos* (sobre os fundamentos do direito — *grounds of law*) demarcam uma importante dimensão de nossos desacordos jurídicos. Isso faz com que nossos desacordos *sobre o conceito de direito* influenciem nossos desacordos *no direito*.

O livro visa, em síntese, mostrar em que consistem os principais elementos da crítica de Dworkin ao convencionalismo, bem como as respostas a ela oferecidas pelos convencionalistas. Pretendo mostrar também os motivos pelos quais os esforços convencionalistas fracassam. Acredito que o seu fracasso é triplo. Em primeiro lugar (1), ele não oferece uma teoria ajustada às práticas interpretativas e de decisão judicial. Ao analisar as práticas jurídicas, ele assume que há convenções e nega arbitrariamente existirem razões e *justificativas* em situações em que muitas vezes as convenções inexistem. Ele não consegue explicar o motivo pelo qual os juízes continuam procurando as melhores justificações, mesmo quando elas não são aparentes. Em segundo lugar (2), a estratégia de procurar convenções mais abstratas ou profundas para o convencionalismo (por exemplo: Andrei Marmor) ou de insistir na ideia de que razões substantivas morais podem contingentemente se tornar fundamentos do direito (por exemplo: Jules Coleman) exige o retorno da interpretação e, com

<http://www.scielo.org.mx/scielo.php?script=sci_arttext&pid=S2007-43872017000100273&lng=pt&nrm=iso>. Acesso em: 20 jul. 2021; Letsas, George. "'The Positivist May be Right'. Legal Conventionalism Revisited", *Problema. Anuario de Filosofía y Teoría del Derecho*, Ciudad de México, n. 10, jan. 2016, pp. 63-89. ISSN 2448-7937. Disponível em: <https://revistas.juridicas.unam.mx/index.php/fil_osofia-derecho/article/view/8195>. Data de acesso: 19 de julho de 2021; López-Pérez, Nicolás. "Convencionalismo jurídico: teoría analítica del derecho para el siglo XXI", *Anuario de Filosofía Jurídica y Social*, 31, 2016, pp. 49-72; Ludeña, Lorena Ramírez; Vilajosana, Josep (eds.) Convencionalismo y derecho. Madrid: Marcial Pons, 2016. Traduzido para o inglês sob o título Legal Conventionalism, 2019, Springer International Publishing; Luque Sánches, Pau; Ratti, Battista (eds.). *Acordes y desacuerdos*: Cómo y por qué los juristas discrepan. Madrid: Marcial Pons, 2012; Narváez, Maribel. *Wittgenstein y la teoría del derecho*: Una senda para el convencionalismo jurídico. Madrid: Marcial Pons, 2004.

ele, uma negação do convencionalismo positivista. Por fim (3), o convencionalismo também fracassa por não apresentar uma teoria convincente sobre os fundamentos da aceitação do uso da coerção e sobre o modo como se formam e de que tipo são as obrigações dos juízes perante o direito. Em outras palavras, não apresenta uma teoria plausível sobre o dever de obedecer à autoridade. Enfim, o convencionalismo jurídico não responde satisfatoriamente ao *desafio dworkiniano*.

Mas o que devemos compreender por convencionalismo jurídico? Diversos filósofos já salientaram que o conceito de convencionalismo é bastante controvertido e ambíguo[6]. Isso ocorre, em primeiro lugar, porque ele assume significados técnicos distintos no âmbito de diversas disciplinas, como a economia, a sociologia, a filosofia e a teoria do direito[7]. Em segundo lugar, mesmo dentro da teoria do direito esse conceito assume distintas definições, sendo muitas vezes difícil identificar se as críticas que um autor dirige a outro compartilham do mesmo significado dado pelo autor criticado. Por uma razão de prudência metodológica, apresentarei aqui o significado que atribuo a esse conceito. Adoto a definição de

[6] BEN-MENAHEM, Yemima. *Conventionalism*: from Poincaré to Quine. New York: Cambridge University Press, 2006; RESCORLA, Michael. Convention. In: ZALTA , Edward N. (Ed.). *The Stanford encyclopedia of philosophy*. Spring 2013 edition. Disponível em: <http://plato.stanford.edu/archives/spr2011/entries/convention/>. Acesso em: 7 jul. 2013. Nelson Goodman observa que: "The terms 'convention' and 'conventional' are flagrantly and intricately ambiguous. On the one hand, the conventional is the ordinary, the usual, the traditional, the orthodox as against the novel, the deviant, the unexpected, the heterodox. On the other hand, the conventional is the artificial, the invented, the optional, as against the natural, the fundamental, the mandatory." GOODMAN, Nelson. Just the facts, ma'am!. In: KRAUSZ, Michael (Ed.). *Relativism*: interpretation and confrontation. Notre Dame: University of Notre Dame Press, 1989, p. 80-85, p. 80. BEN-MENAHEM, Yemima. Explanation and description: Wittgenstein on convention. *Synthese*, New York, v. 115, n. 1, p. 99-130, 1998. Uma discussão do convencionalismo, na interpretação de Wittgenstein e do direito pode ser encontrada (ainda que não acompanhe a autora em muitos aspectos) em NARVÁEZ, Maribel. *Wittgenstein y la teoría del derecho*: una senda para el convencionalismo jurídico. Madrid; Barcelona: Marcial Pons, 2004 e SEBOK, Anthony J. Finding Wittgenstein at the core of the rule of recognition. *Southern Methodist University Law Review*, Dallas, v. 52, p. 75-110, Winter 1999.

[7] Cfr. RESCORLA, Michael, 2013, p. 2.

Gerald Postema, para quem "convenções são normas sociais praticadas cujo funcionamento como normas depende de elas serem praticadas"[8].

A *ideia de convenção* aparece de diversas formas dentro da teoria do direito. Ela se constituía num conceito central para a teoria do direito inglesa do início do século XX para a compreensão da ideia de fonte do direito, em particular para o direito internacional. Em segundo lugar, em períodos mais recentes a convenção retomou sua importância no âmbito do direito privado, em particular para os estudos de responsabilidade civil e direito comercial[9]. Por fim, o tema ganhou importância no âmbito dos debates sobre objetividade na interpretação, visto que para alguns importantes teóricos do mundo anglo-saxão, como Owen Fiss e Stanley Fish, essa objetividade seria diretamente dependente das convenções existentes no âmbito da "comunidade dos intérpretes"[10]. Essas abordagens do tema *convenções e direito*, contudo, se reportam à importância das *convenções no direito* e não dizem respeito, senão indiretamente, ao tema central deste trabalho, que trata do *direito como convenção* (ou do fundamento convencionalista do direito). Segundo essa visão, o direito é um

[8] POSTEMA, Gerald. *Legal philosophy in the twentieth century*: the common law world. New York: Springer, 2011a. (A treatise of legal philosophy and general jurisprudence, v. 11), p. 484-485, tradução minha. No original: "conventions are practiced social norms the functioning of which as norms depends on their being practiced". Com essa definição, Gerald Postema procura "to exclude those norms that may apply to a population but are not practiced by them and those rules people tend to follow 'for their own part only', which Dworkin called 'rules of concurrent morality'".

[9] Cfr. HETCHER, Steven A. *Norms in a wired world*. Cambridge: Cambridge University Press, 2004; KELLEY, Patrick J. Who decides?: community safety conventions at the heart of tort liability. *Cleveland State Law Review*, Cleveland, USA, v. 38, p. 315-390, 1990; TRAKMAN, Leon E. The law merchant: the evolution of commercial law. Littleton, USA: Fred B. Rothman, 1983, apud POSTEMA, Gerald, *Legal philosophy in the twentieth century:* the common law world, 2011a, p. 484.

[10] FISS, Owen M. Objectivity and interpretation. *Faculty Scholarship Series*, paper 1217, 1982. Disponível em: <http://digitalcommons.law.yale.edu/fss_papers/1217>. Acesso em: 6 set. 2012. Tradução brasileira em FISS, Owen M. *Um novo processo civil*: estudos norte-americanos sobre jurisdição, constituição e sociedade. Tradução coordenada por Carlos Alberto de Salles. São Paulo: Revista dos Tribunais, 2004; FISS, Owen M. Conventionalism. *Faculty Scholarship Series*, paper 1214, 1985. Disponível em: <http://digitalcommons.law.yale.edu/fss_papers/1214>. Acesso em: 3 set. 2012.

conjunto de regras sociais que funcionam como soluções para problemas de coordenação e cooperação social ou que têm o seu funcionamento dependente das práticas sociais convergentes, de onde extraem sua normatividade. Postema denomina esse tipo de convencionalismo de *convencionalismo fundacional* (*foundational conventionalism*)[11]. Neste trabalho eu o designarei simplesmente como *convencionalismo jurídico*. É sobre ele que dirigirei prioritariamente a minha atenção, ainda que seja possível identificar uma afinidade importante entre o *convencionalismo epistêmico* (para me referir a Owen Fiss e Stanley Fish) e o *convencionalismo fundacional*. Essa definição se distingue, desde logo, daquilo que muitas vezes também é chamado por filósofos da linguagem de *convencionalismo*, a saber, a tese semântica crua (*crude semantics*) segundo a qual proposições sobre o significado da palavra "direito", bem como sobre o significado do direito, são verdadeiras em razão daquilo que as pessoas *acreditam* ser o direito[12].

O convencionalismo jurídico consiste na tese segundo a qual a natureza do direito e a sua força normativa estão fundadas exclusivamente numa prática social. Um bom exemplo desta tese é a teoria hartiana do direito, segundo a qual o direito está fundado na prática jurídica das autoridades e dos juízes (*officials*)[13]. É interessante notar que H. L. A. Hart

[11] Postema, Gerald, *Legal philosophy in the twentieth century: the common law world*, 2011a, p. 484.

[12] Novamente aqui outras afinidades importantes podem ser encontradas entre o convencionalismo semântico e o convencionalismo fundacional. Sobre elas este trabalho se limitará a fazer apontamentos básicos.

[13] É importante destacar que alguns teóricos apresentam argumentos distinguindo da tese das fontes sociais do direito o convencionalismo, muito embora reconheçam que essa separação não é feita pelo próprio Hart nem é reconhecida por Dworkin na crítica que dirige ao convencionalismo. Zipursky, Benjamin, 2001. Postema chama a atenção para o fato de que seria possível também identificar uma outra tradição de convencionalismo fundacional na tradição teórico-jurídica anglo-saxã, associada à obra de Lon Fuller. Esta, contudo, não será aqui analisada, tendo em vista os objetivos mais analíticos do que históricos do presente trabalho. "Within the common law tradition, represented in the recent century by the work of Lon Fuller a wider foundational conventionalism has also been available." Postema, Gerald. Philosophy of the common law. In: Coleman, Jules; Shapiro, Scott (Eds.). *The Oxford handbook of jurisprudence and philosophy of law*. Oxford: Oxford University Press, 2011b. p. 588-622, p. 609-16; Ver também Postema, Gerald. Conformity, custom, and congruence: rethinking the efficacy of law. In: Kramer, Mat-

somente vem a acolher de forma clara e explícita um fundamento convencionalista para a sua teoria do direito no *Postscript*[14]. Essa sua "virada convencionalista" está relacionada historicamente às críticas que lhe foram feitas por Dworkin, talvez o primeiro crítico a acentuar a vulnerabilidade de sua teoria do direito tal como exposta em *O conceito do direito*, em razão da circularidade envolvida na teoria da obrigação jurídica que Hart apresentara. Ela estaria sintetizada na questão central (e mortal) que formula Dworkin já nas primeiras páginas de "Modelo de regras I" e são repetidas em *O império do direito* acerca do fundamento das obrigações dos juízes de obedecer ao direito[15]. O que significa e de onde nasce a obrigação dos juízes de aplicar o direito? Colocando em outros termos, essa circularidade poderia ser enunciada na constatação de que "a autoridade jurídica dos atos ou das instituições se baseia em regras jurídicas que a conferem, mas essas regras jurídicas são capazes de conferir autoridade somente se elas já a têm"[16]. Essa crítica foi posteriormente reconhecida não apenas pelo próprio Hart (que por esse mesmo motivo procura dar-lhe uma resposta convencionalista), como por outros críticos contemporâneos[17].

thew; Grant, Claire; Colborn, Ben; Hatzistavrou, Antony. *The legacy of Hart*. Oxford: Oxford University Press, 2008b, p. 45-65.

[14] Este texto é publicado postumamente, sob a supervisão de Penélope A. Bullock e Joseph Raz em 1994 (Hart, H. L. A. *The concept of law*. 2nd ed. Oxford: Clarendon, 1994). Nicola Lacey relata que Hart jamais o considerou acabado ou plenamente satisfatório. Lacey, Nicola. *A life of H. L. A. Hart*: the nightmare and the noble dream. Oxford: Oxford University Press, 2006, p. 328 e ss. Esse ponto é enfaticamente defendido também por Dickson, Julie. Is the rule of recognition really a conventional rule? *Oxford Journal of Legal Studies*, Oxford, v. 27, n. 3, p. 373-402, 2007.

[15] Dworkin, Ronald. *Levando os direitos a sério*. Tradução de Nelson Boeira. São Paulo: Martins Fontes, 2002a, p. 28-29; Dworkin, Ronald. *Taking rights seriously*. Cambridge, USA: Harvard University Press, 1977a, p. 17; Dworkin, Ronald. *Law's empire*. Cambridge, USA: Belknap Press, 1986, p. 3. "Since it matters in these different ways how judges decide cases, it also matters what they think the law is, and when they disagree about this, it matters what kind of disagreement they are having. Is there a mystery about that?"

[16] Postema, Gerald, *Legal philosophy in the twentieth century: the common law world*, 2011a, p. 485, tradução minha. No original: "the legal authority of acts or institutions rests on legal rules that confer it, but those legal rules are able to confer authority only if they already have it".

[17] Green, Leslie. Positivism and conventionalism. *Canadian Journal of Law and Jurisprudence*, v. 12, p. 35-52, 1999, p. 36; Shapiro, Scott. On Hart's way out. In: Coleman, Jules

Mas por que motivo seria relevante apresentar os fundamentos do convencionalismo, bem como as razões de seu insucesso? Qual é o interesse em empreender esse esforço teórico? Para responder, vale a pena ampliar ainda mais o escopo e a abrangência dessa pergunta. Afinal, por que a teoria do direito é relevante?

Para que serve a teoria do direito? Essa pergunta básica tem sido formulada há séculos por diversos filósofos e pensadores do direito. A pergunta é, num certo sentido, trivial, visto que mesmo aqueles que expressam má vontade com os exageros das sofisticações conceituais dos teóricos do direito reconhecem que algum tipo de sistematização do conhecimento é relevante. Ademais, diversos outros campos do saber também fizeram da pergunta sobre a sua natureza e sua utilidade uma questão básica. A pergunta, portanto, não é extravagante. A filosofia, de maneira particular, parece ter feito de si mesma o seu primeiro problema filosófico.

As respostas, entretanto, estão longe de ser triviais. É possível destacar dois grandes grupos de respostas a essa pergunta: aquelas que discutem a sua *utilidade teórica* e as que avaliam a sua *utilidade prática*. A *utilidade teórica* da teoria do direito é objeto de reflexão de muitos pensadores. Vários deles sugerem, *grosso modo*, que o serviço que uma teoria do direito pode prestar ao nosso conhecimento consiste em oferecer *descrição* correta e verdadeira do que é o direito[18]. Aqui, a descrição poderia ser pensada, por exemplo, como uma tentativa de oferecer uma ciência positivista do

(Ed.). *Hart's Postscript*: essays on the postscript to "The concept of law". Oxford: Oxford University Press, 2001. p. 149-191; MARMOR, Andrei. How law is like chess. *Legal Theory*, Oxford, v. 12, p. 347-371, 2006a; "legal authority is made possible by a specific kind of conventional social practice." COLEMAN, Jules. *The practice of principle*: in defense of a pragmatist approach to legal theory. Oxford: Oxford University, 2001c, p. xvii; SHAPIRO, Scott. *Legality*. Cambridge, USA: Harvard University Press, 2011, p. 57 et seq.

[18] Evidentemente poderão existir inúmeras controvérsias sobre o conceito de *verdade* e de *correção* que devem ser utilizados por uma teoria do direito. Discuti alguns de seus problemas e algumas de suas dimensões em MACEDO JUNIOR, Ronaldo Porto. *Do xadrez à cortesia*: Dworkin e a teoria do direito contemporânea. São Paulo: Saraiva, 2013a, p. 66 et seq. Uma análise rica e sintética do tema é também feita por MICHELON JÚNIOR, Cláudio. *Aceitação e objetividade*: uma comparação entre as teses de Hart e do positivismo precedente sobre a linguagem e o conhecimento do direito. São Paulo: Revista dos Tribunais, 2004, p. 60 et seq. Adiante analisarei como o conceito de verdade é também central para compreender a articulação entre as importâncias teórica e prática da teoria do direito.

direito[19]. Nessa acepção, uma teoria do direito é útil na medida em que permite conhecer o que caracteriza a prática social usualmente identificada como direito, a exemplo do modo como um sociólogo poderia descrever o que é a prática do futebol ou a realização de uma greve. A utilidade teórica seria medida pela capacidade de oferecer uma descrição correta e verdadeira dessa prática.

É possível também imaginar qual seria a *utilidade prática* da teoria do direito. Nesse caso, seria possível pensar nos ganhos que o conhecimento teórico do direito poderia trazer para nossas ações práticas no mundo. Um exemplo do tipo de resposta que poderíamos dar a essa pergunta seria: a teoria do direito funciona como uma espécie de laboratório conceitual nutrindo a *dogmática jurídica* de categorias úteis para a resolução de conflitos jurídicos. A teoria do direito, nesse caso, manteria com a dogmática jurídica (aqui entendida como um tipo de saber tecnológico) uma relação análoga àquela estabelecida entre a física teórica e a engenharia civil[20]. A primeira seria útil na formulação dos conceitos centrais utilizados pela tecnologia de construção (Engenharia). O vínculo entre a teoria e a prática, assim, se estabeleceria de *forma indireta*, na medida em que a primeira seria importante para a elaboração de sistemas de pensamento úteis para nossas ações práticas.

É possível oferecer também um outro tipo de resposta. Poderíamos perguntar se são relevantes para a prática jurídica as respostas que juristas dão à pergunta teórica "o que é o direito?". Caso positiva, a resposta nos indicaria a existência de uma *relação direta* entre a teoria do direito e a prática jurídica. O tema é controvertido, em especial entre os teóricos do direito. Embora seja plausível imaginar que o senso comum tenda a considerar o conhecimento teórico do direito altamente relevante para a prática jurídica, muitos filósofos do direito têm questionado, ao menos

[19] KELSEN, Hans. *Teoria pura do direito*. Tradução de João Baptista Machado. São Paulo: Martins Fontes, 1999, p. 1.

[20] Cfr. LUHMANN, Niklas. *Sistema jurídico y dogmatica jurídica*. Madrid: Centro di Estúdios Constitucionales, 1983; FERRAZ JÚNIOR, Tercio Sampaio. *Introdução ao estudo do direito*: técnica, decisão, dominação. 4. ed. São Paulo: Atlas, 2003. VIEHWEG, Theodor. *Tópica y filosofía del derecho*. 2. ed. Barcelona: Gedisa, 1997. Desenvolvi o tema em MACEDO JUNIOR, Ronaldo PortoTeoria, Filosofia e Dogmática Jurídica: Rigor e Método, in Teoria do Direito Contemporanea. Autores e Temas, Juruá, 2017., pags. 17-38.

parcialmente, tal evidência. Richard Posner[21] e Cass Sunstein[22], por exemplo, têm produzido diversos artigos apontando para os limites da utilidade das preocupações teórico-jurídicas para os juristas. Por razões parecidas, Joseph Raz também tem salientado que o interesse da teoria do direito para a prática jurídica seria evidente apenas num nível mais básico e elementar[23].

Ronald Dworkin e outros procuraram mostrar que a resposta que damos à pergunta "o que é o direito?" é fundamental em nossas práticas jurídicas centrais. Para ele, muitos dos desacordos que encontramos nas práticas argumentativas típicas de nossos tribunais envolvem o que ele denomina de *desacordos teóricos*, isto é, desacordos entre proposições jurídicas cujo valor de verdade depende do significado atribuído ao direito.

[21] Desenvolvo esse argumento, bem como apresento uma leitura da virada pragmática de Richard Posner, em MACEDO JUNIOR, Ronaldo Porto. Posner e a análise econômica do direito: da rigidez neoclássica ao pragmatismo frouxo. In: PÁDUA LIMA, Maria Lucia (Org.). *Direito e economia*: 30 anos de Brasil. São Paulo: Saraiva, 2012b, p. 260-281. v. 1. Ver também a bibliografia lá citada, especialmente POSNER, Richard. A reply to some recent criticisms of the efficiency theory of the common law. *Hofstra Law Review*, Hempstead, USA, v. 9, p. 775-794, 1980-1981; POSNER, Richard. Against constitutional theory. *New York University Law Review*, New York, v. 73, p. 1-22, Apr. 1998a; POSNER, Richard. Conceptions of legal theory: a response to Ronald Dworkin. *Arizona State Law Journal*, Tempe, USA, v. 29, p. 377-388, 1997; POSNER, Richard. *Law, pragmatism and democracy*. Cambridge, USA: Harvard University Press, 2005; POSNER, Richard. Pragmatic adjudication. *Cardozo Law Review*, New York, v. 18, p. 1-20, 1996-1997. As principais críticas de Dworkin a Posner no tocante a sua "virada pragmática" estão em DWORKIN, Ronald. In praise of theory. In: DWORKIN, Ronald. *Justice in robes*. Cambridge, USA: Harvard University Press, 2006d. p. 49-74. Ver ainda POSNER, Richard, 1998a; POSNER, Richard, 1997; DWORKIN, Ronald. Darwin's new bulldog. In: DWORKIN, Ronald. *Justice in robes*. Cambridge, MA: Harvard University Press, 2006a. p. 75-104; POSNER, Richard. The problematics of moral and legal theory. *Harvard Law Review*, Cambridge, USA, v. 111, p. 1637-1716, 1998b.

[22] SUNSTEIN, Cass. *Legal Reasoning and Political Conflict*. New York: Oxford University Press, 1996. Ver também o excelente trabalho de PASCHOALINI, Felipe, *Interpretação e Instituições*. O diálogo entre Cass Sunstein e Ronald Dworkin, Dissertação de Mestrado apresentada na Faculdade de Direito da USP em 2015, disponível em http://www.teses.usp.br/teses/disponiveis/2/2139/tde-18112015-45137/publico/FelipePaschoalini_Dissertacao_Versao_Parcial.pdf

[23] Cfr. RAZ, Joseph. Two views of the nature of the theory of law: a partial comparison. *Legal Theory*, Oxford, v. 4, n. 3, p. 249-282, 1998b; SHAPIRO, Scott, 2011, p. 368 et seq.

Esse tipo de desacordo é importante tanto do ponto de vista prático como do ponto de vista teórico "descritivo" e será objeto de detida análise neste trabalho.

Mas qual é a estrutura desses desacordos teóricos? Como se expressam? Qual é a sua natureza? Em primeiro lugar, é importante notar que os desacordos que encontramos na prática do direito se expressam por argumentos. O direito é, por esse mesmo motivo, essencialmente (ainda que não exclusivamente) uma prática argumentativa. Qualquer descrição do direito que ignorasse essa relevante característica das práticas que o constituem estaria se afastando significativamente daquilo que socialmente designamos e reconhecemos como direito. Os advogados, quando atuam em defesa dos seus representados, buscam apresentar a melhor justificação para seus pleitos perante o Judiciário. Também os juízes, em seus esforços argumentativos, agem intencionalmente orientados para apresentar a melhor interpretação do direito e nisso reconhecem a sua *obrigação como juízes.*

Um exemplo poderá tornar tal ideia mais clara. Imagine-se um sistema de atribuição de prêmios, sanções e consequências coercitivas organizado como um sorteio aleatório. Nesse sistema de distribuição há regras, procedimentos e consequências a serem impostas coercitivamente. Suponha-se também que num sorteio X a conduta *roubar um banco* seja escolhida e o resultado aleatoriamente associado a ela seja "cumprir 12 anos de reclusão". Tudo parecerá familiar em relação ao nosso sistema de justiça. Num outro sorteio desse tipo, porém, suponhamos que a conduta *auxiliar uma velha senhora a atravessar a rua* seja associada a "cumprir quatro anos de reclusão". Ou ainda, que para a conduta *não pagar impostos* seja associado o recebimento de 100 mil reais. A estranheza que o exemplo suscita se reporta ao fato de que o direito não é apenas um sistema de regras para atribuição de sanções, prêmios e consequências coercitivas. Ele é um sistema que exige que tais procedimentos sejam justificados segundo algum esquema plausível de justiça. É esse esquema que está ausente nos últimos exemplos e nos faz ver por que não faria sentido denominá-lo de sistema jurídico. Um sistema jurídico não pode ser uma loteria de sanções e recompensas.

Em segundo lugar, é importante também notar que os desacordos se fazem por meio de *proposições jurídicas,* isto é, de afirmações ou pretensões sobre o que o direito lhes permite, garante ou proíbe[24]. Essas proposições jurídicas, como qualquer outra proposição, são *bipolares*, ou seja, possuem um valor de verdade que pode ser verdadeiro ou falso[25]. As proposições são, como destacava Platão no *Sofista*[26], como uma flecha lançada por um arco. Ela pode acertar ou errar o alvo. Nisso consiste a sua bipolaridade. Quais são as condições que permitem que uma proposição jurídica seja bipolar? Em que condições podemos dizer que uma proposição que afirma um direito é verdadeira?

Tomemos um exemplo. A proposição jurídica "é verdadeiro que no Brasil os motoristas não podem trafegar a mais de 300 km/h porque o direito proíbe" tem o valor de verdade verdadeiro. Isso significa que ela poderia, do ponto de vista lógico, ser falsa. Contudo, ela é verdadeira porque imaginamos que ela satisfaz as condições de verdade. Podemos imaginar, por exemplo, que a existência de uma lei válida publicada no Diário Oficial proibindo transitar a mais de 120 km/h nas rodovias nacionais satisfaz a condição de verdade da proposição. Dworkin denomina essa condição de verdade das proposições jurídicas de *fundamentos do direito* (*grounds of law*)[27].

Dworkin destaca também que proposições jurídicas podem expressar desacordos de variadas espécies. Alguns desacordos podem não se referir aos fundamentos de direito (*grounds of law*), mas antes questionar se suas condições estão satisfeitas num caso particular. *Desacordos empíricos* são desse tipo. Poderemos, por exemplo, concordar que, se houver uma lei

[24] Dworkin, Ronald, *Law's empire*, 1986, p. 4.

[25] Santos, L. H. L. A essência da proposição e a essência do mundo. In: Wittgenstein, L. *Tractatus logico-philosophicus*. São Paulo: Edusp, 1993; Dworkin, Ronald. On interpretation and objectivity. In: Dworkin, Ronald. *A matter of principle*. Cambridge, USA: Harvard University Press, 1985c, p. 167-180; Dworkin, Ronald. Indeterminacy and law. In: Guest, Stephen; Freeman, Michael (Orgs.). *Positivism today*. Dartmouth: Dartmouth, 1996a, p. 1-11. (Issues in Law and Society Series).

[26] Platão. O sofista. In: Platão. *Diálogos*. São. Paulo: Nova Cultural, 2000; Aristóteles. De interpretatione. In: Agioni, L. (Org.). *Ontologia e predicação em Aristóteles*. Tradução de L. Agioni. Campinas: Unicamp, 2000; Santos, L. H. L. A harmonia essencial. In: Novaes, A. (Org.). *A crise da razão*. São Paulo: Companhia das Letras, 1996, p. 437-456. Aristóteles, em *De interpretatione*, afirma que "nem toda frase é declarativa, mas apenas aquela em que ocorre pretender dizer o verdadeiro e o falso". Aristóteles, 2000, cap. 4, 16b 33.

[27] Dworkin, Ronald, *Law's empire*, 1986, p. 4.

proibindo trafegar a mais de 120 km/h nas rodovias, então trafegar a 300 km/h violará o direito. Contudo, podemos não estar de acordo quanto à existência dessa lei. Alguém poderá entender que tal lei foi anulada ou revogada. Podemos também, num caso particular, estarmos em desacordo sobre a velocidade em que trafegava determinado motorista. Esses *desacordos empíricos* são bastante comuns na vida dos tribunais e não despertam maiores desafios para a teoria do direito. *Desacordos teóricos*, contudo, representam um desafio importante para a teoria do direito. Dois exemplos indicados por Dworkin em duas diferentes obras auxiliam a compreender as razões.

II. Casos paradigmáticos de desacordo teórico

Scott Shapiro chama a atenção para o fato de que Dworkin, ao escrever *O império do direito (1986)*, substitui o exemplo paradigmático utilizado para ilustrar o seu argumento acerca das controvérsias teóricas[28]. Se nos artigos "Modelo de regras I" (1967) e "Modelo de regras II" (1972)[29] ele se valera da análise do famoso *caso Elmer*[30], no qual se discutia a validade de um testamento feito em favor do neto que assassinara o avô, em *O império do direito* o caso *Tennessee Valley Authority (TVA) v. Hill* (doravante deno-

[28] Shapiro, Scott. The Hart Dworkin debate: a short guide for the perplexed. *University of Michigan Public Law*, Working Paper n. 77, Feb. 2007b. Disponível em: <http://ssrn.com/abstract=968657>. Acesso em: 20 ago. 2012. Republicado em Hershovitz, Scott (Ed.). *Exploring "Law's empire"*: the jurisprudence of Ronald Dworkin. New York: Oxford University Press, 2006. Ainda que Dworkin não abandone o caso *Elmer* em sua argumentação (Dworkin, Ronald, *Law's empire*, 1986, p. 15-20), é certo que o caso *TVA v. Hill* não poderia receber as mesmas respostas teóricas que os positivistas poderiam dar para o caso *Elmer*, refutando a interpretação que dele faz Dworkin. Nesse sentido, o caso *TVA v. Hill* é mais difícil de ser refutado e expõe com mais clareza a força do argumento de Dworkin.

[29] Originalmente publicado como Dworkin, Ronald. Social rules and legal theory. The Yale Law Journal, New Haven, v. 81, n. 5, p. 855-890, Apr. 1972, e posteriormente republicado como Dworkin, Ronald. The model of rules II. In: Dworkin, Ronald. Taking rights seriously. Cambridge: Harvard University Press, 1977d. p. 46-80.

[30] Também conhecido como caso *Riggs v. Palmer*, 115 N.Y. 506, 22 N.E. 188 1889, referido em Dworkin, Ronald. Is there really no right answer in hard cases? *University of New York Law Review*, New York, v. 53, p. 1-32, 1978, p. 23, e também em Dworkin, Ronald, *Law's empire*, 1986, p. 13, e em Macedo Junior, Ronaldo Porto, *Do xadrez à cortesia: Dworkin e a teoria do direito contemporânea*, 2013a, p. 188 et seq.

minado abreviadamente de *caso TVA*)[31] ocupa um lugar de destaque. Isso porque ele ilustra com mais clareza o seu argumento sobre a relevância prática dos desacordos teóricos e, portanto, da própria teoria do direito.

O caso é bastante conhecido e envolve uma ação proposta pelo Ministério Público americano para impedir a construção de uma barragem no Tennessee, visto que colocaria em risco a sobrevivência de uma espécie de peixe (denominado *snail darter*) protegida pela Lei de Espécies Ameaçadas de 1973 (*Endangered Species Act of 1973*). Depois de muitas batalhas judiciais o caso foi levado à Suprema Corte norte-americana e provocou o dissenso entre os argumentos jurídicos esposados por dois de seus célebres componentes.

Por um lado, o *chief justice* Burger, ao relatar o seu voto, admitiu que a lei que protegia o animal era válida, ponderou que a interrupção da obra provocaria um desperdício de cerca de 100 milhões de dólares e concluiu que a sua *obrigação como juiz* era aplicar o direito e garantir a efetividade das leis *válidas* e, assim, suspender a obra. Por outro lado, o *justice* Powell divergiu, ainda que concordando com as premissas empíricas e com o conceito de *validade* jurídica empregado por Burger. Aceitou também que sua obrigação como magistrado era aplicar o direito (e não o inventar), mas defendeu uma *concepção* distinta de direito (*juridicidade* ou *legalidade*). Para ele, os princípios de razoabilidade e proporcionalidade, bem como a argumentação, em certo sentido, moral que eles invocavam também deveriam ser reconhecidos como fundamento do direito (*grounds of law*). Em face disso, argumentou e decidiu pela continuidade da construção da barragem com a adoção de medidas mitigadoras de danos ambientais.

Em *Justice in Robes* (2006), Dworkin apresenta um novo exemplo para mais uma vez enfatizar a natureza e a relevância dos desacordos teóricos[32]. Nesse caso imaginário, a Sra. Sorensen é vítima dos efeitos colate-

[31] 103 *Tennessee Valley Authority v. Hill*, 437 US 153 1978.32, referido por Dworkin em Dworkin, Ronald, *Law's empire*, 1986, p. 20-23.

[32] O caso é descrito em dois distintos artigos em *Justice in robes*: Dworkin, Ronald. Law and morals. In: Dworkin, Ronald. *Justice in robes*. Cambridge, USA: Harvard University Press, 2006f. p. 7-9; Dworkin, Ronald. Hart's postscript and the character of political philosophy. In: Dworkin, Ronald. *Justice in robes*. Cambridge, USA: Harvard University Press, 2006c. p. 140-186, p. 143-145. Dworkin aponta que casos reais do direito norte-americano envolvem esse tipo de questão acerca da responsabilidade em função da fatia

rais provocados por um remédio para o coração (denominado *Inventum*) cujos produtores negligentemente não descobriram antes de o colocar à venda. Ela ingressou com uma ação indenizatória contra todos os fabricantes que colocaram o *Inventum* no mercado durante o período em que ela o consumiu, visto que não tinha como provar de qual deles comprara o medicamento. O seu pedido visava responsabilizar os fabricantes na mesma proporção de sua participação no mercado de vendas (*market share*).

Os advogados da empresa contestaram a ação, alegando que a querelante não fora capaz de provar a responsabilidade individual de cada empresa, razão pela qual não seria merecedora de qualquer indenização. Para Dworkin, "Ambos os lados fazem afirmações sobre o que esse direito é, não sobre o que ele deveria ser. Também não propõem que os juízes que ouvem os casos ignorem o direito e a regra a seu favor com base no fato de que é isto que a justiça requer"[33]. Dessa forma, ele conclui que, "Se nós mesmos quisermos ter uma visão a respeito de qual das afirmações está certa (se é que alguma está), devemos nós mesmos decidir o que o direito na jurisdição do caso da Sra. Sorenson realmente é"[34]. Isso evidenciaria a natureza teórica desse desacordo.

Ainda que se pudesse afirmar que a doutrina do direito oferece uma resposta a tal questão, poderíamos ainda encontrar teorias distintas sobre o que é o direito. Algumas poderiam afirmar que o direito corresponde àquilo que os tribunais decidiram no passado, nesse caso privilegiando

de mercado (*market share liability*); por exemplo, o caso *Sindell v. Abbott Labs.* 607 P2d, 924, 935-38 1980, julgado pela Suprema Corte da Califórnia, e os casos lá citados.

[33] Dworkin, Ronald. *Justice in robes*. Cambridge, USA: Harvard University Press, 2006e, p. 8, tradução minha. No original: "Both sides make claims about what this law is, not what it ought to be. Neither proposes that the judges who hear the case ignore the law and rule in their favor on the grimed that that is what justice requires". Ver também a versão traduzida: Dworkin, Ronald. *A justiça de toga*. Tradução de Jefferson Luiz Camargo. Revisão de Fernando Santos. Revisão técnica de Alonso Reis Freire. São Paulo: Martins Fontes, 2010, p. 14.

[34] Dworkin, Ronald, *Justice in robes*, 2006e, p. 8, tradução minha. No original: "If we ourselves are to have a view about which side's claims (if either side's) are right, we must ourselves decide what the law in Mrs. Sorenson's jurisdiction actually is". Ver também a versão traduzida: Dworkin, Ronald, *A justiça de toga*, 2010, p. 14.

a interpretação mais tradicional, favorável aos fabricantes do *Inventum*. Outras poderiam apelar à melhor formulação teórica do princípio da responsabilidade civil, ainda que porventura não explícita, totalmente reconhecida ou bem formalizada e teorizada pelos doutrinadores ou tribunais. Nesse caso, o conflito não diria respeito apenas a teorias rivais sobre os fundamentos do direito, mas também a melhor forma para identificar esses fundamentos, o que envolve uma disputa metodológica.

Caso acolhêssemos o argumento de que os fundamentos do direito são exclusivamente sociais, tal como defendem convencionalistas como Hart, então seria forçoso concluir que a demanda da Sra. Sorensen deveria ser julgada improcedente. Afinal, conforme ressalta Dworkin, para Hart "a existência e o conteúdo do direito podem ser identificados por referência às fontes sociais do direito (por exemplo, legislação, precedentes judiciais e costumes sociais) sem referência à moralidade, exceto onde o direito assim identificado tiver ele mesmo incorporado critérios morais para a identificação do direito"[35].

Por outro lado, caso acolhêssemos a ideia de que, ao lado dos fundamentos sociais, também a melhor interpretação do princípio moral da responsabilidade (com o seu possível valor de verdade dependente da existência da melhor *justificação* como o seu fundamento) deveria ser considerada fundamento do direito, poderíamos ser levados a concluir que a Sra. Sorensen tem direito à indenização nos termos em que a pleiteia. Por esse motivo, o juiz que não decidisse em seu favor estaria cometendo um *erro jurídico*. Para compreender o exemplo, não importa saber se ela teria ou não razão, mas apenas apontar para a circunstância e a condição de sentido da proposição jurídica que afirma ser verdadeiro que ela tem direito à indenização. Esses exemplos são úteis pois revelam com muita clareza o tipo do argumento que está subjacente ao "*desafio dworkiniano*". É importante destacar que bons exemplos como esses poderiam

[35] Dworkin, Ronald, *Hart's postscript and the character of political philosophy*, 2006c, p. 144, tradução minha. No original: "the existence and content of the law can be identified by reference to the social sources of the law (e.g. Legislation, judicial decisions, social customs) without reference to morality except where the law thus identified has itself incorporated moral criteria for the identification of the law".

ser encontrados porquanto comuns em todas as jurisdições modernas, inclusive no Brasil.

Um caso de notável repercussão no Brasil que pode ser visto com um exemplo similar ao caso *TVA* é o julgamento do *habeas corpus* 82424-2, também conhecido como caso *Ellwanger*, decidido pelo Supremo Tribunal Federal em 2003. Nele, em extrema síntese, se discutia se a publicação, pelo Sr. Ellwanger, de livros de conteúdo antissemita que violavam a lei de crimes raciais seria condição suficiente para a sua condenação, levando em consideração o princípio constitucional da liberdade de expressão. Para a maioria, prevaleceu o argumento baseado na tese de que o princípio da liberdade de expressão poderia ser limitado pela legislação penal. Alguns ministros aplicaram o princípio da proporcionalidade para qualificar o significado que se deveria conferir ao princípio da liberdade e chegaram a conclusões divergentes. Assim, por exemplo, o ministro Marco Aurélio Mello afirmou que "à medida que se protege o direito individual de livremente exprimir as ideias, mesmo que estas pareçam absurdas ou radicais, defende-se também a liberdade de qualquer pessoa manifestar a própria opinião, ainda que afrontosa ao pensamento oficial ou ao majoritário". Por outro lado, o ministro Gilmar Mendes Ferreira argumentou que "a liberdade de expressão não se afigura absoluta no nosso texto constitucional", pois houve ressalvas, por exemplo, quanto à liberdade de informação, que deveria ser exercida de modo compatível com o direito à imagem, à honra e à vida privada (art. 5º, inciso X). Em seu argumento, afirmou também que o próprio significado do princípio moral deveria ser interpretado à luz de sua ligação com uma teia mais ampla de valores e princípios: "Da mesma forma, não se pode atribuir primazia à liberdade de expressão, no contexto de uma sociedade pluralista, em face de valores outros como os da igualdade e da dignidade humana. Daí ter o texto constitucional de 1988 erigido, de forma clara e inequívoca, o racismo como crime inafiançável e imprescritível (CF, art. 5º, XLII), além de ter determinado que a lei estabelecesse outras formas de repressão às manifestações discriminatórias (art. 5º, XLI)". Outras argumentações insistiram na tese das fontes sociais, afirmando que o fundamento do direito que governaria o sentido correto da decisão deveria ser a legislação válida (lei penal) e os princípios positivados pela ordem constitucional compreendidos convencionalmente.

Casos muito semelhantes ao *Sra. Sorensen* também têm sido apresentados para o Judiciário brasileiro envolvendo responsabilidade em função da fatia de mercado, por exemplo, na indústria do tabaco e no ramo de *fast food* em relação a, respectivamente, doenças pulmonares e obesidade[36]. O mais importante, entretanto, não é destacar a semelhança com o tipo de questão discutida, mas antes a natureza teórica dos desacordos envolvidos. Ademais, a questão teórica que eles, como casos exemplares, expõem com especial clareza e distinção, está presente com enorme frequência em inúmeros casos controvertidos em nossos tribunais. O que pode ocorrer, contudo, nessa vasta gama de casos, é que os pontos em destaque (os desacordos teóricos) talvez estejam mais encobertos ou mal sistematizados.

III. Um esquema conceitual provisório

Esses são exemplos paradigmáticos de desacordos teóricos. Neles o que está sendo discutido é o próprio conceito de direito que deve servir de condição de verdade para a proposição jurídica. O que está em discussão é a resposta que se deu à pergunta "o que é o direito?" e a teoria do direito que responde a essa pergunta. Por esses exemplos é possível perceber um sentido, dentre outros, pelo qual a teoria do direito possui, ao menos à primeira vista, uma relevância prática, mesmo quando os juízes não têm a consciência filosófica disso. Será mesmo? Façamos mais uma abstração neste momento.

A crítica de Dworkin ao convencionalismo é dependente de diversas categorias que foram desenvolvidas no seio da filosofia da lógica e da filosofia da linguagem contemporânea. Basta pensar em sua análise sobre o funcionamento da linguagem da moral, o conceito de bipolaridade, a

[36] A mesma tese tratada no exemplo imaginário de Dworkin pode ser encontrada na Ação Civil Pública 583.00.2007.206840-1, ajuizada pelo promotor de Justiça do Consumidor de São Paulo, João Lopes Guimarães Jr. no ano de 2007 na Vara Cível de São Paulo, ainda não julgada pelo TJSP. Nela se discute a responsabilidade global proporcional das empresas de tabaco Phillip Morris e Souza Cruz, conforme respectivas parcelas do mercado de vendas, por danos causados a consumidores e ao Estado em face do prejuízo sofrido pelo Sistema Único de Saúde com gastos com pacientes cujo problema de saúde foi provocado ou agravado pelo consumo de cigarro.

crítica ao representacionismo[37], a concepção verificacionista do conhecimento (admitido por parcela do positivismo lógico), bem como na ideia de análise da gramática lógica da linguagem, tema que está pressuposto em toda a filosofia da linguagem e foi trazido para o seio da filosofia do direito pioneiramente pelas mãos de Hart. Antes de analisar com mais detalhe o significado dessas categorias para a teoria do direito, me parece oportuno apresentar um esquema conceitual provisório que poderá auxiliar o leitor na compreensão dos argumentos centrais deste trabalho.

Muitos teóricos comparam o direito com um sistema de regras convencionais de coordenação da vida social, tal como a língua com a qual nos comunicamos. A língua portuguesa foi constituída pelas práticas sociais que fixaram determinados vocábulos e regras para designar objetos, ideias e vontades. O que constitui as regras de uma língua, portanto, é o conjunto das regras convencionais que informam quais são os usos adequados da fala "dentro dessa língua".

A gramática da língua portuguesa estabelece as regras que determinam qual é a forma correta de falar português. Assim, podemos dizer que na proposição "é verdadeiro que, segundo a língua portuguesa, é errado dizer '*eu vamos* estudar direito amanhã'", a condição de verdade é dada pela existência de uma regra social, uma convenção linguística, que fixa a regra que permite avaliar essa sentença como incorreta. É interessante notar que não é preciso anuir a ou concordar com essa regra para, *de uma perspectiva externa*[38], reconhecer que a expressão está incorreta, segundo a língua portuguesa. Para saber que é incorreto, basta conhecer as convenções da língua portuguesa.

A comparação do direito às convenções que definem uma língua permite a alguns teóricos afirmar que as condições de verdade das proposições jurídicas funcionam de modo semelhante às proposições dessa língua. O que permitiria dizer qual é o valor de verdade de uma proposição jurídica seria a existência de uma *fonte social*, uma convenção, como o seu fundamento. No caso do direito, uma *regra de reconhecimento* funcionaria como critério que permite reconhecer o que é uma *regra jurídica*. Nesse

[37] Sobre a ideia de verdade como correspondência e o papel da linguagem, ver, dentre outros, HACKING, Ian. *Por que a linguagem interessa à filosofia*. São Paulo: Edunesp, 1999.

[38] Retomo o tema adiante, capítulo II, item 3.

sentido, podemos afirmar que viola o direito brasileiro trafegar a 300 km/h porque existe uma regra válida fundamentada, em última instância, numa regra convencional de reconhecimento. Ela seria o critério para a verificação da verdade da proposição.

Essa estratégia explicativa permitiria também dizer que, ao afirmar que inexiste um direito a trafegar a 300 km/h no Brasil, estou formulando uma proposição cuja condição de verdade depende exclusivamente da existência de um *estado de coisas* no mundo, isto é, de uma convenção social fundadora. O meu juízo proposicional pode, então, ser neutro e puramente descritivo. Igual raciocínio me permitiria dizer que o que faz com que seja incorreto afirmar "*eu vamos* estudar direito" é a existência de um outro *estado de coisas* no mundo, a saber, uma convenção da língua portuguesa. Dworkin denomina esse tipo de concepção da condição de verdade invocado nesses exemplos de *concepção puramente factual* (*plain fact*)[39].

Uma variante dessa concepção de convenção social poderia ser pensada por meio do exemplo de um jogo de xadrez, também muito invocado pelos teóricos do direito[40]. Poderíamos imaginar que o xadrez não é uma convenção que surge diretamente para resolver problemas de coordenação e cooperação numa sociedade, mas simplesmente uma *convenção constitutiva*, que constitui uma prática anteriormente inexistente.

Assim, poderíamos também imaginar que o que torna verdadeira a proposição "no xadrez não podemos mover o cavalo na diagonal" é o fato de que existe uma convenção que constituiu o xadrez e fixou regras que não permitem esse tipo de movimento. Nesse caso, mais uma vez, poderíamos dizer que não precisamos aprovar ou endossar as regras do xadrez para sabermos descrever os movimentos corretos e válidos para esse jogo.

Aparentemente esse modelo apresenta um grande potencial explicativo e permite que nos mantenhamos dentro de uma consolidada tradição epistemológica que afirma que uma ciência descritiva do direito não precisa nem deve ser *avaliativa num sentido moral*. Isto é, para fazer uma teoria descritiva do direito não é necessário avaliar moralmente o

[39] Dworkin, Ronald, *Law's empire*, 1986, p. 6-11.

[40] Analiso detalhadamente o significado desta analogia em Macedo Junior, Ronaldo Porto, *Do xadrez à cortesia: Dworkin e a teoria do direito contemporânea*, 2013a, p. 328, p. 91 et seq.

direito[41]. De maneira análoga, para descrever a língua portuguesa não é necessário julgá-la como bela ou feia.

Mas agora pensemos num novo exemplo. Dois juristas brasileiros podem discordar sobre o valor de verdade da seguinte proposição: "os *gays têm direito* ao casamento, segundo o direito brasileiro". Alguns poderão afirmar que ela é falsa, pois o casamento é, por convenção, uma relação *more uxorio* entre pessoas de sexos diferentes. Para embasar tal entendimento, bastaria observar as práticas pretéritas de identificação do que é um casamento para concluir que essa é uma instituição heterossexual. Contudo, se esse fosse o significado de casamento em disputa nos tribunais de diversas jurisdições internacionais nos dias de hoje, seria difícil até mesmo compreender como seria possível ou inteligível essa disputa. Afinal, o objeto mesmo do desacordo se refere ao conceito de casamento. Ele é o centro do desacordo justamente em face de seu caráter valorativo e não puramente convencional. No âmbito das disputas judiciais, o conceito de casamento é um conceito interpretativo, e não um conceito convencional (se adotarmos a terminologia de Dworkin).

Podemos imaginar que, da mesma forma como nos casos *TVA* e *Sorensen* antes mencionados, o desacordo entre os que defendem que os *gays* têm direito ao casamento seja também teórico. Isso porque um deles pode entender que o fundamento do direito é fixado por *convenções sociais*, sejam elas do tipo da língua portuguesa, sejam do tipo do xadrez, ao passo que o outro pode entender que o fundamento do direito depende de sua *correção moral*. Que tipo de desacordo teríamos nesse segundo caso?

O desacordo certamente seria teórico, porquanto envolve uma disputa sobre os fundamentos do direito, e confrontaria teorias distintas sobre o que é o direito. Ele seria também uma disputa entre *dois tipos de teoria*. Uma das teorias teria como condição de verdade para suas proposições a existência de um certo *estado de coisas* no mundo (convencionalistas), ao passo que outra dependeria de uma *teoria da correção moral*. Mas a corre-

[41] Um balanço do debate contemporâneo recente sobre esse tema é apresentado por Dickson, Julie. *Evaluation and legal theory*. Oxford: Hart, 2001, p. 104. Dickson denomina de *diretamente avaliativa* o que aqui chamei de *avaliativa num sentido moral*. Examinei com detalhe o assunto em Macedo Junior, Ronaldo Porto, *Do xadrez à cortesia: Dworkin e a teoria do direito contemporânea*, 2013a, p. 130 et seq.

ção moral não poderia também ser compreendida segundo padrões convencionalistas? Em tese, sim, poderia[42]. Mas seria necessário que o fosse? E, mais do que isso, seria essa possível compreensão convencionalista da correção moral o caso predominante nos desacordos teóricos jurídicos cotidianos em nossos tribunais?

Imaginemos agora um "xadrez argumentativo" cujas regras fossem ligeiramente distintas das do xadrez praticado pelos enxadristas em campeonatos oficiais e regulado pela Federação Internacional de Xadrez (*Fédération Internationale des Échecs* — FIDE). A circunstância dessa modalidade de jogo nos é algo familiar especialmente em contextos domésticos. As regras básicas desse "xadrez argumentativo" são muito semelhantes àquelas do xadrez praticado nos campeonatos. Há um tabuleiro quadriculado, peças que se movimentam da mesma forma, etc.[43] No

[42] Nesse caso, poderíamos imaginar uma teoria historicista ou que compreende que o padrão do que é correto moralmente depende do que é aceito como dominante num determinado período ou acolhido pela "comunidade dos intérpretes" (para usar uma expressão de Stanley Fish) como correto, tal como acolhemos nossos critérios de uso correto da língua portuguesa.

[43] Não importa aqui saber se ainda seria um jogo de xadrez. Com certeza, apesar de manter com o jogo de "xadrez da FIDE" muitas semelhanças, dele diferiria nesse caráter argumentativo. Hart se pergunta se um navio com asas ainda seria um navio e observa que: "Algumas vezes, a diferença entre o caso-padrão nítido ou paradigma, relativamente ao uso de uma expressão, e os casos discutíveis é apenas uma questão de grau. Um homem com uma cabeça brilhantemente polida é claramente careca; um outro com uma cabeleira luxuriante claramente que o não é; mas a questão respeitante a um terceiro homem, com um tufo de cabelo aqui e ali, sobre se é careca ou não, poderia ser discutida indefinidamente, se valesse a pena ou se dela derivasse qualquer resultado prático. Por vezes, o desvio do caso-padrão não é uma simples questão de grau, mas surge quando o caso-padrão é de facto um complexo de elementos normalmente concomitantes mas distintos, algum ou alguns dos quais podem faltar nos casos abertos a disputa. Um barco voador é um 'navio'? Ainda se trata de xadrez, se o jogo é disputado sem rainhas? Tais perguntas podem ser instrutivas, porque nos obrigam a reflectir sobre a nossa concepção da composição do caso-padrão e a torná-la explícita". Hart, H. L. A. *O conceito de direito*. 3. ed. Tradução de A. Ribeiro Mendes. Lisboa: Calouste Gulbenkian, 1994a, p. 8-9. No exemplo aqui discutido, é certo que o xadrez argumentativo seguiria uma gramática distinta daquela do xadrez da FIDE. De forma semelhante Hart faz a sua análise comparativa entre "o jogo da discricionariedade do árbitro" e "um jogo normal". Hart, H. L. A., *O conceito de direito*, 1994a, p. 153-156.

xadrez argumentativo uma diferença sobressai: a determinação do significado das regras depende de práticas argumentativas realizadas pelos jogadores e por suas torcidas. Além disso, as regras desse jogo devem visar atingir o seu propósito central de garantir um "jogo justo". Imaginemos que um adolescente de 17 anos e com nível mais alto de proficiência enxadrística jogue com um garotinho de 10 anos com pequena experiência e nível mais baixo de proficiência nessa modalidade extraordinária de "xadrez". Os jogadores decidem realizar uma série de 20 partidas sob o olhar atento e participativo de familiares, amigos e torcidas. Nesse jogo fica também estabelecido que, levando em consideração a diferença de idade e de habilidade dos jogadores, algum tipo de "compensação" nas regras deve ser proposto de modo a garantir um *match justo*.

Podemos imaginar que nas primeiras partidas o adulto começa a jogar em desvantagem, sem suas torres e um bispo, para proporcionar um *equilíbrio lúdico* na atividade. Imaginemos também que o jogo transcorra sem grandes discordâncias até o final da quinta partida, terminada com a quarta vitória consecutiva do garotinho. Nesse momento um primeiro desacordo aparece entre os jogadores e as torcidas que os apoiam a respeito das regras que devem comandar a continuidade do jogo. A torcida do adolescente insiste que o respeito às regras daquele jogo impõe uma alteração dos critérios de compensação até então utilizados, reduzindo-se a vantagem em seu desfavor, de modo a respeitar o princípio geral de *equilíbrio lúdico* que norteou o início do *match*. Eles *argumentam* que a regra daquele jogo de xadrez exige que seja reduzida a vantagem na medida em que aumenta a habilidade enxadrística do garoto mais jovem. Afirmam que essa é a melhor forma de compreender a regra que regula aquele tipo de jogo.

Nesse *xadrez argumentativo*, os partidários do garotinho não silenciam; argumentam que a correta compreensão da regra do jogo exige que as compensações sejam mantidas por mais tempo e que as vitórias sucessivas foram devidas ao especial talento enxadrístico do garoto, e não a uma compensação "excessiva" que o favoreceria. Para uns, o equilíbrio deve levar em consideração o critério de igualdade na experiência de jogo, ao passo que, para outros, o que deve ser considerado é o equilíbrio real nos resultados positivos obtidos pelos jogadores. De um lado, se diz que a prova do equilíbrio é dada pelo número de vitórias e, de outro, se afirma que a virtude enxadrística do garoto mais jovem não deve ser anulada, de modo a garantir a igualdade de resultados, pois isso ofenderia o princípio lúdico básico de que "o melhor deve vencer".

Imaginemos que os argumentos se sofistiquem e justificativas fundadas nas práticas competitivas compartilhadas por aquela família sejam recuperadas e interpretadas. Suponhamos que os dois lados concordem que a regra do *match* enxadrístico deve ser justa, discordando apenas quando à *concepção* que melhor representaria a "justiça". O que poderia tornar *verdadeiro* o argumento defendido pelo adolescente e sua torcida de que a retirada de três de suas peças viola as regras do *xadrez argumentativo*?

É certo que poderíamos compreender que tudo não passa de uma brincadeira na qual a própria prática de discutir deveria ser entendida como mera retórica lúdica. Mas isso seria alterar o exemplo num de seus traços essenciais. Nele devemos presumir que o desacordo é genuíno e que os jogadores e suas torcidas conseguem compreender o sentido do que dizem seus oponentes sem, contudo, com eles concordar. Qual poderia ser o sentido de uma argumentação que faz apelo à *justiça* como fundamento da normatividade do jogo?

Aqui é importante fazer uma observação sobre o sentido da *linguagem da moral*[44]. Quando usamos a *linguagem moral*, podemos estar fazendo coisas distintas. Podemos estar sendo apenas *enfáticos*, podemos estar nos *referindo a uma moral convencional* ou podemos estar *fazendo um uso normativo-prescritivo* da linguagem da moral. Pensemos em alguns exemplos banais.

Imagine alguém que se vangloria de ser um grande apreciador de café e diga a seu amigo que acabara de adoçar um café expresso: "é absolutamente *errado* e inaceitável colocar açúcar no café!". Em situações normais compreenderíamos tal afirmação como uma expressão de *ênfase* na expressão do gosto pessoal por tomar café "puro". Apesar da roupagem moral da expressão, ela deveria ser compreendida como uma mera manifestação de uma preferência personalíssima. Caso o autor da expressão insistisse, sem intenções irônicas, que é, de fato, objetivamente errado e

[44] No que segue utilizo o conceito de linguagem da moral apresentado por R. M. Hare, ainda que não necessariamente acolhendo suas conclusões sobre qual é a sua gramática. Hare, R. M. *The language of morals*. Oxford, USA: Oxford University Press, 1991.

inaceitável (moralmente) tomar café com açúcar, começaríamos a duvidar de sua sanidade. Isso porque não imaginamos haver objetividade (ou ao menos o *mesmo tipo de objetividade*) na preferência por um paladar para tomar café.

Existe ainda outra possibilidade. O autor da expressão poderia estar se referindo a um critério convencionalmente acolhido entre os "*gourmets* do café" sobre a melhor forma de consumir café. Nesse caso, a condição de verdade de sua expressão estaria referida a um *fato convencional do mundo*, isto é, a um certo acordo entre os especialistas sobre a melhor forma de tomar café. Essa *comunidade dos intérpretes* do café fixaria a forma correta do consumo dessa bebida[45]. Situações muito semelhantes a essa são comuns nas comunidades de enólogos, que costumam estabelecer critérios convencionais que servem para aquilatar a qualidade de um vinho. Um exemplo disso é o *ranking* de qualidade de vinhos elaborado pelo famoso enólogo Robert Parker, que hoje desperta seguidores em todo o mundo[46]. Poderíamos talvez até imaginar que para um grupo determinado o valor do vinho poderia assumir uma dimensão *sagrada* e religiosa. Isso certamente é possível, ainda que improvável, mas também alteraria *essencialmente* o exemplo que estou analisando.

Imaginemos agora que uma pessoa diga a outra: "é errada a prática da escravidão!". Como poderíamos interpretar essa proposição? Uma primeira possibilidade, talvez a menos provável no seu uso comum, seria a de que essa pessoa estaria, tal como na observação sobre o café adoçado, expressando uma *preferência*. Ela estaria sendo enfática ao dizer que "não gosta de escravidão", assim como "também não gosta de café adoçado". Isso certamente é possível.

Uma outra possibilidade seria essa pessoa estar se referindo ao fato de que a escravidão é considerada errada pela *moral convencional* dominante no país e na época em que vive. Nesse caso, para que sua proposição fosse

[45] O argumento que aqui apresento de forma caricatural é apresentado por FISH, Stanley. Working on the chain gang: interpretation in the law and in literary criticism. In: MITCHELL, W. J. Thomas (Ed.). *The politics of interpretation*. Chicago: University of Chicago Press, 1983. p. 271-286.

[46] Cfr. a publicação Wine Advocate. Disponível em: <https://www.erobertparker.com/entrance.aspx>. Acesso em: 28 ago. 2013.

verdadeira, bastaria existir esse fato convencional no mundo no qual ela foi dita. Cabe notar também que, se aceitos esses critérios de verdade para a proposição, seria possível também afirmar que ela não seria verdadeira se dita num contexto no qual a moral convencional não considerasse a escravidão imoral e errada. Nessa linha, alguém poderia dizer que a escravidão é errada e inaceitável hoje, porém era aceitável e correta, e estava de acordo com os critérios de correção moral prevalentes na Roma Antiga.

Há ainda uma terceira alternativa, segundo a qual o sentido da proposição não teria o seu valor de verdade garantido pela existência de uma convenção, mas antes por estar *justificada pelas melhores razões*. Nesse caso, a proposição teria a pretensão de ser verdadeira ainda que não houvesse uma moral convencional que a apoiasse. Ela se pretenderia verdadeira ainda que estivesse em desacordo com a moral convencional. Nesse caso, a proposição pretenderia afirmar que a escravidão era errada e inaceitável também na Roma Antiga, ainda que naquela época a moral convencional a aprovasse. Esse tipo de uso da linguagem moral tem um manifesto caráter normativo-prescritivo. Ela requer, como condição de sentido e inteligibilidade, que sejamos capazes de compartilhar as razões que poderiam torná-la verdadeira. Para que ela faça sentido não é necessário que com ela concordemos. Contudo, é necessário que sejamos capazes de compartilhar os critérios que produzem o seu valor de verdade[47].

Explicar o sentido pressupõe, assim, compreender as condições de verdade das práticas discursivas que a caracterizam e a constituem. Afinal, para descrever o que se quer dizer ao afirmar que "a escravidão é errada" não é preciso indicar quais são as condições de sentido dessa proposição? O que a tornaria dotada de sentido para que não fosse interpretada como um mero *nonsense*, uma proposição asserida pelo chapeleiro maluco de *Alice no país das Maravilhas*? Se quero compreender o que elas significam, preciso descrever as suas condições de verdade (e sentido), visto que pretendem afirmar a verdade.

Esse tipo de expressão da linguagem da moral exige que não nos coloquemos completamente fora de (externamente a) seus critérios de

[47] Dworkin, Ronald, *Law's empire*, 1986, p. 83. "The practices of interpretation and morality give these claims all the meaning they need or could have."

sentido e verdade. Para que possamos compreender o que alguém quer dizer quando afirma que a escravidão é errada, nesse sentido normativo, é necessário que ela esteja dentro do jogo de linguagem no interior do qual ela é dita.

Se retomarmos agora o exemplo imaginário do *xadrez argumentativo*, poderemos nos perguntar se seria possível descrever o sentido das práticas dos agentes de um ponto de vista completamente externo. Talvez fosse possível explicar a *ação de mover as peças* de *um ponto de vista externo*, sociológico, desde que fosse levado em conta também o *sentido interno do agente* que segue as regras do jogo. Ou seja, desde que se compreendesse que a sua ação levou em consideração as regras do jogo de xadrez. Contudo, seria possível assumir um ponto de vista externo semelhante ao descrever o sentido das *práticas argumentativas* em disputa? Mas, nesse caso, elas não constituem também o jogo? Quando imaginamos que os agentes se valem de argumentações cujo sentido é normativo-prescritivo — como quando invocam conceitos de justiça, igualdade e "*fair play*" —, somente as podemos descrever se formos ao mesmo tempo capazes de expressar a sua condição de sentido e de verdade. Não é possível descrever esse *xadrez argumentativo* sem adotarmos uma posição de algum modo interna ao próprio jogo. Isto é, não é possível nos situarmos fora das próprias condições de sentido das argumentações e das justificações que ele envolve e que o caracterizam. Mesmo quando não jogamos diretamente o jogo, temos de compartilhar de um mundo (*forma de vida*), de um conjunto de práticas, como condição para entender esse mesmo jogo. Não podemos ser externos a ele se quisermos compreendê-lo.

Seria a linguagem da argumentação jurídica semelhante, em suas condições de sentido e verdade, a esse sentido normativo-prescritivo aqui apontado? Seria possível explicar as práticas argumentativas por meio de critérios convencionais de sentido e verdade? Seria o direito semelhante a uma língua, a um jogo de xadrez (regulado pela FIDE) ou a um "xadrez argumentativo"? O leitor já deve ter percebido que as minhas convicções são críticas em relação às respostas oferecidas pelo convencionalismo jurídico a essas questões.

Essas são algumas das questões filosóficas que serão discutidas neste livro. Nele, busco mostrar como o convencionalismo jurídico se apresenta como uma importante vertente do pensamento teórico jurídico contemporâneo. A sua relevância se encontra tanto no seu potencial explicativo como nas consequências que traz para a própria prática jurídica, não apenas dos juristas afeitos à filosofia, mas a todos eles, na medida em que compartilham de muitos de seus pressupostos mesmo quando não gozam da consciência disso.

IV. Motivos e razões para este trabalho

Para muitos, Dworkin ainda é conhecido como o autor da distinção entre regras e princípios. Segundo uma visão mais simplória e escolar, ele é muitas vezes qualificado como uma espécie de "inventor" da distinção, o que é, evidentemente, uma impropriedade. Dworkin não inventou os princípios nem foi o primeiro a reconhecer a sua importância para a teoria do direito. Dentro de uma visão menos ingênua, contudo, ele continua a ser "usado, aplicado e compreendido" com base nessa distinção. Isso faz com que para muitos de seus críticos a refutação da própria distinção se constitua numa forma suficiente ou central para derrotar as suas ideias centrais[48].

Esta apresentação do núcleo teórico não consegue explicar o motivo pelo qual Dworkin aparentemente abandona essa distinção em textos posteriores à publicação de seu clássico *Levando os direitos a sério*, de 1977. Isso foi muitas vezes compreendido como uma espécie de reconhecimento acanhado (visto que ele jamais recusou explicitamente os argumentos que defendeu nesse livro) de que estaria equivocado. Para alguns críticos apressados, a sua desistência seria o sinal de que ele não mais acreditaria na força e na plausibilidade dessas distinções.

Acredito que essas ideias não apenas estão apoiadas em equívocos teóricos, como também oferecem uma explicação completamente errada das razões seguidas por Dworkin para não insistir na distinção que se tornou famosa e ainda hoje é influente entre os doutrinadores do direito[49]. Neste trabalho procuro mostrar que Dworkin não recusa a sua teoria dos

[48] Um exemplo deste equívoco pode ser encontrado em NEVES, Marcelo. *Entre Hidra e Hércules*: princípios e regras constitucionais. São Paulo: Martins Fontes, 2013. v. 1, p. 51-63.

[49] Distingo aqui *doutrinadores* do direito dos *teóricos* do direito. Os primeiros se ocupam primordialmente da construção de sistemas de dogmática jurídica, ao passo que os teóricos do direito orientam as suas pesquisas para questões de fundamentação descritiva e de

princípios, que esta é absolutamente coerente com o desenvolvimento de seus trabalhos posteriores (em particular, com a sua teoria dos conceitos e da natureza interpretativa dos conceitos que designam princípios morais como liberdade, igualdade, etc.) e que o seu aparente silêncio sobre os princípios em seus textos mais recentes revela a clara compreensão de que o ponto central e mais poderoso de seu argumento contra o positivismo não exigia que ele insistisse na distinção entre regras e princípios. Por não a exigir, a sua nova formulação do ataque contra o positivismo evita a referência a ela. O novo modo de apresentar a sua crítica, estruturada em torno de sua teoria do desacordo dirigida à tese das fontes sociais do direito, exige dos positivistas uma profunda reformulação da explicação convencionalista da regra de reconhecimento[50].

Descrever a resposta teórica oferecida pelo convencionalismo jurídico e avaliar o seu sucesso constitui o objeto mais direto deste trabalho. Para realizá-lo, adoto a estratégia descrita a seguir.

No primeiro capítulo, apresento a questão central do debate convencionalista na teoria do direito. Mostro como ele nasceu historicamente, dentro do famoso debate Hart-Dworkin iniciado no final dos anos 1960. Para tanto, analiso os aspectos centrais da crítica que Dworkin fez ao positivismo, com especial atenção a dois de seus textos mais importantes:

fundamentação do direito. Cfr. Luhmann, Niklas, 1983; Ferraz Júnior, Tercio Sampaio, 2003, p. 83-90. Viehweg, Theodor, 1997, especialmente p. 15-52.

[50] Leonardo Gomes Penteado Rosa chamou minha atenção para o fato de que ela envolveu uma reformulação do próprio pensamento de Dworkin, conforme analiso no texto, que é explicitamente reconhecido por Dworkin na seguinte passagem de Dworkin, Ronald. *Justice for hedgehogs*. Cambridge, USA: Harvard University Press, 2011, p. 402, na qual ele se reporta ao texto *Model of Rules I*: "Forgive a paragraph of autobiography. When more than forty years ago I first tried to defend interpretivism, I defended it within this orthodox two-systems picture. [Model of rules I] I assumed that law and morals are different systems of norms and that the crucial question is how they interact. So I said what I have just said: that the law includes not just enacted rules, or rules with pedigree, but justifying principles as well. I soon came to think, however, that the two-systems picture of the problem was itself flawed, and I began to approach the issue through a very different picture. [Model of rules II] I did not fully appreciate the nature of that picture, however, or how different it is from the orthodox model, until later when I began to consider the larger issues of this book".

"Modelo de regras I" e "Modelo de regras II", republicados em *Levando os direitos a sério* (1977).

No segundo capítulo mostro como os principais argumentos contra o convencionalismo jurídico foram refinados e parcialmente reformulados em *O império do direito*, em parte já em razão das críticas que recebeu dos seus críticos convencionalistas. Aqui destaco a formulação madura do argumento que caracteriza o *desafio dworkiano*, a sua crítica à tese das fontes sociais do direito, o argumento dos desacordos teóricos e a tese da existência de conceitos interpretativos como alternativa à descrição externa da linguagem da argumentação jurídica (a sua crítica ao *arquimedianismo*). Por razões analíticas, preferi formular a crítica "madura" de Dworkin ao convencionalismo antes mesmo de apresentar os principais argumentos oferecidos pelos convencionalistas contra suas ideias. Do ponto de vista histórico, muitas críticas foram formuladas antes da publicação de *O império do direito* e foram nele discutidas.

O terceiro capítulo é dedicado à exposição e à análise crítica das respostas convencionalistas ao *desafio dworkiniano*. A construção de uma formulação filosófica mais sofisticada ao convencionalismo jurídico deveu muito ao trabalho pioneiro de David Lewis sobre o convencionalismo filosófico. O seu livro *Convention: A Philosophical Study (1969)*[51] marcou profundamente o desenvolvimento dos estudos sobre o convencionalismo jurídico[52]. A partir de seus trabalhos surgiram novos refinamentos e variantes do convencionalismo.

[51] LEWIS, David. *Convention*: a philosophical study. Cambridge: Harvard University Press, 1969.

[52] Cfr. POSTEMA, Gerald. The normativity of law. In: GAVISON, Ruth (Org.). *Issues in contemporary legal philosophy*: the influence of H. L. A. Hart. Oxford: Clarendon, 1987. p. 81-105; POSTEMA, Gerald. Coordination and convention at the foundations of law. *Journal of Legal Studies*, Chicago, v. 11, n. 1, p. 165-203, Jan. 1982; COLEMAN, Jules. Negative and positive positivism. *Journal of Legal Studies*, Chicago, v. 11, p. 139-164, 1982, p. 139, reeditado em COLEMAN, Jules. Negative and positive positivism. In: COHEN, Marshall (Ed.). *Ronald Dworkin and contemporary jurisprudence*. Totowa, USA: Rowman and Allanheld, 1983. p. 28-48. COLEMAN, Jules. Incorporationism, conventionality, and the practical difference thesis. *Legal Theory*, Oxford, v. 4, p. 381-426, 1998; COLEMAN, Jules. *The practice of principle: in defense of a pragmatist approach to legal theory*, 2001c; vários ensaios discutem o tema em COLEMAN, Jules (Ed.), *Hart's Postscript: essays on the postscript to "The concept of law"*, 2001a.

No quarto capítulo examino de maneira mais detida duas formulações inspiradas nos trabalhos de Lewis e que procuraram superar as falhas e os limites identificados por seus críticos. Em primeiro lugar, descrevo a analiso como Jules Coleman (e, em certo sentido, também Scott Shapiro e Gerald Postema), influenciado pelos trabalhos de Michael Bratman, redefine o conceito de convenção como uma *atividade cooperativa compartilhada*. Procuro analisar os limites que essa visão apresenta para explicar as práticas argumentativas valorativas. Mostro também como a estratégia teórica utilizada por Coleman para distinguir os conceitos de *significado de uma regra* e sua *aplicação* para explicar os desacordos teóricos não é aceitável.

Nesse mesmo capítulo apresento uma outra variante do convencionalismo jurídico recentemente defendida por Andrei Marmor e inspirada nos trabalhos de John Searle e Neil Maccormick. Para ele, a regra de reconhecimento é um tipo especial de convenção que ele denomina *convenção constitutiva*. Segundo Marmor, estas podem ser subdivididas em *convenções profundas*, que estabelecem os valores de base para determinadas práticas convencionais, e *convenções de superfície*, que especificam num determinado contexto as primeiras. A regra de reconhecimento seria uma forma de convenção constitutiva de superfície subdeterminada pelas convenções constitutivas profundas. Procuro mostrar como a saída de Marmor, por conceder demasiadamente à crítica de Dworkin, não consegue se apresentar como uma versão consistente do positivismo convencionalista.

Por fim, no capítulo final defendo a tese de que as respostas convencionalistas que se mantêm fiéis ao significado básico de convenção anteriormente exposto não são convincentes. De maneira mais cautelosa, concluo que o convencionalismo, ao menos em duas de suas principais vertentes, examinadas neste trabalho, não oferece respostas satisfatórias ao *desafio dworkiniano*.

Este livro explora uma das principais vertentes do debate teórico jurídico dentro da tradição analítica. É voz comum entre os estudiosos de filosofia do direito o reconhecimento de que esse debate ganhou um forte caráter metodológico (incorporando uma ampla agenda de discussão de temas de epistemologia, teorias da verdade, epistemologia moral e filosofia da linguagem).

Para Dworkin, o convencionalismo jurídico ainda é uma expressão importante do tipo de equívoco metodológico que marcou o debate teórico jurídico contemporâneo. Para ele, o convencionalismo é a versão interpretativa do positivismo jurídico. É por esse motivo que permanece vítima dos erros filosóficos que ele já identificara em suas primeiras críticas ao positivismo. No livro *Do xadrez à cortesia: Dworkin e a teoria do direito contemporânea*[53], desenvolvi mais amplamente esse tema, procurando identificar como essa agenda metodológica na teoria do direito renasceu e se desenvolveu nas últimas décadas. Em certo sentido, o presente trabalho continua numa mesma senda, por um lado *avançando historicamente* nos desdobramentos dessa agenda, em particular dentro da tradição anglo-saxã. Por outro lado, procuro *aprofundar* alguns dos complexos problemas filosóficos que ela trouxe, submetendo a um escrutínio mais específico algumas das respostas críticas feitas ao pensamento de Dworkin e aos desafios a que ele submeteu seus adversários, em particular os positivistas e os convencionalistas.

[53] MACEDO JUNIOR, Ronaldo Porto, *Do xadrez à cortesia: Dworkin e a teoria do direito contemporânea*, 2013a

Capítulo I
O CONVENCIONALISMO JURÍDICO E AS PRIMEIRAS CRÍTICAS DE DWORKIN

Na introdução deste trabalho apontei que os desacordos teóricos apresentados possuem não apenas relevância teórico-descritiva, como também importância prática, na medida em que em muitos contextos de uso do *conceito* de direito (notadamente quando se procura saber qual é o valor de verdade de uma proposição jurídica do tipo *A tem direito a X*) os agentes se valem de diferentes *concepções* (isto é, especificações teóricas sobre o significado do conceito) acerca do que é o direito e isso implica distintos resultados práticos e decisões judiciais. Indiquei como Dworkin utiliza, em *O império do direito* e *Justiça de toga*, os casos *TVA* e *Sra. Sorensen* para evidenciar tal relevância prática das controvérsias teóricas.

Acredito que a contribuição de Dworkin para a teoria do direito somente pode ser adequadamente compreendida em sua relação com a obra de H. L. A. Hart. Há muitas razões para isso, e uma das mais importantes é a sua divergência com seu antigo professor em Oxford (a quem viria a suceder na cadeira de *Jurisprudence*) acerca da natureza normativa do direito[54]. Dworkin defendeu a tese de que o direito aspira, tem como seu elemento intencional central, justificar o uso da coerção estatal por

[54] Analisei esse argumento com mais detalhe em Macedo Junior, Ronaldo Porto, *Do xadrez à cortesia: Dworkin e a teoria do direito contemporânea*, 2013a, p. 21-52. Gerald Postema acompanha essa interpretação: "Dworkin's jurisprudential theory, more than the work of contemporary natural-law theorists, is inconceivable without Hart's. Hart's theory sprang from the conviction that the task of legal theory is to understand law as a normative social practice". Postema, Gerald, *Legal philosophy in the twentieth century: the common law world*, 2011a, p. 403. Uma bem-elaborada história intelectual de H. L. A. Hart e da evolução da filosofia do direito na Inglaterra pode ser encontrada em Lacey, Nicola. A life of H. L. A. Hart: the nightmare and the noble dream. Oxford: Oxford University Press, 2006,

meio do apelo a princípios político morais extraídos (de forma interpretativa reconstrutiva) de um conjunto de práticas políticas de uma determinada comunidade realizadas para promover, proteger e especificar direitos individuais. Por essa razão, para ele a própria tarefa da teoria do direito é esclarecer e tornar inteligível essa aspiração[55]. Para fazer isso, é

p. 456. Cfr. Também Guest, Stephen. Ronald Dworkin. 3rd ed. Chicago: Stanford Law Books, 2012

[55] Em *Levando os direitos a sério*, Dworkin assim esclarece qual é a sua visão acerca da natureza e das tarefas da teoria do direito: "Uma teoria geral do direito deve ser ao mesmo tempo normativa e conceitual. Sua parte normativa deve examinar uma variedade de temas, indicados na relação que segue. Ela deve conter uma teoria da legislação, da decisão judicial e da observância da lei (*compliance*). Essas três teorias tratam das questões normativas do direito, a partir da perspectiva de um legislador, de um juiz e de um cidadão comum. A teoria da legislação deve conter uma teoria da legitimidade que descreva as circunstâncias nas quais um indivíduo ou um grupo particular está autorizado a fazer leis, e uma teoria da justiça legislativa, que descreve o tipo de leis que estão autorizados ou obrigados a fazer. Do mesmo modo, a teoria da decisão judicial deve ser complexa: deve conter uma teoria da controvérsia, que estabeleça os padrões que os juízes devem utilizar para decidir os casos jurídicos difíceis, e uma teoria da jurisdição, que explique por que e quando os juízes — e não outros grupos ou instituições — devem tomar as decisões exigidas pela teoria da controvérsia. A teoria da observância da lei deve discutir e distinguir dois papéis. Deve conter uma teoria do respeito à lei, que discuta a natureza e os limites do dever do cidadão de obedecer à lei, tal como esta se apresenta nas diferentes formas do Estado e em diferentes circunstâncias, bem como uma teoria da execução da lei que identifique os objetivos da aplicação e da punição e descreva como os representantes públicos devem reagir às diferentes categorias de crimes e infrações. [...] Portanto, as interdependências entre as diversas partes de uma teoria geral do direito são complexas. Além disso, nesse mesmo sentido, uma teoria geral do direito terá muitas ligações com outras áreas da filosofia. A teoria normativa irá assentar-se em uma teoria moral e política mais geral, que poderá, por sua vez, depender de teorias filosóficas sobre a natureza humana ou a objetividade da moral. A parte conceitual fará uso da filosofia da linguagem e, portanto, também da lógica e da metafísica. Por exemplo, a questão do significado das proposições do direito e de sua verdade ou falsidade tem ligações imediatas com questões muito difíceis e controvertidas da lógica filosófica. Por essa razão, uma teoria geral do direito deve constantemente adotar uma ou outra das posições em disputa a respeito de problemas de filosofia que não são especificamente jurídicos." Dworkin, Ronald, *Levando os direitos a sério*, 2002a, p. VIII- X; Dworkin, Ronald, *Taking rights seriously*, 1977a, p. VIII-IX; Dworkin, Ronald, *Law's empire*, 1986, p. 31-45. No mesmo sentido: Dworkin, Ronald. Legal theory and the problem of sense. In: Gavison, R. (Ed.). *Issues in contemporary legal philosophy*: the influence of H. L. A Hart. Oxford: Oxford University Press, 1987b. p. 9-13.

necessário realizar uma profunda revisão metodológica do positivismo e de outras teorias rivais (como o pragmatismo, o realismo, etc.), de modo a superar os erros filosóficos sobre os quais se assenta. Nesse sentido, uma parte relevante do seu empreendimento visa realizar uma terapia do uso da linguagem do direito como uma propedêutica para a construção de uma teoria substantiva do direito.

O desafio que ele apresenta ao positivismo em nada se assemelha ao tipo de desafio proposto pelo *jusnaturalismo escolar*, em especial aquele descrito pelos principais teóricos do positivismo jurídico[56], que pretenderiam criticar e desafiar o positivismo de uma perspectiva teórica completamente externa a ele. Dworkin elabora a sua crítica ao positivismo jurídico radicalizando elementos centrais de um tipo de análise conceitual e filosófica própria e, em certa medida, característica do positivismo. Ao radicalizar muitas formas de análise, ele procurou desmontar o positivismo "por dentro", realizando uma crítica interna. Nesse sentido, a sua intenção teórica visou não apenas contestar conclusões substantivas defendidas pelos positivistas, mas também solapar os seus fundamentos filosóficos e metodológicos[57]. Um dos pontos centrais de seu poderoso ataque reside em sua dura e radical crítica ao convencionalismo jurídico.

I. A primeira crítica de Dworkin aos pressupostos do convencionalismo

As primeiras críticas formuladas por Dworkin aos pressupostos convencionalistas da regra de reconhecimento foram pioneiramente apresentadas em seus primeiros textos críticos ao pensamento de Hart, em par-

[56] Cfr. Kelsen, Hans, 1999; Bobbio, Norberto. *O positivismo jurídico*: lições de filosofia do direito. Compilação de Nello Morra. Tradução e notas de Márcio Pugliesi, Edson Bini e Carlos E. Rodrigues. São Paulo: Ícone, 1995; Bobbio, Norberto. *El problema del positivismo jurídico*. Traducción de Ernesto Garzón Valdéz. Mexico: Fontamara, 1999, etc. Uma dura e convincente crítica dos equívocos da descrição positivista do pensamento jusnaturalista, inclusive das posições de H. L. A. Hart e Joseph Raz, é feita por Finnis, John, 1980, capítulos I e II.

[57] Cfr. Postema, Gerald, *Legal philosophy in the twentieth century: the common law world*, 2011a, p. 403; Guest, Stephen, 2012, p.27 e ss.

ticular o seu famoso texto "Modelo de regras I", de 1967[58]. Nesse texto, Dworkin identificou três elementos centrais na caracterização do positivismo jurídico para depois analisar se estes poderiam resistir às objeções que formulou ao positivismo. Em sua esquemática caracterização, ele identificou os seguintes pontos.

Em primeiro lugar, identificou a chamada *tese do pedigree*, posteriormente renomeada *tese das fontes sociais*[59]. Segundo ela, "O direito de uma comunidade é um conjunto de regras especiais utilizado direta ou indiretamente pela comunidade com o propósito de determinar qual comportamento será punido ou coagido pelo poder público"[60]. Para ele, "essas regras especiais podem ser identificadas e distinguidas com auxílio de critérios específicos, de testes que não têm a ver com seu conteúdo, mas

[58] Dworkin, Ronald. The model of rules. *University of Chicago Law Review*, Chicago, v. 35, p. 14-46, 1967, p. 14; reeditada em Dworkin, Ronald. Is law a system of rules? In: Summers, R. (Ed.). *Essays in legal philosophy*. Oxford: Blackwell, 1968. p. 24-60, p. 25, em Dworkin, Ronald. The model of rules I. In: Dworkin, Ronald. *Taking rights seriously*. Cambridge: Harvard University Press, 1977c. p. 14-45, e em Dworkin, Ronald. The model of rules I. In: Dworkin, Ronald (Ed.). *The philosophy of law*. Oxford: Oxford University Press, 1977b. p 38-66, p. 38. Antes dele, contudo, vale notar, o autor publicara alguns artigos que já antecipavam vários dos argumentos apresentados nesse texto: Dworkin, Ronald. Does law have a function?: A comment on the two-level theory of decision. *Yale Law Journal*, New Haven, v. 74, p. 640-641, 1965a. Disponível em: <http://digitalcommons.law.yale.edu/fss_papers/3614>. Acesso em: 28 ago. 2013, renomeado a partir do artigo anterior Dworkin, Ronald. Wasserstrom, "the judicial decision". *Ethics*, Chicago, v. 75, 1964, p. 47; Dworkin, Ronald. Judicial discretion. *Journal of Philosophy*, v. 60, 1963; Dworkin, Ronald. Philosophy, morality and law: observations prompted by professor Fuller's novel claim. *Ethics*, Chicago, v. 13, 1965b, p. 47; Dworkin, Ronald. The elusive morality of law. *Vanderbilt Law Review*, Nashville,v. 10, p. 631-639, 1965c, p. 631.

[59] Cfr. Coleman, Jules. *The practice of principle: in defense of a pragmatist approach to legal theory*, 2001c, p. 67.

[60] Dworkin, Ronald, *Levando os direitos a sério*, 2002a, p. 28-29. No original: "The law of a community is a set of special rules used by the community directly or indirectly for the purpose of determining which behavior will be punished or coerced by the public power. These special rules can be identified and distinguished by specific criteria, by tests having to do not with their content but with their pedigree or the manner in which they were adopted or developed". Dworkin, Ronald, *Taking rights seriously*, 1977a, p. 17.

com o seu *pedigree* ou maneira pela qual foram adotadas ou formuladas"[61]. Eles servem para distinguir as regras juridicamente válidas tanto das regras inválidas, como das regras morais. Essa tese estabelecia, portanto, o argumento de que o direito tem um fundamento nos fatos sociais, e não na moralidade ou em algum fundamento metafísico.

Em segundo lugar, a sua caracterização afirmava que "O conjunto dessas regras jurídicas é coextensivo com 'o direito', de modo que se o caso de alguma pessoa não estiver claramente coberto por uma regra dessas [...], então esse caso não pode ser decidido mediante 'a aplicação do direito'"[62]. Nesse caso, "ele deve ser decidido por alguma autoridade pública, como um juiz, 'exercendo sua discricionariedade pessoal', *o que significa ir além do direito* na busca por algum outro tipo de padrão que o oriente na confecção de nova regra jurídica ou na complementação de uma regra já existente"[63].

Por fim, em terceiro lugar, segundo Dworkin o positivismo afirma também uma tese acerca da obrigação jurídica ante a legalidade (legality). Tal ponto seria enfatizado de maneira especial pela obrigação judicial de acolher a legalidade como a razão da obrigação para obedecer a regra. Ou, em outras palavras, por que o *pedigree* gera uma obrigação de obedecer (*duty to obey*)? Para ele, "dizer que alguém tem uma 'obrigação jurídica' é dizer que seu caso se enquadra em uma regra jurídica válida que exige que ele faça ou se abstenha de fazer alguma coisa"[64]. Desse modo, quando afirmamos que alguém tem direito a algo, estamos afir-

[61] Dworkin, Ronald, *Levando os direitos a sério*, 2002a, p. 28-29; Dworkin, Ronald, *Taking rights seriously*, 1977a, p. 17.

[62] Dworkin, Ronald, *Levando os direitos a sério*, 2002a, p. 28-29. No original: "The set of these valid legal rules is exhaustive of 'the law', so that if someone's case is not clearly covered by such a rule because there is none that seems appropriate, or those that seem appropriate are vague, or for some other reason then that case cannot be decided by 'applying the law'". Dworkin, Ronald, *Taking rights seriously*, 1977a, p. 17.

[63] Dworkin, Ronald, *Levando os direitos a sério*, 2002a, p. 28-29; tradução alterada por mim, grifo meu. No original: "It must be decided by some official, like a judge, 'exercising his discretion', which means reaching beyond the law for some other sort of standard to guide him in manufacturing a fresh legal rule or supplementing an old one". Dworkin, Ronald, *Taking rights seriously*, 1977a, p. 17.

[64] Dworkin, Ronald, *Levando os direitos a sério*, 2002a, p. 28-29. No original: "To say that someone has a 'legal obligation' is to say that his case falls under a valid legal rule that

mando que outros têm obrigações correspondentes que garantam esse direito. Dessa forma, "Na ausência de uma tal regra jurídica válida não existe *obrigação jurídica*; segue-se que quando o juiz decide uma matéria controversa exercendo sua discricionariedade, ele não está fazendo valer um direito jurídico correspondente a essa matéria"[65]. Em outras palavras, a *tese da obrigação* afirma que as obrigações nascem apenas onde há regras válidas que as instituem. Em razão disso, os juízes estão juridicamente obrigados a aplicar regras válidas. Isso portanto, conduz *à tese da discricionariedade*, segundo a qual eles não possuem a obrigação de decidir de determinada maneira quando a regra é vaga, silente ou indeterminada. Nessa situação, os juízes devem exercer a sua *discricionariedade*, quando deixam de *aplicar* ou seguir o direito, para criá-lo (exercem o poder legislativo intersticial, ou discricionariedade intersticial). Nesse caso, não haveria que falar que ele errou ou acertou, do ponto de vista jurídico, ao decidir um caso de uma maneira particular. Esses elementos centrais do positivismo o conduzem à tese da fonte exclusivamente social do direito, que teria a *regra de reconhecimento*, um fato social, como o seu fundamento último e exclusivo.

Jules Coleman retraduziu os pontos centrais da caracterização feita por Dworkin do positivismo da seguinte forma. Em primeiro lugar, o positivismo jurídico estaria assentado na *tese da convencionalidade*. Segundo ela, os critérios de validade são vinculativos e impõem a obrigação jurídica aos juízes exclusivamente em razão do fato social de que são aceitos e praticados pelos tribunais e pelas autoridades judiciárias. Dessa forma, os fundamentos do direito estão apoiados num fato social complexo: a regra de reconhecimento, que nada mais é do que a *convenção* praticada pelas autoridades encarregadas de aplicar o direito[66].

requires him to do or to forbear from doing something". DWORKIN, Ronald, *Taking rights seriously*, 1977a, p. 17.

[65] DWORKIN, Ronald, *Levando os direitos a sério*, 2002a, p. 28-29. No original: "In the absence of such a valid legal rule there is no legal obligation; it follows that when the judge decides an issue by exercising his discretion, he is not enforcing a legal obligation as to that issue". DWORKIN, Ronald, *Taking rights seriously*, 1977a, p. 17.

[66] POSTEMA, Gerald, *Legal philosophy in the twentieth century: the common law world*, 2011a, p. 404; COLEMAN, Jules. *The practice of principle: in defense of a pragmatist approach to legal theory*, 2001c, p. 99-148.

Em segundo lugar, o positivismo estaria assentado na *tese da diferença prática* (*practical difference thesis*), segundo a qual as regras devem ser capazes de afetar motivacionalmente a estrutura ou o conteúdo da ação e da deliberação do sujeito. Para Coleman: "O problema é que oincorporacionismo e a conjunção entre o convencionalismo e a tese da diferença prática constituem um conjunto inconsistente"[67]. Por fim, em terceiro lugar, o pensamento de Hart estaria apoiado em seu *positivismo metodológico*, que identifica como tarefa central da filosofia do direito apresentar uma *descrição* de seu objeto *independentemente de qualquer tipo de avaliação moral deste*. Em outras palavras, Hart afirma como ponto central de seu projeto teórico a *tese da separabilidade entre moral e direito*.

Conforme aponta Gerald Postema[68], a crítica de Dworkin ao positivismo jurídico desafiou esses três pontos basilares. Em outro trabalho pude aprofundar a natureza e os argumentos centrais contidos em sua crítica ao positivismo metodológico[69]. Apesar da existência de conexões entre a *tese da convencionalidade* e as demais, é a ela e a seus desdobramentos que dedicarei mais atenção neste trabalho.

Em seu primeiro ataque aos fundamentos do positivismo, contido em "Modelo de regras I" (1967), Dworkin dirigiu uma vigorosa crítica à tese segundo a qual o direito consiste num modelo de regras assentado num fundamento social de validade. Para ele, "positivismo [...] é um modelo de e para um sistema de regras, e a sua noção central de um único teste fundamental para a lei nos força a perder os importantes papéis [...] dos

[67] COLEMAN, Jules. *Incorporationism, conventionality, and the practical difference thesis*, 1998, p. 382-383, tradução minha. No original: "The problem is that Incorporationism and the conjunction of the Conventionality and Practical Difference Thesis constitute an inconsistent set". Texto republicado em Coleman, Jules (Ed.), *Hart's Postscript: essays on the postscript to "The concept of law"*, 2001a, p. 99-148, e COLEMAN, Jules. *The practice of principle: in defense of a pragmatist approach to legal theory*, 2001c, p. 121 et seq. Ver também, desse mesmo livro, as páginas 124-125, nas quais ele aponta as razões pelas quais realizou tal retradução para responder a algumas objeções propostas por Scott Shapiro e Joseph Raz.

[68] Utilizei-me amplamente nesta seção do competente trabalho de POSTEMA, Gerald, *Legal philosophy in the twentieth century: the common law world*, 2011a, especialmente capítulos 9 e 11.

[69] Explorei mais diretamente essa questão em MACEDO JUNIOR, Ronaldo Porto, *Do xadrez à cortesia: Dworkin e a teoria do direito contemporânea*, 2013a.

padrões que não são regras"[70]. Essa caracterização do direito, ainda que elegante em sua formulação, padece de um gravíssimo defeito, na medida em que não se ajusta (*fit*) a uma série de práticas jurídicas relevantes, notadamente as práticas de interpretação e aplicação do direito. Em outras palavras, a descrição positivista não consideraria devidamente a dimensão argumentativa do direito e as exigências de justificação nela contidas. Nesse sentido, excluiria um aspecto central do significado focal (*focal meaning*) das práticas jurídicas, como diria John Finnis[71].

O ponto central, e que deu grande notoriedade a essa primeira objeção de Dworkin, está em sua distinção lógica entre regras e princípios por meio da qual ele veicula sua crítica. Para ele, a forma como Hart formulou o seu modelo desconsiderou o fato de que princípios, na medida em que exigem justificação moral, não seguem a *gramática lógica* do "tudo ou nada". A bem dizer, eles envolvem a exigência de razões que justifiquem a sua aplicação e a sua dimensão de peso ou importância em relação a outros valores (sopesamento — *balancing*). Ademais, como fica mais claro em suas obras posteriores, os princípios (para Dworkin, mas não para todos) são *conceitos interpretativos*, e não *conceitos criteriais* vagos ou indeterminados.

A forma como Dworkin formulou a sua objeção estimulou a expansão de um longo e prolífico debate entre ele e os positivistas que, ao meu ver, nem sempre se dirigiu ao ponto central de sua crítica. Isso porque a essência de sua objeção não versava sobre a falta de referência ou sobre o "esquecimento" dos princípios (tal como tradicionalmente compreendidos pela dogmática jurídica) na descrição do que é o direito, mas sim sobre o fato de que os princípios são parâmetros (ou regras, em sentido amplo) que exigem *justificação* moral. Talvez por esse mesmo motivo Dworkin tenha abandonado, em suas obras posteriores, a estratégia de formular suas objeções invocando a distinção entre regras e princípios, reformulando a sua estratégia crítica, conforme veremos adiante.

[70] Dworkin, Ronald, *Taking rights seriously*, 1977a, p. 22, tradução minha. No original: "Positivism [...] is a model of and for a system of rules, and its central notion of a single fundamental test for law forces us to miss the important roles of [...] standards that are not rules".

[71] Finnis, John, 1980, capítulos I e II.

Para ele, os juízes, quando decidem — em especial, mas não exclusivamente — casos difíceis, reconhecem que sua obrigação de aplicar o direito não se resume a aplicar apenas as regras (em sentido estrito) válidas. Eles reconhecem também que os princípios *devem* guiar suas decisões, razão pela qual suas decisões não são discricionárias num sentido forte (isto é, não excluem a possibilidade de serem *juridicamente* certas ou erradas)[72]. Os princípios jurídicos são *standards* morais que orientam essas decisões, motivo pelo qual não se pode afirmar que exista *discricionariedade judicial em sentido forte.*

É importante insistir que Dworkin não está preocupado em elaborar uma teoria da decisão judicial, mas sim em apontar *para as consequências da teoria positivista para a decisão judicial.* Ele quer também mostrar, por meio das consequências práticas implicadas pelas opções teóricas (no momento da decisão judicial), as limitações da própria teoria. Esse ponto nem sempre foi bem compreendido por seus críticos, inclusive H. L. A. Hart[73]. Desse modo, Dworkin identificou na limitação do tratamento dado pelo positivismo jurídico do tema do raciocínio jurídico um ponto de vulnerabilidade da teoria positivista em geral. A sua estratégia procurou mostrar como a interpretação dos princípios evidencia de maneira particular a gramática (moral) da argumentação jurídica.

A despeito de Dworkin já em "Modelo de regras I" ter insistido que princípios não são regras vagas ou marcadas por um nível mais elevado de indeterminação em função de sua *textura aberta*, recebeu diversas críticas que se baseavam numa concepção de princípio distinta daquela que ele mesmo utilizara em sua crítica a Hart. Um bom exemplo do tipo de objeção que foi feita ao uso dado por Dworkin ao conceito de princípio pode ser encontrado nas objeções a ele feitas por Joseph Raz e que foram

[72] Para Dworkin, a discricionariedade tem um sentido forte quando um juiz não "erra" ao optar por uma decisão em vez de outra. Isso porque, nesse caso, inexistiria um critério fixado pela regra que estaria sendo violado. A discricionariedade em sentido fraco designa o agente que detém a competência para tomar uma decisão. Cfr. DWORKIN, Ronald, *Levando os direitos a sério*, 2002a, p. 51 et seq.

[73] HART, H. L. A. Postscript. In: HART, H. L. A. *The concept of law*. 2nd ed. Edition by Penélope A. Bullock and Joseph Raz. Oxford: Clarendon, 1997. p. 238-276; Na verdade, como se verá, Dworkin recusa a ideia de que existe uma fratura entre teoria do direito e teoria da decisão judicial. Cfr. DWORKIN, Ronald, 1986, p. 90.

respondidas diretamente em "Modelo de regras II". Para Raz, os princípios são razões substantivas que não fazem parte do direito propriamente dito, muito embora os juízes possam invocá-los com frequência no exercício de sua atividade judicial. Eles seriam *extrajurídicos* e funcionariam como razões para agir que se combinam com razões de segunda ordem para não agir em função de outras considerações. Princípios seriam razões substantivas de primeira ordem[74].

Para Raz, os juízes se valem de *razões exclusionárias* ou *preemptivas*[75] no momento em que aplicam o direito. Estas estão exclusivamente baseadas em sua origem autoritativa (*authoritative*, *i.e.*, dotada de autoridade) e, por esse motivo, são razões protegidas (*protected reasons*). As razões morais substantivas ou dependentes são extrajurídicas, tanto quanto as normas de direito estrangeiro ou o estatuto de um clube o são, malgrado possam ser invocadas pelos juízes no momento da aplicação do direito[76]. As razões propriamente jurídicas, que constituem as diretivas dotadas de autoridade, funcionam em nosso raciocínio prático como *razões protegidas* e devem ser vistas como sendo baseadas em fontes sociais.

Para Dworkin, embora a solução engenhosa de Raz possa ser vista como uma forma de garantir a coerência interna da teoria positivista, ela não é capaz de fornecer uma teoria plausível das práticas judiciais e, em particular, da forma como a argumentação jurídica efetivamente se opera (ou na linguagem da justificação jurídica que seguiria uma gramática moral). Em outras palavras, a linguagem da *justificação moral* presente nas

[74] RAZ, Joseph. Legal principles and the limits of law. In: COHEN, Marshall (Ed.). *Ronald Dworkin and contemporary jurisprudence.* Totowa, USA: Rowman and Allanheld, 1983, p. 73-87, p. 83, anteriormente publicado como RAZ, Joseph. Legal principles and the limits of law. *Yale Law Journal*, New Haven, v. 81, p. 823-854, 1972. CARRIO, Genaro R. *Legal principles and legal positivism.* Buenos Aires: [S.n.], 1971.

[75] Raz fala em *preemptive reasons* em RAZ, Joseph. *Practical reason and norms.* Oxford: Oxford University Press, 1990. Tradução brasileira: Raz, Joseph. *Razão prática e normas.* Tradução de José Garcez Ghirardi. Revisão técnica de Wladimir Lisboa. Rio de Janeiro: Elsevier, 2009b. (Coleção Teoria e Filosofia do Direito). Em obras posteriores passa a se referir a elas como *razões exclusionárias* (RAZ, Joseph, 1995b, p. 212 et seq.; RAZ, Joseph. *The morality of freedom.* Oxford: Clarendon, 1986. Tradução brasileira: RAZ, Joseph. *A moralidade da liberdade.* Tradução de Carlos Henrique de Oliveira Blecher e Leonardo Gomes Penteado Rosa. Revisão técnica de Rafael Mafei Rabelo Queiroz. São Paulo: Elsevier, 2011.

[76] RAZ, Joseph, 1983, p. 77.

práticas argumentativas centrais de nossas experiências jurídicas típicas (nos *casos centrais*[77] ou *pivotal cases*) não permite que as vejamos como elementos externos ao direito, em particular quando pensamos em nossas obrigações perante o direito (*legal duties*).

O ponto principal da crítica de Dworkin não reside no fato de que o modelo positivista não pode incorporar ou positivar os princípios. A questão principal se refere ao fato de que nas práticas argumentativas quotidianas os agentes *buscam a melhor justificação de uma decisão com base em princípios morais* sempre que as regras que servem de guia para a ação se tornam vagas ou indeterminadas ou produzem um resultado manifestamente iníquo em casos particulares. Esse esforço envolve uma atividade interpretativa reconstrutiva e não se apoia ao significado puramente convencional desses princípios, nem tampouco fundamenta a justificativa no fato de esses princípios terem sido (contingentemente) positivados pela via legislativa. A justificativa que normalmente aparece nessas práticas argumentativas se fundamenta no valor desses princípios e em sua dependência e sua coerência com uma rede mais ampla de princípios e valores como justiça, igualdade, dignidade, etc.[78]

Há dois pontos importantes a destacar nas observações de Dworkin. Em primeiro lugar, é central reconhecer que os princípios são vinculativos e geram obrigações (*duties*) para os juízes. Em segundo lugar, o "uso dos princípios" constitui-se numa tarefa *controvertida* em diversas medidas. A controvérsia subjacente a seu uso envolve a falta de certeza não apenas sobre o modo como realizar as ponderações e as atribuições de peso (ou balanceamento), como também, e isso é muito importante, sobre o próprio significado do princípio em questão. Princípios são formulados com base em *conceitos*, e com frequência a disputa ou a controvérsia sobre eles envolve saber qual é a melhor *concepção* que se pode dar a esse mesmo

[77] FINNIS, John, 1980. Tradução brasileira: FINNIS, John. *Lei natural e direitos naturais*. Tradução de Leila Mendes. São Leopoldo: Unisinos, 2007, capítulo I.

[78] Esse argumento é desenvolvido por Dworkin nos principais ensaios que compõem as obras DWORKIN, Ronald, *Taking rights seriously*, 1977a, p. 53; DWORKIN, Ronald, *Law's empire*, 1986; DWORKIN, Ronald, *Justice for hedgehogs*, 2011.

conceito[79]. Para resolver tais controvérsias, Dworkin chama a atenção para a natureza inafastavelmente interpretativa desses conceitos morais com base nos quais foram formulados os princípios[80]. Importa lembrar qual é o significado moral aqui implicado. Para ele, eles não são morais porque se reportam a uma *moral convencional* (*conventional morality*), mas sim porque são dependentes de critérios de verdade fundados em *razões morais substantivas*, também denominadas por ele de *moral concorrente* (*concurrent morality*)[81].

Para Dworkin, em casos como *TVA v. Hill* ou *Sra. Sorensen*, os juízes não apenas argumentam em favor da produção de uma concepção razoável e relativamente bem seguida ou aceita por seus pares de profissão, mas buscam a melhor concepção do que é o direito no caso concreto. Eles reconhecem que é o seu dever, como juízes, aplicar *o direito*, e não um direito apenas razoavelmente plausível e congruente com a expectativa da maioria ou de boa parte dos seus pares. Em sua argumentação eles presumem, portanto, a existência de um critério de correção ou a superioridade de uma interpretação em relação a outra. É evidente que tal congruência é desejável e importante para a aceitação do direito. Ela pode também ser uma evidência de correção. Entretanto, o que torna o argumento um *bom argumento*, e assim constitui o seu critério de verdade, não é a sua mera aceitação convencional, mas sim o fato de ele ser justificado pelas melhores razões substantivas.

O argumento é familiar a nossas práticas de argumentação moral quotidianas. A argumentação é semelhante à forma como um *vegetariano*, ao falar contra o consumo de carne animal, fundamenta suas razões não na

[79] A distinção entre conceitos e concepções tornou-se comum no discurso filosófico contemporâneo, em especial nos debates morais. Ela é amplamente utilizada por autores como Hart (Hart, H. L. A., 1994a), Rawls (Rawls, John, 1971) e Dworkin (Dworkin, Ronald. A Special Supplement: The Jurisprudence of Richard Nixon. *The New York Review of Books*, May 4, 1972) e foi originalmente destacada por Gallie, W. B. Essentially contested concepts. *Proceedings of the Aristotelian Society*, New Series, Hoboken, v. 56, p.167-198, 1956b.

[80] Por esse motivo, uma interpretação equivocada do sentido dos princípios em Dworkin, pautada exclusivamente na análise de "Modelo de regras I", encontramos em Neves, Marcelo, 2013, p. 51-63.

[81] Dworkin, Ronald. The model of rules II. In: Dworkin, Ronald. *Taking rights seriously*. Cambridge: Harvard University Press, 1977d. p. 46-80, p. 53.

boa aceitação ou na razoabilidade atribuída a seu pensamento pela maioria da sociedade na qual este é produzido, mas sim no fato de esse pensamento ser *correto*. O critério de verdade por ele pressuposto pode, por esse motivo, ser até mesmo contra majoritário sem perder o seu valor de verdade, e assim, a sua condição de sentido.[82]

Afinal, se imaginássemos que a condição de verdade fosse a existência de um acordo convencional que considerasse ser correto o vegetarianismo, seria um rematado *nonsense* alguém formular uma crítica aos consumidores de carne animal. O máximo que se poderia imaginar, quando alguém censurasse outro por consumir esse tipo de carne, seria imaginar que estaria expressando uma preferência ou conferindo uma ênfase. Tal como alguém que não gosta de tomar sorvete de passas ao rum poderia dizer "é errado tomar sorvete de passas ao rum!". O certo e o errado, nesse caso, não se reportaria a um critério de objetividade "intersubjetivo", mas antes deveria ser entendido como mera expressão de preferência não universalizável e impassível de conhecimento objetivo (qualquer que fosse o conceito de objetividade utilizado — fosse ele baseado num conceito de verdade como correspondência, fosse ele dependente da existência de melhor justificativa em seu favor).

Ademais, os princípios *assim concebidos*, além de serem obrigatórios, adquirem força obrigacional não em razão de seus *pedigrees*, mas sim de sua referência à obrigação moral de obedecer. Esta, por sua vez, está referida ao "*point*" de justiça intrínseco ao conceito interpretativo de direito. Vale notar, contudo, que isso não equivale a afirmar que inexiste distinção entre a moral e o direito. Em formulações posteriores, Dworkin afirma que o direito é melhor compreendido como um departamento da moral[83], o que indica que a distinção entre ambos não é uma distinção entre domínios distintos, mas antes entre subespécies ou subdepartamentos. Isso não significa, porém, que esse departamento possa existir sem uma dimensão institucional articulada ao fenômeno da autoridade

[82] Esse argumento ja está presente no pensamento de Dworkin desde Dworkin, Ronald, *The model of rules II*, 1977d, p. 81.

[83] Dworkin, Ronald. *Law and political morality*. Palestra no Holberg Prize Symposium. 2007c. Disponível em: <http://youtu.be/D8D5aIOHRNI>. Acesso em: 11 jul. 2012; Dworkin, Ronald, *Justice for hedgehogs*, 2011, p. 5; 405.

política[84]. O fundamento para a obediência a este depende, entretanto, de sua legitimidade.

Ainda que os argumentos de Dworkin não tenham persuadido grande parte dos positivistas, é certo que estes sentiram a necessidade de responder a algumas de suas objeções. Jules Coleman chega mesmo a afirmar que "seria difícil encontrar um ensaio que tenha sido mais influente para o desenvolvimento da jurisprudência contemporânea do que *Modelo de regras*"[85]. As respostas que ofereceram às objeções formuladas, contudo, produziram uma profunda divergência teórica nas hostes positivistas[86].

Várias questões foram levantadas e discutidas nesse primeiro momento do debate Hart-Dworkin (que se inicia com a publicação de "Modelo de regras I", de 1967, e termina com a publicação de "Modelo de regras II", de 1972[87]). Contudo, os traços principais que levaram à divisão entre os positivistas me parecem ser os descritos a seguir.

[84] Neste ponto não me parece correta a crítica dirigida por Frederick Schauer a Dworkin relativa à negligência da dimensão institucional do direito. SCHAUER, Frederick. Institutions and the Concept of Law: A Reply to Ronald Dworkin (with Some Help from Neil Maccormick). In: BANCOWSKY, Zenon; DEL MAR, Maksymilian (eds). *Law As Institutional Normative Order*: Essays In Honour Of Sir Neil Maccormick. Burlington: Ashgate, 2009, pp. 35-44. Disponível em: http://ssrn.com/abstract=1403311 Ver a resposta de Dworkin a Schauer em DWORKIN, Ronald. Hart and the Concepts of Law, in *Harvard Law Review Forum*, vol. 119, pp. 95-104.

[85] COLEMAN, Jules. Constraints on the criteria of legality. *Legal Theory*, Oxford, v. 6, p. 171-83, 2000, p. 172, tradução minha. No original: "it would be hard to find an essay that has been more influential in the development of contemporary jurisprudence than *The Model of Rules*".

[86] Um bom balanço desse debate pode ser encontrado em SHAPIRO, Scott. The Hart Dworkin debate: a short guide for the perplexed. In: DWORKIN, Ronald. *Contemporary philosophy in focus*. Edited by A. Ripstein. Cambridge: Cambridge University Press, 2007a. p. 22-55. WALUCHOW, Wilfrid J. *Inclusive legal positivism*. Oxford: Clarendon, 1994 HIMMA, Kenneth Einar. Inclusive legal positivism. In: COLEMAN, Jules L.; SHAPIRO, Scott (Eds.). *The Oxford handbook of jurisprudence and philosophy of law*. Oxford: Oxford University Press, 2002b. p. 125-165. Disponível em: <http://papers.ssrn.com/sol3/papers.cfm?abstract_id=928098>. Acesso em: 4 set. 2012; MARMOR, Andrei. Exclusive legal positivism. In: COLEMAN, Jules; SHAPIRO, Scott (Eds.). *The Oxford handbook of jurisprudence and philosophy of law*. Oxford: Oxford University Press, 2002. p. 104-124.

[87] Publicado como DWORKIN, Ronald. Social rules and legal theory. *The Yale Law Journal*,

Uma parte dos positivistas (posteriormente denominados *positivistas exclusivistas*) acolheu a caracterização do positivismo feita por Dworkin, mas não aceitou o seu argumento acerca da existência de justificações ou razões morais como elementos essenciais para a caracterização da argumentação jurídica apresentada em "Modelo de regras I" (por exemplo, Joseph Raz)[88]. Por outro lado, outros positivistas (*positivistas inclusivistas* ou *incorporacionistas*) recusaram a caracterização proposta por Dworkin, mas aceitaram que os argumentos morais poderiam ser incorporados nas justificações jurídicas presentes nas práticas argumentativas judiciais (por exemplo, Coleman).

Não havia uma divergência entre positivistas e Dworkin acerca da importância e da ampla disseminação do uso dos princípios nas práticas judiciais. A divergência essencial residia na natureza e no tipo de justificação envolvido no uso dos princípios. Para Dworkin, o uso dos princípios evidenciava o recurso a razões de natureza moral porquanto constituídas com base em *conceitos interpretativos* (conforme se verá melhor adiante)[89], ao passo que muitos positivistas os consideravam *conceitos criteriais* e convencionais.

Já salientei que o ponto central deste trabalho não se refere a todos os elementos das reações que as críticas de Dworkin provocaram entre os positivistas, mas ao lugar central que o convencionalismo vem a ocupar nessas reações, em particular como uma exigência para a resposta ao argumento sobre a existência de controvérsias teóricas pressupostas nas práticas argumentativas. Para tanto, é interessante observar mais de perto o modo como as reações de inclusivistas e exclusivistas posicionaram o debate em direção à tese convencionalista desde o primeiro momento do *debate Hart-Dworkin*.

Para o positivista exclusivista Joseph Raz, a caracterização inicial feita por Dworkin do positivismo estava basicamente correta. Raz reconheceu que o positivismo efetivamente acolhia os compromissos teóricos apon-

New Haven, v. 81, n. 5, p. 855-890, Apr. 1972; republicado como DWORKIN, Ronald, *The model of rules II*, 1977d.

[88] Cfr. RAZ, Joseph, 1995b, p. 202-203. SHAPIRO, Scott, 2007a.

[89] Tratei do assunto em MACEDO JUNIOR, Ronaldo Porto, *Do xadrez à cortesia: Dworkin e a teoria do direito contemporânea*, 2013a, p. 214-250.

tados por Dworkin com a tese do *pedigree*, a tese da discricionariedade forte e a tese de que o modelo de regras pressupunha uma teoria sobre a natureza *autoritativa* (dotada de autoridade) das regras jurídicas[90]. Aceitou também a descrição da *fenomenologia da prática jurídica* proposta por ele no que tange à ampla utilização de princípios morais, inclusive daqueles que não necessariamente são positivados (ou tornados válidos institucionalmente)[91].

A sua principal objeção se referia ao fato de que Dworkin não fora capaz de demonstrar que os princípios criam obrigações jurídicas, visto que não tivera sucesso em justificar por que os princípios criariam obrigações *em razão de serem parte do direito*. Em outras palavras, do fato de haver um costume judicial de utilizar os princípios morais não se pode concluir que os *princípios são jurídicos*. Poderíamos, assim, ter uma teoria capaz de apontar como princípios não jurídicos, ou extrajurídicos, podem desempenhar um papel relevante nas práticas argumentativas judiciais, sem aceitar as conclusões que Dworkin procurava extrair de sua *fenomenologia da prática judicial*.

Essa resposta de Raz mereceu mais de uma réplica por parte de Dworkin[92]. A sua primeira reação foi indicar que a descrição fenomenológica do papel e da importância dos princípios nas práticas judiciais, aparentemente aceita por Raz, desconsiderava a relevância de um ponto fundamental pressuposto em seu argumento. Para ele, Raz não compreendia corretamente o modo como a argumentação fundada nos princípios efetivamente funcionava nessa prática. Ele não compreendia corretamente

[90] Posteriormente ele desenvolveu a sua própria concepção da autoridade como serviço ("*service conception of authority*"), entendendo-a como uma complementação do modelo geral essencialmente hartiano de positivismo que defende. Cfr. RAZ, Joseph. Authority, law and morality. In: RAZ, Joseph. *Ethics in the public domain*: essays in the morality of law and politics. Oxford: Clarendon, 1995a. p. 210-237.

[91] RAZ, Joseph, 1995b, p. 202 et seq.

[92] Por exemplo, DWORKIN, Ronald, *The model of rules II*, 1977d; DWORKIN, Ronald. A reply by Ronald Dworkin. In: COHEN, Marshall (Ed.). Ronald Dworkin and contemporary jurisprudence. Totowa, USA: Rowman and Allanheld, 1983a. p. 247-300, p. 260-263; DWORKIN, Ronald. Thirty years on. In: DWORKIN, Ronald. *Justice in robes*. Cambridge: Harvard University Press, 2006i. p. 187-222; DWORKIN, Ronald. The concepts of law. In: DWORKIN, Ronald. *Justice in robes*. Cambridge, USA: Harvard University Press, 2006h. p. 223-240.

a gramática do uso dos princípios nas práticas jurídicas argumentativas. O erro de Raz residia em desconsiderar que um dos pontos centrais contidos nos argumentos apresentados por juízes em seus argumentos dizia respeito ao próprio conceito de direito e aos fundamentos de suas obrigações *propriamente jurídicas* em face de um caso concreto. Em outras palavras, o âmbito de seus desacordos teóricos, ao menos em muitos casos centrais (*pivotal cases*), se dirigia contra o próprio argumento de Raz. Isso seria como se parte dos juízes, nesses casos, estivesse construindo seus argumentos diretamente contra os argumentos de Raz, ainda que provavelmente sem a consciência disso[93].

Em síntese, para Dworkin os argumentos que são invocados e produzidos no momento em que um direito é demandado judicialmente envolvem também o argumento de que eles têm um "direito jurídico" (*legal right*) que favorece o seu pleito, e não apenas um "direito moral" (*moral right*) ou justificável apenas com base em fundamentos extrajurídicos fundados na moralidade política. Os direitos que as partes pleiteiam e os juízes reconhecem têm como base substantiva as obrigações jurídicas que tanto os juízes como as partes vencidas têm com relação ao direito. Afinal, o dever de aplicar o direito seria, ele mesmo, também jurídico. Os seus direitos não decorrem apenas do fato de que os juízes têm discricionariedade para concedê-los ou negá-los. É certo que eles têm discricionariedade, num *sentido fraco* (isto é, compete a eles dar a palavra final sobre a demanda, visto que possuem autoridade para tanto), contudo eles têm a obrigação (*duty*), em sentido forte, de substantivamente seguir o direito. Desse modo, ainda que os seus argumentos sejam controvertidos, eles envolvem fundamentos substantivos[94]. Dworkin enfatiza que, quando as partes demandam e juízes decidem, não se referem aos valores morais substantivos para defender uma alteração do direito de modo a

[93] Esse tipo de argumento está na raiz de outro argumento que Dworkin desenvolve em sua crítica ao positivismo jurídico ao considerá-lo como uma teoria da interpretação do direito, malgrado a recusa dos positivistas em aceitar que o positivismo pudesse ter uma pretensão normativa. Para eles, o positivismo teria uma pretensão exclusivamente descritiva e teórica. Cfr. Macedo Junior, Ronaldo Porto, *Do xadrez à cortesia: Dworkin e a teoria do direito contemporânea*, 2013a, p. 264 et seq., obra em que tratei mais longamente do assunto.

[94] Na opinião de Raz, essa resposta é insatisfatória. RAZ, Joseph, 1983, p. 84.

torná-lo *correto*. Os seus argumentos não são *de lege ferenda*. Eles invocam os fundamentos morais como parte de sua justificação do conteúdo das obrigações propriamente jurídicas.

Esse contra-argumento não convence os positivistas exclusivistas[95]. Contudo, a história do debate Hart-Dworkin observa uma reformulação do argumento de Dworkin que o torna muito mais poderoso, inclusive aos olhos dos positivistas. Antes de examiná-lo, contudo, vale apresentar em linhas gerais a reação a seus argumentos oferecida pelos positivistas inclusivistas.

II. A resposta inclusivista de Hart e outros

Os positivistas inclusivistas recusaram o argumento que lhes foi dirigido por Dworkin, segundo o qual o direito seria um sistema de regras em *sentido estrito* (isto é, que segue a gramática do "tudo ou nada")[96], excluindo-se, portanto, os princípios. Para eles, os princípios podem integrar o direito e, inclusive, desempenhar as funções que Dworkin lhes atribui. Contudo, a sua existência nem compromete a *tese das fontes sociais* do direito, nem invalida a sua dependência em relação a uma regra de reconhecimento.

Coleman, por exemplo, argumenta que, se o positivismo exigisse limitações substantivas (isto é, de conteúdo) para a regra de reconhecimento, então ele se veria numa situação teórica complicada, visto que "nenhuma regra de reconhecimento poderia especificar a verdade como um princípio moral dentre as suas condições de legalidade [...]. Os argumentos de Dworkin em *Modelo de regras (I)* [...] seriam suficientes para abandonar essa questão [*put it to rest*]"[97]. Por outro lado, ele enfatiza que "Dworkin argumenta persuasivamente que, em algumas comunidades, os princípios morais têm a força do direito, ainda que o que faça deles

[95] Cfr. LEITER, Brian. Beyond the Hart/Dworkin debate: the methodology problem in jurisprudence. In: LEITER, Brian. *Naturalizing jurisprudence*. Oxford: Oxford University Press, 2007a. p. 153-181.

[96] DWORKIN, Ronald. *The model of rules I*, 1977c, p. 24.

[97] COLEMAN, Jules, *Negative and positive positivism*, 1982, p. 142-143, tradução minha. No original: "no rule of recognition could specify truth as a moral principle among its conditions of legality [...] Dworkin's arguments in Model of Rules [...] would suffice to put it to rest".

direito seja a sua verdade ou a sua aceitação como apropriados para a resolução de disputas controversas, e não o fato de terem sido aprovados de forma apropriada pelas autoridades competentes"[98]. Nesse ponto, o desafio que ele e outros positivistas inclusivistas (*soft*, como se autodenominou H. L. A. Hart, ou *incorporacionista*, como preferiu Jules Coleman) deveriam enfrentar seria mostrar que a regra de reconhecimento ainda se fundamenta exclusivamente em fatos sociais, e não na moral[99]. Aceitar que o seu fundamento seja moral seria comprometer irremediavelmente o ponto de partida metodológico comum a todos os positivistas, baseado na *tese da separabilidade*, isto é, na tese de que o fundamento do direito independe da moralidade e/ou de avaliações morais.

Para os positivistas inclusivistas, o fundamento da validade das normas não pode ser moral. Ele deve, ao contrário, estar apoiado em sua fonte social, que a reporta a uma regra de reconhecimento e suas manifestações fenomenológicas como as práticas das autoridades oficiais, em especial as decisões judiciais que sempre envolvem algum grau de discricionariedade em sentido forte. Em última análise, como admite expressamente Hart e outros depois dele[100], o fundamento do direito deve se assentar em *convenções sociais*. Segundo essa visão, a validade das normas jurídicas, que tem o seu fundamento numa regra de reconhecimento, constitui-se no critério essencial para a determinação do que são essas práticas. A incorporação de critérios morais que podem ser utilizados no momento

[98] Coleman, Jules, *Negative and positive positivism*, 1982, p. 142-143, tradução minha. No original: "Dworkin persuasively argues that in some communities moral principles have the force of law, though what makes them law is their truth or their acceptance as appropriate to the resolution of controversial disputes rather than their having been enacted in the appropriate way by the relevant authorities".

[99] Na mesma linha, Sartorius, Rolf. Social policy and judicial legislation. *American Philosophical Quarterly*, Chicago, v. 8, p. 151-160, Apr. 1971; Coleman, Jules, *Negative and positive positivism*, 1982, reeditado em Coleman, Jules, *Negative and positive positivism*, 1983. Ver Soper, Philip. Legal theory and the obligation of a judge. In: Cohen, Marshall (Ed.). *Ronald Dworkin and contemporary jurisprudence*. New York; London: Duckworth, 1983. p. 3-28, em especial p. 17-20, e Lyons, David. Principles, positivism and legal theory. *Yale Law Journal*, New Haven, v. 87, p. 415-435, 1977, p. 422 et seq. Waluchow, Wilfrid J., 1994, p. 174-182; Himma, Kenneth Einar, 2002b, p. 125-165.

[100] Hart, H. L. A. Postscript. In: Hart, H. L. A. *O conceito de direito*. 3. ed. Tradução de A. Ribeiro Mendes. Lisboa: Calouste Gulbenkian, 1994b. p. 301-310.

da argumentação jurídica seria, desse modo, apenas contingente. Em outras palavras, o direito não tem um fundamento moral, a sua essência não depende da moralidade, mas apenas das suas fontes sociais.

Essa solução aproxima-se mais da descrição fenomenológica das práticas judiciais defendida por Dworkin e que fora um dos pontos de sua censura a Raz na medida em que reconhecia que juízos propriamente morais poderiam se tornar o fundamento das decisões judiciais. Em outras palavras, essa concepção *inclusivista* admite que o raciocínio jurídico sobre as obrigações jurídicas pode estar assentado em justificações morais, ponto que era recusado por Raz e outros positivistas exclusivistas. Todavia, essa incorporação de critérios de justificação moral para as obrigações jurídicas seria, ela mesma, inessencial e contingente, uma vez que eles somente constituiriam obrigações jurídicas ***se*** fossem *incorporados* pelos critérios de validade. Esses critérios, e apenas esses, seriam os fundamentos últimos do direito. Desse modo, o direito também para os positivistas inclusivistas estaria referido exclusivamente a seus fundamentos sociais, isto é, a regras sociais. Um bom exemplo disso já é indicado por Hart em *O conceito de direito*, quando afirma que um direito como o norte-americano incorpora tais critérios morais na determinação das obrigações jurídicas[101].

Tal explicação permitiria entender por que determinados sistemas jurídicos podem incorporar entre os seus critérios de validade princípios que contêm essa dimensão moral, como razoabilidade, justiça e igualdade. Esse tipo de argumento autorizaria os positivistas a oferecer uma resposta alternativa a casos como *Riggs v Palmer*, distinta daquela oferecida por Dworkin em "Modelo de regras I". Para eles, a moralidade contida no princípio de que "ninguém deve se beneficiar de sua própria torpeza" teria sido incorporado no sistema jurídico por um processo de validação consuetudinária. Isto é, os usos e os costumes teriam validado juridicamente esse princípio e o seu *pedigree* teria sido gerado pelo processo normativo costumeiro. Sendo o processo parte do sistema jurídico, não seria um problema admitir também que a sua interpretação demandaria critérios de justificação moral exigidos para a correta determina-

[101] Hart, H. L. A., *O conceito de direito*, 1994a, p. 45, p. 81-82; Hart, H. L. A. *The concept of law*. 2nd ed. Oxford: Oxford University Press, 1994c, p. 13, p. 36, p. 72-73.

ção de seu significado[102]. Em síntese, o positivismo poderia manter-se fiel à tese das fontes sociais do direito e à caracterização convencionalista da regra de reconhecimento. Para tanto, contudo, novos e importantes acréscimos deveriam ser feitos a essa caracterização[103].

Dworkin respondeu aos argumentos apresentados pelos positivistas inclusivistas e exclusivistas de diversas maneiras. A primeira resposta (em "Modelo de regras I") que apresentou não desencadeou uma reação mais vigorosa ou profunda da parte dos positivistas. Ele alegou que a tese dos princípios seria incompatível com a tese de que a validade das normas poderia ser determinada por um teste de *pedigree* capaz de lhe garantir certeza e determinação[104].

[102] Como afirma Jules Coleman, "Thus, principles that recommend themselves on the basis of their truth or reasonableness as a matter of morality can take their places in a given legal system as valid legal standards alongside pedigreed rules if in that system it is the practice of judges to accept such principles because they are reasonable or true as a matter of morality, or if it is their practice at least sometimes to resolve disputes about the existing law by appealing to moral argument". COLEMAN, Jules, *Negative and positive positivism*, 1982, p. 148, 159-160.

[103] ZIPURSKY, Benjamin, 2001, sustenta o argumento segundo o qual a tese das fontes sociais é distinta e não se confunde com o argumento convencionalista, para concluir que somente a primeira seria incompatível com o pensamento de Dworkin. Ele admite, contudo, que Hart agrega os dois argumentos e que, ao fazê-lo, fica sujeito à destrutiva e convincente crítica que Dworkin dirige a ela. Aqui é importante notar, contudo, que o conceito de convencionalismo é extremamente controvertido e impreciso. No mesmo sentido argumentam Nelson Goodman e Yemina Ben-Menachen, cfr. nota 4). Para constatar isso, bastaria observar a enorme bibliografia que existe sobre ser Wittgenstein um crítico ou um adepto do convencionalismo. A meu ver, o que toda essa literatura evidencia é apenas que é necessário determinar previamente o que se vai compreender por convencionalismo. Sobre o assunto, ver BEN-MENAHEM, Yemima, 2006, 255-301 (capítulo 7, "Wittgenstein: From Conventionalism to Iconoclasm"). Acredito que Hart e Dworkin estão de acordo, ao menos em linhas gerais, sobre o significado que atribuem à ideia de convencionalismo jurídico. Por esse motivo, o desacordo entre eles é autêntico, isto é, compreendem o que estão dizendo, ainda que discordem sobre as conclusões acerca da plausibilidade ou não de uma explicação convencionalista para fundamentar a regra de reconhecimento e, assim, o próprio direito. Outros sentidos podem existir — e existem. Contudo, eles não são especialmente úteis para compreender os termos do desacordo que procuro apontar. Voltarei a esse tema adiante.

[104] DWORKIN, Ronald, *Taking rights seriously*, 1977a, p. 40-44.

Dworkin chamou a atenção para o fato de que os princípios que são acolhidos pelos operadores do direito são obrigatórios não em razão de seu *pedigree*, mas sim devido a seu "*senso de propriedade* (*sense of appropriateness*) desenvolvido na profissão e no público ao longo do tempo. O seu poder continuado depende de esse *senso de propriedade* ser sustentado"[105]. Contudo, o sentido que se emprestou a tal observação permitia uma resposta relativamente simples por parte dos positivistas. Isso porque estes não consideravam problemático afirmar que, para que princípios fossem aceitos, seria necessário que fossem acolhidos e seguidos pelos operadores. Tal afirmação estaria em absoluta consonância com a ideia de que para que exista uma prática social é necessário que ela seja seguida. Os costumes judiciais evidenciariam a existência dessa prática institucional reiterada.

É interessante notar que já em "Modelo de regras I" Dworkin antecipa argumentos, os quais são amplamente desenvolvidos em seus trabalhos posteriores, contra essa solução teórica que poderia ser oferecida pelos positivistas. O primeiro argumento consiste em afirmar que o acolhimento dos princípios como fundamento para o direito envolveria também a aceitação de uma ampla rede de conexões conceituais entre eles, dos critérios para que sejam ponderados, bem como a aceitação das responsabilidades institucionais pelos agentes encarregados de aplicá-los. Tamanha complexidade não poderia ser resumida em apenas uma regra de reconhecimento[106]. Ademais, não haveria um critério claro e certo

[105] DWORKIN, Ronald, *Taking rights seriously*, 1977a, p. 40, tradução minha. No original: "sense of appropriateness developed in the profession and the public over time. Their continued power depends upon this sense of appropriateness being sustained".

[106] "Yet we could not devise any formula for testing how much and what kind of institutional support is necessary to make a principle a legal principle, still less to fix its weight at a particular order of magnitude. We argue for a particular principle by grappling with a whole set of shifting, developing and interacting standards themselves principles rather than rules about institutional responsibility, statutory interpretation, the persuasive force of various sorts of precedent, the relation of all these to contemporary moral practices, and hosts of other such standards. We could not bolt all of these together into a single 'rule', even a complex one, and if we could the result would bear little relation to Hart's picture of a rule of recognition, which is the picture of a fairly stable master rule specifying 'some feature or features possession of which by a suggested rule is taken as a conclusive

sobre quanto apoio institucional seria necessário para tornar um princípio moral um princípio jurídico e, assim, *validá-lo*. Seria também implausível que essa regra de reconhecimento pudesse estabelecer o peso e a magnitude desses princípios.

Conforme salienta Gerald Postema, essa forma de apresentar tal argumento não é muito persuasiva, pois ela se apoia na presunção de que esse critério de validade deve se ajustar numa fórmula simples[107]. É verdade que H. L. A. Hart efetivamente expressara o seu compromisso com esse argumento. Contudo, ele não deveria ser visto como essencial para a manutenção da ideia de que a regra de reconhecimento é uma fonte social convencional que embasa a validade do sistema jurídico. Em face disso, uma parte das respostas oferecidas pelos positivistas passou, inclusive, a reportar-se a um conjunto mais complexo de *regras de reconhecimento*, abandonando a tese de que seria necessário reconhecer existência de *apenas uma* regra convencional fundadora[108].

Dworkin propõe também um **segundo argumento** sobre a complexa rede conceitual que se estabelece entre os princípios. Analisando a forma pela qual Hart descreve o papel dos costumes nas sociedades primitivas, Dworkin observa que pelos menos algumas regras de direito, as regras consuetudinárias, não são válidas porque passaram pelo teste de *pedigree*. Elas seriam também regras sociais *aceitas*, da mesma forma como a própria regra de reconhecimento seria *aceita*. Isso traria um novo problema teórico descritivo para Hart, na medida em que não mais seria possível

affirmative indication that it is a rule [...]'". HART, H. L. A. *The concept of law*. 2nd ed. Oxford: Oxford University Press, 1994c, p. 92. DWORKIN, Ronald, *Taking rights seriously*, 1977a, p. 40.

[107] POSTEMA, Gerald. *Legal philosophy in the twentieth century: the common law world*, 2011a, p. 410.

[108] Cfr. GREENAWALT, Kent; ALEXANDER, Larry. Rules of recognition, constitutional controversies, and the dizzying dependence of law on acceptance In: ADLER Matthew; HIMMA, Kenneth (Eds.). *The rule of recognition and the U.S. Constitution*. Oxford: Oxford University Press, 2009. p. 175-192, e SCHAUER, Frederick. How to understand the rule of recognition and the American Constitution. In: ADLER, Matthew; HIMMA, Kenneth (Eds.). *The rule of recognition and the U.S. Constitution*. Oxford: Oxford University Press, 2009a. p. 145-174.

afirmar que num sistema jurídico haveria apenas uma regra mestre que determinaria a validade de todas as demais[109].

O próprio Dworkin, contudo, mitigaria os efeitos dessa crítica na medida em que, para Hart, os sistemas jurídicos modernos reservam um pequeno e secundário papel para as regras consuetudinárias[110]. Não obstante, essa crítica põe em questão uma das alegadas *funções* da regra de reconhecimento para Hart, isto é, servir como regra mestra capaz de garantir certeza e identidade para regras jurídicas. Atacar parcialmente a sua funcionalidade, contudo, não poria necessariamente em jogo a sua capacidade teórico-descritiva perante os casos normais para o direito e, em particular, para o direito em sociedades complexas, que Hart tinha como objetivo direto descrever.

Uma última alternativa para Hart seria afirmar que a regra de reconhecimento seria formada também por princípios. Dworkin assim a formula: "se nenhuma regra de reconhecimento pode fornecer um teste para a identificação de princípios, por que não dizer que os princípios são últimos e formam a regra de reconhecimento do nosso direito?"[111]. A resposta de Dworkin a essa pergunta antecipa aquela que é **sua mais forte objeção**, apresentada em seu texto *Social Rules and Legal Theory*, de 1972, posteriormente republicado com o nome de "Modelo de regras II"[112]. Nas

[109] Dworkin, Ronald. *The model of rules I*, 1977c, p. 43. "Hart's treatment of custom amounts, indeed, to a confession that there are at least some rules of law that are not binding because they are valid under standards laid down by a master rule but are binding —like the master rule— because they are accepted as binding by the community. This chips at the neat pyramidal architecture we admired in Hart's theory: we can no longer say that only the master rule is binding because of its acceptance, all other rules being valid under its terms".

[110] Dworkin, Ronald. *The model of rules I*, 1977c, p. 43.

[111] Dworkin, Ronald. *The model of rules I*, 1977c, p. 43, tradução minha. No original: "If no rule of recognition can provide a test for identifying principles, why not say that principles are ultimate, and form the rule of recognition of our law?".

[112] Dworkin, Ronald, *Social rules and legal theory*, 1972; republicado como Dworkin, Ronald, *The model of rules II*, 1977d. Nele Dworkin também antecipa o importante texto Dworkin, Ronald, *Legal theory and the problem of sense*, 1987b, no qual voltaria a atacar as ideias de Hart. Texto apresentado num seminário ocorrido entre 13 e 15 de marco de 1984 em Jerusalém em homenagem a H. L. A. Hart e que contou com um comentário do próprio Hart a seu texto *Comment*. Nesse texto, Dworkin antecipa a forma como apresenta

últimas páginas de "Modelo de regras I", ele afirma que: "A resposta para a questão genérica 'o que é uma lei válida em uma jurisdição norte-americana?' requereria, então, que nós declarássemos todos os princípios (assim como últimas regras constitucionais) em vigor naquela jurisdição naquela época, junto com as adequadas atribuições de peso"[113]. Contudo, isso traria um problema teórico sério, pois "um positivista poderia, então, considerar o conjunto completo desses padrões como a regra de reconhecimento daquela jurisdição. Essa solução tem a atração de um paradoxo, mas é claro que se trata de uma rendição incondicional"[114]. A rendição a que Dworkin se refere tem duas possíveis dimensões. Por um lado, ela significa produzir um resultado tautológico, visto que, se a regra de reconhecimento é um modelo explicativo sobre as fontes sociais do direito, inclusive dos princípios, ao fazer a sua existência dependente dos princípios ela perde o elemento de individuação do direito que ela pretendia criar. Afinal, "se nós simplesmente designarmos a nossa regra de reconhecimento pela frase 'o conjunto completo de princípios em vigor', nós atingiremos apenas a tautologia de que o direito é o direito"[115].

Por outro lado, Dworkin insinuava o seu mais poderoso argumento sobre as controvérsias teóricas envolvendo conceitos morais ao afirmar que "se, ao contrário, tentássemos realmente listar todos os princípios em vigor, nós falharíamos"[116]. Isso porque os princípios "são *controversos*, seu peso é muito importante, eles são incontáveis e se alteram e mudam

a condição de verdade das proposições morais e jurídicas como a sua condição também de sentido, posteriormente apresentada em DWORKIN, Ronald, *Law's empire*, 1986, p. 38 et seq.

[113] DWORKIN, Ronald. *The model of rules I*, 1977c, p. 44, tradução minha. No original: "The answer to the general question 'What is valid law in an American jurisdiction?' would then require us to state all the principles (as well as ultimate constitutional rules) in force in that jurisdiction at the time, together with appropriate assignments of weight".

[114] DWORKIN, Ronald. *The model of rules I*, 1977c, p. 44, tradução minha. No original: "a positivist might then regard the complete set of these standards as the rule of recognition of the jurisdiction. This solution has the attraction of paradox, but of course it is an unconditional surrender".

[115] DWORKIN, Ronald. *The model of rules I*, 1977c, p. 44, tradução minha. No original: "If we simply designate our rule of recognition by the phrase 'the complete set of principles in force', we achieve only the tautology that law is law".

[116] DWORKIN, Ronald. *The model of rules I*, 1977c, p. 44, tradução minha. No original: "If, instead, we tried actually to list all the principles in force we would fail".

tão rápido que o início da nossa lista já estaria ultrapassado antes de chegarmos ao meio dela"[117]. O argumento sobre a natureza da controvérsia nas justificações que invocam os princípios jurídicos estava apenas lançado, porém ainda não fora explorado. Isso somente veio a ser feito com a publicação de "Modelo de regras II". É o que veremos a seguir.

O argumento sobre a natureza dos desacordos teóricos é aquele que realmente exige uma resposta mais elaborada dos positivistas e que faz da discussão acerca do convencionalismo jurídico um dos tópicos centrais da discussão filosófica entre os juristas nas últimas décadas. A sua nova explicitação do conceito de princípio é a seguinte: "[Um] princípio é um princípio de direito se figura na *teoria mais sólida do direito (soundest theory of law)* que pode ser fornecida como justificação para as regras institucionais explícitas e substantivas daquela jurisdição em questão"[118].

O que importa notar é que a referência à "mais bem-fundada teoria" (*soundest theory*) já traz a exigência de justificação e implica a incorporação de argumentos morais substantivos. Isso porque a melhor concepção dos conceitos pelos quais se expressa exige uma interpretação do significado moral desse conceito. Essa interpretação é considerada melhor não em razão de estar apoiada num consenso ou numa convenção, mas sim por fundamentar-se nos melhores argumentos, que, inevitavelmente, são controvertidos. Isso significa, portanto, que é necessário explicar como é possível ter um "melhor argumento" e ter objetividade quando há controvérsia. Importa compreender essa crítica com detalhe e cautela.

Em "Modelo de regras II", Dworkin chama a atenção para o fato de que a forma pela qual argumentamos que um princípio não se aplica não se situa num plano distinto (como seria o plano fático) daquele dos princípios que eles defendem. Em outras palavras, os princípios são identificados em razão não apenas de sua mera *aceitação* (como seria o caso da

[117] DWORKIN, Ronald. *The model of rules I*, 1977c, p. 43-44, grifo meu, tradução minha. No original: "are controversial, their weight is all important, they are numberless, and they shift and change so fast that the start of our list would be obsolete before we reached the middle".

[118] DWORKIN, Ronald, *The model of rules II*, 1977d. p. 66, grifo do original, tradução minha. No original: "[A] principle is a principle of law if it figures in the soundest theory of law that can be provided as a justification for the explicit substantive and institutional rules of the jurisdiction in question".

regra de reconhecimento, para Hart), mas também de sua *justificação*. O processo de *justificação* demanda mais do que a atitude interna que é exigida de um sociólogo quando descreve ações sociais orientadas por indivíduos que aceitam a existência de razões para agir e que não necessariamente a endossam[119]. Ademais, para Dworkin os princípios se reportam a outros princípios como uma trama conceitual (como uma *rede inconsútil — seamless web —*, diz Dworkin em *O império do direito*), o que não permitiria que tivessem como fundamento uma regra social de reconhecimento meramente aceita[120].

Essa formulação do argumento, contudo, padecia de dois problemas. O primeiro é que pressupunha um outro argumento oferecido por Dworkin, mas que fora contestado por boa parte de seus críticos, a saber, a distinção lógica entre regras e princípios[121]. Dworkin, em sua réplica ("Modelo de regras II") a seus críticos, volta a defender a plausibilidade

[119] Lembre-se, nesse sentido, de que um indivíduo que tira o chapéu ao entrar numa igreja não precisa endossar essa regra para compreender as razões que identificam a regra de etiqueta religiosa que regula esse comportamento. Tirar o chapéu ao ingressar na igreja exige apenas a aceitação dos agentes para que seja considerada uma regra social. A regra que estatui que veículos devem trafegar no lado direito das ruas pode ser produto da mera *aceitação*. Contudo, princípios exigem justificação.

[120] "Our principles of legislation, precedent, democracy, or federalism might be challenged too; and if they were we should argue for them, not only in terms of practice, but in terms of each other and in terms of the implications of trends of judicial and legislative decisions, even though this last would involve appealing to those same doctrines of interpretation we justified through the principles we are now trying to support. At this level of abstraction, in other words, principles rather hang together than link together. So even though principles draw support from the official acts of legal institutions, they do not have a simple or direct enough connection with these acts to frame that connection in terms of criteria specified by some ultimate master rule of recognition." Dworkin, Ronald. *The model of rules I*, 1977c, p. 41.

[121] O próprio Dworkin cita os textos com os quais procura dialogar diretamente em sua réplica Dworkin, Ronald, *The model of rules II*, 1977d: Raz, Joseph, 1972; Christie, George C. The model of principles. *Duke Law Journal*, Durham, p. 649-669, 1968. Disponível em: <http://scholarship.law.duke.edu/dlj/vol17/iss4/3>. Acesso em: 28 ago. 2013; Gross, Hyman. Standards as law. *Annual Survey of American Law*, New York, p. 575-580, 1969; Probert, Thomas. The right way. In: Pollack, Ervin H. (Ed.). *Human rights*: Amintaphil I. New York: Jay Stewart, 1971. p. 163-182; Sartorius, Rolf, 1971; Tapper, Colin. A note on principles. *The Modern Law Review*, London, v. 34, n. 6, p. 628-634, 1971; Maccal-

de sua famosa distinção entre princípios e regras. Todavia, destaca que a sua principal objeção ao convencionalismo pressuposto na teoria da regra de reconhecimento não depende da aceitação dessa distinção. O segundo problema se relacionava à forma rudimentar e pouco desenvolvida em que fora preliminarmente apresentado o argumento. Uma formulação mais clara dele dependia da explicitação de uma série de outras premissas filosóficas que ele começou a expor em "Modelo de regras II" (1972) e completou em sua obra teórica mais madura, *O império do direito* (1986).

Por esse motivo, deixarei de lado a discussão acerca da propriedade dos argumentos de Dworkin e de seus críticos sobre a "distinção lógica entre regras e princípios", apesar do talvez exagerado fascínio que boa parte da doutrina constitucional brasileira tem sobre o tema. Essa escolha se deve ao fato de que, em minha visão, esse não é o ponto central do argumento de Dworkin, cada vez mais centrado no tema dos desacordos teóricos. É em torno dele que são reformulados o *desafio dworkiniano* e a resposta convencionalista. Veremos adiante como as críticas apresentadas por Dworkin dão ensejo a uma ampla e complexa literatura sobre o tema do convencionalismo a qual envolve tanto positivistas inclusivistas como exclusivistas nas décadas seguintes até a presente data[122].

III. O fortalecimento do argumento da controvérsia dos princípios jurídicos em "Modelo de regras II"

Em "Modelo de regras II", Dworkin voltou a destacar que é errada a suposição dos positivistas de que em todo sistema jurídico existe algum tipo de teste comum e fundamental capaz de determinar o que deve e o que não deve ser considerado direito[123]. Para ele, não existe um "papel tornassol" capaz de fazer essa separação. O seu texto está dividido em duas partes.

LUM, Gerald. Dworkin on judicial discretion. *Journal of Philosophy*, New York, v. 60, n. 21, p. 638-641, 1963.

[122] Uma evidência disso são os recentes livros publicados sobre o assunto: ADLER, Matthew; HIMMA, Kenneth (Eds.), 2009; COLEMAN, KYRITSIS, Dimitrios. What's good about legal conventionalism: a case of philosophical eclecticism. *Ratio Juris*, Malden, v. 24, n. 3, p. 335-346, Sept. 2011.

[123] DWORKIN, Ronald, *The model of rules II*, 1977d, p. 46.

Na primeira, que nos interessa mais de perto, Dworkin elabora a crítica ao modelo das fontes sociais do direito pressuposto pelo positivismo jurídico. Na segunda, responde mais frontal e individualizadamente a seus críticos, em particular sobre as bases para a sua distinção entre regras e princípios, que ele não abandona. Para Dworkin, as principais críticas que lhe foram apresentadas assentam-se sobre um mesmo equívoco filosófico, razão pela qual ele prefere abordá-la diretamente logo na primeira parte do texto[124]. Essa objeção geral e de fundo que lhe dirige Hart é assim resumida: "ela argumenta, na sua forma mais forte, que nenhum direito ou dever [*duty*] de qualquer natureza pode existir senão em virtude de uma prática social uniforme de reconhecimento de tais direitos e deveres"[125]. Isso fixa as condições que poderiam provar a validade de seu argumento: "Se é assim, e o direito é, como suponho, uma questão de direitos e de deveres, e não simplesmente da discricionariedade das autoridades, então deve haver um teste comumente reconhecível para o direito na forma de uma prática social uniforme, e o meu argumento deve estar errado"[126]. Dworkin analisa essa tese procurando evidenciar os seus pressupostos para posteriormente recusá-la por não ser capaz de oferecer uma adequada *descrição* do que é o direito[127].

Dworkin inicia o seu argumento pela análise do conceito de obrigação jurídica[128] e chama a atenção para o fato de que muitas vezes utilizamos a

[124] Dworkin, Ronald, *The model of rules II*, 1977d, p. 47.

[125] Dworkin, Ronald, *The model of rules II*, 1977d, p. 48, tradução minha. No original: "It argues, in its strongest form, that no rights or duties of any sort can exist except by virtue of a uniform social practice of recognizing these rights and duties".

[126] Dworkin, Ronald, *The model of rules II*, 1977d, p. 48, tradução minha. No original: "If that is so, and if law is, as I suppose, a matter of rights and duties and not simply of the discretion of officials, then there must be a commonly recognized test for law in the form of a uniform social practice, and my argument must be wrong".

[127] Por esse motivo, entendo impertinente a resposta que Hart oferece a Dworkin no *Postscript*, quando afirma que o seu projeto teórico é distinto visto que tem objetivos *descritivos*, e não *normativos* como seria o caso de seu rival teórico. Hart, H. L. A., 1994b, p. 251, p. 301. Isso não é correto, pois Dworkin desde logo critica as deficiências descritivas da teoria positivista do direito.

[128] É sintomático que ele procure retomar esse conceito que estivera no centro da crítica da Hart a John Austin para, agora, dirigir argumento análogo contra o seu formulador. É como se Dworkin utilizasse do próprio veneno de Hart contra seus predecessores para

palavra "dever" (*ought to*) para indicar que alguém pode ou não fazer algo. Em outras situações, contudo, afirmamos que alguém deve (*to have a duty to*) ou tem uma obrigação (*to have an obligation*) para indicar que alguém tem o direito a algo (*to have a right to*). Assim, quando dizemos que alguém não deve (*ought not to*) fumar maconha (porque faz mal, prejudica os sentidos, etc.), queremos dizer algo distinto daquilo que expressamos ao afirmarmos que essa mesma pessoa tem o dever de não (*to have a duty not to*) fumar maconha porque não tem direito a isso. Por esse motivo, juízos sobre o que se *tem dever* de fazer (*duty*) possuem um *sentido mais forte* do que juízos sobre deveres (*ought to*)[129]. Para estes últimos normalmente não existem sanções impostas pela força, ainda que deles também se espere algum tipo de acolhimento e respeito (*compliance*). Para Dworkin, essa importante distinção, embora seja com frequência negligenciada, ocupa um lugar central na filosofia moral e jurídica.

A sua centralidade para a teoria do direito reside no fato de que o direito não estabelece apenas que os cidadãos devem (*ought*) ou não devem (*ought not*) fazer algo. O direito (*law*) estabelece que eles *têm um dever* (*duty*) de fazer algo ou que têm o direito (*right*) a fazer alguma coisa[130]. Pode haver casos em que juízes não tenham uma obrigação no *sentido forte* (*duty*, ou *must*) de decidir de uma forma ou de outra. Nesses casos, o direito pode indicar apenas o que eles devem fazer num *sentido fraco* (*ought*). Esse seria o caso em que o juiz exerce a sua discricionarie-

destruir o próprio autor. Esse é um dos sentidos pelos quais se pode afirmar que Dworkin em certa medida aprofunda a crítica teórico-jurídica de base analítica iniciada por Hart. O ovo da serpente fora posto por Hart, e as suas consequências potenciais começam a transbordar os limites do positivismo para alimentar a crítica antipositivista.

[129] Dworkin, Ronald, *The model of rules II*, 1977d, p. 48.

[130] "The law does not simply state what private citizens ought or ought not to do; it provides what they have a duty to do or no right to do. It does not, moreover, simply advise judges and other officials about the decisions they ought to reach; it provides that they have a duty to recognize and enforce certain standards. It may be that in some cases a judge has no duty to decide either way; in this sort of case we must be content to speak of what he ought to do. This, I take it, is what is meant when we say that in such a case the judge has 'discretion'. But every legal philosopher, with the exception of the most extreme of the American legal realists, has supposed that in at least some cases the judge has a duty to decide in a particular way, for the express reason that the law requires that decision." Dworkin, Ronald, *The model of rules II*, 1977d, p. 48-49.

dade. Contudo, para Dworkin, ainda que existam tais situações, é necessário reconhecer também que, ao menos em alguns casos, o juiz deve (*must, have a duty*) decidir de uma forma específica, "pela razão expressa de que o direito exige tal decisão"[131].

A questão que Dworkin levanta nesse ponto é central para compreender o tipo de resposta que se deveria dar à pergunta "o que é o direito?". Em última análise, ele pergunta de onde surge a *obrigação de seguir a própria legalidade*, que também poderia ser traduzida na questão acerca da origem da *obrigação* (*duty*) *de seguir a regra de reconhecimento*. A primeira formulação dessa questão é feita da seguinte forma: "O que impõe um dever [*duty*] aos juízes de seguir a constituição?"[132]. Segundo ele, não poderíamos simplesmente afirmar que a própria constituição impõe tal dever (*duty*), pois isso seria pressupor a resposta na pergunta que se deseja responder (*question begging*).

Aqui duas possibilidades se abririam para uma resposta: poderíamos dizer que os juízes devem seguir a constituição no *sentido fraco* (*ought to*) ou no *sentido forte* (*have a duty to*). A primeira alternativa, que afirma que os juízes devem, no sentido fraco (*ought to*), obedecer à legalidade, não geraria grandes desafios à teoria do direito e poderia contar com o apoio de diversos argumentos subsidiários. Afinal, seria possível afirmar que é conveniente e desejável que juízes ajam seguindo a constituição, em face das vantagens que tal comportamento produziria em termos de pacificação social, previsibilidade ou mesmo coordenação social. Contudo, tais objetivos, ainda que desejáveis, não seriam capazes de produzir uma obrigação forte para obedecer (*duty*), mas tão somente uma razão externa. Qual seria o problema em se admitir isso?

Dworkin oferece uma resposta relativamente breve a essa questão em "Modelo de regras II". Para ele, esse tipo de resposta não seria adequado para descrever as práticas e os comportamentos realmente experimentados pelos praticantes do direito, visto que eles efetivamente identificam razões para obedecer que seguem a gramática do dever em sentido forte (*have a duty to*), e não fraco (*ought to*). "Mas esse tipo de razão não é

[131] DWORKIN, Ronald, *The model of rules II*, 1977d, p. 49, tradução minha. No original: "for the express reason that the law requires that decision".
[132] DWORKIN, Ronald, *The model of rules II*, 1977d, p. 49.

convincente se nós queremos afirmar, como o nosso conceito de direito parece supor, que os juízes têm o *dever* [duty] de seguir a legislação ou a constituição"[133]. A alternativa, contudo, não é satisfatória, e precisaríamos, portanto, "tentar encontrar não apenas as razões pelas quais os juízes devem fazer isso, mas os fundamentos para asseverar esse dever [*duty*], e isso requer que nós encaremos a questão da filosofia moral que eu acabo de nomear"[134]. Em outras palavras, a explicação que afirma que os juízes apenas devem (*ought to*) obedecer à legalidade não seria capaz de bem descrever a prática real, por faltar o ajuste (*fit*) com a realidade. O motivo, portanto, seria idêntico àquele elencado por Hart ao propor a famosa distinção entre "ter sido obrigado a" fazer algo e "ter a obrigação de fazer algo". Isto é, haveria um erro gramatical nessa identificação. Dworkin estava usando do veneno de Hart contra Hart[135]. De algum modo ele estava também radicalizando o viés wittgensteiniano que Hart usara em sua obra[136].

Contudo, a crítica frontal ao modelo positivista das fontes sociais do direito ainda dependeria da explicitação analítica dos pressupostos da resposta de Hart fundada na regra de reconhecimento. Esta é assim resumida: "Os deveres existem quando existem as regras sociais que estabelecem tais deveres. Essas regras sociais existem se as condições para a prática de tais regras estão satisfeitas. Tais condições para a prática estão satisfeitas quando os membros de uma comunidade se comportam de determinada maneira; *esse comportamento constitui uma regra social e impõe um dever* [duty]"[137]. Em outras palavras, são os comportamentos sociais que criam os deveres no sentido forte (*duties*) que obrigam os juízes.

[133] DWORKIN, Ronald, *The model of rules II*, 1977d, p. 49, tradução minha. No original: "But this sort of reason is unpersuasive if we want to claim, as our concept of law seems to assume, that judges have a duty to follow the legislature or the constitution".

[134] DWORKIN, Ronald, *The model of rules II*, 1977d, p. 49, tradução minha. No original: "try to find, not just reasons why judges should do so, but grounds for asserting that duty, and this requires that we face the issue of moral philosophy I just named".

[135] DWORKIN, Ronald, *The model of rules II*, 1977d, p. 49.

[136] Explorei mais o assunto em MACEDO JUNIOR, Ronaldo Porto, *Do xadrez à cortesia: Dworkin e a teoria do direito contemporânea*, 2013a, em especial, p. 234 et seq.

[137] DWORKIN, Ronald, *Modelo de regras II*, 2002c, p. 79, grifo meu. No original: "Duties exist when social rules exist providing for such duties. Such social rules exist when the

Dworkin descreve, assim, a base convencionalista da teoria da tese social defendida por Hart e que é mantida, em linhas gerais, tanto por positivistas inclusivistas, como por exclusivistas. Para eles, a regra social é constituída pelo comportamento convergente, cooperativo e convencional que produz a sua normatividade (*duty*).

O detalhamento da explicação é elucidativo do cerne do argumento dirigido à teoria das fontes sociais da normatividade e merece ser aqui retomado. Mais uma vez apropriando-se de veneno alheio, Dworkin retoma o exemplo da prática de frequentadores de igreja, ou *igrejeiros* (*churchgoers*), de tirar o chapéu antes de ingressar na igreja.

> Suponhamos que um grupo de igrejeiros siga a seguinte prática: (a) todo homem tira o seu chapéu antes de entrar na igreja; (b) quando lhe perguntam por que tira o chapéu, ele se refere à "regra" que exige que ele proceda assim; e (c) quando alguém esquece de tirar o chapéu ao entrar na igreja, é criticado e até mesmo punido pelos demais. Nessas circunstâncias, de acordo com Hart, as condições para a prática de uma regra que impõe deveres estão satisfeitas. A comunidade "tem" uma regra social que estabelece que os homens não devem usar chapéu na igreja e essa regra social impõe um dever [*duty*] de não usar chapéu na igreja. Essa regra, ao criar um dever, retira a questão relativa a usar ou não usar chapéu na igreja da esfera mais geral das questões que podemos debater em termos do que é recomendável que façamos [*ought to do*]. A existência de uma regra social é, portanto, a existência do dever, *é simplesmente uma questão de fato*.[138]

practice-conditions for such rules are met. These practice-conditions are met when the members of a community behave in a certain way; *this behavior constitutes a social rule, and imposes a duty*". DWORKIN, Ronald, *The model of rules II*, 1977d, p. 49-50.

[138] DWORKIN, Ronald. Modelo de regras II. In: DWORKIN, Ronald. *Levando os direitos a sério*. São Paulo: Martins Fontes, 2002c. p. 73-125, p. 81, grifos meus. No original: "Suppose that a group of churchgoers follows this practice: (a) each man removes his hat before entering church, (b) when a man is asked why he does so, he refers to 'the rule' that requires him to do so, and (c) when someone forgets to remove his hat before entering church, he is criticized and perhaps even punished by the others. In those circumstances, according to Hart, practice-conditions for a duty-imposing rule are met. The community 'has' a social rule to the effect that men must not wear hats in church, and that social rule imposes a duty not to wear hats in church. That rule takes the issue of hat-wearing in church out

Segundo Dworkin, o modelo do dever jurídico de Hart obedece à mesma estrutura. Para que haja uma regra social fundadora (a regra de reconhecimento), é necessário que três condições sejam atendidas pelos funcionários encarregados de aplicar a lei, a saber: 1)- eles devem aplicar regularmente as leis criadas pelo legislativo; 2)- devem justificar essa prática de aplicar a lei apelando à "regra" segundo a qual os juízes devem seguir as determinações do Poder Legislativo; e, por fim, 3)- eles "censuram qualquer autoridade que não siga a regra"[139].

O argumento que se segue é sutil e importante. Se retomássemos a pergunta inicial — "por que os juízes têm obrigação [*have a duty*] de seguir uma regra social (como a regra de reconhecimento)?" —, estaríamos incorrendo num equívoco conceitual (*Hart will say that we have missed the point*[140]), visto que, para Dworkin, "faz parte do conceito de um dever, de acordo com a formulação de Hart, que os deveres sejam criados por regras sociais do tipo que ele descreve"[141].

O conceito forte de obrigação (*duty*) aqui defendido por Hart seria adequado para que se fornecesse uma explicação sociológica da normatividade do direito. Contudo, ele não seria adequado para explicar o ponto de vista interno que é acolhido pelo aplicador do direito. Em textos mais recentes, Dworkin redescreve esse argumento destacando que há vários conceitos possíveis de direito, sendo o *conceito sociológico* um deles[142]. Contudo, quando se pergunta pelo conceito de direito pressuposto numa proposição jurídica com valor de verdade (por exemplo: "o direito brasileiro garante o direito ao casamento por parte dos *gays*"), usamos um *conceito doutrinal* de direito. Assim, o erro filosófico de Hart residiria numa confusão conceitual. Ele estaria usando um *conceito sociológico* de direito

of the general run of issues which men may debate in terms of what they ought to do, by creating a duty. The existence of the social rule, and therefore the existence of the duty, *is simply a matter of fact*". DWORKIN, Ronald, *The model of rules II*, 1977d, p. 50.

139 DWORKIN, Ronald, *Modelo de regras II*, 2002c, p. 80. Ver também o original, DWORKIN, Ronald, *The model of rules II*, 1977d, p. 50.

140 DWORKIN, Ronald, *The model of rules II*, 1977d, p. 50.

141 DWORKIN, Ronald, *Modelo de regras II*, 2002c, p. 81. No original: "It belongs to the concept of a duty, on his account, that duties are created by social rules of the sort he describes". DWORKIN, Ronald, *The model of rules II*, 1977d, p. 50.

142 DWORKIN, Ronald, *Law's empire*, 1986, p. 2-3, p. 12.

quando deveria utilizar um *conceito doutrinal* (contexto jurídico no qual se requer um valor de verdade para as proposições jurídicas). De qualquer modo, essas distinções (*conceito sociológico* e *conceito doutrinal*) somente são apresentadas por Dworkin de forma sistemática anos mais tarde, em 2006, com a publicação de *Justiça de toga*[143]. Interessou-me aqui apontar como a ideia de um conceito doutrinal foi pioneiramente formulada.

A objeção de Dworkin se dirige a dois sentidos possíveis que podemos atribuir à ideia de sentido interno de uma regra, contrastáveis com um sentido externo extremo. Ainda que Dworkin não apresente todas as possíveis variantes do argumento nesse texto, vale a pena relembrar as possibilidades[144]. Um *ponto de vista externo extremo*, acolhido por um sociólogo interessado apenas em regularidades estatísticas, procuraria identificar regularidades comportamentais externamente observáveis. Ele poderia, por exemplo, estabelecer a frequência com que os frequentadores da igreja tiram o chapéu antes de nela adentrar. Esse seria o caso de um sociólogo que se limita a compilar regularidades estatísticas.

Os sociólogos em geral (por exemplo, um *sociólogo weberiano*[145]), contudo, geralmente fazem algo diverso da mera observação externa. Eles acolhem um *ponto de vista externo moderado*. Quando descrevem o comportamento dos frequentadores da igreja, eles constatam que os membros de uma comunidade supõem que têm um certo dever (*duty*) de tirar o

[143] Dworkin, Ronald, *In praise of theory*, 2006d, p 54-56; Dworkin, Ronald, 2006a, p. 86-89, Macedo Junior, Ronaldo Porto, *Do xadrez à cortesia: Dworkin e a teoria do direito contemporânea*, 2013a, p. 190-192.

[144] A interpretação pioneira do tema foi feita por Maccormick, Neil. *H. L. A. Hart*. Stanford: Stanford University Press, 1981. Maccormick, Neil. *Legal reasoning and legal theory*. Oxford: Oxford University Press, 1995; Bix, Brian. H. L. A. Hart and the hermeneutic turn in legal theory. *Southern Methodist University Law Review*, Dallas, v. 52, p. 167-199, 1999. Disponível em: <http://papers.ssrn.com/sol3/papers.cfm?abstract_id=163810>. Acesso em: 20 ago. 2012.

[145] Há algumas diferenças relevantes entre a posição de Hart e a de Weber com relação à compreensão da tarefa sociológica. Interessa-me aqui, contudo, apenas evidenciar que o sociólogo weberiano, assim como o "sociólogo hartiano" comprometido com o projeto de uma sociologia descritiva (prefácio a Hart, H. L. A., *O conceito de direito*, 1994a, p. 1.) admitem um ponto de vista interno distinto do endosso valorativo. Analisei essa questão com detalhe em Macedo Junior, Ronaldo Porto, *Do xadrez à cortesia: Dworkin e a teoria do direito contemporânea*, 2013a, p. 101-156.

chapéu. Isso não significa, contudo, que o sociólogo concorda com esse padrão de comportamento. Porém, para explicar o comportamento do agente, ele precisa, de alguma maneira, se colocar na perspectiva do agente, de modo a compreender o *sentido* de sua ação.

Há, entretanto, uma outra forma pela qual se pode assumir uma *atitude interna* (ou *ponto de vista interno*). Essa é a atitude característica dos frequentadores da igreja quando ele critica e avalia o seu comportamento e o de outros, e não apenas descreve esse dever (*duty*). Essa segunda forma de compreender a atitude interna, como diz Dworkin, "quer dizer não simplesmente que os outros acreditam que têm um certo dever [*duty*], mas que eles *realmente* têm esse dever [*duty*]."[146].

Essa diferença é captada pela distinção entre as atitudes do sociólogo, que afirma uma *regra social*, e do frequentador da igreja, que afirma uma *regra normativa* ("the sociologist, we might say, is asserting a *social* rule, but the churchgoer is asserting a *normative* rule"[147]). Esse ponto é muito importante do ponto de vista das condições de verdade das proposições. Dessa forma, cabe afirmar que "a asserção do sociólogo de uma regra social é verdadeira (ou justificada) se um determinado estado de coisas fático ocorre, isto é, se a comunidade se comporta da maneira como Hart descreve em seu exemplo"[148]. É possível, portanto, afirmar que a sua condição de verdade pode ser atendida por meio de um critério verificacionista e empírico. Isso significa dizer também que um conceito representacionista de verdade (verdade como correspondência), ao menos em princípio, é capaz de satisfazer a exigência da proposição sociológica[149].

[146] DWORKIN, Ronald, *Modelo de regras II*, 2002c, p. 82, grifo do original. No original: "He means not simply that others believe that they have a certain duty, but that they *do* have that duty". DWORKIN, Ronald, *The model of rules II*, 1977d, p. 50.

[147] DWORKIN, Ronald, *The model of rules II*, 1977d, p. 51. DWORKIN, Ronald, *Modelo de regras II*, 2002c, p. 81-82.

[148] DWORKIN, Ronald, *The model of rules II*, 1977d, p. 51. No original: "the sociologist's assertion of a social rule is true (or warranted) if a certain factual state of affairs occurs, that is, if the community behaves in the way Hart describes in his example". DWORKIN, Ronald, *Modelo de regras II*, 2002c, p. 81-82.

[149] ZIPURSKY, Benjamin. Legal coherentism. *Southern Methodist University Law Review*, v. 5, n. 50, p. 1679-1720, 1997; YOUNG, James O. The coherence theory of truth. In: ZALTA, Edward N. (Ed.). *The Stanford encyclopedia of philosophy*. Summer 2013 edition. Disponível

Em outras palavras, segundo essa versão, existe a regra da cortesia de tirar o chapéu antes de entrar na igreja apenas se houver um estado de coisas[150] no mundo que corresponde ao que afirma (representa) a proposição.

Vale ressaltar que a proposição que veicula a censura que faz o igrejeiro àquele que entra no templo cobrindo a cabeça exige justificação, e, portanto, um tipo distinto de condição de verdade deve ser satisfeito para que ela tenha sentido. Esse é exatamente o tipo de proposição e condição de verdade exigido do juiz quando decide uma questão. Nas palavras de Dworkin:

> O sociólogo, podemos dizer, está afirmando a existência de uma regra social, mas o igrejeiro está ratificando uma regra normativa. Podemos dizer que a asserção do sociólogo a respeito de uma regra social é verdadeira (ou é afiançada), se um certo estado de coisas factual ocorre, isto é, se a comunidade se comporta do modo como Hart descreve em seu exemplo. Mas deveríamos dizer que a asserção do igrejeiro sobre a existência de uma regra normativa é verdadeira (ou afiançada), apenas se um determinado estado de coisas normativo existe, isto é, apenas se indivíduos possuem, de fato, o dever que se supõe que eles tenham, de acordo com o exemplo de Hart. *O juiz que julga um processo encontra-se na posição do igrejeiro*, não na do sociólogo. Ele não se propõe a simplesmente declarar, como dado frio, que os juízes acreditam ter o dever de seguir o que foi estabelecido pelo Legislativo.[151]

em: <http://plato.stanford.edu/archives/sum2013/entries/truth-coherence/>. Acesso em: 13 ago. 2013. Olsson, Erik. Coherentist theories of epistemic justification. In: Zalta, Edward N. (Ed.). *The Stanford encyclopedia of philosophy*. Spring 2013 edition. Disponível em: <http://plato.stanford.edu/archives/spr2013/entries/justep-coherence/>. Acesso em: 14 jul. 2013.

150 O eco da concepção da linguagem como figuração (*Bild*) presente no *Tractatus* (Wittgenstein, Ludwig. *Tractatus logico-philosophicus*. São Paulo: Edusp, 2001) se manifesta na linguagem utilizada por Dworkin. Ele afirma: “the churchgoer's assertion of a normative rule is true or warranted only if a certain normative state of affairs exists, that is, only if individuals in fact do have the duty that they suppose they have in Hart's example”. Dworkin, Ronald, *The model of rules II*, 1977d, p. 51.

151 Dworkin, Ronald, *Modelo de regras II*, 2002c, p. 81-82, grifo meu. Ver também o original: Dworkin, Ronald, *The model of rules II*, 1977d, p. 51

Para ele, o juiz afirma a existência de um *dever em sentido forte* (*duty*), afinal "ele quer dizer que eles realmente possuem um tal dever [*duty*] e cita esse dever [*duty*] — e não as crenças dos outros — como justificativa para sua própria decisão"[152]. Em outras palavras, a obrigação não é produzida pela crença de que ela existe[153] (nem tampouco pelo sentimento de obrigação, conforme corretamente o próprio Hart objetara a Alf Ross)[154].

Dworkin reconhece que a distinção que ele propõe entre *regras sociais* e *regras normativas*, bem como a sua correspondência com a distinção acerca dos dois tipos de dever que podemos ter diante de uma regra, seja no *sentido forte* (*to have duty to*), seja no *sentido fraco* (*ought to*), não passara despercebida a Hart. Antes o contrário, um de seus grandes méritos foi justamente ter inaugurado um tipo de análise jurídica conceitual sensível a tal distinção, "*que serviu de veneno*" contra as teorias positivistas que o precederam. Não obstante, Hart nega que essas distinções sejam aplicáveis em alguns dos casos que discute. Isto é, ele deixa de dar consequência a tais distinções em diversos casos que analisa.

Hart utiliza a distinção crucial entre a "*existência* de uma regra e a sua *aceitação* pelos indivíduos membros da comunidade em questão"[155]. Desse modo, para ele é possível, por um lado, dizer que um sociólogo, ao descrever uma regra social, está afirmando a mera *existência* dessa regra e que, portanto, as condições práticas e empíricas da regra foram atin-

[152] Dworkin, Ronald, *Modelo de regras II*, 2002c, p. 81-82, grifo meu. Ver também o original: "he means that they do in fact have such a duty and he cites that duty, not others' beliefs, as the justification for his own decision". Dworkin, Ronald, *The model of rules II*, 1977d, p. 51.

[153] Dworkin, Ronald, *Modelo de regras II*, 2002c, p. 81-82. "*The judge trying a lawsuit is in the position of the churchgoer, not the sociologist.* He does not mean to state, as a cold fact, simply that most judges believe that they have a duty to follow what the legislature has said; he means that they do in fact have such a duty and he cites that duty, not others' beliefs, as the justification for his own decision. If so, then the social rule cannot, without more, be the source of the duty he believes he has." Dworkin, Ronald, *The model of rules II*, 1977d, p. 51, grifo meu.

[154] Cfr Macedo Junior, Ronaldo Porto, *Do xadrez à cortesia: Dworkin e a teoria do direito contemporânea*, 2013a; Hart, H. L. A., *O conceito de direito*, 1994a; Hart, H. L. A., 2010, capítulo 6, "Realismo escandinavo".

[155] Dworkin, Ronald, *Modelo de regras II*, 2002c, p. 81-82, grifo meu. No original: "existence of a rule and its acceptance by individual members of the community in question". Dworkin, Ronald, *The model of rules II*, 1977d, p. 51.

gidas. Por outro lado, "Quando o igrejeiro afirma a existência de uma regra social, ele também alega que tais condições práticas foram atendidas, mas, *além disso,* manifesta sua *aceitação* da regra como um padrão para guiar sua própria conduta e para julgar a conduta de outras pessoas"[156]. Esse acréscimo é de extrema importância, pois por meio dele "ele identifica uma prática social e indica sua disposição de ajustar seu comportamento a ela. No entanto, nos dois casos existe a referência a uma regra — a mesma regra — isto é, a regra que é constituída pela prática social em questão"[157]. A não *aceitação* da parte do sociólogo é o que caracteriza a sua atitude externa (não extrema), na terminologia de Hart, diante da regra, em contraste com a atitude interna de *aceitação* do igrejeiro[158]. *A regra que ambos afirmam existir é a mesma; contudo, a atitude de ambos é diferente.* O mesmo ocorre com relação à atitude do juiz. Desse modo, segundo Dworkin, "Quando um juiz invoca a regra segundo a qual tudo o que o Legislativo promulga é considerado como fazendo parte do direito, ele

[156] DWORKIN, Ronald, *Modelo de regras II*, 2002c, p. 81-82, grifo meu. Ver também o original: "When the churchgoer asserts its existence he also claims that these practice-conditions are met, but *in addition* he displays his *acceptance* of the rule as a standard for guiding his own conduct and for judging the conduct of others. DWORKIN, Ronald, *The model of rules II*, 1977d, p. 51.

[157] DWORKIN, Ronald, *Modelo de regras II*, 2002c, p. 81-82. No original: "When the churchgoer asserts its existence he also claims that these practice-conditions are met, but *in addition* he displays his *acceptance* of the rule as a standard for guiding his own conduct and for judging the conduct of others. He both identifies a social practice and indicates his disposition to conform his behavior to it". DWORKIN, Ronald, *The model of rules II*, 1977d, p. 51, grifo meu.

[158] Conforme afirmará: "When the sociologist asserts the existence of a social rule he merely asserts its existence; he says only that the practice-conditions for that rule have been met. When the churchgoer asserts its existence he also claims that these practice-conditions are met, but *in addition* he displays his *acceptance* of the rule as a standard for guiding his own conduct and for judging the conduct of others. He both identifies a social practice and indicates his disposition to conform his behavior to it. The sociologist in Hart's language takes an 'external' view of the practice, while the churchgoer takes an 'internal' view of it. Nevertheless, insofar as each refers to a rule, it is the same rule, that is, the rule that is constituted by the social practice in question." DWORKIN, Ronald, *The model of rules II*, 1977d, p. 51. DWORKIN, Ronald, *Modelo de regras II*, 2002c, p. 82.

está assumindo um ponto de vista interno diante de uma regra social"[159]. Isso, por sua vez, significa que "o que ele diz é verdadeiro, porque existe uma prática social com esse sentido, mas ele vai além do simples afirmar que assim ocorre. Ele assinala a sua disposição de considerar a prática social como uma *justificativa* para sua conformidade com a regra"[160]. O ponto importante da distinção, portanto, se refere à ideia de *justificação*.

É fundamental notar que as condições de verdade de uma proposição que justifica uma censura ou avaliação são distintas das condições de verdade de uma proposição meramente descritiva do mundo. Isso porque a justificação não pode ser relacionada à existência de um estado de coisas no mundo (um fato frio — *cold fact* —, como Dworkin o denominara em "Modelo de regras II"[161], ou *plain fact*, como prefere denominar em *O império do direito*[162]), mas exige um também distinto conceito de verdade e que não se ajusta aos critérios verificacionistas do conhecimento.

O argumento de Dworkin contra o positivismo, que venho denominando de *desafio dworkininano*, ainda precisaria de mais uma distinção para explicitar as premissas de Hart contidas em sua teoria da regra de reconhecimento e no argumento de que esse regra social especial (porque fundadora do sistema jurídico) gera obrigações jurídicas. Restaria saber que tipo de obrigações são produzidas pela regra de reconhecimento. Haveria aqui dois caminhos possíveis.

Um primeiro caminho acolheria o que Dworkin denomina de *versão forte da teoria da regra social* (*strong version*). Segundo esta, "sempre que alguém afirma um dever [*duty*], este deve ser entendido como pressupondo a existência de uma regra social e significando a sua aceitação da

[159] Dworkin, Ronald, *Modelo de regras II*, 2002c, p. 82, grifo meu. No original: "When a judge appeals to the rule that whatever the legislature enacts is law, he is taking an internal point of view towards a social rule". Dworkin, Ronald, *The model of rules II*, 1977d, p., 51.

[160] Dworkin, Ronald, *The model of rules II*, 1977d, p. 51, grifo meu, tradução minha. No original: "what he says is true because a social practice to that effect exists, but he goes beyond simply saying that this is so. He signals his disposition to regard the social practice as a *justification* for his conforming to it". Dworkin, Ronald, *Modelo de regras II*, 2002c, p. 82.

[161] Dworkin, Ronald, *The model of rules II*, 1977d, p. 51.

[162] Dworkin, Ronald, *Law's empire*, 1986, p. 6-7.

prática que a regra descreve"[163]. As consequências dessa visão são claras para o sentido de determinadas proposições morais e seu valor de verdade. Segundo essa versão forte, se afirmo que os homens têm o dever (*duty*) de não mentir, devo pressupor que exista uma regra social (e, portanto, um estado de coisas no mundo, *i.e.*, uma prática social compartilhada) que possa lhe garantir a veracidade. Se essa regra social não existir, então torna-se obrigatório concluir que essa proposição é falsa. Tudo se passa como se eu afirmasse que "existe uma greve na fábrica" e essa proposição necessitasse, para ser verdadeira, que houvesse um estado de coisas no mundo, a *real* prática de fazer greve.

Aqui seria possível objetar que o fato que Hart teria em mente seria *de tipo diferente*. Ele poderia ser um "fato institucional". Essa matriz explicativa é explorada por duas vertentes, ambas inspiradas nos trabalhos de Elizabeth Anscombe e John Searle[164]. A primeira é desenvolvida por Neil Maccormick e Otta Weinberg, que elaboram uma *teoria institucional*

[163] Dworkin, Ronald, *The model of rules II*, 1977d, p. 52, tradução minha. No original: "whenever anyone asserts a duty he must be understood as presupposing the existence of a social rule and signifying his acceptance of the practice the rule describes". Ele assim prossegue: "So if I say that men have a duty not to lie, I must mean at least that a social rule exists to that effect, and unless it does my statement must be false".

[164] A expressão é originalmente cunhada por Elizabeth Anscombe (Anscombe, Elizabeth. On brute facts. *Analysis*, Oxford, v. 18, n. 3, p. 69-72, 1958). O seu argumento é desenvolvido também por John Searle (Searle, John. How to derive "ought" from "is". *The Philosophical Review*, Durham, v. 73, n. 1, p. 43-58, Jan. 1964; Searle, John. What is an institution? *Journal of Institutional Economics*, Cambridge, v. 1, n. 1, p. 1-22, 2005. Disponível em: <http://www.laisumedu.org/DESIN_Ibarra/desin/pdf-seminario2006/seminario-2006-04d.pdf>. Acesso em: 5 set. 2012), que desenvolve o conceito de "fato institucional". Neil Maccormick e Otta Weinberger utilizam-se do conceito e o empregam (com algumas modificações) para o campo teórico jurídico. Ver, em Maccormick, Neil; Weinberger, Otta. *An institutional theory of law*. Dordecht, The Netherlands: Kluwer, 1986, "Introduction" (p. 1-30) e "Law as institutional fact" (p. 49-76). Desse autor, ver ainda Maccormick, Neil. Institutional normative order: a conception of law. *Cornell Law Review*, Ithaca, v. 82, p. 1051-1070, 1996-1997; Maccormick, Neil. Norms, institutions, and institutional facts. *Law and Philosophy*, New York, v. 17, n. 3, p. 301-345, 1998; Maccormick, Neil, 2007.

do direito[165]. Os trabalhos recentes de Maccormick[166], contudo, acabaram por reconhecer que essa natureza institucional não pode ser adequadamente explicada, no caso do direito, sem o recurso a razões morais. A segunda é explorada por Andrei Marmor ao defender o argumento de que a regra de reconhecimento é uma convenção constitutiva. Também ela me parece fracassar por razões que serão examinadas com detalhe em outro capítulo.

Já o segundo caminho enunciaria uma versão fraca da teoria da regra social, a qual defende que somente em alguns casos "alguém que afirma um dever [*duty*] precisa ser [*must be*] entendido como pressupondo uma regra social que provê esse dever"[167]. Nesse caso, seria possível identificar tanto situações nas quais poderia haver essa dependência em relação a um estado de coisas no mundo como situações nas quais não haveria tal dependência fática. O exemplo que nos sugere Dworkin é o seguinte: "pode ser que um igrejeiro que diz que os homens não podem [*must not*] usar chapéus ao entrar na igreja precise ser [*must be*] entendido dessa maneira, mas disso não se segue que um homem que afirme a existên-

[165] É de notar, contudo, que nos trabalhos mais recentes Maccormick claramente admite uma maior aproximação de suas posições com as de Dworkin, bem como seu abandono do positivismo jurídico. Ele afirma: "To defend the approach to explanation taken in this book requires acceptance of the elements shared by Dworkin and Finnis, despite much that divides other parts of their theoretical approaches. The methodology of the kind of explanation offered here has to be interpretative or hermeneutic. That is, it must seek to understand the practices and institutions of human beings in terms of what makes them intelligible and worthwhile, or at least on balance worthwhile, to their human participants". MACCORMICK, Neil, 2007, p. 295. Também sobre a questão da existência da resposta certa, observa-se uma alteração significativa do pensamento de Maccormick. Em seus textos mais recentes, ele passa a acolher uma de suas variantes da tese da existência da resposta certa. Nesse sentido, por não representar um enfrentamento ao *desafio dworkiniano*, mas antes uma concordância com os seus termos, dedicarei minha atenção à resposta que Andrei Marmor visa oferecer a Dworkin. Conforme se verá, ela acaba sendo uma rendição real, ainda que não confessada.

[166] MACCORMICK, N. *Institutions of Law* — An Essay in Legal Theory. Oxford: Oxford University Press, 2007.

[167] DWORKIN, Ronald, *The model of rules II*, 1977d, p. 53, tradução minha. No original: "someone who asserts a duty must be understood as presupposing a social rule that provides for that duty." DWORKIN, Ronald, *Modelo de regras II*, 2002c, p. 83.

cia do dever [*duty*] de não mentir deva ser entendido da mesma maneira. *Ele pode estar afirmando a existência de um dever que, na verdade, não depende da existência de uma regra social*"[168]. O argumento de Dworkin nesse ponto consiste em dizer que não é plausível afirmar que sempre que alguém segue uma *regra normativa*, esta teria as suas condições de sentido determinadas por uma *regra social*. Em outras palavras, nem toda *regra normativa* tem de ser uma *regra social*. Apenas algumas regras normativas são sociais no sentido aqui discutido.

A meu ver, Dworkin aqui se apoia num importante argumento amplamente aceito na filosofia moral acerca da natureza da linguagem da moral[169]. O argumento parte de um exemplo no qual um vegetariano afirma que é errado matar animais para usá-los como alimento, em razão do princípio de que não se deve matar um ser vivo ou impor-lhe sofrimento. Parece evidente que não existe uma regra social convencional (hoje dominante) que possa garantir a possibilidade de essa proposição ser verdadeira. O vegetariano não teria dificuldade em reconhecer tal inexistência e dirigir também sua crítica a esse fato de que a grande maioria das pessoas estaria agindo de forma imoral.

Esse ponto merece uma digressão. Dworkin procura aqui salientar que usamos a nossa linguagem para avaliar comportamentos de diversas maneiras. Retomemos o exemplo sugerido na introdução deste trabalho. Francisco vai a uma cafeteria e lá observa Marina adoçar seu café e a critica, dizendo: "isso é errado, não é correto colocar açúcar no café!" Podemos imaginar que Francisco apenas estivesse brincando e, nesse caso, a sua "censura" deveria ser interpretada como a mera expressão de uma enfática preferência pessoal por café puro. A afirmação de Francisco apenas se valeria da forma da linguagem moral para conferir ênfase a sua expressão de desapreço por café adoçado. Esse uso não típico da lingua-

[168] Dworkin, Ronald, *The model of rules II*, 1977d, p. 52, grifo meu. No original: "it might be the case that a churchgoer who says that men must not wear hats in church must be understood in that way, but it would not follow that the man who asserts a duty not to lie must be understood in the same way. He might be asserting a duty that does not in fact depend upon the existence of a social rule".

[169] As afinidades com o argumento desenvolvido por Hare, R. M., 1991, cap. I, são evidentes, ainda que Dworkin não endosse o expressivismo moral de Hare. Ver também Singer, Peter, 2002, capítulo I.

gem moral, num contexto no qual ela não faz sentido como censura, é o que confere o sentido jocoso, irônico ou enfático da expressão.

Imaginemos agora outra situação. Francisco observa Marina fazendo uma defesa da escravidão e exclama: "isso é errado, não se deve apoiar a escravidão!". Essa nova proposição, apesar de seguir a mesma estrutura linguística da primeira (*i.e.*, a gramática da língua portuguesa), pressupõe uma outra *gramática lógica*. Nesse caso, ainda que se possa imaginar que Francisco também tenha preferências negativas com relação à prática da escravidão, ele não estaria necessariamente pretendendo expressá-las por sua censura. O que ele visa é dizer que a escravidão é errada, e não que ele não gosta dela, como no exemplo do café. Insistir que as duas proposições seguem a mesma gramática lógica seria cometer um erro filosófico e mal descrever o funcionamento da linguagem.

O exemplo permite ainda constatar algo mais. Francisco supõe que a escravidão seja errada independentemente do que a maioria das pessoas acha dela. Isto é, ainda que não houvesse uma convergência comportamental nesse reconhecimento (estado de coisas que atualmente existe, visto que a escravidão é reprovada pela maioria), a escravidão seria errada. Por esse motivo, ele poderia dizer que a escravidão sempre foi errada, inclusive em épocas pretéritas, como na Roma Antiga, em que certamente não havia um comportamento convergente no sentido de considerar a sua defesa uma falha moral. É exatamente isso que o exemplo do vegetariano expressa com mais vigor, visto que hoje inexiste uma regra social que fundamente esse critério de correção exigido como uma condição de sentido para a fala do vegetariano.

Isso ocorre porque a linguagem da moral que Francisco utiliza ao censurar a defesa da escravidão pressupõe algumas características. Ela pressupõe: 1) — que exista um critério social, intersubjetivo, de avaliação; 2) — que haja uma justificação para a sua proposição que permitiria que fosse verdadeira; 3) — que a justificação possua pretensões de universalizabilidade e esteja pautada por critérios racionais[170].

[170] Cfr. HABERMAS, Jürgen. Notas programáticas para a fundamentação de uma ética do discurso. In: HABERMAS, Jürgen. *Consciência moral e agir comunicativo*. Rio de Janeiro: Tempo Brasileiro, 1989. p. 61-143.

O primeiro requisito da intersubjetividade nós encontramos nas regras sociais, todavia não nas expressões de mera preferência[171]. A preferência por café sem açúcar não pressupõe a existência de qualquer tipo de compartilhamento social. Ainda que houvesse apenas uma pessoa no mundo que gostasse de café com açúcar, não faria sentido qualificar a preferência por esse modo de tomar café como *errado* porquanto o gosto que lhe atribui um valor gustativo é, por definição, personalíssimo e, portanto, não intersubjetivo. Já a regra de etiqueta que manda tirar o chapéu antes de entrar na igreja apoia-se numa regra social, visto que a sua existência pressupõe um estado de coisas no mundo, isto é, o *comportamento convergente* de indivíduos que tiram o chapéu antes de entrar na igreja, bem como a sua *aceitação* como um critério normativo para a ação.

A questão da justificação é complexa e mais controvertida, visto que podemos pensar em diversos tipos de justificação para uma regra ou para uma ação. Num *sentido amplo*, se entendermos que oferecer uma justificação equivale a apresentar razões para uma ação, é certo que o comportamento de tirar o chapéu antes de ingressar na igreja envolve algum tipo de justificação. A regra social é a *justificação num sentido amplo* para a ação. A censura ao consumo de café com açúcar, pelo contrário, não está ancorada em nenhum tipo de justificação ou razão, resumindo-se à expressão de um sentimento ou de uma preferência.

O terceiro elemento que qualifica a justificação constitui-se num ponto mais controvertido. O exemplo da censura ao consumo de carne animal pelo vegetariano pressupõe *justificação num sentido mais restrito*, que não se resume à apresentação das razões para a ação forjadas pela regra social. Ela envolve uma pretensão de universalizabilidade. Ela pressupõe que algum mecanismo permita a produção de um tipo especial de argumento. A filosofia moral clássica procurou definir esse mecanismo de diversas maneiras. Adam Smith, por exemplo, refere-se à ideia de um *espectador imparcial* como um mecanismo capaz de garantir esse tipo

171 O conceito de preferência é bastante controvertido, tanto na economia como na filosofia moral. Uma análise do seu significado histórico e das críticas a ele dirigidas dentro na perspectiva UTILITARISTA é feita por KYMLICKA, Will. *Contemporary political philosophy*. 2nd ed. Oxford: Oxford University Press, 2002, cap. II; SMART, J. J. C.; WILLIAMS, Bernard. *Utilitarianism*: for and against. Cambridge: Cambridge University Press, 1991.

de justificação. Kant valeu-se da fórmula do imperativo categórico para alcançar um teste com pretensões universalizantes aplicável aos juízos morais. A despeito das grandes diferenças entre esses dois mecanismos, aqui apenas tomados como exemplos, eles apontam para essa mesma *pretensão de universalizabilidade* dos argumentos morais[172].

O argumento do vegetariano não apenas é contramajoritário; ele não se refere *diretamente* a uma regra social como sua condição de sentido. Em outras palavras, nós compreendemos o que ele diz, sabemos o que quer dizer, ainda que dele possamos eventualmente discordar. Caso a sua condição de verdade (existência de um fato no mundo pressuposto pela regra social) fosse a sua condição de sentido, seríamos obrigados a afirmar que o que ele diz não faz sentido algum. Seria um *nonsense* afirmar que é errado comer carne animal. A única maneira de reconhecer algum sentido nessa proposição seria entendê-la como expressão de uma preferência. Essa saída, contudo, traz os problemas anteriormente mencionados. A retradução da censura do vegetariano como expressão de preferência importaria num erro descritivo gramatical. Isso porque compreendemos o que ele diz, mesmo quando dele discordamos. Se compreendemos, devemos, então, buscar outra condição de sentido para essa afirmação. Se ela não pode estar fundada em fatos do mundo, ela possivelmente está em outros domínios.

A articulação de um conceito a uma rede mais ampla de conceitos como forma para dar significado a ele é um dos caminhos trilhados por Dworkin em diversos textos posteriores para explicar como se constituem essas condições de sentido. Não cabe aqui analisar os detalhes e o sucesso de seu empreendimento, mas tão somente indicar que ele aponta para a necessidade de construção de uma teoria da verdade não dependente de convenções ou regras sociais tal como formulado nos textos de Hart. Ela se baseia no que se poderia designar genericamente como *teoria coerentista da verdade*[173].

[172] Cfr. dentre outros, Singer, Peter, 1989; Alexy, Robert. *A theory of legal argumentation*: the theory of rational discourse as theory of legal justification. Translation by Ruth Adler and Neil MacCormick. Oxford: Oxford University Press, 2009, em especial parte I.
[173] Cfr. Zipursky, Benjamin, 1997; Young, James O., 2013. Olsson, Erik, 2013.

Retornemos à forma como Dworkin explora, em "Modelo de regras II", o exemplo do vegetarianismo. Alguém poderia argumentar que, ao afirmar que as pessoas têm o dever (*duty to*) de não matar animais para usá-los como alimento, seria um caso especial de uso da linguagem através do qual essa pessoa estaria afirmando a necessidade de se alterar o critério de moralidade (*de lege moralis ferenda*), mas não que isso seria errado no presente[174]. Seria como uma proposta para a mudança futura do critério de correção, por meio de uma forma retórica que lhe conferiria maior força em face de sua referência ao tempo presente. Em outras palavras, seria como afirmar que o vegetariano estaria apenas usando a forma da invocação de um dever forte (*duty*) para sugerir um dever fraco (*ought to*). Mas isso seria compreender erradamente a afirmação do vegetariano[175].

Para Dworkin, portanto, a teoria da regra social não é capaz de descrever corretamente afirmações com a do vegetariano ou de Francisco quando censura Marina acerca da escravidão. A princípio se poderia afirmar que esse tipo de uso da linguagem do dever não seria especialmente útil para compreender o direito. Todavia, essa explicação também não é plausível.

Para Dworkin, há dois tipos distintos de moralidade social. Ele as denomina de *moralidade concorrente* e *moralidade convencional*. A *moralidade concorrente* está presente numa comunidade quando seus membros "concordam em asseverar a mesma regra normativa, ou boa parte dela, mas

174 "The vegetarian must be understood, on this account, really to be saying not that men and women presently have a duty not to take life, but rather that since there are very strong grounds for saying that one ought not to take life, a social rule to that effect ought to exist. His appeal to 'the rule' might suggest that some such rule already does exist, but this suggestion is a sort of figure of speech, an attempt on his part to capture the imperative force of social rules, and extend that force to his own very different sort of claim." DWORKIN, Ronald, *The model of rules II*, 1977d, p. 52.

175 DWORKIN, Ronald, *The model of rules II*, 1977d, p. 53, tradução minha. No original: "But this defense misunderstands the vegetarian's claim". Ele continua: "He wants to say, not simply that it is desirable that society rearrange its institutions so that no man ever has the right to take life, but that in fact, as things stand, no one ever does have that right. Indeed, he will want to urge the existence of a moral duty to respect life as a reason why society should have a social rule to that effect. The strong version of the social rule theory does not permit him to make that argument. So that theory can accommodate his statements only by insisting that he say something that he does not want to say".

não contam o fato do acordo como parte essencial dos seus fundamentos para asseverar essa regra"[176]. Desse modo, se alguém afirma que as pessoas têm o dever (*duty*) de não mentir, ainda que exista a prática convergente de mentir, ele está se reportando a esse tipo de moralidade. Uma *moralidade convencional* existe quando eles contam com o acordo como seu elemento essencial[177]. Isso ocorre, por exemplo, quando se acredita que temos o dever de tirar o chapéu antes de ingressar na igreja se, e apenas se, houver um acordo nesse sentido.

A teoria da regra social, é fácil concluir, somente se aplicaria a casos de moralidade convencional. Aqui reside a fragilidade da explicação hartiana[178]. Não seria correto dizer que, quando as pessoas afirmam que é errado mentir, elas estariam se reportando (*appealing to*) a regras sociais como seu fundamento de sentido. Esse conjunto de distinções ganha um significado diretamente jurídico quando nos perguntamos acerca do tipo de obrigação que têm os juízes diante da legalidade. Os juízes reconhecem um dever (*duty*) porque seguem uma moralidade convencional ou porque seguem uma moralidade concorrente? Em princípio, o positivista hartiano teria de admitir que o dever de obedecer às leis (*duty*) decorreria apenas da moralidade convencional.

Para Dworkin, ainda que se imagine que alguns juízes sigam uma *moralidade concorrente* (agindo, por exemplo, baseados no princípio de moralidade política, segundo o qual a vontade democrática expressa pelo legislativo deve ser obedecida) e outros uma *moralidade convencional*

[176] DWORKIN, Ronald, *The model of rules II*, 1977d, p. 53, tradução minha. No original: "are agreed in asserting the same, or much the same, normative rule, but they do not count the fact of that agreement as an essential part of their grounds for asserting that rule".

[177] "If the churchgoers believe that each man has a duty to take off his hat in church, but would not have such a duty but for some social practice to that general effect, then this is a case of conventional morality." DWORKIN, Ronald, *The model of rules II*, 1977d, p. 53.

[178] Postema salienta corretamente que "When this was brought to Hart's attention he readily conceded the point, maintaining that his account was meant only to cover matters of conventional morality, for which it is true that general conformity with the rule is part of the reason the rule is regarded as binding. Conventional morality involves 'consensus of convention', not mere 'consensus of independent conviction' Hart 1994, 255-6. Dworkin's core objection concerns Hart's account of obligations of conventional morality". POSTEMA, Gerald. *Legal philosophy in the twentieth century: the common law world*, 2011a, p. 412.

(reconhecem que devem obedecer à legalidade porque outras pessoas a seguem), não seria possível salvar a explicação positivista. A teoria da regra social não é capaz de compreender adequadamente nem mesmo a moralidade convencional. Isso ocorre porque tal explicação "não pode explicar o fato de que, mesmo quando as pessoas consideram uma prática social como parte necessária dos fundamentos para asseverar algum dever [*duty*], elas podem discordar a respeito do escopo desse dever [*duty*]"[179].

Dworkin retoma o exemplo da regra social sobre uso de chapéus em igrejas e analisa sua compatibilidade com o argumento da textura aberta da linguagem expressamente acolhido por Hart. Com isso, prepara o último passo para apresentar a sua teoria da controvérsia, a qual está na base de sua refutação do convencionalismo jurídico. A estrutura de seu argumento é a mesma do argumento utilizado por Lon Fuller em seu debate contra Hart[180]. A sua análise é a seguinte.

Imagine-se uma comunidade na qual exista a regra social de que os seus membros do sexo masculino estão obrigados a não cobrir a cabeça para ingressar numa igreja. Uma mãe entra na igreja carregando um bebê do sexo masculino que está usando um gorro e é criticada por membros da comunidade. A comunidade se divide com relação à aplicabilidade da regra aos bebês. Uma parte da comunidade entende que a melhor forma de compreender a aplicação da regra exige que a proibição se estenda aos bebês, e a outra parte rejeita tal entendimento. Os dois grupos discordam e apresentam argumentos defendendo e justificando a sua interpretação

[179] Dworkin, Ronald, *The model of rules II*, 1977d, p. 54, tradução minha. No original: "cannot explain the fact that even when people count a social practice as a necessary part of the grounds for asserting some duty, they may still disagree about the scope of that duty". Dworkin utiliza o conceito de escopo para indicar esse elemento de intencionalidade contido no próprio conceito de algumas regras. Em obras posteriores ele passa a uniformizar a sua linguagem referindo-se a essa ideia como *point*. Apresento uma análise mais detalhada dos conceitos de finalidade, *scope*, intencionalidade e *point* em Macedo Junior, Ronaldo Porto, *Do xadrez à cortesia: Dworkin e a teoria do direito contemporânea*, 2013a.

[180] Fuller analisa a questão da intencionalidade da regra em seu debate contra Hart ao formular a hipótese de um veículo histórico ser colocado como monumento no meio de um parque onde houvesse a proibição de que veículos lá estacionassem. Cfr. Fuller, L. L. *The morality of law*. 2nd ed. New Haven; London: Yale University Press, 1969.

da regra. Nesse caso, a controvérsia existe justamente porque não há uma regra social acerca dessa situação limite e específica.

É importante notar que a regra social não precisa definir antecipadamente todas as hipóteses possíveis nas quais indivíduos deveriam cobrir a cabeça para ter o seu conteúdo determinado. Assim, ainda que a regra não se referisse expressamente aos indivíduos ruivos, por exemplo, não haveria motivo para imaginar que ela não se aplicaria a eles. Todavia, o caso dos bebês seria diferente, pois haveria uma controvérsia fundamental entre os membros dessa comunidade. Nesse contexto, não é possível afirmar que existe uma regra social a determinar qual dos grupos estaria correto com respeito à aplicabilidade da regra aos bebês. Nessa situação, não haveria certo ou errado. Em outras palavras, inexistiria uma regra social que expressamente proibisse ou permitisse que bebês ingressassem na igreja usando gorros.

É importante notar que não se trata de uma mera questão de *incerteza* sobre a resposta certa à pergunta "podem os bebês ingressar na igreja com gorros?"[181]. Trata-se, isso sim, da falta do próprio critério de correção (visto que a medida da correção seria uma regra social que, nesse caso, inexistiria). Desse modo, seria obrigatório reconhecer que há uma regra social proibindo adultos homens de ingressar na igreja com chapéu, mas não existe uma regra social que proíba ou permita que bebês entrem na igreja com gorros.

Essa conclusão traria um problema sério para a teoria da regra social. Segundo Dworkin,

> quando pessoas asseveram *regras normativas, mesmo em casos de moralidade convencional,* elas tipicamente asseveram regras que diferem em escopo ou em detalhe — ou, em qualquer caso, que difeririam caso cada pessoa articulasse

[181] DWORKIN, Ronald, *The model of rules II,* 1977d, p. 55, Dworkin continua: "A social rule about wearing hats in church might be said to be uncertain when the facts about what people did and thought had not yet been gathered, or, perhaps, if the question of babies had not yet arisen, so that it was unclear whether the bulk of the community would be of one mind or not. But nothing like this kind of uncertainty is present here; the case has arisen and we know that members of the community do not agree." Cfr. DWORKIN, Ronald, *Indeterminacy and law,* 1996a; DWORKIN, Ronald, *Is there really no right answer in hard cases?,* 1978.

> sua regra com mais detalhes. Mas duas pessoas cujas regras diferem — ou que difeririam se elaboradas — não podem estar se referindo à mesma regra social, e pelo menos uma delas não poderia estar se referindo a absolutamente nenhuma regra social. E é assim mesmo que elas concordem na maioria dos casos que surgem ou que podem surgir quando as regras que elas endossam estão em jogo.[182]

Dworkin, em outras palavras, sugere que, aceitando-se essa premissa, não pode haver desacordos sobre regras sociais, visto que o desacordo seria a evidência da inexistência de uma regra social "sobre a qual se estaria discordando". Assim, desacordos sobre moralidade convencional seriam impossíveis. Uma vez constatada a manifestação do desacordo, somente restaria o reconhecimento de que não existe uma convenção[183]. A ques-

[182] DWORKIN, Ronald, *The model of rules II*, 1977d, p. 55, tradução minha. No original: "when people assert normative rules, even in cases of conventional morality, they typically assert rules that differ in scope or in detail, or, in any event, that would differ if each person articulated his rule in further detail. But two people whose rules differ, or would differ if elaborated, cannot be appealing to the same social rule, and at least one of them cannot be appealing to any social rule at all. This is so even though they agree in most cases that do or might arise when the rules they each endorse are in play".

[183] A conclusão lembra em tudo as conclusões a que chegaram os defensores do positivismo lógico acerca dos discursos sobre aquilo que não se poderia falar. Discursos desprovidos de condições de sentido, por eles entendidos como incapazes de ter um valor de verdade verificável — um estado de coisas no mundo —, deveriam ser considerados um sem sentido *sinlos*. WITTGENSTEIN, Ludwig, 2001. E, sobre aquilo que não se pudesse falar, deveríamos nos calar. Em última análise, tal conclusão nos levaria a pensar que devemos no calar sobre aquilo que é controvertido. Uma expressão "senso comum" dessa conclusão estaria subjacente à ideia de que "não vale a pena discutir sobre questões controvertidas" ou, no caso das controvérsias artísticas, à afirmação de que "gosto não se discute". Essa ideia paga o preço de transformar juízos sobre valor estético em meras preferências relacionadas, por exemplo, ao sabor de sorvetes, equivocando-se sobre a gramática de nosso uso da linguagem quando usamos a linguagem valorativamente, como na arte e na moral. Dworkin indica ter em mente exatamente esse tipo de objeção aos argumentos defendidos pelo positivismo lógico ao apresentar a sua ironia: "People, at least people who *live outside philosophy texts*, appeal to moral standards largely in controversial circumstances". DWORKIN, Ronald, *The model of rules II*, 1977d, p. 53, grifo meu.

tão poderia, então, ter uma formulação paradoxal segundo a qual a existência de desacordo moral seria a prova definitiva da sua inexistência[184].

Essa conclusão seria fatal para a teoria da regra social, que, assim, "deve ser [*must be*] aplicada apenas em casos em que, como em alguns jogos, é aceito pelos participantes que, se um dever [*duty*] é controvertido, então ele não é um dever [*duty*]. Ela não se aplicaria aos deveres judiciais [*judicial duties*]"[185]. Assim termina a primeira formulação do argumento contra a regra social feito por Dworkin, acentuando a sua impossibilidade de dar conta das controvérsias que efetivamente encontramos nas práticas argumentativas do direito. A implicação da tese das regras sociais para a teoria da regra de reconhecimento também seria fatal, pois teríamos de admitir que não podem existir desacordos sobre ela. A hipotética existência de desacordos sobre a regra de reconhecimento significaria a inexistência da própria regra de reconhecimento. Todavia, afirmar que não há desacordos sobre a regra de reconhecimento estaria em completa desarmonia com as práticas argumentativas em nossos tribunais, que oferecem controvérsias justamente sobre a juridicidade das normas e as fontes do direito.

É importante destacar que Dworkin atribui expressamente alguns argumentos à visão hartiana os quais talvez o próprio Hart não estivesse disposto a acolher. Ele atribui a Hart a visão segundo a qual o fundamento da obrigação derivada de uma regra convencional é constituído por padrões de comportamento convergentes. Não é claro se Hart concordaria com isso. Esse fato, porém, não compromete o cerne de seu argumento, que está estruturado em dois pontos independentes deste.

Entendo que dois pontos centrais estruturam o debate que se segue às críticas de Dworkin (*desafio dworkiniano*). Em primeiro lugar, cabe determinar com precisão o que se deve entender por práticas sociais e, em

[184] Esse mesmo mote é retomado em Dworkin, Ronald. *Can we disagree about law or morals?* Palestra apresentada por Dworkin no New York Institute of Philosophy, da NYU. 13 nov. 2007b. Disponível em: <http://www.thirteen.org/forum/topics/can-we-disagree-about-law-or-morals/14/>. Acesso em: 15 jul. 2012.

[185] Dworkin, Ronald, *The model of rules II*, 1977d, p. 55, tradução minha. No original: "It must be held to apply only in cases, like some games, when it is accepted by the participants that if a duty is controversial it is no duty at all. It would not then apply to judicial duties".

particular, a compreensão destas em termos de *convenções*. Em segundo lugar, cabe também destacar a existência de certa ambiguidade com respeito ao próprio conceito de convenção. Alguns críticos de Dworkin afirmam que é possível apresentar uma teoria da controvérsia em bases convencionalistas (por exemplo: Jules Coleman), visto que poderemos *aceitar convencionalmente* uma regra, mas discordar sobre a sua *aplicação*[186]. Outros (por exemplo: Andrei Marmor) afirmam ser necessário redefinir o tipo de convenção que fundaria a regra de reconhecimento. Se essas soluções são viáveis e se comprometem os fundamentos do positivismo jurídico é o que veremos adiante, ao examinarmos os desdobramentos do debate sobre o tema do convencionalismo. Para melhor entender essas respostas, é útil antes compreender quais são as objeções que Dworkin já antecipava para as suas críticas.

IV. Primeiras respostas ao *desafio dworkiniano*

O texto "Modelo de regras II" antecipa algumas respostas que poderiam ser oferecidas pelos defensores da teoria da regra social. Elas preanunciam algumas variantes do convencionalismo jurídico que serão examinadas com mais detalhe nos capítulos que seguem.

Uma primeira resposta importaria em argumentar que,

> quando alguém invoca uma regra, em um caso controvertido, o que ela diz deve ser entendido como tendo duas partes: primeiro, identifica a regra social que representa o acordo dentro da comunidade (que os homens adultos não devem usar chapéus na igreja) e então demanda que essa regra *deve* ser [*ought to be*] estendida para cobrir mais casos controvertidos (bebês na igreja).[187]

[186] Coleman, Jules, *Negative and positive positivism*, 1982, p. 156-157; HART, H. L. A., *O conceito de direito*, 1994a, p. 258-259.

[187] Dworkin, Ronald, *The model of rules II*, 1977d, p. 56, grifo meu, tradução minha. No original: "when someone appeals to a rule, in a controversial case, what he says must be understood as having two parts: first, it identifies the social rule that does represent agreement within the community (that grown men must not wear hats in church) and then it urges that this rule ought to be extended to cover more controversial cases (babies in church)".

Contudo, essa solução não seria aceitável, pelas mesmas razões indicadas na análise do exemplo da crítica formulada pelo vegetariano. Quando as pessoas normalmente apresentam argumentos morais, não visam alterar a moralidade no futuro. Elas entendem que os argumentos são aplicáveis diretamente aos casos sobre os quais debatem. Compreender de outro modo seria dizer que as controvérsias são sempre sobre obrigações em sentido fraco (*ought to*), nunca sobre o sentido forte (*have a duty to*). Tal descrição não teria adequação (*fit*) à forma como usamos a nossa linguagem da moral em casos centrais e frequentes — e, não por acaso, os mais relevantes para a nossa vida prática.

A segunda resposta envolveria uma mudança do significado de regra social. Essa reformulação poderia ser feita "fixando-se no fato que, ao menos no caso de moralidade convencional, certas formulações verbais de uma regra comumente se tornam padrão, como na forma 'homens precisam [*must*] tirar seus chapéus na igreja'"[188]. Desse modo, o conteúdo da regra social estaria associado à sua formulação verbal, que serviria de guia para a formulação das obrigações (*duties*), bem como para guiar a conduta e a crítica. Essa "saída" permitiria uma sobrevida à explicação da regra em termos de suas incertezas derivadas de sua textura aberta. Ela introduziria também uma nova distinção entre *conteúdo da regra* e sua *aplicação*[189]. Nesse caso, "a regra pode, então, ser considerada 'incerta', na medida em que a comunidade discorda a respeito da aplicação adequada de um ou mais termos da formulação padrão, desde que esteja acordado que os casos controversos devem [*must*] ser decididos com base em uma ou outra interpretação desses termos"[190].

[188] DWORKIN, Ronald, *The model of rules II*, 1977d, p. 56, grifo meu, tradução minha. No original: "fixing on the fact that, at least in the case of conventional morality, certain verbal formulations of a rule often become standard, like the form, 'men must take off their hats in church'".

[189] Essa solução antecipava a alternativa proposta por Jules Coleman contra as objeções de Dworkin, em COLEMAN, Jules. *The practice of principle: in defense of a pragmatist approach to legal theory*, 2001c. Retomarei o argumento no capítulo IV.

[190] DWORKIN, Ronald, *The model of rules II*, 1977d, p. 56, grifo meu, tradução minha. No original: "the rule can then be said to be 'uncertain' to the degree that the community disagrees about the proper application of some one or more terms in the standard for-

Dworkin reconhece que essa solução, ao menos à primeira vista, ofereceria uma resposta a sua objeção. No exemplo do uso de gorros pelos bebês, seria possível afirmar que a regra era ao menos parcialmente incerta no que tange à definição de "homens", visto que haveria uma zona de penumbra com respeito a tal palavra incluir "bebês do sexo masculino". Outra indeterminação verbal também poderia estar associada ao conceito de chapéu (ou "cobrir a cabeça"), visto não ser claro se tal palavra inclui o conceito de "gorros infantis". A solução assim formulada pareceria, portanto, retomar a fórmula sugerida por Hart em *O conceito de direito* para analisar os conceitos de "calvo", "veículo" ou "sopé da montanha". Neles haveria uma zona de indeterminação inafastável decorrente da textura aberta da linguagem[191].

Dworkin não julga tal solução plausível, por três motivos. Em primeiro lugar, essa interpretação acaba conferindo importância muito grande a uma circunstância incomum ou até excepcional na qual os desacordos se reportam ao sentido de palavras ou às formulações verbais que enunciam deveres (*duties*). É certo que desacordos sobre formulações verbais podem ocorrer; contudo, não seria correto afirmar que eles sempre são desse tipo. Admitir a exceção como se fosse o caso normal (ou *caso central*, como o denomina John Finnis[192]) já envolveria, portanto, um problema descritivo básico.

Em segundo lugar, nem sempre diferentes formulações verbais poderiam estar referidas aos mesmos fatos sociais. Desse modo, por exemplo, se a formulação habitual da regra fosse que "somente as mulheres podem cobrir a cabeça antes de entrar na igreja", o desacordo não deveria ser "sobre se 'mulheres' incluem 'bebês do sexo masculino', mas se essa versão popular era uma afirmação correta da regra normativa certa"[193]. Essa resposta, portanto, não seria aceitável.

mulation, provided that it is agreed that the controversial cases must be decided on the basis of one or another interpretation of these terms".

[191] BIX, Brian. *Law, language and legal determinacy*. Oxford: Clarendon, 1993; STRUCHINER, Noel. *Para falar de regras*. 2005. 191 f. Tese (Doutorado em Filosofia) — Departamento de Filosofia, Pontifícia Universidade Católica, Rio de Janeiro, 2005.

[192] FINNIS, John, 1980, capítulo I.

[193] DWORKIN, Ronald, *The model of rules II*, 1977d, p. 56, tradução minha. No original: "over

Em terceiro lugar, essa tradução da questão do sentido da regra numa questão verbal e retórica faria com que a teoria da regra social perdesse o seu poder explicativo, que residia em poder apresentar uma teoria sobre o modo como uma prática social pode *justificar* (num sentido amplo) ao menos algumas de nossas postulações normativas relativas a alguns de nossos usos do conceito de dever (como a regra social de tirar o chapéu antes de entrar na igreja). Afinal, como afirma Dworkin com certa dose de ironia, nossas práticas morais não são exercícios de interpretação legislativa. Veremos como essas refutações de Dworkin são retomadas aos analisarmos a "saída" proposta por Jules Coleman aos desafios de Dworkin ao convencionalismo e à teoria da regra social. Coleman insiste na distinção entre conteúdo da regra e sua aplicação como estratégia para explicar os desacordos teóricos.

Uma outra alternativa estaria disponível para os defensores da aplicabilidade da teoria da regra social para a fundamentação do direito. Esta consistiria em "abandonar a afirmação de que as regras sociais sempre determinam o limite dos deveres de um homem, mas em manter a ideia de que elas determinam os seus limiares"[194]. Essa modificação faria com que as regras sociais na moralidade pudessem ter o seu sentido mitigado. Nas palavras de Dworkin:

> as regras sociais distinguem o que está estabelecido por meio dos deveres [*duties*], não simplesmente no sentido factual de que elas descrevem uma área de consenso, mas no *sentido conceitual* de que, quando tal consenso existe, é inegável que os membros dessa comunidade têm pelo menos os deveres que ela adota, embora eles possam — e talvez com propriedade — recusar-se a honrar esses deveres [*duties*]. Mas a regra social não estabelece que os indivíduos não têm direitos ou deveres [*duties*] além do expresso em seus termos, mesmo na esfera da moralidade convencional.[195]

whether 'women' includes 'male babies' but whether the popular version was a correct statement of the right normative rule".

194 Dworkin, Ronald, *The model of rules II*, 1977d, p. 56-57, tradução minha. No original: "give up the claim that social rules ever set the limit of a man's duties, but keep the idea that they set their threshold".

195 Dworkin, Ronald, *The model of rules II*, 1977d, p. 90, grifo meu. No original: "social

É importante notar que aqui reside uma distinção importante. Isso porque a regra social não estabeleceria que os indivíduos não têm direitos ou deveres (*duties*) *para além de seus termos* mesmo no campo da moral convencional. Assim, "o fato de que a regra social não seja aplicável a certos casos, como o dos bebês na igreja, significa, nesse caso, que alguém que afirme que a existência de um dever deve apoiar-se em argumentos que ultrapassam um simples apelo à prática"[196]. Esse tipo de alternativa, entretanto, seria inconsistente com a teoria hartiana da regra de reconhecimento. E o motivo é o seguinte.

Para Dworkin, "se os juízes podem ter o dever [*duty*] de decidir um caso de determinada maneira, apesar de nenhuma regra social lhes impor esse dever [*duty*], então a afirmação de Hart de que a prática social responde por todo dever judicial [*judicial duty*] cai por terra"[197]. O maior problema estaria, porém, no fato de que essa forma de conceber a regra social (pela qual ela estabeleceria apenas um limite mínimo de direitos e deveres) não se conformaria nem mesmo pela moral convencional. Isso porque é "geralmente reconhecido que as práticas que são sem propósito [*pointless*] ou inconsistentes em princípio com as outras exigências da moralidade não impõem deveres [*duties*], embora, é claro, quando uma regra social existe, apenas uma pequena minoria pensará que essa disposição de fato se aplica"[198]. Dworkin oferece um exemplo: "Quando uma regra social

rules distinguish what is settled by way of duties, not simply in the *factual sense* that they describe an area of consensus, but in the *conceptual sense* that when such consensus exists, it is undeniable that members of that community have at least the duties it embraces, though they may, and perhaps may properly, refuse to honor these duties. But the social rule does not settle that individuals have no rights or duties beyond its terms even in the area of conventional morality". DWORKIN, Ronald, *The model of rules II*, 1977d, p. 56-57.

[196] DWORKIN, Ronald, *Modelo de regras II*, 2002c, p. 90. No original: "the fact that the social rule does not extend to some case, like the case of babies in church, means rather that someone asserting a duty in that case must rely on arguments that go beyond a simple appeal to practice". DWORKIN, Ronald, *The model of rules II*, 1977d, p. 57.

[197] DWORKIN, Ronald, *The model of rules II*, 1977d, p. 57, tradução minha. No original: "If judges may have a duty to decide a case in a particular way, in spite of the fact that no social rule imposes that duty, then Hart's claim that social practice accounts for all judicial duty is lost".

[198] DWORKIN, Ronald, *The model of rules II*, 1977d, p. 57, tradução minha. No original: "it is generally recognized that practices that are pointless, or inconsistent in principle with

existia — por exemplo, de que homens oferecem certas cortesias formais às mulheres —, a maior parte das pessoas dizia que as mulheres tinham um direito [*right*] a elas; mas alguém de qualquer um dos sexos que pensasse que essas cortesias eram um insulto não concordaria com isso"[199].

O problema de fundo da teoria da regra social consiste em apresentar uma explicação equivocada acerca da relação entre as práticas sociais e sua normatividade. As práticas convencionais compartilhadas efetivamente desempenham um papel importante na constituição de uma avaliação moral. Contudo, tal relação não é bem formulada se concebemos as práticas como sendo capazes de constituir *diretamente* as normatividades. Na verdade, elas importam e participam da construção da normatividade *porque ajudam a justificar o juízo normativo*. Conforme ele bem sintetiza, "é verdade que os juízos normativos geralmente pressupõem uma prática social como uma parte essencial do caso para esse juízo; essa é a marca, como eu disse, da moralidade convencional"[200]. Nisso reside a sua importância. Contudo, para ele, "a teoria da regra social concebe mal a conexão. Ela acredita que a prática social *constitui* a regra que o juízo normativo aceita; na verdade, a prática social ajuda a *justificar* a regra que o juízo normativo afirma"[201].

other requirements of morality, do not impose duties, though of course, when a social rule exists, only a small minority will think that this provision in fact applies".

[199] Dworkin, Ronald, *The model of rules II*, 1977d, p. 57, tradução minha. No original: "When a social rule existed, for example, that men extend certain formal courtesies to women, most people said that women had a right to them; but someone of either sex who thought these courtesies an insult would not agree". Dworkin, Ronald, *Modelo de regras II*, 2002c, p. 90-91.

[200] Dworkin, Ronald, *The model of rules II*, 1977d, p. 57, grifo meu, tradução minha. No original: "it is true that normative judgments often assume a social practice as an essential part of the case for that judgment; this is the hallmark, as I said, of conventional morality".

[201] Dworkin, Ronald, *The model of rules II*, 1977d, p. 57, grifo meu, tradução minha. No original: "the social rule theory misconceives the connection. It believes that the social practice constitutes a rule which the normative judgment accepts; in fact the social practice helps to justify a rule which the normative judgment states". Dworkin continua, oferecendo um exemplo: "The fact that a practice of removing hats in church exists *justifies* asserting a normative rule to that effect—not because the practice constitutes a rule which the normative judgment describes and endorses, but because the practice creates ways of giving offense and *gives rise to expectations* of the sort that are good *grounds* for asserting a duty to

Dworkin apresenta, em diversos textos sobre o *conceito de interpretação*, a sua própria teoria sobre o modo como as práticas participam da normatividade moral[202]. Para ele, as práticas convergentes constituem *materiais pré-interpretativos* básicos por meio dos quais (e também sobre os quais) se exerce a atividade *interpretativa reconstrutiva* que procura expor a melhor concepção do conceito compartilhado, isto é, apresentá-lo sob a sua melhor luz ou formulação. Nesse sentido, as práticas sociais convergentes são condições necessárias, porém não suficientes para a determinação da normatividade das regras jurídicas[203].

Em síntese, "a teoria da regra social fracassa porque insiste em que uma prática deve ter o mesmo conteúdo que a regra que os indivíduos sustentam em seu nome"[204]. Mas esse não será sempre o caso; como afirma Dworkin, "se supusermos simplesmente que uma prática pode

take off one's hat in church or for asserting a normative rule that one must". (grifos meus) É interessante destacar que as expectativas normativas para usar o conceito proposto pela teoria dos sistemas de Luhmann se constitui, para Dworkin, em fundamentos para que se possa oferecer um tipo particular de justificativa para a ação. Essa justificativa, contudo, é distinta daquela que apela para as razões propriamente morais e que efetivamente constituem o dever. Em outras palavras, os comportamentos convergentes criam expectativas que nos permitem identificar a obrigação, mas não constituí-la como uma obrigação moral. Cfr. LUHMANN, Niklas. *Sociologia do direito.* Rio de Janeiro: Tempo Brasileiro, 1985. v. 1.

202 Uma primeira formulação é apresentada já em alguns textos publicados em DWORKIN, Ronald, *Levando os direitos a sério*, 2002a, como o famoso "Hard Cases". Posteriormente é aprofundada em textos publicados em *Uma questão de princípio.* O conceito recebe também um tratamento sistemático em DWORKIN, Ronald, *Law's empire*, 1986, p. 45-86, e é retomado em seu último grande livro, DWORKIN, Ronald, *Justice for hedgehogs*, 2011, em especial, p. 99-190.

203 É importante notar que a própria seleção do material pré-interpretativo está sujeita a uma revisão após completado o "círculo hermenêutico". Ou seja, após construir uma melhor concepção descritiva de uma prática, é possível retornar aos materiais interpretativos que serviram de primeiras referências e reexaminá-los ou excluí-los, caso se entenda que não servem como "bons paradigmas" para a compreensão do conceito em questão. Cfr. DWORKIN, Ronald, *Law's empire*, 1986; DWORKIN, Ronald, *A matter of principle*, 1985a. Examinei detidamente o assunto em MACEDO JUNIOR, Ronaldo Porto, *Do xadrez à cortesia: Dworkin e a teoria do direito contemporânea*, 2013a, p. 197-240.

204 DWORKIN, Ronald, *Modelo de regras II*, 2002c, p. 92. No original: "The social rule theory fails because it insists that a practice must somehow have the same *content* as the rule that individuals assert in its name". DWORKIN, Ronald, *The model of rules II*, 1977d, p. 58.

justificar uma regra, então a regra assim justificada pode ou não ter o mesmo conteúdo que a prática; pode ficar aquém da prática ou ir além dela"[205]. Isso significa que, se alguém considerar determinadas práticas sociais sem sentido ou ofensivas a algum valor, então não há razão para considerar que ela deu origem a um dever. Haveria motivo para afirmar não que as práticas criaram um dever que ela rejeita, mas sim que essas práticas não impuseram nenhum dever[206]. Em outras palavras, para que um dever pudesse nascer seria necessário que ele também estivesse articulado de forma significativa com uma rede mais ampla de valores e convicções.

O ponto crucial da crítica de Dworkin a seus opositores a partir de "Modelo de regras II" passa a ser a sua teoria acerca dos desacordos morais. É certo que podemos ter diversos tipos de controvérsias morais, bem como diversos tipos de concepção da moral, conforme se pode ver. Entretanto, o tipo de controvérsia que está em questão nas controvérsias morais refere-se, ao menos em muitos de seus casos pivotais (*pivotal cases*), ao próprio conceito de regra. É um fenômeno relativamente comum observar que os membros de uma comunidade apresentam formulações distintas para uma regra que supostamente está justificada nas práticas sociais. É exatamente isso que o exemplo da proibição de entrar na igreja não cobrindo a cabeça procurou mostrar. Uma parcela do grupo, após analisar as práticas, tudo considerado (*all things considered*), entende que a proibição de bebês usando gorros é de rigor. Outra parcela discorda, depois de fazer o mesmo exercício, porque acolhe outras razões (por exemplo, que a interpretação divergente ofende os padrões de bom senso, razoabilidade, etc.). Ao expressarem seus desacordos, farão referência expressa ao "real conteúdo da regra" sobre uso de chapéu na igreja. Contudo, essa forma de expressão do desacordo não deve nos iludir. Para Dworkin, "a referência não será à regra que é constituída

205 Dworkin, Ronald, *Modelo de regras II*, 2002c, p. 92. No original: "But if we suppose simply that a practice may justify a rule, then while the rule so justified may have the same content as the practice, it may not; it may fall short of, or go beyond it". Dworkin, Ronald, *The model of rules II*, 1977d, p. 58.

206 Dworkin, Ronald, *Modelo de regras II*, 2002c, p. 92; Dworkin, Ronald, *The model of rules II*, 1977d, p. 58.

pelo comportamento comum, isto é, uma regra social, mas à regra que é justificada pelo comportamento comum, isto é, uma regra normativa. *Eles discordam precisamente sobre o que é essa regra*"[207]. O ponto é essencial para a compreensão da extensão do *desafio dworkiniano* visto que uma parcela importante dos desacordos teóricos se reporta a disputas sobre o próprio significado de regra — no caso do direito, sobre o significado de regra de reconhecimento, e não apenas (muito embora com frequência também) sobre o seu conteúdo substantivo.

A tentativa de explicar os desacordos morais relacionando-os à moralidade convencional também não oferece uma alternativa convencionalista satisfatória. Isso porque, ainda que se possa afirmar que os deveres judiciais se reportam à moralidade convencional (não à moralidade concorrente), disso não decorre que alguma regra social seja capaz de estabelecer os seus limites e as suas fronteiras. Ela não é sequer capaz de fixar a moldura desse dever judicial[208]. Afinal, como seria possível fixar os limites do seu significado com base na própria regra? A própria fenomenologia da atividade judicante corrobora esse pensamento. Quando juízes afirmam que devem seguir o que dizem as regras válidas, eles podem estar se apoiando numa regra normativa que é justificada por uma prática. Porém, eles podem discordar sobre o significado dessa mesma regra, e esse desacordo pode não ser apenas fático. Isto é, ele pode não se referir ao modo como os outros juízes se comportam em relação a essa regra, mas sim à melhor forma de justificá-la moralmente[209].

[207] Dworkin, Ronald, *Modelo de regras II*, 2002c, p. 92, grifo meu, tradução modificada por mim. No original: "But the reference is not to the rule that is constituted by common behavior, that is, a social rule, but the rule that is justified by common behavior, that is, a normative rule. They dispute precisely about what that rule is". Dworkin, Ronald, *The model of rules II*, 1977d, p. 58.

[208] Dworkin, Ronald, *Modelo de regras II*, 2002c, p. 92; Dworkin, Ronald, *The model of rules II*, 1977d, p. 58.

[209] Dworkin, Ronald, *Modelo de regras II*, 2002c, p. 92. "It may be that judicial duty is a case of conventional morality. It does not follow that some social rule states the limit, or even the threshold, of judicial duty. When judges cite the rule that they must follow the legislature, for example, they may be appealing to a normative rule that some social practice justifies, and they may disagree about the precise content of that normative rule in a way that does not represent merely a disagreement about the facts of other judges' behavior". Dworkin, Ronald, *The model of rules II*, 1977d, p. 58.

Essa é a síntese da primeira crítica de Dworkin à teoria da regra social e seu pressuposto convencionalismo defendida por Hart, ao menos de forma implícita e subjacente, em sua teoria da regra de reconhecimento. Veremos adiante como essa crítica ganha novo refinamento com a apresentação mais completa de sua teoria interpretativa (ou *interpretiva*) do direito. Essa é também uma resposta à maior sofisticação das reformulações teóricas oferecidas pelos defensores do convencionalismo jurídico.

Capítulo II
A CRÍTICA AO CONVENCIONALISMO EM *O IMPÉRIO DO DIREITO*

Com a publicação de *O império do direito* (1986), Dworkin consolida algumas ideias que vinha desenvolvendo na década anterior e reformula a maneira pela qual apresenta a sua crítica ao convencionalismo. Nesse livro, ele oferece novos argumentos acerca do convencionalismo jurídico, apresentando uma definição mais clara desse conceito e novas réplicas aos pioneiros esforços feitos pelos defensores do convencionalismo.

Neste capítulo farei uma apresentação da reformulação madura do *desafio dworkiniano*, deixando para o próximo a apresentação dos refinamentos apresentados por alguns teóricos do direito sobre a questão do convencionalismo, bem como as críticas e as respostas que o próprio Dworkin apresenta a essas respostas. Essa estratégia permite uma descrição mais analítica do debate e mais clareza na compreensão dos seus movimentos teóricos.

I. O convencionalismo positivista e o aguilhão semântico

Vários autores já salientaram que a crítica de Dworkin ao positivismo ganha um forte viés metodológico a partir de *O império do direito*[210]. Talvez haja certo exagero nessa afirmação, visto que o artigo "Modelo de regras II" antecipava uma virada metodológica profunda que somente viria a ser radicalizada[211]. Nesse livro, Dworkin procura mostrar que uma teoria do

[210] "Dworkin's critique of positivism took a 'sharp methodological turn'". Marmor, Andrei, *Exclusive legal positivism*, 2002. Moore, Michael S. The interpretative turn in modern theory: a turn from the worse. *Stanford Law Review*, Stanford, v. 41, p. 871-957, 1988-1989.

[211] Dworkin assim apresenta a principal mudança de enfoque entre Dworkin, Ronald, *Taking rights seriously*, 1977a e Dworkin, Ronald, *Law's empire*, 1986, p. VIII-IX e p. 31-45. Ver também Dworkin, Ronald, *Legal theory and the problem of sense*, 1987b, p. 9-13.

direito adequada não apenas deve apresentar corretamente a natureza da normatividade que caracteriza o direito, como também deve, ela própria, ser normativa. Explicar essa natureza do conceito de direito constitui-se na tarefa primordial da teoria analítica do direito. Para Dworkin, é importante evitar confusões sobre o *tipo de conceito* que é o conceito de direito.

Dworkin reapresenta o seu argumento sobre a controvérsia jurídica e, por meio dele, procura mostrar as insuficiências e a implausibilidade das explicações convencionalistas acerca da constituição do sentido dos argumentos jurídicos[212]. A sua estratégia, que parte da constatação de que o direito é uma prática argumentativa[213], visa mostrar, em primeiro lugar, como ela envolve *diversos tipos de controvérsias*. Muitas vezes o objeto da divergência se refere a *desacordos meramente empíricos*. É comum, por exemplo, que juristas concordem com os critérios de validade que uma norma deve atender, mas discordem quanto ao efetivo atendimento de tais critérios por uma determinada regra. Por exemplo, pode haver certa controvérsia sobre ter uma norma sido editada ou não pela autoridade competente. Podem existir também *controvérsias sobre a ocorrência ou não de um fato* que justifique a aplicação de uma regra. Por exemplo, advogados podem discordar sobre a existência de prova da ocorrência de um homicídio. Desacordos empíricos como esses são comuns na vida do direito, mas não representam nenhum desafio especial para o positivismo jurídico.

Algumas das mais importantes controvérsias jurídicas envolvem *desacordos teóricos*, e não meramente empíricos. Nesses casos, os juristas podem concordar com os fatos relativos à criação de uma regra válida aos fatos sobre os quais ela incide, mas discordar com respeito ao que consideram o fundamento de sua obrigação de aplicar o direito. Em outras palavras, em casos como esses os juízes e os aplicadores do direito divergem sobre *o que deve ser considerado direito*, ainda que concordem sobre os critérios exigidos para a constituição de uma regra válida. Isso porque divergem justamente sobre ser a validade o critério exclusivo para a determinação do que é o direito.

212 Ver DWORKIN, Ronald, *Legal theory and the problem of sense*, 1987b; DWORKIN, Ronald, *The model of rules II*, 1977d.

213 DWORKIN, Ronald, *Law's empire*, 1986, p. 13.

Esse tipo de desacordo diz respeito aos fundamentos do direito, e estes, segundo a teoria positivista, estão exclusivamente determinados, em última instância, por uma regra de reconhecimento. Essa regra tem o seu fundamento na existência de um estado de coisas no mundo, a saber, um conjunto de práticas convencionais. Os desacordos teóricos sobre os fundamentos do direito (*grounds of law*) não podem ser adequadamente explicados pelo positivismo jurídico porque tal modelo teórico explica o conceito de direito em termos de critérios compartilhados de criação, mudança e aplicação do direito. O *aguilhão semântico* traduz, com base em critérios compartilhados (ou convencionais), essa tentativa de explicar o conceito de direito, o que, entretanto, é inconsistente com o conteúdo e a natureza das controvérsias teóricas. Nelas há dimensões interpretativas do conceito de direito que não são captadas pela concepção semântica, notadamente a dimensão valorativa e interpretativa. Disso decorre que as respostas teóricas à pergunta "o que é o direito?" são relevantes não em todas as disputas jurídicas, mas em casos pivotais (*pivotal cases*), não apenas comuns, mas também, de modo geral, especialmente relevantes na vida dos tribunais. Um dos exemplos paradigmáticos escolhidos por Dworkin para ilustrar esse tipo de desacordo é descrito no caso *TVA v. Hill*, mencionado na introdução.

Um grupo de teorias do direito está comprometido com determinados pressupostos *semânticos* de objetividade incompatíveis com as exigências de sentido que associamos às proposições jurídicas. Em outras palavras, essas teorias, vítimas do *aguilhão semântico*, apresentam uma teoria sobre os fundamentos do direito implausível para a explicação do significado e do valor de verdade das proposições jurídicas. A sua estratégia aqui é combater um determinado tipo de *teoria convencionalista da verdade*, que ele denomina de *teoria semântica*. É aqui que se articulam o convencionalismo semântico e o convencionalismo jurídico.[214]

Dworkin oferece, como alternativa às concepções semânticas, a sua teoria interpretativa da verdade, retomando largamente textos que publicara anteriormente e parcialmente republicados em *Uma questão de*

[214] Sobre este ponto ver também de MOORE, Michael. Metaphysics, Epistemology and Legal Theory — Matter of Principle Book Review. Southern California Law Review, v. 60, p. 453, 1987.

princípio (1985)[215]. A sua teoria pode ser vista como uma virada importante em direção a uma *teoria coerentista da verdade* que está na base de sua reconstrução positiva do direito. É importante detalhar alguns pontos centrais de sua nova abordagem do convencionalismo que não estavam tão bem expressos em "Modelo de regras II".

Na medida em que a tarefa da teoria do direito é explicar o conceito de direito, Dworkin afirma ser necessário compreender com cuidado a teoria do sentido que está pressuposta numa das mais importantes teorias do direito, o positivismo. Segundo essa teoria, a determinação do significado de um conceito envolve os critérios para o correto uso da palavra que o expressa, os quais fixam a *extensão* desse conceito (*i.e.*, o conjunto dos elementos e dos casos que pertencem às situações de uso desse conceito). Nesse sentido, para essa teoria, sempre que nos reportamos aos conceitos mediante os quais os argumentos jurídicos controversos são expressos, utilizamos palavras cujo significado depende do compartilhamento de regras semânticas sobre o seu uso.

Acredito que Dworkin tem aqui em mente o tipo de análise semântica que Hart utiliza já no início de *O conceito de direito* sobre a formação do sentido de conceitos como *calvície* e *sopé da montanha*[216]. O significado de um conceito como *calvície* é dado pela sua extensão e pelo compartilhamento social das regras semânticas que o definem. Assim, por exemplo, é porque utilizamos de forma compartilhada o conceito de calvície que podemos afirmar que é verdadeiro que Michel Foucault era calvo. Se o uso compartilhado do conceito envolvesse na sua identificação pessoas incapazes de falar, então a proposição seria falsa e estaríamos atribuindo ao filósofo a qualidade que usualmente atribuímos por meio do conceito de *mudez*.

[215] Dworkin, Ronald, *A matter of principle*, 1985a. Dworkin, Ronald. *Uma questão de princípio*. Tradução de Luís Carlos Borges. 2. ed. São Paulo: Martins Fontes, 2005. Além dos textos na mesma obra republicados, tem particular importância o ensaio Dworkin, Ronald. Objectivity and truth: you'd better believe it. *Philosophy and Public Affairs*, Hoboken, v. 25, p. 87-139, 1996b. Dworkin, Ronald, *Indeterminacy and law*, 1996a.

[216] Hart, H. L. A., *O conceito de direito*, 1994a, p. 21.

O conceito de direito teria o seu significado definido por regras semânticas semelhantes[217]. Para a sua determinação, seria necessário identificar as regras semânticas que fixariam o seu significado. Estas fariam o conceito reportar-se, em última instância, conforme já mencionado, a um conjunto de práticas compartilhadas denominadas *regras de reconhecimento*. Para essa visão, atribuída a Hart, a teoria do direito teria como tarefa mostrar como funcionam essas regras semânticas. Para ele, a tarefa de apresentar o significado do direito seria descritiva e envolveria a explicitação dessas regras semânticas. Como as proposições jurídicas envolveriam o uso de palavras cujo significado também seria determinado semanticamente, então a determinação do conceito de direito, ao menos em parte, dependeria do uso que fazemos da própria palavra "direito" quando formulamos proposições jurídicas.

Dworkin apresentou o seu argumento de modo a gerar certa confusão e despertar críticas desnecessárias e que fizeram com que o debate por vezes se afastasse de seus pontos mais importantes[218]. Penso que elas foram produzidas pela forma nem sempre clara com que indicou os seus objetivos teóricos. Para ele, Hart apresenta uma teoria semântica (vítima do *aguilhão semântico*) na medida em que defende a tese de que os fundamentos das proposições jurídicas são determinados pelos critérios compartilhados acerca do uso do próprio conceito de direito[219].

[217] Hart, H. L. A., *O conceito de direito*, 1994a, p. 21.

[218] Isso não significa que considere a argumentação de Dworkin errada ou inconsistente. Como se verá adiante, chamo apenas a atenção para esse ponto que gerou equívocos desnecessários ou que poderiam ter sido evitados para a compreensão de suas ideias. Os seus críticos nem sempre seguiram o princípio da "caridade" de Quine e Davidson para interpretar os seus textos. Talvez um dos exemplos mais notáveis seja Brian Leiter. Leiter, Brian. The theory of esoteric law. *University of Texas Law*, Public Law Research Paper n. 121. Disponível em: <http://ssrn.com/abstract=965459>. Acesso em: 15 jul. 2013b; Leiter, Brian. The end of empire: Dworkin and jurisprudence in the 21st century. *University of Texas Law*, Public Law Research Paper n. 70. Disponível em: <http://ssrn.com/abstract=598265>. Acesso em: 15 jul. 2013a.

[219] Uma visão divergente pode ser encontrada em Endicott, Timothy. Herbert Hart and the semantic sting. *Legal Theory*, Oxford, v. 4, p. 283-300, 1998, também publicado em Endicott, Timothy. Herbert Hart and the semantic sting. In: Coleman, Jules (Ed.). *Hart's Postscript*: essays on the postscript to "The concept of law". Oxford: Oxford University Press, 2001. p. 39-58.

Esse tipo de *semântica criterial* defendida por Hart é adequada para determinar o significado de alguns conceitos, como *livro*, *casa*, *veículo*, *homem*, *chapéu*, *ouro*, *tigre* ou *calvo*, porém é inadequado para descrever o funcionamento do conceito de direito em seus contextos de uso argumentativos pelos juristas. O *aguilhão semântico* consiste no acolhimento desse tipo de *conceito criterial*[220] para descrever o direito. Esse tipo de conceito é dependente da existência de um estado de coisas no mundo (isto é, práticas compartilhadas de uso) como a forma canônica de formação do seu sentido.

Os desacordos teóricos jurídicos são formulados por argumentos nos quais o que está em jogo é o próprio significado dos conceitos. Tais desacordos, quando autênticos, se referem, conforme apontado pelos exemplos apresentados na introdução deste trabalho, não apenas à aplicação dos critérios semânticos num caso particular, mas *também desacordos (empírico ou teórico) sobre o tipo de conceito sobre o qual se está a divergir*. Na verdade, os desacordos se referem aos próprios critérios. Ademais, eles ocorrem nos *casos pivotais*. Dessa forma, os desacordos teóricos se embasam tanto em concepções rivais sobre o que torna as proposições jurídicas verdadeiras ou falsas quanto nos próprios conceitos de verdade e nos tipos de argumento que podem ser utilizados para garantir a condição de sentido dessas mesmas proposições. Disso decorre um argumento que fora apresentado de forma algo paradoxal por Dworkin em "Modelo de regras II". Conforme anteriormente mencionado, uma vez que a própria comunicação (e, portanto, o seu caso particular) que expressa um desacordo pressupõe que as pessoas compartilhem regras que fixam a extensão dos conceitos, então, quando há desacordos é porque inexistem critérios compartilhados. Se assim for, então os desacordos são impossíveis. Não podemos divergir sobre a convenção, visto que a divergência é sinônimo de falta de convenção. Logo, nesse caso não pode haver desacordo. Mas o fato é que discordamos. Eis aqui o paradoxo.

Evidentemente uma explicação como essa não nos permite entender os desacordos que efetivamente existem e são comuns em nossas práticas argumentativas. O positivismo jurídico, apoiado nessas pressuposições

220 Dworkin, Ronald, *Thirty years on*, 2006i, p. 217. Ver também Dworkin, Ronald, *The concepts of law*, 2006h, especialmente p. 227-237.

criteriais, não é capaz de explicar, portanto, uma prática central para a determinação do conceito de direito. Vale notar que é possível explicar *alguns tipos de desacordos teóricos* por meio de uma *semântica criterial*. É possível explicar o desacordo teórico entre um "jurista de tipo realista norte-americano" e um "jurista de tipo kelseniano" nesses termos. Contudo, por meio dela não é possível explicar os desacordos que são dirigidos aos próprios critérios de verdade admitidos pela concepção semântica, a saber, as práticas convencionais compartilhadas.

Dworkin não parece estar se referindo a toda e qualquer teoria semântica do direito e/ou da verdade, mas antes àquela cujos contornos ele procura definir em seu livro. Esse ponto me parece importante em face de críticas que foram a ele dirigidas em defesa de formulações semânticas distintas daquela que procurou criticar. É fundamental destacar que ele não está criticando apenas teorias semânticas[221]. Isso gerou uma forte reação da parte de muitos positivistas, a começar por Hart[222], que afirmaram que não estavam preocupados em formular uma teoria sobre o significado da *palavra "direito"*, mas sim do próprio *direito*. Além disso, vários positivistas também rejeitaram a acusação de que sua teoria sobre o direito estaria embasada numa semântica criterial (ou que seria vítima do *aguilhão semântico*)[223].

Há aqui dois pontos a considerar. Em primeiro lugar, é importante destacar a forma como a análise conceitual — em particular, a análise dos conceitos centrais para as práticas jurídicas, como *obrigação* (*ought* ou *duty*), *responsabilidade* e o próprio *direito* — envolve o uso dos conceitos e das palavras que os designam. Nesse sentido, a compreensão criterial dos conceitos que estão envolvidos na prática afeta a própria descrição do conceito de direito. Em segundo lugar, é importante compreender

[221] Nesse ponto concordo, novamente, com Postema, Gerald. *Legal philosophy in the twentieth century: the common law world*, 2011a, p. 417.

[222] Hart, H. L. A., 1994b.

[223] Hart, H. L. A., 1994b, p. 246; Kress, Kenneth. The interpretive turn. *Ethics*, Chicago, v. 97, p. 834-60, 1987, p. 853; Raz, Joseph. Two views of the nature of the theory of law: a partial comparison. In: Coleman, Jules (Ed.). *Hart's postscript*: essays on the postscript to "The concept of law". Oxford: Oxford University Press, 2001. p. 1-38, p. 2; Endicott, Timothy, 2001. Stavropoulos, Nicos, 2001, p. 59, apresentará uma análise semelhante à de Dworkin.

que Dworkin insiste na sua interpretação semântica (ou segundo uma semântica criterial de Hart), em especial em seu texto sobre Hart em *Justiça de toga*[224]. Não é necessário para os propósitos deste trabalho entrar nessa polêmica.

Apesar do imenso debate gerado em torno do argumento dworkiniano sobre o *aguilhão semântico*, concordo com Postema quando observa que esse aspecto do debate acabou se tornando uma *infeliz distração* (*an unfortunate distraction*), causada, ao menos em parte, pelo próprio Dworkin. Afinal, para ele o positivismo jurídico está comprometido com a tese, não necessariamente construída em bases semânticas, segundo a qual os praticantes do direito aceitam como regras comuns determinados critérios para fixar quais padrões serão aceitos como pertencentes ao ordenamento jurídico. Para os positivistas, esses critérios estão assentados em regras sociais e, portanto, possuem uma base convencionalista. O aguilhão de Dworkin já possuía veneno suficiente para atingir versões semânticas e não semânticas do direito.

Conforme salientei, Dworkin procurou, em *O império do direito*, complementar a sua crítica feita em "Modelo de regras II", conferindo uma nova ênfase metodológica. Ele mesmo assim a expressa:

> Em *Levando os direitos a sério*, eu ofereci argumentos contra o positivismo jurídico que enfatizavam o fenômeno da decisão judicial: eu disse que os juízes caracteristicamente se sentiam na obrigação [*obligation*] de conferir aquilo que eu chamo de 'força gravitacional' a decisões passadas, e que esta obrigação sentida contradizia a teoria positivista da discricionariedade judicial. Este livro, particularmente no capítulo 4, enfatiza os defeitos mais interpretativos do que fenomenológicos do positivismo, mas esses defeitos são, no final das contas, os mesmos.[225]

[224] DWORKIN, Ronald, *The concepts of law*, 2006h, p. 165 et seq., p. 214; No mesmo sentido, STAVROPOULOS, Nicos, 2001, p. 59.

[225] DWORKIN, Ronald, *Law's empire*, 1986, p. VIII, tradução minha. No original: "In Taking Rights Seriously I offered arguments against legal positivism that emphasized the phenomenology of adjudication: I said that judges characteristically feel an obligation to give what I call 'gravitational force' to past decisions, and that this felt obligation contradicts the positivist's doctrine of judicial discretion. The present book, particularly in Chapter

A questão principal do limite metodológico da explicação positivista reside não em sua natureza semântica, mas sim em sua incapacidade de explicar os desacordos teóricos típicos das práticas argumentativas. O verdadeiro veneno de Dworkin (ou o seu aguilhão) é a sua crítica ao *convencionalismo de fundo* que está pressuposto na explicação do que é um desacordo. As pessoas que são vítimas do *aguilhão semântico*

> defendem determinado quadro do que é um desacordo e quando ele é possível. Elas pensam que podemos argumentar razoavelmente uns com os outros, mas apenas se todos nós aceitarmos e seguirmos os mesmos critérios para decidir quando nossas argumentações são sensatas, mesmo que não possamos afirmar exatamente, como um filósofo pode esperar fazer, quais são esses critérios.[226]

O *aguilhão semântico* estava na raiz do equívoco filosófico compartilhado pelos positivistas metodológicos e que redundava na incapacidade de explicar como a natureza argumentativa do direito envolve desacordos teóricos.

O capítulo de *O império do direito* sobre o convencionalismo não apenas aprofunda a explicação da natureza do equívoco filosófico contido no *aguilhão semântico*, isto é, os seus limites explicativos, como também investiga a genealogia do erro filosófico. Dworkin quer mostrar por que esse erro é tão tentador para os positivistas. Afinal, se o desacordo teórico ocorre não em casos excepcionais, mas em casos pivotais (*pivotal cases*), então os praticantes do direito não podem estar usando "os mesmos critérios factuais para decidir quando as proposições jurídicas são verdadeiras ou falsas"[227]. Dessa maneira, é forçoso concluir que "os seus argumen-

4, emphasizes the interpretive rather than the phenomenological defects of positivism, but these are, at bottom, the same failures".

226 Dworkin, Ronald, *Law's empire*, 1986, p. 45, grifo meu, tradução minha. No original: "hold a certain picture of what disagreement is like and when it is possible. They think we can argue sensibly with one another if, but only if, we all accept and follow the same criteria for deciding when our claims are sound, even if we cannot state exactly, as a philosopher might hope to do, what these criteria are".

227 Dworkin, Ronald, *Law's empire*, 1986, p. 43, tradução minha. No original: "the same factual criteria for deciding when propositions of law are true and false".

tos seriam, principalmente ou em parte, sobre quais os critérios que eles devem usar. Assim, o projeto das teorias semânticas, o projeto de procura de regras compartilhadas a partir de um estudo cuidadoso do que dizem e fazem os juristas, estaria fadado ao fracasso"[228]. Dworkin propõe diretamente esta questão genealógica: "Por que os positivistas estão tão certos de que o argumento jurídico não é o que aparenta ser? Por que eles estão tão seguros, ainda que as aparências mostrem o contrário, de que os juristas seguem regras comuns para usar 'direito'?"[229]. Dworkin segue aqui a metáfora psicoterapêutica do bloqueio e da crítica filosófica como terapia: "Os filósofos da teoria semântica sofrem de algum bloqueio"[230]. Mas o que é e como se dá esse bloqueio?

Nesse ponto mais uma vez se revela a conexão entre a *concepção semântica do direito* e a *semântica da palavra "direito"*. Dworkin foi criticado por muitos por ter imputado um erro elementar a Hart e a outros positivistas — a saber, ter confundido a investigação sobre o direito com a investigação sobre o significado da palavra "direito"[231]. Evidentemente as coisas não se confundem, e não seria correto afirmar que Hart estivesse preocupado com o significado da palavra "direito". Isso não equivale, porém, a afirmar que as investigações não se relacionem de uma maneira importante. Isso porque a prática argumentativa se faz por intermédio de con-

[228] Dworkin, Ronald, *Law's empire*, 1986, p. 43, tradução minha. No original: "their arguments would be mainly or partly about which criteria they should use. So the project of the semantic theories, the project of digging out shared rules from a careful study of what lawyers say and do, would be doomed to fail".

[229] Dworkin, Ronald, *Law's empire*, 1986, p. 43, tradução minha. No original: Why are positivists so sure that legal argument is not what it seems to be? Why are they so sure, appearances to the contrary, that lawyers follow common rules for using 'law'?". Continua: "It cannot be experience that convinces them of this, for experience teaches the contrary. They say judicial and legal practice is not what it seems. But then why not? The symptoms are classic and my diagnosis familiar".

[230] Dworkin, Ronald, *Law's empire*, 1986, p. 43, tradução minha. No original: "the philosophers of semantic theory suffer from some block". A analogia com a metáfora da filosofia como terapia apresentada por Wittgenstein é evidente. Wittgenstein, Ludwig. *Philosophical investigations*. 4th ed. Edited by P. M. S. Hacker and Joachim Schulte. Oxford: Wiley-Blackwell, 2009, § 109: "Philosophy is a battle against the bewitchment of our intelligence by means of language".

[231] Cfr. Hart, H. L. A., 1994b.

ceitos, expressos por palavras. Quando utilizamos um conceito de forma inadequada, cometemos um erro categorial. É isso que ocorre quando usamos um conceito imaginando-o ser um *conceito criterial* quando, na verdade, se trata de um *conceito interpretativo*. A seguinte explicação de Dworkin é bastante elucidativa.

> Observe o seguinte exemplo. Se dois advogados estão na verdade seguindo diferentes regras ao usar a palavra "direito", usando diferentes critérios factuais para decidir quando uma proposição jurídica é verdadeira ou falsa, então cada um deve querer dizer algo diferente do outro quando diz o que o direito é. Earl e Gray [juízes que decidiram no julgamento do caso *Riggs vs Palmer* ou caso *Elmer*] devem [*must*] querer dizer coisas diferentes quando eles afirmam ou negam que o direito permite que os assassinos herdem; Earl quer dizer que os seus fundamentos para o direito não foram satisfeitos, e Gray tem em mente seus próprios fundamentos, não os de Earl. Então os dois juízes não estão realmente discordando sobre nada quando um nega e o outro assevera essa proposição. Eles estão falando sobre coisas diferentes. Seus argumentos são sem sentido do jeito mais trivial e irritante, como um argumento a respeito de bancos quando uma pessoa pensa em bancos de poupança [*saving banks*] e a outra, *nos bancos de uma praça* [no original: nas margens de um rio — *riverbank*]. Pior ainda, mesmo quando advogados parecem estar de acordo a respeito do que o direito é, seu acordo acaba por ser falso também, como se as duas pessoas que eu acabo de imaginar pensassem ter concordado que existem muitos bancos nos Estados Unidos.[232]

[232] DWORKIN, Ronald, *Law's empire*, 1986, p. 43-44, tradução minha e ligeiramente modificada na parte em itálico. No original: "Notice the following argument. If two lawyers are actually following different rules in using the word 'law', using different factual criteria to decide when a proposition of law is true or false, then each must mean something different from the other when he says what the law is. Earl and Gray must mean different things when they claim or deny that the law permits murderers to inherit; Earl means that his grounds for law are or are not satisfied, and Gray has in mind his own grounds, not Earl's. So the two judges are not really disagreeing about anything when one denies and the other asserts this proposition. They are only talking past one another. Their arguments are pointless in the most trivial and irritating way, like an argument about banks when one person has in mind savings banks and the other riverbanks. Worse still, even when lawyers appear to agree about what the law is, their agreement turns out to

Dworkin observa, com base nas premissas filosóficas que criticou, que "Essas conclusões bizarras devem [*must*] estar erradas. O direito é uma prática em desenvolvimento e, ainda que possa ser falha, mesmo fundamentalmente, não se trata de uma piada grotesca"[233]. O direito, enquanto prática argumentativa, deve ser levado a sério. Assim, "Significa algo dizer que os juízes devem implementar coercitivamente [*enforce*] o direito, ao invés de ignorá-lo, que os cidadãos devem obedecê-lo, exceto em casos raros em que as autoridades estão vinculadas por suas regras. Parece obtuso negar tudo isso apenas porque às vezes discordamos a respeito do que o direito realmente é. Então os nossos filósofos do direito tentam salvar o que podem. Eles se agarram desesperadamente a qualquer coisa: eles dizem que os juízes, em casos difíceis, estão apenas fingindo discordar a respeito do que o direito é, ou então que os casos difíceis são apenas disputas limítrofes à margem daquilo que é claro e compartilhado. Eles pensam que devem (*must*), ao contrário, recair numa forma de niilismo a respeito do direito. A lógica que provoca esse caos é a lógica que acabamos de descrever, o argumento de que, a menos que os advogados e os juízes compartilhem critérios factuais a respeito dos fundamentos do direito, é impossível haver pensamentos ou debates significativos a respeito do que é o direito"[234]. Aqui reside o erro filosófico. Ele é um sintoma do motivo pelo qual a interpretação jurídica, ela mesma, também é

be fake as well, as if the two people I just imagined thought they agreed that there are many banks in North America".

233 Dworkin, Ronald, *Law's empire*, 1986, p. 43-44, tradução minha. No original: "These bizarre conclusions must be wrong. Law is a flourishing practice, and though it may well be flawed, even fundamentally, it is not a grotesque joke".

234 Dworkin, Ronald, *Law's empire*, 1986, p. 43-44, tradução minha. No original: "It means something to say that judges should enforce rather than ignore the law, that citizens should obey it except in rare cases, that officials are bound by its rule. It seems obtuse to deny all this just because we sometimes disagree about what the law actually is. So our legal philosophers try to save what they can. They grasp at straws: they say that judges in hard cases are only pretending to disagree about what the law is, or that hard cases are only borderline disputes at the margin of what is clear and shared. They think they must otherwise settle into some form of nihilism about law. The logic that wreaks this havoc is the logic just described, the argument that unless lawyers and judges share factual criteria about the grounds of law there can be no significant thought or debate about what the law is".

uma forma de análise filosófica. Desse modo, "não temos escolha a não ser confrontar esse argumento. É um argumento filosófico, então o próximo estágio do nosso projeto também precisa ser filosófico"[235].

Em síntese, portanto, os positivistas são *bloqueados* (num sentido quase psicanalítico também utilizado no campo filosófico por Wittgenstein) de pensar de outra forma, porque imaginam serem capazes de encontrar regras compartilhadas pelos praticantes do direito em suas práticas e em seus argumentos. Contudo, essas regras não existem (ao menos não completamente) onde eles querem encontrá-las[236]. O *enfeitiçamento filosófico* do qual os positivistas são vítimas também se expressa em outros domínios do conhecimento e constitui-se num dos temas centrais da filosofia da linguagem e da epistemologia contemporâneas[237].

As respostas ao *desafio dworkiniano* foram variadas e provocaram não apenas uma divisão interna entre positivistas inclusivistas e exclusivistas, como também subdivisões internas a esses grupos. Há, porém, um importante ponto em comum nas respostas que grande parcela deles ofereceu. Várias das principais correntes apresentaram, de uma forma ou de outra, uma resposta convencionalista aos desafios que ele lançou para o positivismo. De maneira geral, elas procuraram refutar o argumento de que os desacordos jurídicos não poderiam ser explicados em termos convencionalistas.

Em seu *Postscript*[238], Hart não aceitou essa crítica formulada por Dworkin, destacando que os exemplos de desacordos teóricos propostos por ele seriam disputas sobre o conteúdo *do* direito (*content of the law*), de alguma jurisdição particular, e não disputas sobre o conteúdo *de* direito

235 Dworkin, Ronald, *Law's empire*, 1986, p. 43-44, tradução minha. No original: "we have no choice but to confront that argument. It is a philosophical argument, so the next stage of our project must be philosophical as well".

236 Dworkin, Ronald, *Law's empire*, 1986, p. 43, p. 90.

237 Cfr. Hacker, P. M. S. *Wittgenstein's place in twentieth-century analytic philosophy*. Oxford: Blackwell, 1996; Hacker, P. M. S. Analytic philosophy: beyond the linguistic turn and back again. In: Beaney, M. (Ed.). *The analytic turn*: analysis in early analytic philosophy and phenomenology. London: Routledge, 2007. p. 125-141; Hacking, Ian, 1999.

238 Hart, H. L. A., 1994b. Ver também Dworkin, Ronald. Comment. In: Gavison, Ruth (Ed.). *Issues in contemporary legal philosophy*: the influence of H. L. A. Hart. Oxford: Oxford University Press, 1987a. p. 25-27.

(*content of law*), isto é, sobre o que deve ser considerado direito em qualquer jurisdição[239]. Essa explicação alternativa "salvaria" o positivismo da crítica que lhe fora dirigida de que seria possível descrever o direito em geral (*general jurisprudence*) por meio da explicitação das regras socialmente compartilhadas que o definem.

É certo, contudo, que esse tipo de abordagem somente seria aceitável caso se admitisse que existe algum tipo de descontinuidade essencial entre a explicação das controvérsias da prática jurídica e os objetivos de uma teoria do direito em geral. Para Hart e muitos outros positivistas, existe aqui uma descontinuidade importante. Talvez o exemplo mais forte dessa descontinuidade radical seja o pensamento de Hans Kelsen, para quem a interpretação do direito é um ato político[240]. Esse não é o caso de Hart, que desenvolveu uma teoria do sentido mais elaborada do que Kelsen e previa a possibilidade de existência dos erros jurídicos e conceituais pelos praticantes do direito. Isso fica evidenciado no famoso exemplo de Hart sobre a placa que proíbe que veículos estacionem no parque. Para ele, uma autoridade de trânsito cometeria um erro caso deixasse de aplicar multa a um ônibus que estivesse estacionado no parque. Segundo Hart, diferentemente do que ocorre para Kelsen, caso a autoridade decidisse *fora da moldura* (ou núcleo duro de significado) da regra, ela cometeria um erro e violaria o seu dever jurídico.

Para Dworkin, contudo, a forma da argumentação jurídica existente em nossos tribunais é fundamentalmente igual à argumentação filosófica, variando apenas com respeito a seu grau de generalidade, abstração e, talvez, sofisticação técnica. Para ele, "nenhuma linha clara divide a teoria do direito [*jurisprudence*] da decisão judicial ou qualquer outro aspecto da prática jurídica [...]. A teoria do direito é a parte geral da decisão judicial, prólogo silencioso de qualquer decisão no direito"[241]. Esse argumento

[239] HART, H. L. A., 1994b, p. 247, grifo meu.

[240] KELSEN, Hans, 1999, p. 387-398.

[241] DWORKIN, Ronald. *Law's empire*, 1986, p. 90, tradução minha. No original: "no firm line divides jurisprudence from adjudication or any other aspect of legal practice [...]. Jurisprudence is the general part of adjudication, silent prologue to any decision at law". Veja também DWORKIN, Ronald, *Legal theory and the problem of sense*, 1987b, p. 14. Esse ponto me parece especialmente relevante para situarmos um debate comum na história da teoria do direito relacionado à existência de uma *filosofia do direito dos juristas* em contraposição a uma

é um corolário de sua teoria acerca da gramática do funcionamento dos argumentos jurídicos e decorre não apenas de uma fenomenologia das práticas argumentativas, mas principalmente de sua análise gramatical das práticas jurídicas. Ele recebeu duras críticas de muitos opositores que insistiram na relevância da distinção entre teoria do direito e teoria da decisão judicial[242].

Os positivistas viram nesse argumento sobre a ausência de zonas não reguladas no direito e, portanto, existência de respostas certas, uma

filosofia do direito dos filósofos. Acredito que, ao lado de razões propriamente sociológicas e institucionais que, ao menos no Brasil, estiveram presentes no estabelecimento de uma suposta "clara" linha divisória entre a filosofia do direito dos juristas e por extensão, que era praticada academicamente também nas escolas de direito, há também razões teóricas usualmente defendidas por juristas que procuram afirmar a existência de uma diferença de método e objeto entre as tarefas do filósofo geral e o filósofo jurista. Dentre essas razões sociológicas, certamente as disputas de poder entre as duas instituições contribuíram para que a separação fosse não apenas admitida tacitamente, como defendida também teoricamente. Tratei do assunto em Macedo Junior, Ronaldo Porto; Piccolo, Carla Henriete Bevilacqua. Philosophy of law. In: Pattaro, Enrico; Roversi, Conrado (Eds.). *Brazil in the twentieth century*. New York: Springer, 2014. (A treatise of legal philosophy and general jurisprudence, v. 12). Especialmente relevante, nesse ponto, é o pensamento de Miguel Reale (Cfr. Reale, Miguel. *A filosofia no Brasil*. 2002. Disponível em: <http://www.miguelreale.com.br/artigos/filobras.htm>. Acesso em: 28 ago. 2013, dentre outros). A meu ver, a crítica de Dworkin a Hart apresenta relevantes razões filosóficas contrárias a esse pretendido Tratado das Tordesilhas entre escolas de direito e de filosofia. Para Dworkin, sendo a atividade de interpretação essencialmente dependente de uma análise conceitual, tem ela também uma natureza intrinsecamente filosófica, quer os praticantes do direito assim admitam, quer não. A grande teoria, assim, não é algo que deva ser compreendido como domínio exclusivo dos filósofos, nem é de interesse apenas dos juristas a reflexão sobre a prática. Na verdade, não há uma linha divisória clara ou defensável entre um domínio do direito e o domínio da filosofia. Nesse sentido, são reveladoras as palavras de J. Habermas "In Germany the philosophy of law has long ceased to be a matter just for philosophers [...]. Indeed, it is no accident that legal philosophy, in search of contact with social reality, has immigrated into law schools. [...] What could once be coherently embraced in the concepts of Hegelian philosophy now demands a pluralistic approach that combines the perspectives of moral theory, social theory, legal theory, and the sociology and history of law". Habermas, J. *Between facts and norms*: contributions to a discourse theory of law and democracy. Cambridge: MIT Press, 1996, p. X.

242 Dworkin, Ronald, 1987a, p. 25-27; Waluchow, Wilfrid J., 1994, p. 49-58; Raz, Joseph, 1995b, p. 202-203, p. 323.

enorme mistificação acerca do real significado da atividade de argumentar juridicamente e fundamentar sentenças judiciais. Para eles, a argumentação jurídica não passa de mera retórica que não merece ser "levada a sério" em suas pretensões de verdade. Segundo Hart, por exemplo, "Não há dúvida de que a retórica familiar do processo judicial encoraja a ideia de que não existem, num sistema jurídico desenvolvido, casos juridicamente não regulados. Mas com que grau de seriedade se deve aceitar tal ideia?"[243]. Em outra passagem, afirma também que "é importante distinguir a linguagem ritual utilizada pelos juízes e juristas, quando os primeiros decidem os casos nos tribunais, das suas afirmações mais reflexivas sobre o processo judicial"[244]. A discricionariedade é inevitável no processo de tomada de decisão judicial, e a justificação tem apenas um alcance limitado.

Também Joseph Raz argumentou que os juízes não precisam fazer pressuposições filosóficas ou teóricas sobre a natureza do direito para reconhecer que o direito pode ser contestado. Em suas palavras, "os tribunais podem precisar pressupor algo sobre o direito de suas jurisdições,

[243] HART, H. L. A., *O conceito de direito*, 1994a, p. 337-338; HART, H. L. A., 1994c, p. 272-273.

[244] HART, H. L. A., *O conceito de direito*, 1994a, p. 337-338; HART, H. L. A., 1994c, p. 272-273. Hart enfatiza que o exercício da discricionariedade pode, quando muito, ser retardado, mas jamais eliminado. Isso significa dizer que sempre há um limite no qual não se pode afirmar se um juiz erra ou acerta. "Muito frequentemente, ao decidirem tais casos, os juízes citam qualquer princípio geral, ou qualquer objetivo ou propósito geral, que se pode considerar que determinada área relevante do direito exemplifica ou preconiza, e que aponta para determinada resposta ao caso difícil que urge resolver. Isto, na verdade, constitui o próprio núcleo da 'interpretação construtiva' que assume uma feição tão proeminente na teoria do julgamento de Dworkin. Mas embora este último processo, seguramente, o retarde, a verdade é que não elimina o momento de criação judicial de direito, uma vez que, em qualquer caso difícil, podem apresentar-se diferentes princípios que apoiam analogias concorrentes, e um juiz terá frequentemente de escolher entre eles, confiando, como um legislador consciencioso, no seu sentido sobre aquilo que é melhor, e não em qualquer ordem de prioridades já estabelecida e prescrita pelo direito relativamente a ele, juiz. Só se, para tais casos, houvesse sempre de se encontrar no direito existente um determinado conjunto de princípios de ordem superior atribuindo ponderações ou prioridades relativas a tais princípios concorrentes de ordem inferior, é que o momento de criação judicial de direito não seria meramente diferido, mas eliminado." HART, H. L. A., *O conceito de direito*, 1994a, p. 337-338; HART, H. L. A., 1994c, p. 272-273.

mas não muita coisa"[245]. Em razão disso, o recurso à teoria do direito e o esforço que visa à construção da melhor concepção de um conceito tem também uma utilidade limitada para a compreensão do real significado da "retórica jurídica". De certo modo, a argumentação jurídica, para muitos positivistas, ainda é mais assemelhada à sofística do que à filosofia[246].

A questão, porém, para Dworkin, não é a interpretação da fenomenologia da atividade judicial nem o quanto a sua aparência ritual ou formal "deve ser levada a sério", mas a gramática dos argumentos que são produzidos nas práticas judiciais, bem como as premissas ou as presunções nas quais eles se baseiam. Para ele, as proposições jurídicas asseridas pelos praticantes do direito pretendem ser verdadeiras e justificadas (sendo, assim, a *justificação* o seu critério de verdade). Os conflitos teórico-argumentativos autênticos, sinceros, envolvem visões divergentes não apenas sobre o significado semântico das palavras, como também sobre os próprios critérios de verdade para as proposições jurídicas. Em outras palavras, envolvem um conflito entre as pressuposições filosóficas acolhidas pelas concepções de direito contrastadas pelas partes em desacordo[247].

Essas teorias ou concepções, por sua vez, estão ancoradas em pressupostos epistemológicos distintos, assumindo diferentes concepções também sobre os conceitos de objetividade e verdade. Quando isso ocorre, verificamos que as divergências não são apenas diretamente substantivas e/ou acerca do significado das palavras, mas são também "conflitos entre filosofias"[248]. Seria como se imaginássemos um positivista lógico como

[245] RAZ, Joseph, 2001, p. 34, tradução minha. No original: "courts may need to presuppose something about the law of their jurisdiction, but not a great deal".

[246] Cfr. o interessante ensaio de LISBOA, Wladimir Barreto. As novas sofísticas jurídicas: Chaïm Perelman e Stanley Fish. In: STORCK, Alfredo Carlos; LISBOA, Wladimir Barreto (Orgs.). *Norma, moralidade e interpretação*: temas de filosofia política e do direito. Porto Alegre: Linus, 2009. p. 165-190.

[247] Cfr. DWORKIN, Ronald, *The concepts of law*, 2006h, p. 221, e DWORKIN, Ronald, *Hart's postscript and the character of political philosophy*, 2006c.

[248] A expressão é de PEREIRA, Oswaldo Porchat. O conflito das filosofias. In: PEREIRA, Oswaldo Porchat. *Vida comum e ceticismo*. São Paulo: Brasiliense, 1993. p. 5-21, desacreditando na possibilidade desse diálogo. Mas esse tipo de ceticismo é expressamente rejeitado em DWORKIN, Ronald, *Objectivity and truth: you'd better believe it*, 1996b.

Ayer discutindo com o Wittgenstein das *Investigações filosóficas*[249]. Nesse sentido, a dependência de pressuposições teórico-jurídicas a pressuposições mais abstratas (como essa relativa ao conceito de verdade e objetividade) torna problemática a separação forte entre os argumentos filosóficos e os argumentos realizados pelos juízes, e entre teorias do direito e argumentação jurídica.

Evidentemente isso não significa que os juízos e as proposições feitas pelos juízes e pelos praticantes do direito tenham o mesmo nível de abstração e generalidade da filosofia praticada pelos *filósofos profissionais*[250]. Contudo, ainda que não o tenham, realizam o mesmo tipo de atividade intelectual. Em outras palavras, participam de um *jogo de linguagem* muito parecido com o jogo de linguagem da própria filosofia, combinando-se com ele "como os fios de uma corda que se entrelaçam"[251]. Nas palavras de Postema, o argumento de Dworkin, "diz respeito à dependência lógica ou substantiva do argumento de nível mais baixo em relação às proposições gerais sobre o que torna esses argumentos relevantes ou sérios [*sound*], e não sobre quaisquer recursos epistêmicos de advogados"[252]. Assim, o ponto realmente importante para Dworkin não é, ao contrário do que disseram e dizem muitos críticos, a suposição de que os juízes são filóso-

[249] Situação algo semelhante é descrita no belo livro sobre o encontro havido em 1946 em Cambridge entre Karl Popper e Ludwig Wittgenstein. Cfr. EDMONDS, David; EIDINOW, John. *O atiçador de Wittgenstein*. Rio de Janeiro: Difel Brasil, 2003.

[250] O próprio Dworkin tratou do assunto em DWORKIN, Ronald. The judge's new role: should personal convictions count? *Journal of International Criminal Justice*, Oxford, v. 1, p. 4-12, 2003, e em DWORKIN, Ronald, ¿Deben nuestros jueces ser filósofos? ¿Pueden ser filósofos? *Estudios de Derecho*, Medellín, v. 64, n. 144, p. 15-36, dic. 2007a. A versão original em inglês foi apresentada como conferência em 11 de outubro de 2000, em Nova Iorque, em homenagem à nomeação de Dworkin como Scholar of the Year of the New York Council for Humanities,

[251] Essa metáfora de Wittgenstein é explicitamente retomada em DWORKIN, Ronald, *Law's empire*, 1986, p. 67.

[252] POSTEMA, Gerald. *Legal philosophy in the twentieth century: the common law world*, 2011a, p. 419, tradução minha. No original: "concerns the logical or substantive dependency of lower level argument on more general propositions about what makes those arguments relevant or sound, not on any given lawyer's epistemic resources".

fos ou se comportam como o semideus Hércules em seu dia a dia[253]. Eles não precisam ter uma teoria do direito completa, acabada e bem distinta em suas mentes, mas, como afirma Nicos Stavropoulos, é necessário "apenas que ele presuma que a sua abordagem parcial é boa em virtude de ser parte de uma [mais geral e mais abstrata] abordagem, e que, portanto, presume a responsabilidade de articular da melhor maneira possível as implicações ou as preposições da parte que ele defende, em qualquer direção"[254]. A atividade de julgar e argumentar, nesse sentido, é inevitavelmente filosófica.

[253] Hart, H. L. A., *O conceito de direito*, 1994a, p. 327. Dworkin tem sustentado que os princípios jurídicos não podem se identificar por critérios atribuídos por uma regra de reconhecimento manifestada na prática dos tribunais e que, uma vez que os princípios são elementos essenciais do direito, deve abandonar-se a doutrina da regra de reconhecimento. Segundo ele, os princípios jurídicos só podem identificar-se por meio de uma interpretação construtiva, como membros de um conjunto único de princípios que não só se ajusta melhor a toda a história institucional do direito estabelecido de um sistema jurídico, como também melhor a justifica. Claro que nenhum tribunal inglês ou americano jamais adotou explicitamente um tal critério holístico, extensivo a todo o sistema, para identificar o direito, e Dworkin concede que nenhum juiz humano real, distinto de "Hércules", o seu mítico juiz ideal, podia praticar o feito de construir uma interpretação de todo o direito do seu país de forma imediata. Não obstante, os tribunais são, do seu ponto de vista, compreendidos de forma mais cristalina enquanto tentam "imitar Hércules" de um modo limitado, e encarar os seus julgamentos dessa forma serve, segundo pensa, para trazer à luz "a estrutura escondida".

[254] Stavropoulos, Nicos. Interpretivist theories of law. In: Zalta, Edward (Ed.). *The Stanford encyclopedia of philosophy*. Winter 2003. Disponível em: <http://plato.stanford.edu/entries/law-interpretivist>. Acesso em: 5 set. 2012, sec. 3 e 5, tradução minha. No original: "only that he assumes that his partial account is good in virtue of being a part of the [more general and abstract] account, and hence assumes a responsibility to articulate as best he can the implications or presuppositions of the part he defends, in any direction". No mesmo texto ele continua: "Later, Dworkin called attention to the vulnerability of all legal argument to 'justificatory ascent': 'When we raise our eyes a bit from the particular cases that seem most on point immediately', he wrote, 'and look at neighboring areas of the law, or maybe even raise our eyes quite a bit and look in general, say, to accident law more generally, or to constitutional law more generally, or to assumptions about judicial competence or responsibility more generally, we may find a serious threat to our claim that the principle we were about to endorse allows us to see our legal practices in their best light. For we may discover that that principle is inconsistent with, or in some other

Alguns críticos de Dworkin seguiram novos caminhos em relação ao desafio de apresentar uma teoria da controvérsia compatível com os pressupostos convencionalistas. Um grupo argumenta que as convenções fundacionais podem ser complexas e que, desse modo, os desacordos sobre partes das convenções não ameaçam as próprias convenções num nível mais fundamental. Segundo essa visão, é importante que exista convenção com respeito a seus componentes mais básicos ou profundos (*deep components*)[255]. Outros grupos seguiram caminhos distintos. Nessa linha, Kenneth Himma argumenta que, mesmo que existam desacordos sobre os componentes profundos (*deep components*), é possível sustentar a plausibilidade dos critérios convencionais desde que eles não estejam amplamente disseminados numa comunidade[256].

Postema salienta com propriedade que essas objeções não conseguem oferecer uma resposta satisfatória ao argumento do *aguilhão semântico* se elas apenas representam uma variante do argumento hartiano segundo o qual o desacordo somente é possível dentro do campo de indeterminação semântica (ou penumbra) das regras. Isso porque essa explicação não enfrenta os exemplos, como *TVA* e *Sra. Sorensen*, que Dworkin, com razão, afirma serem representativos de casos centrais e comuns em nossas práticas judiciárias. Ademais, esse tipo de argumento ainda deixa sem explicação a questão acerca da possibilidade de existirem desacordos teóricos genuínos nas práticas jurídicas.

Outros críticos, como Joseph Raz, enfrentam o *desafio dworkiniano* de outra forma. Raz chama a atenção para o fato de que podemos entender o que deve ser o critério compartilhado numa comunidade seja *individualisticamente* ("cada membro os vê como regras e compromissos pessoais e busca segui-los quando aplicáveis")[257], seja de forma *não indivi-*

way sorts badly with, some other principle that we must rely on to justify some other and larger part of the law"'.

[255] Kramer, Matthew H. *In defense of legal positivism*: law without trimmings. Oxford: Oxford University Press, 2003, p. 140-146.

[256] Cfr. Himma, Kenneth Einar. Ambiguously stung: Dworkin's semantic sting reconfigured. *Legal Theory*, Oxford, v. 8, n. 2, p. 145-184, June 2002a, p. 169-171, apud Postema, Gerald. *Legal philosophy in the twentieth century: the common law world*, 2011a, p. 420.

[257] RAZ, Joseph, 2001, p. 16-17, tradução minha. No original: "each member holds them as personal rules and commitments and seeks to follow them when applicable".

dualística ("os critérios são regras comuns à sociedade, mas eles não são reduzíveis às regras que qualquer membro ou agregado de membros acolhe ou aceita")[258]. Para ele, as regras entendidas dessa última forma não são redutíveis àquilo que as pessoas pensam que elas são. Assim, dentro dessa perspectiva é possível vislumbrar a possibilidade dos desacordos teóricos, visto que parte dos membros de uma comunidade pode estar errada acerca de quais são os critérios compartilhados, havendo espaço para a ocorrência dos desacordos[259].

A resposta de Raz não me parece convincente. Isso porque, conforme bem destacou Postema, "Dworkin pode de maneira razoável endossar a abordagem não individualista de conceitos ou regras compartilhados. Não faz parte de sua visão que a participação em uma prática social comum elimine o desacordo fundamental"[260]. Dessa forma, o argumento do *aguilhão semântico* visa mostrar que uma semântica criterial não era capaz de explicar determinados tipos de desacordo comuns no direito[261]. Assim, a sua crítica não se refere à ideia de que o direito não se baseia em convenções, mas sim à de que a compreensão dos desacordos e da argumentação jurídica como práticas convencionais está equivocada. Por esse motivo, permaneceria vivo o desafio de mostrar como essas práticas convencionais seriam capazes de constituir deveres em sentido forte (*duties*).

O *desafio dworkiniano* sobre o convencionalismo exige um renovado esforço teórico da parte dos positivistas metodológicos. Para Dworkin, o positivismo está comprometido com três ideias. Em primeiro lugar, está comprometido com a ideia de que as regras comuns de uma prática compartilhada são convenções. Em segundo lugar, ele aceita a ideia de que

[258] Raz, Joseph, 2001, p. 1-38, tradução minha. No original: "the criteria are common rules of the community but they are not reducible to the rules that any member or aggregate of members entertains or accepts". O argumento foi apresentado aqui de forma bastante simplificada. Uma análise mais aprofundada pode ser encontrada em Postema, Gerald. *Legal philosophy in the twentieth century: the common law world*, 2011a, p. 420 et seq.

[259] Cfr. Coleman, Jules; Simchen, Ori. Law. *Legal Theory*, Oxford, v. 9, p. 1-41, 2003.

[260] Postema, Gerald. *Legal philosophy in the twentieth century: the common law world*, 2011a, p. 421, tradução minha. No original: "Dworkin might reasonably endorse the non-individualistic account of shared concepts or rules. It is no part of his view that participation in a common social practice precludes fundamental disagreement".

[261] Dworkin, Ronald, *Thirty years on*, 2006i, p. 221.

as convenções existem e que são vinculativas apenas na medida em que em torno delas houver consenso sobre as próprias regras (de modo que ele estabelece a extensão ou a aplicação das regras). Para tanto, não é necessário o consenso de convicção (*concurrent convictions*). Em terceiro lugar, compromete-se com a ideia de que convenções controvertidas não são convenções.

A defesa do convencionalismo constitui-se num ponto central para a defesa do positivismo metodológico, uma vez que, por meio de sua crítica, Dworkin procura mostrar como o próprio funcionamento da gramática do uso dos conceitos jurídicos envolve o seu "uso moral", isto é, o seu funcionamento seguia uma linguagem típica da moral. Em outras palavras, *o jogo de linguagem da argumentação jurídica* mantém uma semelhança de família direta com os *jogos de linguagem da moral, desde que se os compreenda como moral concorrente, e não apenas convencional.* Isso significava afirmar que o raciocínio jurídico era, como Dworkin gostava de expressar, apenas um caso particular do raciocínio moral. O direito seria mais bem compreendido como um departamento da moral, e a tese da separabilidade entre moral e direito estaria assentada num equívoco categorial[262]. Ao pensarmos em moral e direito como dois domínios distintos que eventualmente se conectam ou se justapõem, já estaríamos pressupondo equivocadamente a existência de uma certa autonomia entre esses dois "domínios". Contudo, do ponto de vista conceitual, se queremos compreender o direito, devemos entender como a gramática dos conceitos jurídicos está imbricada na gramática dos conceitos morais, ou linguagem da moral.

Os positivistas metodológicos, ao se embasarem na ideia de que o consenso estabelece a extensão de uma regra comum convencional, imaginam ser possível para um observador descrevê-las como um fato empírico (*plain fact*), independentemente de qualquer perspectiva de endosso ou de uma moralidade concorrente. Bastaria apenas identificar a aceitação como um fato ou um estado de coisas do mundo. Uma visão que identifica a *moralidade concorrente*, porém, ao admitir a distinção entre as regras da comunidade e a *crença* que os indivíduos podem

[262] DWORKIN, Ronald, *Can we disagree about law or morals?* 2007a.

ter sobre o que são elas, convoca todos aqueles que querem caracterizar ou descrever essas regras a se engajarem em formas de raciocínio de mesmo tipo daquelas seguidas pelos participantes que atuam na prática que se almeja descrever. Em outras palavras, o método adequado para compreender como raciocinamos dentro da moralidade concorrente requer uma abordagem *interpretiva* (impossível de ser descrita "de fora"), conforme Dworkin procura expor ao apresentar a sua própria teoria do direito como integridade.

II. O convencionalismo e o arquimedianismo

Já afirmei que a renovada censura metodológica que Dworkin apresenta ao positivismo em *O império do direito* retoma elementos dos escritos anteriores, como a crítica das regras sociais, e apresenta outros recursos metodológicos, como o *aguilhão semântico*. Ela também expande novos *fronts* de combate que não estavam presentes em *Levando os direitos a sério*. O ponto de inovação mais importante e que traz consequências diretas para a sua refutação do convencionalismo é a sua crítica ao que vai denominar de *arquimedianismo*. Esse conceito representa uma visão que, segundo ele, estabelece a exigência de um domínio metafísico passível de descrição pelas proposições morais, sem o que não podem existir valores verdadeiros ou falsos. Ele faz a evidente alusão a Arquimedes, que imaginava ser possível levantar a terra caso lhe fosse fornecido um ponto de apoio. O arquimedianismo traduz essa exigência por um ponto de apoio externo, sem o qual se afirma não ser possível o conhecimento objetivo[263]. O *cético*

263 Cfr. DWORKIN, Ronald. Pragmatism in law. In: DWORKIN, Ronald. *Justice in robes*. Cambridge, MA: Harvard University Press, 2006g. p. 36-48, p. 47; DWORKIN, Ronald, *Hart's postscript and the character of political philosophy*, 2006c, p. 141-143, 146-149, 158-159, 164-166; GUEST, Stephen, 2012, p. 133-134. Em DWORKIN, Ronald, *Justice for hedgehogs*, 2011, p. 25, Dworkin afirma: "But I do reject Archimedean skepticism: skepticism that denies any basis for itself in morality or ethics. I reject the idea of an external, meta-ethical inspection of moral truth. I insist that any sensible moral skepticism must be internal to morality. The causal dependence hypothesis is a piece of Archimedean epistemology, and Archimedean epistemology is misconceived. There is no such thing as an entirely abstract condition on knowledge. Every thought is a thought about something and depends, for its sense and plausibility, on what it is a thought about. [...]. Archimedean epistemology fails because a theory of knowledge must take its place in and with the rest of our opinions. Abstract

externo é uma espécie de arquimediano que, diante da constatação de que inexiste esse ponto externo (*out there*), afirma que não existe verdade para as proposições morais. O conceito traduz uma atitude comum à epistemologia moral contemporânea.

A exigência arquimediana apresenta seus sintomas em amplas áreas do conhecimento contemporâneo. Como afirma Dworkin,

> áreas especializadas da filosofia, como a metaética e a filosofia do direito, florescem, cada uma supostamente sobre — mas não participando de — algum particular tipo ou departamento da prática social. Filósofos olham para baixo, de fora e de cima, para a moralidade, a política, o direito, a ciência e a arte. Eles distinguem os discursos de primeira ordem das práticas que eles estudam — o discurso dos não filósofos refletindo e argumentando sobre o que é certo e errado, legal e ilegal, verdadeiro ou falso, belo ou mundano — de suas próprias plataformas de segunda ordem de 'metadiscurso', no qual conceitos de primeira ordem são definidos e explorados e afirmações de primeira ordem são classificadas e atribuídas à categorias filosóficas. Eu chamei essa visão de filosofia de *arquimediana*.[264]

epistemology and concrete belief must fit and support each other, and neither must be given a veto over the other". Como antídoto a essa visão, ele propõe o que designa por *integrated epistemology*: "we must make assumptions about what is true in order to test theories about how to decide what is true. Our scientific method, for instance, assumes the truth of what we believe about optics and biology, even though we use scientific method to confirm our optics and biology. The whole intellectual structure fits and stands together. So it is a mistake to give some epistemological axiom priority over the rest of our convictions". No mesmo livro, ver também p. 82-83.

[264] DWORKIN, Ronald, *Hart's postscript and the character of political philosophy*, 2006c, p. 141, tradução minha. No original: "Specialist areas of philosophy like meta-ethics and the philosophy of law flourish, each supposedly about but not participating in some particular type or department of social practice. Philosophers look down, from outside and above, on morality, politics, law, science and art. They distinguish the first-order discourse of the practice they study—the discourse of non-philosophers reflecting and arguing about what is right or wrong, legal or illegal, true or false, beautiful or mundane—from their own second-order platform of 'meta' discourse, in which first-order concepts are defined and explored, and first-order claims are classified and assigned to philosophical categories. I have called this view of philosophy 'Archimedean'".

Para ele, grande parte da teoria do direito contemporânea, inclusive o positivismo jurídico, é vítima do erro filosófico de imaginar que seria possível adotar uma posição externa (de fora, "*out there*", ou, ainda, *do ponto de vista de lugar nenhum*, como diria Thomas Nagel[265]), desengajada (*detached*), acerca das controvérsias morais substantivas[266].

Para Dworkin, quando produzimos argumentos morais não podemos tomar uma posição metodológica externa com respeito a eles, diferentemente do que sustentam, por exemplo, determinadas formas de ceticismo moral externo ou arquimediano[267]. A tentativa de tomar esse ponto de vista externo traduz um erro filosófico comum a diversas variantes de teorias jurídicas, como o realismo, o pragmatismo e o positivismo[268], bem como a filosofias políticas e morais céticas, não céticas, realistas e antirrealistas. Interessa-me aqui analisar sobretudo os seus efeitos no convencionalismo.

265 NAGEL, Thomas. *The view from nowhere*. Oxford: Oxford University Press, 1989. Cfr. NAGEL, Thomas. Dworkin: interpretation and the law. In: NAGEL, Thomas. *Other minds*: critical essays 1969-1994. Oxford: Oxford University Press, 1995. p. 194-202.

266 Conforme resume Stephen Guest, "Dworkin makes use of the metaphor of the 'outsider' and the 'insider' to describe two kinds of skepticism. He distinguishes between external skepticism and internal skepticism. External skepticism of moral values, or the Archimedean view (because Archimedes calculated he could lift the Earth if he were sufficiently external to it and had both a long pole and a fulcrum) denies that there is any special metaphysical realm of which moral judgments are a description and by virtue of which values are either true or false. It is a form of skepticism that is 'disengaged', because it places the skeptic in a position in which he does not have to argue for any particular moral (or value) judgment he makes. It is, instead, a matter of mere 'opinion' for him. The external skeptic both requires there to be something 'out there' to make moral judgments true and then denies that there is anything 'out there' to make them true and so establishes her skepticism. It is supposedly not an interpretive position but a 'metaphysical' one". GUEST, Stephen, 2012, p. 133.

267 DWORKIN, Ronald, *Law's empire*, 1986, p. 76-86. Esse tema merece um tratamento mais aprofundado em DWORKIN, Ronald, *Objectivity and truth: you'd better believe it*, 1996b, e DWORKIN, Ronald, *Justice for hedgehogs*, 2011, em especial p. 4-69 e p. 82-83. Para uma clara análise do argumento, cfr. NAGEL, Thomas, 1995.

268 Não é certo afirmar que todos os teóricos filiados a tais correntes sejam criticáveis por assumirem algum tipo de arquimedianismo. Contudo, o acolhimento da crítica de Dworkin a ele traz novos elementos de apoio e reforço à crítica geral desse autor ao convencionalismo, que se constitui no foco mais imediato deste trabalho.

É possível destacar dois aspectos básicos do arquimedianismo que incidem sobre a teoria do direito com reflexos para a sua crítica ao convencionalismo e, em particular, para a epistemologia moral que está pressuposta em muitas de suas formas e de suas versões. Dworkin observa que o direito, em primeiro lugar, é uma prática social argumentativa[269]. Isto não implica que seja uma prática interpretativa na qual todas as ações que o constituem sejam interpretativas[270]. Ele também não é a única prática social argumentativa. As práticas de cortesia possuem também essa natureza[271]. Outras práticas sociais, como jogar xadrez segundo as regras da FIDE, normalmente não o são por não envolverem nem a produção de argumentos, nem, ainda menos, uma reflexão interna sobre a natureza e o conteúdo das próprias regras que regulam o seu funcionamento.

Isso significa que no direito, a exemplo das práticas de cortesia, mas em contraste com um jogo de xadrez, o agente "entende que o que ele permite ou requer depende da verdade de certas proposições que ganham sentido apenas pela e dentro da prática; a prática consiste, em boa medida, em organizar e argumentar sobre essas proposições"[272]. No direito ocorre algo semelhante ao que se passa nas práticas de cortesia: "pessoas que possuem direito [*law*] fazem e debatem postulações sobre o que o direito permite ou proíbe que seriam impossíveis — porque sem sentido [*senseless*] — sem o direito [*law*], e uma boa parte do que o direito

[269] Dworkin, Ronald, *Law's empire*, 1986, p. 13, p. 418-419.

[270] Em outras palavras, afirmar que o direito é uma prática interpretativa não implica afirmar que ele seja composto de interpretações o tempo todo. Ao meu ver Dennis Patterson (Patterson, Dennis. *Law and Truth*. New York: Oxford University Press, 1996) equivoca-se ao fazer esta atribuição a Dworkin, lembrando que nem toda a prática de seguir uma regra demanda interpretação (na lição de Wittgenstein). Em síntese, afirmar que o direito é uma prática interpretativa não significa afirmar que ele sempre requer interpretação, mas que em algumas situações centrais ou pivotais, ele se reveste deste caráter interpretativo.

[271] Analisei mais aprofundadamente esse ponto em Macedo Junior, Ronaldo Porto, *Do xadrez à cortesia: Dworkin e a teoria do direito contemporânea*, 2013a, p. 199-228.

[272] Dworkin, Ronald, *Law's empire*, 1986, p. 13, grifo do original, tradução minha. No original: "understands that what it permits or requires depends on the truth of certain propositions that are given sense only by and within the practice; the practice consists in large part in deploying and arguing about these propositions".

deles revela sobre eles não pode ser descoberto senão observando como eles fundamentam e defendem estas postulações"[273].

Aqui o significado de *prática argumentativa* é claro e preciso. Nem toda forma de diálogo é argumentativa. Caso dois torcedores de futebol "discutam" sobre qual é o melhor time, atribuindo a essa prática uma intencionalidade de promover a sociabilidade entre amigos ou lúdica, descomprometida com a sinceridade das condições de verdade das mútuas alegações, não se está diante da prática argumentativa no sentido que Dworkin quer qualificar. Numa prática argumentativa genuína, diferentemente do que ocorre na "prosa animada sobre qual é o melhor time de futebol" (em que presumivelmente os agentes estão apenas procurando ser enfáticos nas suas preferências e na expressão de afeto ao time), existe um engajamento sincero e autêntico, da parte dos agentes, na busca de condições de verdade para as proposições argumentativas oferecidas. Matar o tempo com "conversa fiada" pode ser, quando muito, um simulacro de argumentação, mas nunca uma prática argumentativa no sentido aqui invocado.

Também não há uma prática argumentativa reflexiva genuína quando há uma disputa entre dois engenheiros sobre qual é a melhor fórmula para se fazer o cálculo de custos de uma obra. Isso porque, também nesse caso, os critérios utilizados (supostamente) são compartilhados e consensuais, residindo a divergência apenas na forma como devem eles ser aplicados[274].

É importante aqui enfatizar que Dworkin quer chamar a atenção para um tipo especial de normatividade que está presente em apenas algumas práticas sociais e que é determinante para a correta compreensão do direito. O argumento aqui retoma e expande os argumentos que ele apresentara em "Modelo de regras II", em especial ao discutir a natureza

[273] DWORKIN, Ronald, *Law's empire*, 1986, p.13, grifo do original, tradução minha. No original: "People who have law make and debate claims about what law permits or forbids that would be impossible—because senseless—without law and a good part of what their law reveals about them cannot be discovered except by noticing how they ground and defend these claims".

[274] Aqui um certo cuidado é necessário com o uso dos exemplos. Eles poderiam ser transformados em exemplos nos quais se produz práticas argumentativas *stricto sensu*. Isso, contudo, afastaria os traços que se quer evidenciar aqui.

dos argumentos nos exemplos do vegetariano e do uso de gorros pelos bebês ao ingressarem numa igreja.

Para os autores que seguem a tradição hermenêutica que remonta a Weber e Hart, algumas práticas sociais são essencialmente normativas[275]. A correta descrição dessas práticas exige que se compreenda que os agentes são orientados por regras que funcionam com razões para as suas ações. Contudo, os agentes envolvidos em práticas sociais normativas, como *jogar xadrez*, não são reflexivos. Isto é, ao agirem, não refletem, criticam e modificam as próprias regras que lhes servem de guia de ação. De forma geral, tanto o "agente jurídico weberiano" como o "agente jurídico hartiano" tomam por referência e guia para suas ações as regras sociais convencionais ou estabelecidas. Eles não as tomam como objetos de deliberação ou debate racional. É por esse motivo, por exemplo, que Weber acolhe a ideia de que os valores são, em última instância, irracionais e constituídos por uma vontade coletiva ou individual que os institui[276]. Um agente que segue valores religiosos o faz porque tais valores compõem a tradição da qual ele participa. Esses valores, por sua vez, são normalmente modificados por força da ação de indivíduos (em especial, os líderes carismáticos) que positivam novos valores.

Para Hart, a situação não é diferente. Como vimos, na sociedade moderna os valores usualmente são positivados por meios legislativos: por uma decisão política marcada pela prevalência dos interesses majoritários. A teoria hermenêutica de Hart limita-se a registrar a forma como os agentes compreendem as regras que regulariam as suas ações[277]. Dworkin, ao destacar a natureza argumentativa das práticas jurídicas,

[275] Cfr. MACEDO JUNIOR, Ronaldo Porto, *Do xadrez à cortesia: Dworkin e a teoria do direito contemporânea*, 2013a, p. 101-156.

[276] Tratei do sentido da teoria positiva dos valores em Weber, provável herança da influência de Nietzsche em seu pensamento, em MACEDO JUNIOR, Ronaldo Porto, *Do xadrez à cortesia: Dworkin e a teoria do direito contemporânea*, 2013a, p. 109-117. Sigo aqui a leitura de KRONMAN, Anthony. *Max Weber*. Stanford: Stanford University Press, 1983.

[277] "This crucial argumentative aspect of legal practice can be studied in two ways or from two points of view. One is the external point of view of the sociologist or historian, who asks why certain patterns of legal argument develop in some periods or circumstances rather than others, for example. The other is the internal point of view of those who make the claims. Their interest is not finally historical, though they may think history relevant;

visa descrever algo diferente e importante. Por um lado, essas práticas são controvertidas. Por outro lado, não é plausível conceber que tais práticas argumentativas controvertidas sejam desprovidas de sentido. Assim sendo, é necessário apresentar uma teoria igualmente plausível para o *sentido* dessas práticas.

Ocorre que aquilo que o direito "permite ou requer depende da verdade de certas proposições, cujo sentido é dado apenas pela e dentro da prática"[278]. Isso o distingue essencialmente de outras práticas sociais, como jogar xadrez[279]. Conforme afirma Dworkin, o que torna a prática argumentativa é o fato de que ela "consiste, em boa medida, em organizar e apresentar argumentos a respeito dessas proposições"[280]. Essa prática argumentativa, por esse mesmo motivo, somente tem as suas condições de significatividade estabelecidas dentro da própria prática. Em outras palavras, as proposições jurídicas (assim como as proposições avaliativas entre os frequentadores de uma igreja que discutem se bebês devem ou não tirar o gorro antes de ingressar na igreja) somente têm sentido dentro da prática argumentativa de apresentar as melhores justificativas paras as razões para agir. A correta apresentação dessa dimensão normativa da prática, portanto, não pode ser feita "de fora" (*arquimedianamente*), visto que aspectos centrais da produção do sentido das próprias práticas somente ganham seu significado dentro da própria prática.

it is practical, in exactly the way the present objection ridicules." DWORKIN, Ronald, *Law's empire*, 1986, p. 13.

278 DWORKIN, Ronald, *Law's empire*, 1986, p. 13, tradução minha. No original: "permits or requires depends on the truth of certain propositions that are given sense only by and within the practice".

279 "Legal practice, unlike many other social phenomena, is argumentative. Every actor in the practice understands that what it permits or requires depends on the truth of certain propositions that are given sense only by and within the practice; the practice consists in large part in deploying and arguing about these propositions. People who have law make and debate claims about what law permits or forbids that would be impossible—because senseless—without law and a good part of what their law reveals about them cannot be discovered except by noticing how they ground and defend these claims." DWORKIN, Ronald, *Law's empire*, 1986, p. 13.

280 DWORKIN, Ronald, *Law's empire*, 1986, p. 13, tradução minha. No original: "consists in large part in deploying and arguing about these propositions".

Por certo isso não equivale a afirmar que não é possível ou útil fazer uma teoria externa (sociológica) da própria prática. Evidentemente é possível e útil. Porém, isso apresentaria certas práticas (não todas) como algo profundamente diverso do que elas efetivamente são. Conforme aponta Dworkin, "daí resulta que um cientista social precisa [*must*] participar de uma prática social se ele espera entendê-la, como algo distinto do entendimento de seus membros"[281]. Uma teoria desse tipo de prática não é, assim, uma teoria sobre o significado que seus participantes atribuem diretamente a essa prática, mas antes o que ela própria significa ou exige[282].

III. A intencionalidade valorativa da prática argumentativa

Antes, porém, vale a pena chamar a atenção para outro aspecto da crítica de Dworkin ao arquimedianismo. Para ele, as práticas jurídicas discursivas têm uma intencionalidade orientada por um valor filosófico político. A intencionalidade do direito, ou o seu *point*[283], está dirigido à consecução de uma determinada ideia de justiça. Isso significa dizer que o direito

[281] DWORKIN, Ronald, *Law's empire*, 1986, p. 55, tradução minha. No original: "It follows that a social scientist must participate in a social practice if he hopes to understand it, as distinguished from understanding its members".

[282] "But a social practice creates and assumes a crucial distinction between interpreting the acts and thoughts of participants one by one, in that way, and interpreting the practice itself, that is, interpreting what they do collectively, it assumes that distinction because the claims and arguments participants make, licensed and encouraged by the practice, are about what it means, not what they mean." DWORKIN, Ronald, *Law's empire*, 1986, p. 63. É justamente por esse motivo que Dworkin entende que uma *interpretação conversacional* jamais será capaz de captar esse tipo de dimensão interna que ele busca ressaltar.

[283] A hipótese estética revela a obra como a melhor obra de arte. Para ele, a interpretação do direito expressa importante semelhança, visto que para realizá-la é necessário reconstruir as melhores concepções dos conceitos. Diferentemente da interpretação artística, contudo, ela toma por referência uma hipótese política. Isso porque o *point*, a intencionalidade, do direito não é estético, mas sim político. Sobre esse ponto, ver DWORKIN, Ronald. How law is like literature. In: DWORKIN, Ronald. *A matter of principle*. Cambridge, USA: Harvard University Press, 1985b. p. 146-166. Tratei do assunto em MACEDO JUNIOR, Ronaldo Porto. Como levar Ronald Dworkin a sério, ou, como fotografar um porco-espinho em movimento. In: GUEST, Stephen. *Ronald Dworkin*. Tradução de Carlos Borges. Revisão técnica de Rafael Mafei Rabelo Queiroz. Rio de Janeiro: Elsevier, 2010. p. VII-XVIII. (Coleção Teoria e Filosofia do Direito).

é um *conceito político*[284]. Em outras palavras, as práticas jurídicas somente ganham o sentido que efetivamente têm na sociedade em que vivemos na medida em que contenham uma exigência de legitimidade.

Para Dworkin, a interpretação construtiva pressupõe que os intérpretes atribuam uma intencionalidade a seus objetos. A interpretação literária seria um exemplo desse tipo de interpretação, ao pressupor do crítico a elaboração de uma *hipótese estética* que faça com que uma interpretação de uma peça literária busque mostrar qual forma de ler um texto o revela como a melhor obra de arte[285]. A interpretação do direito, de forma análoga, requer que o intérprete parta de uma hipótese política que apresente uma teoria política que melhor revele as intenções dos legisladores e as práticas judiciais[286]. Em outras palavras, a interpretação do direito exige a formulação de uma hipótese sobre a legitimidade do exercício do poder coercitivo estatal ajustada à intencionalidade, ou *point*, do direito. Essas características serão mais bem analisadas adiante, mas alguns pontos merecem ser desde logo destacados.

À primeira vista, essa posição de Dworkin o colocaria dentro de uma tradição de pensamento teórico sobre o direito que remontaria a Weber, passando por Hart e Raz, na seguinte medida. Para todos eles, o direito se reporta a um tipo particular de poder, a saber, a autoridade ou dominação (*Herrschaft*). Assim, o direito não se constitui no exercício da pura força ou violência. Ele exige a existência desse tipo especial de *poder* que Weber define como *uso legítimo da força*[287].

Também Hart e Raz reconhecem que a autoridade é um elemento essencial para a definição do direito[288]. Contudo, Dworkin entende que os próprios conceitos de autoridade e legitimidade carregam consigo exigências morais que não podem ser explicadas com base nos marcos teóricos oferecidos por esses autores. Para ele, a ideia de justiça que serve

[284] Dworkin, Ronald, *Hart's postscript and the character of political philosophy*, 2006c, p. 162. Antes, Dworkin, Ronald, *How law is like literature*, 1985b.

[285] Dworkin, Ronald, *How law is like literature*, 1985b, p. 149.

[286] Dworkin, Ronald, *How law is like literature*, 1985b, p. 163.

[287] Cfr. Weber, Max. *Economia e sociedade*. Tradução de Regis Barbosa e Karen Elsabe Barbosa. Revisão técnica de Gabriel Cohn. Brasília: Editora da UnB; São Paulo: Imprensa Oficial do Estado de São Paulo, 2004. v. 1, p. 3-35.

[288] Raz, Joseph, 1995b, p. 202 et seq.

como *point* para a determinação do sentido da autoridade é um conceito controvertido do ponto de vista teórico. Ele é um *conceito contestado* (*contested concept*)[289]. Assim, "o conceito de direito funciona dentro da nossa cultura jurídica como um *conceito contestado* [...] porque ele fornece um foco para o desacordo sobre uma certa gama de questões, mas não um repositório para aquilo que já foi acordado"[290]. O conceito é também político em função da forma como se estabelece a controvérsia sobre ele. Isto é, ele é um conceito político não apenas "por causa da maneira como ele é contestado. Ele extrai o seu sentido do seu uso: dos contextos de debates a respeito do que é o direito, e do que ocorre com as visões que são aceitas"[291]. O interpretativismo (ou *interpretismo*[292]) de Dworkin é a resposta metodologicamente adequada para captar essa dimensão e a forma pela qual a controvérsia se estabelece em torno desses conceitos políticos (que, em última instância, são denominados *conceitos interpretativos*, justamente em face de sua apontada reflexividade).

Gerald Postema chama a atenção para o fato de que muitos positivistas contestaram o argumento de que o direito seria um *conceito contestado*. Dentre eles, Leslie Green[293], para quem os debates sobre o direito não são bem descritos pela ideia de conceito contestado. Para Green, alguns conceitos somente funcionam se não forem sujeitos a contestação. Essa, na verdade, era a ideia central pressuposta no pensamento clássico hobbesiano, segundo o qual esses conceitos funcionavam justamente porque

[289] Gallie, W. B. Essentially contested concepts. *Proceedings of the Aristotelian Society*: New Series, Hoboken, v. 56, p.167-198, 1956.

[290] Dworkin, Ronald, *A reply by Ronald Dworkin*, 1983a, p. 255, tradução minha. No original: "The concept of law functions within our legal culture as a contested concept [...] because it provides a focus for disagreement about a certain range of issues, not a repository for what has already been agreed".

[291] Dworkin, Ronald, *A reply by Ronald Dworkin*, 1983a, p. 256, tradução minha. No original: "because of the way it is contested. It takes its sense from its use: from the contexts of debates about what the law is, and from what turns on which view is accepted".

[292] Em Macedo Junior, Ronaldo Porto, *Do xadrez à cortesia: Dworkin e a teoria do direito contemporânea*, 2013a, assim justifico a tradução de *interpretism* por *interpretismo*, em vez da tradução mais consagrada *interpretativismo*. Ver p. 60, nota 66.

[293] Green, Leslie. The political content of legal theory. *Philosophy of the Social Sciences*, New York, v. 17, p. 1-20, 1987, apud Postema, Gerald. *Legal philosophy in the twentieth century: the common law world*, 2011a, p. 424.

eliminavam a controvérsia. Na visão de Hobbes, se não podemos chegar a um acordo sobre o que é a justiça, ao menos podemos chegar a um acordo convencional sobre o que é o direito, uma vez que o associemos à vontade soberana[294].

É possível afirmar que as posições de H. L. A. Hart[295] e Joseph Raz procuram, de algum modo, seguir essa tradição ao observarem que a função do direito é justamente eliminar a necessidade de um debate em torno de um conceito tão intrinsecamente contestado como o de justiça. As *razões exclusionárias*, fundadas apenas no dever de obedecer à autoridade porque ela serve para garantir a coordenação social, e não porque tem uma intencionalidade relacionada a uma ideia de legitimidade ou justiça, apresentam versão dessa forma pela qual o direito elimina a controvérsia e, assim, pode cumprir sua função social[296].

Ao questionar esses pressupostos e apontar para a insuficiência de uma abordagem *arquimediana*, Dworkin não apresenta a sua teoria como a única possível. Contudo, indica que a abordagem interpretativista é aquela metodologicamente adequada a tal tarefa. Isso porque é capaz de oferecer um modelo explicativo mais abrangente para os desacordos argumentativos teóricos tão comuns na experiência jurídica de nossos tribunais. Desse modo, a existência de visões distintas não refuta a sua posição; antes, torna obrigatória a apresentação de uma refutação metodológica quanto à sua necessidade.

Em síntese, é possível afirmar que a crítica metodológica de Dworkin ao convencionalismo segue duas linhas de ataque. Por um lado, a sua deficiência está relacionada a seu compromisso com uma visão que ele designa como *aguilhão semântico* (*semantic sting*). Por outro lado, o conven-

294 Hobbes, Thomas. *Leviatã, ou, matéria, forma e poder de um estado eclesiástico e civil*. Tradução de João Paulo Monteiro e Maria Beatriz Nizza da Silva. São Paulo: Nova Cultural, 2004.

295 Hart, H. L. A., 1994b.

296 Acredito que nessa mesma tradição é que poderiam ser apresentadas as teorias decisionistas do direito, de Carl Schmitt a Luhmann, que procuram identificar a função do direito na eliminação da controvérsia por meio de mecanismos institucionais de tomada de decisão. Cfr. Macedo Junior, Ronaldo Porto. *Carl Schmitt e a fundamentação do direito*. 2. ed. São Paulo: Saraiva, 2011a; Dworkin, Carl. *Teologia política*: quatro ensaios sobre a soberania. Tradução de Elisete Antoniuk. Belo Horizonte: Del Rey, 2006. Luhmann, Niklas, 1985.

cionalismo jurídico também está vulnerável à crítica por ele denominada de *arquimedianismo*.

Para compreender o alcance dessa dupla refutação do convencionalismo, é importante analisar com mais refinamento como a sua crítica ao arquimedianismo se dirige às próprias teorias da interpretação. Para isso, devemos retornar aos limites que Dworkin identifica nas teorias convencionalistas da interpretação.

Conforme acentuei anteriormente, a adoção de uma perspectiva hermenêutica pela teoria do direito a partir de Hart, apesar de ter representado um enorme impulso renovador, não foi suficiente, aos olhos de Dworkin, para superar algumas limitações do *convencionalismo epistemológico* que ainda marcava aquele autor. O *aguilhão semântico*, que caracteriza uma certa visão segundo a qual a interpretação das práticas sociais e das condições de verdade referidas a existência de fatos no mundo, é o que se poderia denominar de *convencionalismo hermenêutico* ou *hermenêutica arquimediana*.

Em *O império do direito*, Dworkin salienta que há vários tipos possíveis de interpretação de uma prática social e que eles são utilizados em diversos contextos[297]. É fundamental distinguir esses tipos, ainda que se possa argumentar que existe certa semelhança de família entre essas interpretações, na medida em que nem todas são capazes de captar a dimensão reflexiva de determinadas práticas, como o direito ou a cortesia. Dworkin distingue a interpretação científica, a interpretação conversacional e a interpretação construtiva, da qual a interpretação artística é um caso particular. Dentre esses tipos, a *interpretação científica* é um dos mais familiares e comuns em nossa vida quotidiana. Dizemos que um cientista reúne dados que depois são por ele *interpretados*. Isso significa que ele procura identificar o significado desses dados dentro de um determinado esquema de compreensão do mundo natural. Para tanto, o cientista procura identificar relações causais entre esses dados[298]. De maneira geral,

[297] Dworkin, Ronald, *Law's empire*, 1986, p. 50 et seq.

[298] "The phrase 'scientific interpretation', we might say, is only a metaphor, the metaphor of data 'speaking to' the scientist in the way one person speaks to another; it pictures the scientist as straining to understand what the data try to tell him. We can dissolve the metaphor and speak accurately, we might well think, only by eliminating the idea of

não se atribui nenhuma relevância à questão da intencionalidade nesse tipo de interpretação.

Um segundo tipo, mais geral do que a interpretação científica, é o que ele denomina de *interpretação conversacional*. Ele é usado em contextos nos quais visamos interpretar o que um interlocutor *quis dizer* numa conversa. Nesse caso, procuramos identificar a intenção como um elemento importante para a determinação do significado daquilo que o agente que fala visa expressar. Esse tipo de interpretação pretende descrever a intencionalidade das ações estudadas. Ela compreende a ação tomando em consideração o seu propósito, e não a causalidade mecânica normalmente buscada pelo cientista. Um exemplo banal disso pode ser encontrado na diferença entre a forma pela qual a interpretação conversacional busca compreender uma fala humana e a forma como um biólogo interpreta o coaxar de um sapo. O intérprete conversacional "atribui significado à luz dos motivos, dos propósitos e das preocupações que ele supõe que o falante possui, e relata as suas conclusões como afirmações a respeito da sua 'intenção' em dizer aquilo que ele disse"[299].

Por fim, há a *interpretação artística* que já mencionei. Ela e a *interpretação jurídica* são espécies de *interpretação construtiva* e envolvem, tal como a intepretação conversacional, uma preocupação com a intenção dos agentes. Segundo Dworkin, a *interpretação jurídica* "é como a interpretação artística, no seguinte sentido: ambas procuram interpretar algo que foi criado por pessoas como uma entidade distinta delas, em vez de interpretar o que as pessoas dizem, como em uma interpretação conversacional [*conversational*], ou eventos não criados por pessoas, como na interpretação científica"[300]. Para ele, é muito importante esse traço comum entre

purpose from our final description of the scientific process". DWORKIN, Ronald, *Law's empire*, 1986, p. 51.

299 DWORKIN, Ronald, *Law's empire*, 1986, p. 50, tradução minha. No original: "assigns meaning in the light of the motives and purposes and concerns it supposes the speaker to have, and it reports its conclusions as statements about his 'intention' in saying what he did".

300 DWORKIN, Ronald, *Law's empire*, 1986, p. 50, tradução minha. No original: "is like artistic interpretation in this way: both aim to interpret something created by people as an entity distinct from them, rather than what people say, as in conversational interpretation or events not created by people, as in scientific interpretation". E continua: "For the

a interpretação artística e a interpretação de uma prática social como o direito. Por esse motivo, ele as denomina *formas de interpretação criativa*, de modo a distingui-las tanto da *interpretação conversacional* como da *interpretação científica*[301].

Um exercício desse tipo de interpretação é comum entre os críticos de arte quando *interpretam* um livro ou outra forma de expressão artística. Nesse caso, o que um crítico almeja fazer não é identificar o que o autor da obra quis dizer, mas sim o que *a obra significa*, não sendo a própria afirmação de que o significado da obra é o que o autor quis dizer senão uma das possíveis (e limitadas) formas pelas quais se pode procurar apresentar o significado dessa obra. Numa interpretação construtiva, o intérprete deve pressupor algum tipo de hipótese teórica previamente à atividade interpretativa. Um exemplo disso pode ser encontrado na interpretação artística, subespécie de interpretação construtiva. Quando discutimos o valor de verdade de uma proposição que afirma que um determinado texto literário tem valor artístico, pressupomos uma *hipótese estética* acerca do que seria esse valor artístico. Em outras palavras, pressupomos alguma teoria acerca da arte e do valor artístico como condição de sentido para o nosso juízo estético. De forma análoga, quando usamos outros conceitos valorativos, como o conceito de cortesia ou o de justiça, para atribuir tal qualidade a uma ação, assumimos também uma teoria da cortesia e uma teoria da justiça como pressupostos da condição de verdade de uma proposição que o afirme.

De forma muito sintética é possível afirmar que a interpretação construtiva "é uma questão de impor propósito a um objeto ou a uma prática de modo a fazer dela o melhor exemplo possível da forma ou gênero ao

interpretation of social practices and works of art is essentially concerned with *purposes* rather than mere causes". Dworkin, Ronald, *Law's empire*, 1986, p. 51.

301 Dworkin, Ronald, *Law's empire*, 1986, p. 50. Talvez Dworkin não tenha sido feliz na nomeação destas formas de interpretação nesta passagem. Isto porque o seu pensamento não parece excluir a possibilidade de ser realizar interpretações conversacionais em determinados contextos da prática argumentativa do direito. Também parece exagerado afirmar que qualquer tipo de interpretação da arte deve ser reconstrutiva. Dworkin parece estar mais interessado em enfatizar o tipo de atividade interpretativo distintivo e característico da intepretação na arte e interpretação do direito, em particular em contextos nos quais são debatidos "Hard Cases".

qual ela é dada pertencer"[302]. Nesse sentido, também numa atividade social o participante propõe um valor para a prática, na medida em que descreve um quadro ou um esquema de objetivos e/ou interesses os quais ela expressa/exemplifica ou a serviço dos quais ela está[303].

É importante destacar que a interpretação construtiva somente é exigida se houver uma atitude interpretativa da parte do agente envolvido na prática que se quer explicar. A interpretação construtiva de uma prática somente é possível se ela der apoio a uma atitude interpretativa. Isso ocorre quando os agentes compreendem e tomam as suas atividades como servindo a um valor que é constitutivo da própria prática. Além disso, vinculam os comportamentos dos demais agentes ao padrão estabelecido por esse mesmo valor. O que importa aqui não é a mera compreensão do valor pelos agentes (que poderia ser convencional), mas o próprio valor[304].

Essa atitude interpretativa é caracterizada por Dworkin por meio de duas premissas. A primeira "é a presunção de que a prática [de cortesia] não simplesmente existe, mas tem valor, que atende a algum interesse ou propósito ou implementa algum princípio — em resumo, que tem alguma intencionalidade [*point*] que pode ser afirmado independentemente de apenas descrever as regras que compõem a prática"[305]. Isso implica dizer não apenas que a atividade tem uma intencionalidade, mas também que ela é valorativa e reflexiva. A segunda premissa "é a pressuposição adicional de que os requisitos [da cortesia] — os comportamen-

[302] DWORKIN, Ronald, *Law's empire*, 1986, p. 52, tradução minha. No original: "is a matter of imposing purpose on an object or practice in order to make of it the best possible example of the form or genre to which it is taken to belong". Abordei o assunto com mais detalhamento em MACEDO JUNIOR, Ronaldo Porto, *Do xadrez à cortesia: Dworkin e a teoria do direito contemporânea*, 2013a, p. 197-240. Retomo aqui brevemente essa exposição apenas para tornar mais fluida a reconstrução do argumento contra o convencionalismo.

[303] DWORKIN, Ronald, *Law's empire*, 1986, p. 52.

[304] POSTEMA, Gerald. *Legal philosophy in the twentieth century: the common law world*, 2011a, p. 425. Cfr. STAVROPOULOS, Nicos, 2003, sec. 3.

[305] DWORKIN, Ronald, *Law's empire*, 1986, p. 47-48, tradução minha. No original: "is the assumption that the practice does not simply exist but has value, that it serves some interest or purpose or enforces some principle—in short, that it has some point that can be stated independently of just describing the rules that make up the practice".

tos que exige ou os juízos que garante — não são necessariamente ou exclusivamente o que sempre se entendeu que eles eram, mas na verdade são sensíveis a essa intencionalidade [*point*], de modo que as regras estritas precisam ser entendidas ou aplicadas, ou estendidas, ou modificadas, ou qualificadas ou limitadas por essa intencionalidade [*point*]"[306]. Aqui reside de forma expressa essa sua natureza *reflexiva* e *interpretiva*. Numa situação como essa, as pessoas começam a impor um sentido na prática e começam a vê-la de modo a melhor reconstruí-la à luz desse significado. Esse procedimento se realiza por meio do esforço em construir a melhor *concepção* do *conceito* que se quer explicar[307].

Os dois componentes da atitude interpretativa são independentes, mas necessários para a caracterização da interpretação construtiva. É possível, contudo, que se acolha apenas o primeiro componente da atitude interpretativa — por exemplo, em determinados jogos e competições. Por esse motivo, a "interpretação, portanto, desempenha apenas um papel externo nos jogos e nas competições"[308]. Dworkin observa também que o primeiro elemento envolve não apenas que o agente seja guiado pela prática, mas que também seja reflexivo sobre a sua significância (*meaningfulness*). O segundo elemento introduz uma dimensão crítica na interpretação de práticas dotadas de valor.

Conforme bem resume Postema, a prática é constituída por essa história e, ao mesmo tempo, a transcende. Isso ocorre porque, "uma vez que o valor da prática pode ser formulado independentemente de suas regras aceitas e que as regras são sensíveis a esse valor, intérpretes reconhecem que ações aceitas pelos participantes e regras da prática sobre as quais há um amplo consenso podem, contudo, se revelar serem erros quando vis-

306 Dworkin, Ronald, *Law's empire*, 1986, p. 47-48, tradução minha. No original: "is the further assumption that the requirements (of courtesy)—the behavior it calls for or judgments it warrants—are not necessarily or exclusively what they have always been taken to be but are instead sensitive to its point, so that the strict rules must be understood or applied or extended or modified or qualified or limited by that point".

307 Cfr. Dworkin, Ronald, *Law's empire*, 1986, p. 70 et seq.

308 Dworkin, Ronald, *Law's empire*, 1986, p. 48, tradução minha. No original: "interpretation therefore plays only an external role in games and contests".

tas da perspectiva do valor que o guia"[309]. Isso significa que a prática nem sempre é um modelo da correta forma de prestigiar e reconhecer o valor ao qual ela serve. Em outras palavras, as práticas reais podem ser erradas, isto é, realizar de forma equivocada o valor que lhes serve de intencionalidade, assim como alguém pode cometer uma descortesia ao visar ser cortês, em razão de orientar-se por uma concepção errada ou limitada do conceito de cortesia. Por esse motivo, uma compreensão mais profunda pode permitir que os agentes reformulem e revisem a sua própria compreensão acerca da melhor concepção de um determinado conceito valorativo que serve de guia a essa prática. Essa atividade é *interpretiva* por excelência e integra a própria prática em sua dimensão reflexiva, permitindo a revisão *in fieri* não só do seu significado para os agentes, como também do significado da própria prática. Um exemplo esquemático disso foi o que procurei sugerir ao apresentar, na introdução deste trabalho, o "jogo do xadrez argumentativo", cujas regras são modificadas conforme o jogo é jogado, tornando contestável a própria identidade deste *como um jogo de xadrez*. Na verdade, entre as diversas formas de sua apresentação, conforme o estágio e o momento em que é jogado, é possível identificar apenas semelhanças de famílias entre os seus diversos significados. Isso ocorre porque num tal jogo, assim como nas práticas argumentativas que Dworkin visa compreender, como a cortesia, a arte e a justificação jurídica, a interpretação "se volta novamente à prática, alterando a sua forma, e a sua nova forma encoraja nova interpretação, de modo que a prática muda dramaticamente"[310].

A busca construtiva pela concepção que melhor apresenta o conceito pelo qual se descreve a prática exige que seja construída uma hipótese que revele o seu *point* ou a sua intencionalidade determinante. Essa hipó-

[309] Postema, Gerald. *Legal philosophy in the twentieth century: the common law world*, 2011a, p. 426, tradução minha. No original: "since the value of the practice can be formulated independently of its accepted rules and the rules are sensitive to this value, interpreters recognize the possibility that accepted actions of participants and rules of the practice on which there is wide consensus may nevertheless prove to be mistakes when seen from the perspective of its guiding value".

[310] Dworkin, Ronald, *Law's empire*, 1986, p. 48, tradução minha. No original: "folds back into the practice, altering its shape, and the new shape encourages further reinterpretation, so the practice changes dramatically".

tese sobre o valor a serviço do qual a prática está funciona como uma justificação dessa mesma prática. Em outras palavras, esta deve ser entendida à luz do valor que melhor a explica. Evidentemente tal hipótese (como afirmei, no caso da arte é uma *hipótese estética* e, no caso do direito, uma *hipótese política*) é contestável (*defeasible*). Uma vez que ela não está apoiada em fatos do mundo, pode a qualquer tempo ser desafiada por outra hipótese, ou mesmo pela objeção cética que rejeitaria o seu poder explicativo. Entretanto, como já salientado, a única forma de objeção cética que parece séria a Dworkin é aquela construída interpretativamente, isto é, de dentro da prática de justificação argumentativa. Assim, apenas o *ceticismo que é interno* à prática, não arquimediano, pode oferecer um argumento aceitável para uma interpretação que se apresente com a pretensão de ser superior a interpretações rivais ou alternativas[311].

Em resumo, é importante destacar que a interpretação construtiva somente é exigida quando ela desempenha um papel interno à própria prática. Nem toda prática normativa e reflexiva carrega tal exigência. Muitos jogos e competições são espécies de práticas sociais normativas e reflexivas que não exigem uma atitude normativa associada à avaliação de um valor como elemento essencial para o seu funcionamento. É por esse motivo que a própria determinação do tipo de abordagem interpretativa que será adequada para a compreensão de uma prática deve seguir um certo protocolo. Como observa Postema, "deve [*must*] ser mostrado que uma aparente regularidade não é meramente uma questão de comportamento habitual, mas de um comportamento normativo, e não meramente normativo, mas reflexivo, e não meramente reflexivo, mas internamente crítico de uma maneira que apoia uma atitude interpretativa"[312]. Parece

[311] DWORKIN, Ronald, *Law's empire*, 1986, p. 78-85, p. 237. Cfr. DWORKIN, Ronald, *Objectivity and truth: you'd better believe it*, 1996b; DWORKIN, Ronald. My reply to Stanley Fish (and Walter Benn Michaels): please don't talk about objectivity any more. In: MITCHELL, W. J. Thomas. *The politics of interpretation*. Chicago: University of Chicago Press, 1983b. p. 287-313; DWORKIN, Ronald, *Justice for hedgehogs*, 2011, em especial p. 40-98.

[312] POSTEMA, Gerald. *Legal philosophy in the twentieth century: the common law world*, 2011a, p. 428, tradução minha. No original: "It must be shown that an apparent regularity is not merely a matter of habitual behavior, but normative, and not merely normative but reflective, and not merely reflective but internally critical in a way that supports the interpretive attitude".

claro que a própria avaliação envolvida nesse protocolo, bem como a adequação da interpretação construtiva para explicar uma prática, pode ser contestada e transformar-se em objeto de controvérsia e desacordo.

Há aqui duas questões importantes a enfrentar. Em primeiro lugar, é relevante lembrar que o argumento de Dworkin de que a natureza argumentativa e justificatória do direito é um de seus elementos constitutivos essenciais é contestado por muitos positivistas. Em segundo lugar, ainda que se admita que o direito é uma prática argumentativa, como o concedem muitos positivistas (por exemplo, Coleman e Hart), estes não aceitam a tese de que são práticas interpretativas (ou *interpretivas*) no sentido forte e reflexivo que Dworkin reconhece ser-lhes essencial.

Por fim, Dworkin atribui uma importância central a essas práticas argumentativas e não dedica a mesma atenção à natureza institucional do direito. A meu ver, isso não significa que inexista um espaço para tal dimensão em seu pensamento jurídico. Dworkin procurou deixar isso mais claro em textos posteriores[313]. Porém, esse ponto acabou por gerar inúmeras contestações da parte de positivistas como Hart, Raz, Schauer e, em certa medida, Maccormick e outros[314] sobre essa natureza institucional do direito e sobre a possibilidade de ela permitir uma interpretação alternativa àquela de Dworkin acerca da natureza dos desacordos no direito. De acordo com essa visão, mais focada pela perspectiva institucional, os desacordos poderiam ser ainda explicados de uma abordagem não interpretativista (*interpretiva*). Para alguns desses autores, uma teoria da interpretação dos fatos sociais *arquimediana* seria suficiente para explicar as práticas argumentativas em casos centrais do direito. Ademais,

313 Dworkin, Ronald, *The concepts of law*, 2006h, p. 223-240. Schauer, Frederick. Institutions and the concept of law: a reply to Ronald Dworkin (with some help from Neil Maccormick). In: Bankowsky, Zenon; Del Mar, Maksymilian (Eds.). *Law as institutional normative order*: essays in honour of Sir Neil Maccormick. Burlington: Ashgate, 2009b. p. 35-44. Disponível em: <http://ssrn.com/abstract=1403311>. Acesso em: 7 set. 2012. Ver a resposta de Dworkin a Schauer em Dworkin, Ronald. Hart and the concepts of law. *Harvard Law Review*, Cambridge, v. 119, p. 95-104, 2006b. O diálogo crítico se iniciou com a publicação de Schauer, Frederick. (Re)Taking Hart. *Harvard Law Review*, Cambridge, v. 119, p. 852-883, 2006 (resenha do livro Lacey, Nicola, 2006). Neil Maccormick apresenta uma objeção menos radical, mas semelhante, em Maccormick, Neil, 2007, p. 296-297.

314 Raz, Joseph, 1995b.

como salientou Hart, ainda que se admitisse que algumas controvérsias argumentativas do direito efetivamente tivessem a natureza *interpretiva* — e não arquimediana — que Dworkin sugere, esses seriam casos excepcionais, e *não centrais*. É por esse motivo que, para os positivistas, o direito é mais bem compreendido por meio da metáfora do xadrez, e não da metáfora da cortesia[315]. Para aqueles que assim pensam, a interpretação e a produção de argumentos avaliativos normativos são externas à prática e não são relevantes para a determinação do significado das próprias regras que regulam a prática que se quer explicar. Para eles, portanto, ainda que seja concebível o tipo de prática interpretativa que Dworkin procura descrever, ela não seria necessária para explicar os fundamentos do direito[316].

É importante destacar que, apesar de Dworkin e de os positivistas construírem suas teorias com base em pontos de partida distintos (Dworkin na natureza argumentativa do direito e os positivistas na natureza institucional deste)[317], isso não torna os projetos incontrastáveis ou fechados para uma confrontação mais explícita. Em outras palavras, não é adequada a alegação de que Dworkin segue um projeto teórico diferente do projeto *descritivo* perseguido pelos positivistas porque, em contraste com estes, almejaria construir uma teoria *normativa*. Isso porque subjaz a essas teorias rivais a mesma pergunta de fundo: qual teoria interpretativa do direito (hermenêutica ou *interpretiva*) é mais adequada para a compreensão (e, por que não dizer, *descrição*) da prática do direito?

Esse ponto ajuda a compreender o "difícil diálogo" entre positivistas e Dworkin. Tanto para positivistas como Hart, Raz, Marmor ou Coleman, como para Dworkin, na medida em que o direito é uma prática social, é necessário selecionar o conjunto de subpráticas sociais que o constitui.

[315] Examino exaustivamente esse argumento em MACEDO JUNIOR, Ronaldo Porto, *Do xadrez à cortesia: Dworkin e a teoria do direito contemporânea*, 2013a.

[316] Postema está absolutamente correto, por esse mesmo motivo, em sua censura a Andrei Marmor com respeito à alegação de que o argumento de Dworkin seria uma petição de princípios. "It is not quite accurate to say that Dworkin begs the question against positivists at this point [...], because he offered an argument, appealing to the argumentative character of law, for taking this internally critical dimension of law seriously." POSTEMA, Gerald. *Legal philosophy in the twentieth century: the common law world*, 2011a, p. 428-429.

[317] Cfr. RAZ, Joseph, 1995b, p. 202 et seq.

Ou seja, para a correta descrição do que é o direito, é necessário realizar uma preliminar seleção das práticas que constituem a "experiência jurídica"[318] que serve de referência para responder à pergunta "o que é o direito?".

Dworkin insiste, em *O império do direito*, que para selecionarmos os *materiais pré-interpretativos* que servem de base para dar uma resposta à pergunta "o que é o direito?" já realizamos uma atividade interpretativa inicial[319]. É de fundamental importância não excluir do *caso focal* práticas relevantes para a correta conceituação do direito. À primeira vista se poderia pensar que o problema central é que os positivistas tomaram como caso central práticas jurídicas nas quais a dimensão institucional se sobressai e, portanto, torna mais plausível a sua assemelhação com a metáfora de um jogo de xadrez. Assim o seria se pensássemos, por exemplo, em exemplos de práticas jurídicas como as regras de trânsito, o processo legislativo que as constitui, as práticas de obediência quase automática que se podem verificar quando um semáforo sinaliza se devemos parar ou continuar, bem como as razões que temos para obedecer. Afinal, esse exemplo parece se ajustar muito bem à teoria das *razões exclusionárias* de Raz.

Todavia, Dworkin constrói seu argumento com base na observação privilegiada de casos difíceis (*hard cases*) nos quais o refinamento das práticas argumentativas se evidencia com mais clareza e intensidade. Frise-se que o seu argumento não se resume ao fato de que o direito assume um caráter fortemente argumentativo apenas nesses casos. Se assim fosse, haveria alguma força no argumento de que ele se limitaria a fazer uma teoria jurídica dos *hard cases*, acusação que me parece completamente equivocada. Ele usa esses casos para evidenciar a natureza lógica e metodológica do seu argumento, e não como mera evidência empírica de que esses casos são abundantes. Entretanto, se não houvesse *hard cases* e intensa argumentação envolvendo controvérsias teóricas dentro deles, tal como imaginamos não existir nos conflitos sobre a aplicação das regras de xadrez num *match* internacional, então o seu argumento estaria

318 Uso o conceito aqui tal como é empregado por EWALD, François. *L'État providence.* Paris: Grasset, 1986, capítulo I.

319 Sobre esse ponto, ver FINNIS, John, 1980.

prejudicado. Mas nesse ponto as evidências empíricas estão do lado de Dworkin, visto que os desacordos teóricos existem e são frequentes nos tribunais, em especial nos casos difíceis, que estão longe de ser raridades.

Dworkin argumenta também que os *materiais pré-interpretativos* que devem ser tomados como referência para a atividade de interpretação devem retroagir na história. Em outras palavras, não é correto recolher esses materiais examinando um momento específico, circunscrito e limitado da história dessa prática. Não seria apropriado observar o comportamento de pessoas entrando e saindo de um elevador de um edifício durante meia hora e com base nessa observação estabelecer o que significa cortesia. Como saberemos quanto devemos retroagir? Como selecionar e organizar esses materiais interpretativos de modo a ter a melhor compreensão das práticas argumentativas envolvidas na experiência jurídica? Dworkin chama aqui a atenção para o fato de que tal escolha já é, ela mesma, interpretativa e deve estar justificada com base no critério que permita a explicação mais iluminadora[320]. Isso revela a natureza crítica e reflexiva da interpretação (a abordagem *interpretiva* de Dworkin) já na escolha dos materiais e dos paradigmas interpretativos. Em outras palavras, a história institucional também depende de escolhas interpretativas para ser construída[321].

[320] DWORKIN, Ronald, *Law's empire*, 1986, p. 136.

[321] Dworkin nos oferece um belo exemplo de emprego da sua metodologia para a reconstrução dessa história em *O domínio da vida*, livro no qual analisa como se formam as convicções acerca da vida como um valor. Um exemplo disso é a referência que ele faz às legislações europeias que implicitamente garantiam a proteção da dimensão sagrada da vida: "o debate sobre o aborto não é bem compreendido se visto como um debate sobre a questão de o feto ser ou não ser uma pessoa, devendo ser reformulado com um debate de natureza bastante diversa". DWORKIN, Ronald. *O domínio da vida*: aborto, eutanásia e liberdades individuais. 2. ed. Tradução de Jefferson Luiz Camargo. Revisão de Silvana Vieira. São Paulo: Martins Fontes, 2009, p. 87-90. Para ele, a reformulação envolve reconhecer o debate como sendo a respeito da vida como um valor intrínseco. É interessante notar o quanto tal argumento se assemelha ao esforço feito por François Ewald para reconstruir as mudanças nas formas de racionalidade do direito indenizatório na França, em particular pela história dos acidentes de trabalho. Cfr. EWALD, François, 1986. Analisei o tema em MACEDO JUNIOR, Ronaldo Porto. *Contratos relacionais e defesa do consumidor*. 2. ed. rev., atual. e amp. São Paulo: Revista dos Tribunais, 2007a, em especial capítulo II, e em MACEDO JUNIOR, Ronaldo Porto. O conceito de direito social: racionalidades em conflito — Ewald

Esse argumento deixa patente a natureza metodológica da crítica que Dworkin aponta contra seus rivais, uma vez que uma resposta que pudesse ser oferecida a ele deveria também ela partir de uma hipótese interpretativa institucional[322]. Em outras palavras, a história institucional e as mudanças das práticas de racionalidade argumentativa (a história das justificações jurídicas) não podem ser contadas como se fossem uma história natural. As instituições não mudam guiadas apenas por *vontades* racionais, mas também em razão das práticas argumentativas que forjam e reconstroem novas formas de convicção política. A resposta que se pode dar a essa história institucional apoia-se também numa certa interpretação. A interpretação está presente, assim, *de cima a baixo* (*all the way down*), isto é, desde o momento das escolhas interpretativas sobre esses mesmos materiais. Uma história que não apontasse para a forma como *a moralidade concorrente* interage com a *moralidade convencional* não seria capaz de apresentar uma explicação satisfatória sobre as mudanças dos valores e das próprias instituições[323].

Conforme aponta Dworkin, ao tomar como exemplo as mudanças ocorridas na história do direito norte-americano e o papel dos juristas,

> Nossos juízes tratam as técnicas que eles usam para interpretar as leis e avaliar os precedentes — mesmo aqueles que ninguém contesta — não apenas como instrumentos entregues pelas tradições de seus antecessores na área, mas como princípios que eles supõem que podem ser justificados em alguma teoria política mais profunda, e quando eles duvidam disso, por qualquer razão que seja, eles constroem teorias que lhes parecem melhores.[324]

contra Hayek. In: Macedo Junior, Ronaldo Porto. *Ensaios de teoria do direito*. São Paulo: Saraiva, 2013b. p. 57-108.

322 GUEST, Stephen. How to criticize Ronald Dworkin's theory of law. *Analysis*, Oxford, v. 69, n. 2, p.1-13, Apr. 2009. Disponível em: <http://www.ucl.ac.uk/~uctlsfd/papers/how_to_criticize_ronald_dworkins_theory_of_law.pdf>. Acesso em: 14 jul. 2013.

323 O próprio argumento interpretivo tem de ser interpretado e justitificado intepretivamente. Ver argumento de GUEST, Stephen, 2009.

324 Dworkin, Ronald, *Law's empire*, 1986, p. 139, tradução minha. No original: "Our judges treat the techniques they use for interpreting statutes and measuring precedents—even those no one challenges—not simply as tools handed down by the traditions of their ancient craft but as principles they assume can be justified in some deeper political theory,

Esse processo revela a lógica interna das transformações institucionais, bem como das convicções e das reflexões que estão pressupostas na experiência jurídica[325].

IV. Interpretação, convenção e condições de verdade

Em *O império do direito*, Dworkin tem dois objetivos centrais do ponto de vista metodológico. Do ponto de vista negativo, Dworkin procura mostrar as deficiências das teorias rivais em razão de suas equivocadas premissas metodológicas (notadamente, o *aguilhão semântico* e o *arquimedianismo*, que acabei de analisar). Do ponto de vista positivo, ele procura apresentar as novas bases metodológicas sobre as quais funda a sua própria teoria do direito como integridade. Ainda que o foco central deste trabalho esteja dirigido de forma mais direta ao primeiro objetivo, é importante entender como ele constrói a sua própria teoria alternativa, não arquimediana e não picada pelo *aguilhão semântico*, para compreender como, segundo ele, também as teorias rivais acabam, em alguma medida, se retraduzindo em teorias interpretativas, ainda que inferiores àquela que ele mesmo propõe, o direito como integridade.

O significado do interpretativismo em Dworkin tem um duplo caráter. De um lado, a abordagem interpretativista constitui-se numa teoria da objetividade e numa teoria do conhecimento de determinados objetos e práticas, notadamente aquelas que envolvem conceitos avaliativos morais, estéticos e também jurídicos. Por outro lado, o direito como integridade é apresentado como uma teoria do direito, isto é, como uma concepção do conceito do direito e, portanto, uma resposta à pergunta "o que é o direito?". Esse último ponto tem relevância capital na sua estratégia teórica, uma vez que, para ele, algumas controvérsias centrais e carac-

and when they come to doubt this, for whatever reason, they construct theories that seem to them better".

[325] Postema chama a atenção para o fato de que também Raz (Raz, Joseph, 1995b; Raz, Joseph, 1995a, 238-253) salientava o papel da lógica interna da transformação institucional, atribuindo, contudo, um papel especial para os "*directed powers*", ou discricionariedade forte, na construção da experiência jurídica, que, nesse caso, seria transformada "de fora", e não "de dentro", pelo processo autocrítico e reflexivo indicado por Dworkin. Postema, Gerald. *Legal philosophy in the twentieth century: the common law world*, 2011a, p. 429.

terísticas das práticas jurídicas argumentativas são teóricas e, como tais, envolvem e contrastam distintos tipos de concepções teóricas do direito.

É o primeiro ponto, contudo, que nos interessa de maneira mais imediata, visto que, para Dworkin, até mesmo as teorias do direito que rejeitam o interpretativismo acabam por ceder a ele quando procuram responder à pergunta acerca dos fundamentos das obrigações jurídicas, em especial os fundamentos das obrigações dos juízes de seguir o direito. Nesse momento, teorias pretensamente puramente descritivas se revelam variantes de teorias interpretativas. Esse ponto é central para compreender como, para Dworkin, *o positivismo se apresenta como uma teoria interpretativista* ao responder à pergunta sobre as obrigações jurídicas dos juízes.

Conforme afirmei, na interpretação construtiva é possível apresentar *concepções* rivais acerca da melhor forma de descrever o sentido de um *conceito*. É comum existirem controvérsias teóricas sobre a melhor concepção de arte, de cortesia e de direito. Mas, se é assim, como saber se uma *concepção* de um determinado *conceito*, como cortesia ou arte, é superior a uma concepção rival desses mesmos conceitos? Para Dworkin, quando discutimos sobre a melhor concepção de um conceito valorativo devemos seguir um certo *protocolo*.[326] Num primeiro momento, *pré-interpretativo*, devemos identificar os casos paradigmáticos que são consensualmente aceitos como exemplos desse valor. Assim, no caso da arte, devemos procurar casos paradigmáticos de obras com valor artístico que possam servir de ponto inicial para a identificação do conceito de arte. A *Monalisa*, por exemplo, poderia ser considerada um paradigma de pintura com valor artístico, assim como a *Odisseia*, de Homero, um paradigma de valor artístico literário.

Nessa primeira etapa interpretativa, a identificação de um conceito como o de arte parece em tudo se assemelhar à identificação de outras famílias de conceitos, como o conceito de calvície, livro ou montanha. Assim, do mesmo modo como Hart nos recordava da forma como se constrói o significado da palavra *calvo* com base na identificação do paradigma

326 Analisei mais longamente este ponto in MACEDO JUNIOR, Ronaldo Porto. A Integridade no Direito e os Protocolos de Hércules. Comentário à Integridade no Direito, in Interpretando o Império do Direito. Ensaios Críticos e Analíticos, 1ª ed., 2018, Arraes Editores.

de uso dessa palavra, o mesmo *parece se dar* com relação a conceitos valorativos, como arte, cortesia ou justiça. Seria possível *aparentemente* afirmar que os conceitos em geral se definem com base nos usos compartilhados que deles fazemos socialmente.

Dworkin, contudo, observa que uma explicação convencionalista desse tipo não serve para explicar como *funcionam* certos conceitos valorativos. Para explicar isso, procura mostrar como muitas de nossas controvérsias sobre conceitos valorativos, como arte e cortesia, pressupõem um compartilhamento e um certo grau de consenso sobre o significado do conceito em geral. O que se observa em inúmeras dessas controvérsias é um conflito entre versões competidoras ou concepções distintas desse mesmo conceito. Aqui ressurge a questão da *objetividade*.

O que tornaria uma concepção de um conceito valorativo superior em relação a outra concepção? Para Dworkin, há dois critérios que nos autorizam a afirmar que uma concepção é melhor. Por um lado, ele deve se *ajustar* (*fit*) à prática, isto é, deve corresponder ao sentido das práticas que lhe servem de paradigma. Por outro lado, a melhor concepção é também aquela que oferece a melhor explicação do seu apelo valorativo (*valorative appeal*), isto é, que identifica o valor encarnado no paradigma da forma mais coerente e iluminadora das práticas paradigmáticas. Esse é um processo complexo e reflexivo. Em primeiro lugar, ele pressupõe um certo critério acerca do que seria *a melhor interpretação*, o qual, por sua vez, é também ele interpretativo. Desse modo, ele também se constitui com base no mesmo protocolo anteriormente descrito. Em segundo lugar, a própria etapa pré-interpretativa, conforme já afirmei, é também interpretativa. Isso porque os casos paradigmáticos tomados por referência para determinar o sentido de um conceito são também objeto de crítica e podem ser alterados após construída uma concepção superior do conceito. Nesse sentido, a interpretação é *autocrítica*, retorna sobre si mesma, na medida em que pela reflexão é possível reavaliar os próprios paradigmas que deram início à atividade interpretativa. A normatividade da atividade interpretativa valorativa, nesse sentido, é *autorreflexiva*. Essa atividade de crítica que a interpretação exerce sobre si é o que poderia ser denominado de *etapa pós-interpretativa* e gera efeitos para a própria etapa pré-interpretativa.

Esse tipo de abordagem traz também como consequência a formulação de uma teoria da verdade e da objetividade distinta daquela usualmente aceita em variantes de uma teoria da verdade como correspondência ou convenção. Isso porque, se é verdade que a interpretação pressupõe algum tipo de correspondência (*fit*) e consenso (prática compartilhada) acerca dos paradigmas, ela não se limita a isso. O valor de verdade de uma proposição que se vale de uma determinada concepção de um conceito não é fixado pela sua correspondência a um estado de coisas no mundo — a saber, um uso compartilhado convencionalmente —, mas sim à melhor justificação desse conceito, isto é, à concepção que melhor descreve o significado dele. Essa melhor concepção não precisa ser convencional para ser verdadeira. Ela necessita apenas ser mais *coerente* com a prática à luz da compreensão do seu significado em função do valor que lhe serve de finalidade e referência (*evaluative appeal*). Em outras palavras, a melhor concepção é aquela que melhor obedece ao protocolo coerentista anteriormente descrito[327].

A teoria de Dworkin tem, assim, um protocolo em duas etapas. Numa primeira etapa, *pré-interpretativa*, ele se aproxima do protocolo convencionalista para a determinação do que seria a melhor concepção do conceito. Isso porque se reporta muito fortemente às práticas convencionais que lhe servem de paradigma. Nessa etapa, tudo *parece* funcionar da mesma forma como funcionam os conceitos de calvície e livro. O significado de um conceito é dado pelo seu uso identificado de uma forma aparentemente verificável empiricamente. Para saber o significado de calvo, deveríamos verificar as práticas de uso e, com base nelas, identificar as convenções que as endossam. Onde cessam as convenções, cessariam também os significados.

Retornando uma vez mais ao célebre exemplo criado por Hart sobre a regra que proíbe que veículos sejam estacionados no parque, podemos dizer que o significado de *veículo* é determinado convencionalmente. Assim, quando olhamos para um caminhão sabemos que se trata de um *veículo* porque existe uma prática convencional que o reconhece como tal[328]. Contudo, quando olhamos para um patinete e inexiste uma con-

[327] Cfr. Zipursky, Benjamin, 1997; Young, James O., 2013. Olsson, Erik, 2013.

[328] Hart, H. L. A., 1994c.

venção ou uma prática compartilhada de uso que o identifique como veículo, diremos que não podemos dizer se ele é ou não um veículo. Nesse caso, a proposição que afirma, nesse contexto, que um patinete é um veículo não tem valor de verdade e, portanto, não é verdadeira nem falsa. A textura aberta da linguagem revela justamente esse limite de determinação de significado das palavras e dos conceitos.

Numa segunda etapa, o procedimento dworkiniano se afasta desse protocolo convencionalista quando nos referimos a *conceitos valorativos*. Isso porque, em sua abordagem *interpretiva*, uma concepção pode ser superior a outra independentemente da existência de um estado de coisas no mundo, porque oferece uma construção teórica mais coerente com o valor associado aos casos paradigmáticos. Para tal avaliação, é necessário identificar, num nível mais abstrato, um plano de convergência de convicções que não se limita aos acordos convencionais. E, por fim, na medida em que a interpretação é autocrítica e autorreflexiva, acabamos por observar que até mesmo a semelhança inicial entre o protocolo convencionalista e o protocolo interpretativista na etapa pré-interpretativa é algo enganosa. A abordagem interpretativa rejeita o puro convencionalismo já em sua etapa pré-interpretiva. Ela é interpretativa, como já afirmei e Dworkin gosta de repetir em seus textos, *do início ao fim* (*all the way down*).

Feitas essas observações gerais acerca dos limites teóricos do convencionalismo, caberia perguntar: quais são suas implicações práticas? Dworkin procura responder a essa pergunta invocando alguns lugares-comuns presentes na prática jurídica de nossos tribunais. Um dos argumentos mais comuns é traduzido nas expressões "o direito é o direito", "não é o que os juízes pensam ser, mas aquilo que realmente é" e "a tarefa do juiz é aplicá-lo, não o modificar para adequá-lo a sua própria ética ou à política"[329]. Esse argumento normalmente é invocado para traduzir uma atitude relevante perante o direito. Nele é afirmado que o poder estatal somente deve ser exercido por intermédio do direito quando existe uma autorização legal expressa, independentemente das convicções pessoais

[329] Dworkin, Ronald, *Law's empire*, 1986, p. 114.

de quem a aplica. O convencionalismo jurídico se ajusta a esse argumento de duas formas[330].

Em primeiro lugar, o convencionalismo jurídico permite explicar como as decisões e as práticas jurídicas do passado podem se tornar explícitas e incontestáveis. Isso porque o direito depende de convenções sociais, que, de certo modo, o fabricam. Respeitar o direito, assim, significa respeitar essas convenções. Em segundo lugar, ele corrigiria a opinião popular segundo a qual sempre existe um direito a ser aplicado, isto é, de que o sistema jurídico é completo. Desse modo, "o direito por convenção nunca é completo, pois constantemente surgem novos problemas que ainda não haviam sido resolvidos de nenhuma maneira pelas instituições que dispõem da autoridade convencional para resolvê-los"[331]. Isso implica que os juízes têm o dever de decidir conforme o direito, até o ponto em que o direito está definido convencionalmente. Quando cessa a convenção, o juiz deve agir discricionariamente, no sentido forte, do ponto de vista do próprio direito. É evidente que, quando termina o direito, o juiz pode ter obrigações morais de agir de forma justa, eficiente, etc. Tais obrigações, contudo, não são fixadas pelas convenções jurídicas[332].

[330] DWORKIN, Ronald, *Law's empire*, 1986, p. 114 et seq.

[331] DWORKIN, Ronald, *Law's empire*, 1986, p. 115, tradução minha. No original: "Law by convention is never complete, because new issues constantly arise that have not been settled one way or the other by whatever institutions have conventional authority to decide them".

[332] Dworkin salienta que tal forma de apresentação do convencionalismo melhor se ajusta ao que ele designa como *convencionalismo estrito*, no qual os conteúdos são explicitamente fixados pelas convenções. Uma variante moderada, segundo a qual os conteúdos podem também estar apenas implícitos, permitiria o recurso a convenções jurídicas apenas implícitas. Contudo, mesmo nesse caso, haveria um limite, visto que as convenções implícitas também não garantem a completude do sistema jurídico. Assim, nem tudo estaria juridicamente regulado, reabrindo-se o espaço para a discricionariedade. Essa forma moderada de convencionalismo, Dworkin reconhece, permitiria que fosse dada uma resposta mais sofisticada, pelos convencionalistas, a seu paradigmático caso *Elmer*. Pelas razões que já expus, esse tipo de explicação não estaria disponível para compreender o caso *TVA v. Hill* ou o *Sra. Sorensen*. "É evidente que a convenção pode converter decisões inéditas em pretensões juridicamente tuteladas para o futuro. Nossas próprias convenções sobre o precedente transformam qualquer decisão tomada pelo mais alto tribunal sobre o *caso Elmer*, por exemplo, num direito a ser aplicado a futuros herdeiros assassinos. Dessa maneira, o sistema de regras sancionadas por convenção aumenta regularmente em nossa prática

Esse quadro já permite constatar as semelhanças que Dworkin identifica entre as *teorias semântico-positivistas* e o *convencionalismo jurídico*. Mas existem também importantes diferenças. As *teorias semânticas*, por um lado, afirmam que a descrição do direito com referência às práticas convencionais do passado se concretiza e se aplica por meio do próprio vocabulário jurídico. Desse modo, seria uma espécie de autocontradição dizer que *o direito* confere direitos para além daqueles fixados por mecanismos estabelecidos por convenção. *A concepção convencionalista do direito*, por outro lado, *é interpretativa*. Ela não afirma a existência dessa conexão lógica ou linguística entre as convenções jurídicas[333]. Ela é interpretativa porque afirma que a descrição convencionalista "apresenta o direito sob a sua melhor luz" e, desse modo, fornece a melhor abordagem (*most illuminating account*) sobre o que os juízes e os praticantes do direito fazem. Dessa forma, essa descrição "é o melhor guia para o que eles devem fazer [*should do*], que aponta a melhor direção para continuar e desenvolver essa prática"[334]. O convencionalismo não ignora nem nega que existem controvérsias entre os praticantes do direito sobre a melhor forma de interpretar o *verdadeiro* significado da prática jurídica. Ele afirma que esses agentes estão equivocados quando apresentam argumentos jurídicos fundados numa concepção não convencionalista do direito, como são a concepção jusnaturalista e a do direito como integridade.

É importante destacar dois aspectos centrais do convencionalismo jurídico. Em primeiro lugar, ele afirma que "os juízes devem respeitar as convenções jurídicas em vigor em sua comunidade, a não ser em raras circunstâncias"[335]. Em outras palavras, eles devem, num sentido forte (*must*), tratar como direito aquilo que a convenção estipula que é o

jurídica". Dworkin, Ronald. *O império do direito*. 2. ed. Tradução de Jefferson Luiz Camargo. Revisão de Silvana Vieira. São Paulo: Martins Fontes, 2007d, p. 143. Ver também o original: Dworkin, Ronald, *Law's empire*, 1986, p. 115; 125 e ss.

333 Dworkin, Ronald, *Law's empire*, 1986, p. 116. Dworkin, Ronald, *O império do direito*, 2007d, p. 144.

334 Dworkin, Ronald, *Law's empire*, 1986, p. 116, tradução minha. Ver também a versão traduzida: Dworkin, Ronald, *O império do direito*, 2007d, p. 143.

335 Dworkin, Ronald, *O império do direito*, 2007d, p. 143. No original: "judges must respect the established legal conventions of their community except in rare circumstances". Dworkin, Ronald, *Law's empire*, 1986, p. 116.

direito. Isso corresponde à ideia de que os juízes têm o dever de aplicar o direito e de não o substituir por aquilo que julgam ser um melhor direito. Em segundo lugar, ele estatui que o único direito que existe é aquele que pode ser extraído de decisões tomadas no passado por meio de técnicas que são também elas estabelecidas por convenção. Desse modo, qualquer juízo sobre uma situação inédita em nossos tribunais (como Dworkin sugeria ser o caso *Sra. Sorensen*, quando pioneiramente julgado) deve recorrer ao exercício do poder discricionário (do ponto de vista jurídico), ainda que possa estar justificado por razões morais ou econômicas extrajurídicas.

Esse modelo explicativo é atraente porque é capaz de mostrar como as decisões políticas do passado são centrais para a determinação dos direitos no presente. Para o convencionalismo, "as decisões políticas do passado justificam a coerção porque — e, portanto, apenas quando — fazem uma advertência justa tornando as ocasiões de coerção dependentes de meros fatos [*plain facts*] acessíveis a todos, e não de juízos recentes da moralidade política, que diferentes juízes poderiam fazer diferentemente"[336]. Esse é exatamente *o ideal político das expectativas protegidas.* Tal ideal está em perfeita sintonia com o aspecto do convencionalismo que indica que os juízes devem obedecer ao direito estabelecido convencionalmente.

O outro elemento do convencionalismo afirma que o juiz deveria recorrer exclusivamente às convenções jurídicas para determinar o que é o direito e quais são as suas obrigações propriamente jurídicas. Num caso em que não houvesse uma clara convenção, como no *TVA v. Hill* ou no *Sra. Sorensen*, as alternativas para o juiz seriam ou seguir o princípio de que o não está proibido está permitido (em sua variante, o que não está convencionalmente regulado não está regulado), ou, na ausência de regulação, exercer o poder discricionário, criando um novo direito com base numa *escolha política.* O *justice* Burger, no caso *TVA*, exemplifica a primeira opção, lamentando o resultado imposto pela estrita legalidade, mas reconhecendo seu dever jurídico diante dela. O *justice* Powell, por

336 DWORKIN, Ronald, *Law's empire*, 1986, p.117, tradução minha. No original: "past political decisions justify coercion because and therefore only when, they give fair warning by making the occasions of coercion depend on plain facts available to all rather than on fresh judgments of political morality, which different judges might make differently".

outro lado, segue um raciocínio jurídico não convencionalista, na medida em que busca critérios para a interpretação do direito não determinados com exclusividade por sua fonte social e convencional. Conforme aponta Dworkin, "o convencionalismo protege a autoridade da convenção ao insistir que as práticas convencionais estabelecem o fim e o começo do poder do passado sobre o presente"[337]. Desse modo, "o passado não produz nenhum direito [*rights*] garantido pelos tribunais, exceto quando esses direitos são incontroversos segundo o que todos sabem e esperam. Se a convenção é silente, não há direito [*law*]"[338]. Dessa forma, segundo o convencionalismo jurídico, os casos difíceis — na medida em que forem difíceis em razão de controvérsias teóricas para as quais não exista uma resposta fundada nas convenções — devem ser decididos de forma discricionária. Fora das convenções, cessam as razões jurídicas.

Mesmo em situações de extrema injustiça (Dworkin cita a mudança de orientação da Suprema Corte norte-americana no caso *Brown v. Board of Education* em relação à jurisprudência racista que o antecedia, em particular o caso *Plessy v. Ferguson*[339]), eventual desrespeito ao direito somente poderia ser admitido em caráter excepcional e extremo e por razões morais estranhas às razões jurídicas. Não haveria *razões jurídicas* para justificar a mudança de jurisprudência de forma tão abrupta e contraconvencional.

[337] Dworkin, Ronald, *Law's empire*, 1986, p. 116, tradução minha. No original: "Conventionalism protects the authority of convention by insisting that conventional practices establish the end as well as the beginning of the past's power over the present".

[338] Dworkin, Ronald, *Law's empire*, 1986, p. 166, tradução minha. No original: "the past yields no rights tenable in court, except as these are made uncontroversial by what everyone knows and expects. If convention is silent there is no law". Dworkin, Ronald, *O império do direito*, 2007d, p. 146.

[339] *Plessy v. Ferguson* (1896) foi um *leading case* da Suprema Corte norte-americana que manteve a constitucionalidade da lei estadual que exigia segregação racial em ambientes públicos com base na doutrina *separate but equal*. Esse precedente foi mantido até ser revogado em 1954 pela decisão *Brown v. Board of Education*, 347 U.S. 483 (1954), que declarou ilegal a doutrina segregacionista. Em 17 de maio de 1954, a Corte Warren declarou por unanimidade (9 a 0) que um sistema educacional separado era inerentemente iníquo. Dessa forma, a segregação racial passou a ser considerada uma violação da *Equal Protection Clause of the Fourteenth Amendment* da Constituição norte-americana.

Em síntese, o "convencionalismo é uma concepção — uma interpretação — de tradições e práticas jurídicas; seu destino depende da nossa habilidade de ver nas nossas práticas convenções do tipo que ele considera os fundamentos exclusivos do direito"[340]. Se nossa prática jurídica argumentativa em torno de controvérsias teóricas não puder ser explicada, o convencionalismo fracassará como modelo explicativo do direito. Nesse caso, ele não terá ajuste (*fit*) com nossas práticas jurídicas concretas nem tampouco oferecerá um modelo de interpretação do direito normativamente adequado. Segue daí a importância de se investigar se nossas práticas fornecem as convenções que são exigidas pelo convencionalismo em sua estratégia explicativa. Em seguida caberá também verificar o quanto essas convenções estão a serviço do ideal das expectativas protegidas, como também o quanto esse é um ideal político atraente para justificar a hipótese política sobre a qual se funda o direito (*i.e.*, justificação do uso da coerção estatal)[341].

Possuímos as convenções exigidas pelo convencionalismo? Em outras palavras, a prática jurídica como um todo está organizada em torno de convenções jurídicas centrais, que permitem que as proposições jurídicas tenham o seu valor de verdade determinado por critérios convencionalistas? À primeira vista, conforme foi apontado anteriormente, a resposta parece ser positiva, ao menos se pensarmos em exemplos como a proposição que afirma que "é verdadeiro que no Brasil os motoristas não podem trafegar a mais de 120 km/h porque o direito proíbe". Isso porque, nesse caso, podemos encontrar o fundamento convencional exigido pela explicação convencionalista.

Contudo, em casos mais difíceis, como o *Sra. Sorensen*, seria implausível encontrar as convenções exigidas. Em situações como essa, talvez

340 Dworkin, Ronald, *Law's empire*, 1986, p. 120, tradução minha. No original: "conventionalism is a conception — an interpretation — of legal practice and tradition; its fate depends on our ability to see in our practice conventions of the kind that it considers the exclusive grounds of law". Ver também a versão traduzida da obra: "O convencionalismo é uma concepção — uma interpretação — da prática e da tradição jurídicas; seu destino depende de nossa capacidade de ver, em nossa prática, convenções do tipo que ele considera como fundamentos exclusivos do direito". Dworkin, Ronald, *O império do direito*, 2007d, p. 148.

341 Dworkin, Ronald, *Law's empire*, 1986, p. 120 et seq.

se pudesse alegar que há algumas compreensões convencionais relativamente genéricas (por exemplo, o reconhecimento de que "toda pessoa tem direito a ser indenizada pelos danos produzidos por outrem"). Ocorre que as divergências que aparecem em casos como esse exigem algum esclarecimento adicional acerca do próprio significado de *uma convenção*. Afinal, qual é o tipo de *extensão* e de acordo necessário para que uma proposição jurídica específica possa ser verdadeira em virtude de uma convenção jurídica particular[342]?

Dworkin observa que o debate sobre o convencionalismo que se desenvolveu no âmbito da filosofia e que serve de referencial teórico para as reformulações do convencionalismo jurídico usualmente se valem de definições precisas e limitadas acerca do que é uma convenção. Conforme veremos com mais detalhe no próximo capítulo, quando afirmamos que existe uma convenção simples estabelecendo que *sempre que uma ligação telefônica for interrompida, aquele que originariamente a fez deve retorná-la*, referimo-nos a uma convenção muito distinta daquela envolvida em práticas de cortesia; se, por um lado, um padrão de cortesia que estabelece que homens não devem entrar na igreja com a cabeça coberta pode ter se iniciado por uma convenção, por outro lado, quando surge uma controvérsia argumentativa — como aquela relativa à necessidade de bebês tirarem o gorro antes de ingressar na igreja — se observa que novas condições de sentido para as proposição são exigidas e não satisfeitas pelo mesmo tipo de convencionalismo envolvido no exemplo da chamada telefônica. Isso porque, no caso das práticas de cortesia, conforme visto, está em questão um *conceito interpretativo* (e não puramente convencional) de cortesia. Não se trata, portanto, de uma solução para um problema de coordenação como o exemplo do telefone indica, mas sim da fixação do sentido da ação em função de um valor (cortesia).

Já foi mencionado que o conceito de convencionalismo é muitas vezes ambíguo. Uma de suas ambiguidades relevantes é aquela a respeito do sentido da *extensão*[343] de uma convenção abstrata. Um exemplo disso é a extensão do conceito de cortesia, que envolveria "o conjunto de juízos

342 Dworkin, Ronald, *Law's empire*, 1986, p. 122.

343 Propriedade que tem um conceito de aplicar-se a cada elemento de um conjunto de objetos do qual é atributo.

ou decisões que os participantes da convenção estão comprometidos a aceitar"[344].

Dworkin diferencia *extensões explícitas* e *implícitas* de uma convenção, distinção de capital importância para a sua crítica ao convencionalismo. A *extensão explícita* "é o conjunto de proposições que (quase) todo mundo que diz ser parte da convenção aceita como parte da sua extensão. A *extensão implícita* é o conjunto de proposições que seguem da melhor ou mais razoável [*soundest*] interpretação da convenção, independentemente de fazerem parte da extensão explícita"[345]. A relevância prática dessa distinção é apontada por meio de um exemplo.

> Suponhamos que em alguma comunidade jurídica exista uma convenção determinando que os juízes devem dar às duas partes a mesma oportunidade de apresentar seu caso. Todos concordam que isso significa que ambas as partes devem ser ouvidas, mas discute-se se também significa que as duas partes devem dispor do mesmo tempo, ainda que os argumentos de uma delas sejam mais complexos ou precisem de mais testemunhas do que os da outra. A extensão explícita da convenção abstrata inclui, então, a proposta de que as duas partes devem ser ouvidas, mas não inclui nem a proposta de que devem dispor do mesmo tempo, nem a proposta contrária, de que a parte cujo caso é o mais difícil deve dispor de mais tempo. Todos pensam que a extensão implícita inclui uma ou outra dessas últimas propostas, mas não sabem qual delas, pois há discordância sobre qual solução interpreta melhor o objetivo abstrato — sobre o qual concordam — da igualdade de oportunidade no tribunal.[346]

[344] Dworkin, Ronald, *Law's empire*, 1986, p. 123, tradução minha. No original: "the set of judgements or decisions that people who are parties to the convention are thereby committed to accept".

[345] Dworkin, Ronald, *Law's empire*, 1986, p. 123, tradução minha. No original: "is the set of propositions which (almost) everyone said to be a party to the convention actually accepts as part of its extension. The implicit extension is the set of propositions that follow from the best or soundest interpretation of the convention, whether or not these form part of the explicit extension". Dworkin, Ronald, *O império do direito*, 2007d, p. 153.

[346] Dworkin, Ronald, *O império do direito*, 2007d, p. 152, tradução modificada por mim. No original: "Suppose there is a convention in some legal community that judges must give both sides an equal opportunity to state their case. Everyone agrees that this means both

O exemplo é revelador da importância de uma distinção adicional entre o *convencionalismo estrito*, que restringe o direito de uma comunidade à extensão explícita de suas convenções jurídicas, como a legislação e o precedente, e o *convencionalismo moderado* (*soft*). Este último insiste que o direito de uma comunidade inclui tudo que estiver dentro da extensão implícita dessas convenções[347]. As conclusões que podemos extrair sobre o poder explicativo do convencionalismo são bastante distintas dependendo do tipo de convencionalismo que venhamos a acolher.

O *convencionalismo estrito* oferece uma concepção extremamente limitada do direito. Isso porque nossas práticas argumentativas nos tribunais raramente são solucionadas por meio da identificação de erros na compreensão de uma convenção que possui uma extensão explícita. Nesse sentido, ela não teria nenhum tipo de importância prática. Seria como imaginar que nossas controvérsias judiciais fossem iguais às controvérsias que eventualmente podem se estabelecer entre dois garotos que estão aprendendo as regras de xadrez sobre a forma correta de movimentar o bispo no tabuleiro. No campo jurídico, seria como admitir que a linguagem da lei contivesse apenas um significado possível e, diante de uma controvérsia, somente restaria usar o poder discricionário. Ademais, o desacordo entre os *justices* Burger e Powell no caso *TVA* não seria sequer inteligível caso se buscassem as convenções explícitas sobre as quais estariam em desacordo. O *convencionalismo estrito* não seria capaz de oferecer nenhum tipo de guia para os juízes decidirem os casos controversos. Isso porque ele oferece apenas um "conselho negativo", que afirma que os

sides must be heard, but it is disputed whether it also means that both sides must have equal time even though the arguments of one side are more complex or require more witnesses than the other. The explicit extension of the abstract convention then includes the proposition that both sides must be heard, but it does not include either the proposition that they must have equal time or the contrary proposition that the party with the more difficult case must have more time. Everyone thinks the implicit extension includes one or the other of these latter propositions, but they disagree which, because they disagree which solution best interprets the abstract goal—on which they agree—of equality of opportunity in court". Dworkin, Ronald, *Law's empire*, 1986, p. 123-124.

347 Dworkin, Ronald, *Law's empire*, 1986, p. 124. Dworkin observa, ainda, que "A group of judges who were all soft conventionalists would disagree about the exact content of the law because they would disagree about the content of this implicit extension".

juízes não devem (*must not*) fingir que estão decidindo casos difíceis com base em critérios jurídicos.

Para Dworkin, esses limites do convencionalismo estrito justificam a ampla preferência pelo *convencionalismo moderado* entre os positivistas contemporâneos, inclusive H. L. A. Hart[348]. Segundo ele, "a parte positiva do convencionalismo moderado instrui juízes a decidir de acordo com as suas próprias interpretações das exigências concretas da legislação e dos precedentes, mesmo que isso possa ser controvertido, e esse conselho não é irrelevante em casos difíceis"[349]. Desse modo, até mesmo em casos controvertidos seria possível afirmar que o desacordo se dá sobre a extensão das convenções implícitas das convenções jurídicas. O próprio caso *TVA*, que serve de novo paradigma para a crítica ao convencionalismo jurídico em *O império do direito*, poderia, em tese, ser assim explicado.

> A maioria, no caso *Snail Darter* [caso *TVA*], pensou que a melhor interpretação da convenção a respeito das leis exigia que aplicassem o significado literal da Lei de Proteção ao Meio Ambiente, a menos que se pudesse provar que fossem outras as intenções do Congresso. Pensaram que a extensão implícita da convenção incluía a proposição de que a barragem da *TVA* devia ter sua construção interrompida para que se pudesse salvar o *snail darter*. A minoria adotou um ponto de vista diferente, e suas conclusões sobre a extensão implícita foram igualmente diferentes. Pensaram que incluía a tese contrária, de que o direito não protegia o peixe. Uma vez que o desacordo se deu apenas sobre a extensão implícita das convenções que todos reconheciam em um nível mais abstrato, poderíamos dizer que eles todos eram convencionalistas moderados.[350]

[348] Dworkin arrola como positivistas moderados Hart (Hart, H. L. A., 1997) e Jules Coleman (Coleman, Jules, *Negative and positive positivism*, 1982, reeditado em Coleman, Jules, *Negative and positive positivism*, 1983). Ver também SOPER, Philip, 1983, em especial p. 17-20, e Lyons, David, 1977, p. 422 et seq.

[349] Dworkin, Ronald, *Law's empire*, 1986, p. 125, tradução minha. No original: "the positive part of soft conventionalism instructs judges to decide according to their own interpretation of the concrete requirements of legislation and precedent, even though this may be controversial, and this advice is not irrelevant in hard cases".

[350] Dworkin, Ronald, *O império do direito*, 2007d, p. 154-155, tradução modificada. No original: "The majority in the snail darter case thought that the best interpretation of the

Dessa forma, o convencionalista moderado não precisaria recorrer à ideia de que há uma lacuna sempre que há controvérsia, afirmando, alternativamente, que haveria um certo consenso em torno de uma *convenção abstrata*, como a Constituição, a qual não eliminaria a existência de desacordos sobre a extensão das convenções implícitas. Seria essa uma explicação satisfatória? Dworkin apresenta uma resposta negativa apoiada em duas estratégias. A primeira consiste em imaginar o que ocorreria se houvesse controvérsia também sobre a convenção abstrata, isto é, sobre o significado da própria Constituição. Nesse caso, o convencionalista moderado poderia recorrer a convenções ainda mais abstratas (ou *profundas*, como as designa Andrei Marmor). Poder-se-ia afirmar que a convenção abstrata envolve a convenção de que a finalidade última (*ultimate point*) do direito é autorizar e justificar a coerção estatal sobre grupos e indivíduos. Essa *estratégia da abstração continuada* esvaziaria o sentido do convencionalismo. Em outras palavras, a abstração e a generalização continuada desnaturam o próprio significado do convencionalismo. Marmor tende a transformar o convencionalismo numa espécie de interpretativismo ou numa "forma subdesenvolvida de direito como integridade"[351].

Ademais, essa estratégia de abstração tende a dissolver a separação entre direito e moral, que era uma pedra de toque metodológica do positivismo jurídico. Conforme ele enfatiza, "o chamado 'juiz convencionalista moderado' não está impedido por essa marca espúria do conven-

convention about statutes required them to enforce the literal meaning of the Environmental Protection Act unless it could be proved that Congress intended otherwise. So they thought the implicit extension of the convention included the proposition that the TVA dam must be halted and the snail darter saved. The minority took a different view of the convention, and their conclusions about the implicit extension were correspondingly different. They thought it included the contrary proposition that the law did not protect the fish. Since the disagreement was only about the implicit extension of conventions they all recognized at a more abstract level, they could all be said to be soft conventionalists". DWORKIN, Ronald, *Law's empire*, 1986, p. 125-126.

[351] DWORKIN, Ronald, *Law's empire*, 1986, p. 128, tradução minha. No original: "underdeveloped form of law as integrity".

cionalismo de engajar a sua própria moral controversa e suas convicções políticas na sua decisão"[352]. De forma quase paradoxal,

> são precisamente essas convicções — a respeito das melhores técnicas para se ler uma lei, a respeito do lugar mais adequado da lei em uma estrutura constitucional, a respeito da conexão entre a Constituição e a ideia de direito [*law*], a respeito da melhor concepção de justiça — que vão determinar para ele qual elaboração de convenção abstrata é melhor e, portanto, o que o direito requer[353].

Uma consequência adicional desse fracasso reside no fato de que o convencionalismo moderado não consegue garantir ou promover o ideal das expectativas protegidas na medida em que deixam de existir convenções não controvertidas para apoiá-lo. A conclusão, portanto, é que, "se o convencionalismo deve fornecer [*is to provide*] uma concepção distinta e forte do direito, portanto, com ainda remotas conexões com a família das atitudes populares que nós consideramos que ele expressa, então ele precisa ser um convencionalismo estrito, não moderado"[354]. Se observarmos as práticas jurídicas argumentativas, veremos que nos casos difíceis os agentes abandonam a ideia de que podem encontrar nas convenções implícitas os argumentos para justificar a sua busca de fundamentação da melhor resposta para o caso concreto. Por esse motivo, é o convencionalismo estrito que deve ser testado como uma adequada interpretação de nossa prática jurídica.

352 Dworkin, Ronald, *Law's empire*, 1986, p. 128, tradução minha. No original: "A so-called soft-conventionalist judge is not barred by this spurious brand of conventionalism from engaging his own controversial moral and political convictions in his decision".
353 Dworkin, Ronald, *Law's empire*, 1986, p. 128, tradução minha. No original: "it is precisely these convictions—about the best techniques for reading a statute, about the proper place of statutes in a constitutional structure, about the connection between a constitution and the idea of law, about the soundest conception of justice—that will determine for him which elaboration of abstract convention is best and therefore what the law requires".
354 Dworkin, Ronald, *Law's empire*, 1986, p. 128, tradução minha. No original: "if conventionalism is to provide a distinct and muscular conception of law, therefore, with even remote connections to the family of popular attitudes we took it to express, then it must be strict, not soft, conventionalism".

Veremos nos capítulos seguintes como as respostas oferecidas pelos defensores do convencionalismo não seguiram as conclusões e as críticas já adiantadas por Dworkin em *O império do direito*. De maneira geral, é possível afirmar que são justamente as variantes do convencionalismo moderado que produzem as mais vigorosas respostas ao *desafio dworkiniano*. É o que analisarei nos próximos capítulos.

Capítulo III
OS REFINAMENTOS DA TESE DA CONVENCIONALIDADE

I. Uma breve recapitulação

Em "Modelo de regras II", Dworkin organiza as suas críticas aos fundamentos do positivismo jurídico em torno de dois argumentos centrais. Por um lado, ele critica a teoria da normatividade da regra social e seus fundamentos. Essa crítica está estreitamente vinculada à crítica que faz à *tese da convencionalidade* (ou bases convencionalistas) do direito. Ela é reconhecida como central pelos positivistas em geral (Hart expressamente a assume no *Postscript*[355]) e, em particular, pelos seus principais representantes no debate pós-hartiano, sejam eles inclusivistas (como Hart, Coleman e Soper[356]), sejam exclusivistas (como Marmor e Shapiro[357]).

Por outro lado, Dworkin também apresenta uma nova crítica, que se soma e se articula às críticas que faz à tese da convencionalidade e que poderia ser denominada de *argumento da controvérsia*. Esse argumento procura salientar que o positivismo convencionalista está baseado numa teoria do sentido[358] incapaz de explicar as controvérsias jurídicas teóricas. Tal argumento, contudo, não está completamente isolado de sua

[355] Hart, H. L. A., 1994c.

[356] Coleman, Jules, *Negative and positive positivism*, 1982, republicado em Coleman, Jules, *Negative and positive positivism*, 1983, p. 28-48; Soper, Philip. Legal theory and the obligation of a judge: the Hart/Dworkin dispute. *Michigan Law Review*, Ann Arbor, v. 75, p. 473-519, 1977, republicado em Soper, Philip, 1983. Hart, H. L. A. Comment. In: Gavison, Ruth. *Issues in contemporary legal philosophy*: the influence of H. L. A. Hart. Oxford: Claredon, 1987.

[357] Shapiro, Scott, 2011; Marmor, Andrei. *Social conventions*. Princeton: Princeton University Press, 2009.

[358] Dworkin, Ronald, *Legal theory and the problem of sense*, 1987b.

crítica ao convencionalismo, em sentido amplo. Isso porque a sua crítica à questão do sentido dirige-se à *teoria convencionalista da linguagem*. Um exemplo dessa crítica pode ser encontrado em seu debate com Stanley Fish, um claro representante do *convencionalismo linguístico e epistemológico*. Esse tipo de convencionalismo está vinculado à defesa de uma teoria convencionalista da verdade e da própria epistemologia[359]. É justamente no contexto dessa crítica que Dworkin desenvolve a sua teoria interpretativista do direito, ancorada numa *teoria interpretativista do sentido*. Talvez o equívoco de Dworkin nesse ponto tenha sido apresentar a sua crítica ao convencionalismo linguístico como o aguilhão semântico, visto que, ao invés de auxiliar a sua compreensão, afastou-o do seu foco principal.

A crítica de Dworkin atacava ainda de forma relativamente autônoma o *argumento da incorporação* da moral no direito. Tal argumento atingia frontalmente outro pilar do positivismo jurídico, a saber, a tese da separabilidade entre direito e moral. Em "Modelo de regras I", Dworkin seguira a estratégia de mostrar como os princípios traziam uma dimensão moral intrínseca para as práticas de argumentação jurídica, razão pela qual a sua análise representaria um duro golpe na teoria hartiana do direito. Afinal, se as razões morais fossem consideradas fontes do direito, então o positivismo deveria abandonar a tese de que suas fontes são exclusivamente sociais. Isso significaria abandonar o próprio positivismo. As diversas reações apresentadas ao argumento pelos positivistas mostraram que havia alternativas relacionadas à redefinição do conceito de princípio. É sintomático que até Hart tenha compreendido que o positivismo poderia ser emendado para incluir uma teoria dos princípios em bases positivistas[360]. Uma análise pormenorizada dessas respostas[361], contudo, corre o risco de deixar encoberto o principal argumento teórico lá apresentado, que se refere à natureza do discurso e do raciocínio moral (que Dworkin

[359] Cfr. Raz, Joseph, 1998b.

[360] Outros exemplos são: MacCormick, Neil, 1995; Raz, Joseph, 1972 (republicado em Raz, Joseph, 1983). Ver também Carrio, Genaro R., 1971; Christie, George C., 1968; Gross, Hyman, 1969; Probert, Thomas, 1971; Sartorius, Rolf, 1971; Tapper, Colin, 1971. Para um artigo anterior, ver MacCallum, Gerald, 1963.

[361] Certamente um tema importante *per se*, em face do amplo impacto que as formulações de Dworkin tiveram, em especial no debate sobre teoria constitucional que se expandiu desde a década de 1980.

denomina de *moralidade concorrente*), em contraste com a *moralidade convencional*. Também aqui ressurge o tema do *convencionalismo moral* e seu contraste com as análises da linguagem da moral que adota um sentido crítico normativo e reflexivo.

A crítica de Dworkin à *tese da incorporação* gera algumas reações de seus críticos. As respostas oferecidas pelos *exclusivistas* são distintas daquelas oferecidas pelos *inclusivistas*. Positivistas exclusivistas como Joseph Raz reafirmam a tese de que o fundamento exclusivo de juridicidade se constitui na autoridade do direito[362]. Já inclusivistas, como Jules Coleman, afirmam que os argumentos propriamente morais (inclusive os critérios de moralidade concorrente, e não apenas convencional) podem contingentemente se transformar em fundamentos (*grounds of law*) do direito, uma vez que tenham sido incorporados por meio de um processo de validação. Os argumentos apresentados nesse complexo debate fazem muitas referências a diversas das dimensões do convencionalismo moral. Basta ver, por exemplo, a tese de Coleman acerca da compatibilidade entre o convencionalismo e o incorporacionismo (ou inclusivismo)[363]. Contudo, o próprio argumento de Coleman mostra a independência de ambos.

A forma como Dworkin reapresenta a sua crítica ao positivismo em *O império do direito* apresenta inovações em relação a "Modelo de regras II". Nesse livro Dworkin caracteriza o positivismo enquanto uma teoria interpretativa (o convencionalismo é o positivismo jurídico visto como teoria interpretativa do direito), ainda que de qualidade inferior à da sua própria teoria do direito como integridade. Ele apresenta a tese do *aguilhão semântico*, que afirma que consiste no acolhimento desse tipo de *conceito criterial* para descrever o direito. Esse tipo de conceito é dependente da existência de um estado de coisas no mundo (isto é, práticas compartilhadas de uso) para a formação do seu sentido. Dworkin apresenta também um outro argumento contra o positivismo (e também outras teorias semelhantes, como o realismo e o pragmatismo), que ele denomina de *arquimedianismo*. Este é por ele definido como um compromisso filosófico com uma plataforma discursiva de segunda ordem, externa (descolada

362 Cfr. Raz, Joseph, 1990. Tradução brasileira: Raz, Joseph, 2009b; RAZ, Joseph, 1995b.
363 Cfr. Coleman, Jules. *The practice of principle: in defense of a pragmatist approach to legal theory*, 2001c.

da prática social a ser descrita), com base na qual conceitos de primeira ordem poderiam ser descritos, definidos e explorados. Ambas as dimensões dessa crítica constituem o que denominei de *desafio dworkiniano*.

Essas novas críticas também animaram os diversos eixos do debate entre positivismo e antipositivismo ou *pós-positivismo*, como veio a ser denominado por essa genérica rubrica teórica. Ele trouxe novidades para o debate sobre o incorporacionismo e também sobre a questão do convencionalismo pressuposto na teoria das regras sociais. Elas se referem à redefinição do próprio positivismo em termos convencionalistas. Em face disso, a redefinição da regra de reconhecimento como uma regra convencional não se apresentava como uma alternativa teórica aceitável.

Em síntese, a tese das fontes sociais do direito tornou-se um ponto central para o positivismo jurídico do século XX. Em especial após as críticas de Dworkin ao positivismo de Hart, o positivismo jurídico assumiu a tese convencionalista como um refinamento quase necessário do próprio positivismo[364]. Conforme destaca Julie Dickson, "todos os positivistas contemporâneos aceitam que os critérios de legalidade são convencionais"[365]. Andrei Marmor complementa: "deveria estar claro desde o começo que as regras de reconhecimento são convenções"[366]. Esse reconhecimento básico tem sido denominado de *virada convencionalista* (*conventionalist turn*). Conforme visto, em linhas gerais ele pode ser

[364] Alguns críticos não aceitam essa tese, como Julie Dickson, salientando que Hart somente recorre de forma explícita ao convencionalismo movido pela crítica que fora formulada por Dworkin em Dworkin, Ronald, *Modelo de regras II*, 2002c, e Dworkin, Ronald, *O império do direito*, 2007d, com base em Hart, H. L. A., 1994b. Cfr. Dickson, Julie, 2007, p. 373-374. Na mesma linha, criticando o "*conventional turn*", ver Green, Leslie, 1999.

[365] Dickson, Julie, 2007, p. 373, tradução minha. No original: "all contemporary positivists accept that the criteria of legality are conventional".

[366] Marmor, Andrei. *Positive law and objective values*. Oxford: Oxford University Press, 2001c, p. 4-5. Também Marmor, Andrei. Legal conventionalism. *Legal Theory*, Oxford, v. 4, p. 373-402, 1998. [republicado em Coleman, Jules (Ed.), *Hart's Postscript: essays on the postscript to "The concept of law"*, 2001a]; Marmor, Andrei, *Social conventions*, 2009; Marmor, Andrei. *Philosophy of law*. Princeton: Princeton University Press, 2011; Marmor, Andrei, *How law is like chess*, 2006a. Marmor, Andrei. How law is like chess. *USC Law Legal Studies*, Paper n. 6-7. Apr. 2006b. Disponível em: <http://ssrn.com/abstract=897313>. Acesso em: 13 ago. 2013, tradução minha. No original: "it should have been clear from the start that the rules of recognition are conventions".

entendido como o acolhimento de alguma variante da *tese da convencionalidade*, que poderia ser assim definida: "direito é possível graças a uma convergência interdependente de comportamento e atitude: o que podemos pensar como um 'acordo' entre indivíduos expresso em uma regra social ou convencional"[367]. A tese convencionalista, contudo, assume uma nova formulação no desenvolvimento do positivismo pós-hartiano, em especial a partir da inspiração filosófica que a tese da convencionalidade vem a acolher na obra de David Lewis[368].

As respostas apresentadas pelos positivistas com relação aos pressupostos convencionalistas implicados no conceito de regra de reconhecimento foram elaboradas no decorrer de um complexo e sofisticado debate. É esse debate que resta analisar para verificar se as críticas anteriormente apresentadas poderiam ser mantidas em face das reformulações da ideia de convenção, em particular em razão da grande influência que nele vieram a ter os trabalhos de David Lewis, em especial seu livro *Convention: A Philosophical Study*[369]. É o que veremos a seguir. Posteriormente, mostrarei como essas reformulações não salvam o convencionalismo jurídico das críticas que lhe dirigira Dworkin.

[367] Coleman, Jules. *Incorporationism, conventionality, and the practical difference thesis*, 1998, p. 383, republicado em Coleman, Jules. Incorporationism, conventionality, and the practical difference thesis. In: Coleman, Jules (Ed.). *Hart's postscript*: essays on the postscript to "The concept of law". Oxford: Oxford University Press, 2001b. p. 99-148. Tradução minha. No original: "law is made possible by an interdependent convergence of behavior and attitude: what we might think of as an 'agreement' among individuals expressed in a social or conventional rule".
[368] O trabalho pioneiro nessa incorporação é, sem dúvida, Postema, Gerald, *Coordination and convention at the foundations of law*, 1982. No mesmo ano o tema foi também desenvolvido por Coleman, Jules, *Negative and positive positivism*, 1982, republicado em Coleman, Jules, *Negative and positive positivism*, 1983, p. 28-48. Isso gerou um amplo debate também em razão do sucesso do livro Coleman, Jules. *The practice of principle: in defense of a pragmatist approach to legal theory*, 2001c, no qual deu um tratamento mais abrangente e modificado à mesma questão. É interessante notar que Dworkin já procura responder a tais reformulações lewisianas do convencionalismo em *Law's empire*, de 1986.
[369] Lewis, David, 1969.

II. O convencionalismo de David Lewis

O problema dos fundamentos sociais da determinação da normatividade do direito não pode ser considerado especialmente novo no âmbito da história da teoria do direito; entretanto, ele adquire nova configuração em razão das respostas filosóficas que a ele são dadas pelos "convencionalistas". Ele já estava presente, por exemplo, na obra de Hans Kelsen, para quem o fundamento último de cognoscibilidade do direito apoia-se num pressuposto transcendental: a norma fundamental. A solução kelseniana, contudo, não parecia aceitável para o positivismo hartiano[370] e pós-hartiano, por um lado, porque a validade não pode ser posta como uma questão distinta da própria dimensão factual de sua existência[371]. Por outro lado, a afirmação de que existe uma obrigação jurídica que se fundamenta, em última instância, numa obrigação moral significaria a ruína de sua pretensão de elaborar uma teoria positivista do direito. A saída de Hart[372] para essa circularidade rejeitou tanto a ideia de que o direito se funda em fatos brutos do poder, como os fundamentos morais ou o transcendentalismo kelseniano. Para ela, a regra de reconhecimento é uma *regra* e, portanto, envolve a imposição de uma obrigação. Ademais, ela está fundada numa regra social convencional.

Conforme visto, a primeira tentativa de Hart de explicar a natureza das regras sociais em termos de comportamentos convergentes e atitudes normativas se mostrou insatisfatória. Afinal, comportamentos e atitudes são fatos sociais que, por si mesmos, não podem criar razões para obedecer. Esse era um dos cernes da crítica de Dwokin, em especial em "Modelo de regras I" e "Modelo de regras II". Um pensamento contrário pareceria ofender a *lei de Hume*, segundo a qual não se pode derivar um *dever ser* de um *ser*. Em síntese, a explicação oferecida por Hart para a normatividade da regra de reconhecimento fundada em seu caráter con-

[370] Cfr. Hart, H. L. A., *O conceito de direito*, 1994a, p. 118-119 e também 275.

[371] Hart, H. L. A., *O conceito de direito*, 1994a, p. 275.

[372] Cfr. Finnis, John. On Hart's ways: law as reason and as fact. In: Kramer, Matthew (Ed.). *The legacy of H. L. A. Hart*. Oxford: Oxford University Press, 2008. p. 3-28. Disponível em: <http://ssrn.com/abstract=1100170>. Acesso em: 20 ago. 2012; Shapiro, Scott, 2001.

vencional mostrou-se insuficiente justamente porque não era capaz de explicar a normatividade das próprias convenções[373].

A agenda filosófica anglo-saxônica em teoria do direito a partir dos anos 1970 dedicou-se amplamente a reavaliar esses limites e as propostas para a sua superação. A nova agenda, ainda tributária das críticas pioneiras de Dworkin, consistia em oferecer uma explicação mais satisfatória para a normatividade convencional da regra de reconhecimento. Veremos em mais detalhes alguns dos principais passos dessas respostas antes de analisarmos se elas efetivamente foram capazes de responder ao "*desafio dworkiniano*". A principal inspiração filosófica dessa nova rodada de esforços teóricos para explicar a normatividade da regra de reconhecimento é a obra de David Lewis, que retoma e aprofunda uma tradição de explicação do fenômeno da convenção que remonta à teoria humeana da convenção. Cumpre compreender o significado dessa teoria da convenção antes de analisar a forma como é incorporada no debate teórico jurídico.

Constitui uma interpretação corrente da obra de David Hume o reconhecimento de que ele desafiou as teorias de Hobbes e Locke acerca da origem e da natureza do contrato social[374]. Hume, contrariamente a seus antecessores, insistiu que somente podemos compreender os conceitos de promessas e contratos dentro de um contexto constituído por regras informais de justiça. Essas regras não são extraídas de um direito natural racional ou de direitos naturais pré-sociais, mas sim de convenções humanas[375], as quais são "artificiais, mas não arbitrárias, produtos da inteligência e da invenção humanas"[376]. As convenções surgem para resolver

[373] Esse argumento foi pioneiramente apresentado por POSTEMA, Gerald, *Coordination and convention at the foundations of law*, 1982, p. 169-171, que também foi responsável pela primeira tentativa de superar tais limites apoiando-se nos trabalhos de LEWIS, David, 1969.

[374] Cfr. POSTEMA, Gerald. *Legal philosophy in the twentieth century: the common law world*, 2011a, p. 486 et seq.

[375] HUME, David. *A treatise of human nature*. Edited by L. A. Selby-Bigge. Revised by P. Nidditch. Oxford: Oxford University Press, 1978, p. 490.

[376] HUME, David, 1978, p. 490, tradução minha. No original: "the artificial, but not arbitrary, product of human intelligence and invention". A passagem integral é a seguinte: "This convention is not of the nature of a promise: For even promises themselves, as we shall see afterwards, arise from human conventions. It is only a general sense of common

problemas próprios da vida humana. Nesse sentido, elas "têm sua origem nas convenções humanas [...] intencionadas como os remédios para algumas inconveniências, as quais procedem de uma confluência de certas *qualidades* da mente humana com a *situação* de objetos externos"[377].

A justiça é necessária para evitar que a escassez de bens e a insegurança na propriedade destes produzam a desagregação social e eliminem as possibilidades de cooperação entre os homens[378]. Para a sua realização, o homem se vale da convenção, "que conduz [cada uma], em conjunto com as outras, a um plano ou um sistema geral de ações"[379]. A convenção é formada por um "senso de interesse comum, supostamente comum a todos [...] no qual cada ato é realizado na expectativa de que outros farão

interest; which sense all the members of the society express to one another, and which induces them to regulate their conduct by certain rules. I observe, that it will be for my interest to leave another in the possession of his goods, provided he will act in the same manner with regard to me. He is sensible of a like interest in the regulation of his conduct. When this common sense of interest is mutually express'd, and is known to both, it produces a suitable resolution and behaviour. And this may properly enough be call'd a convention or agreement betwixt us, tho' without the interposition of a promise; since the actions of each of us have a reference to those of the other, and are perform'd upon the supposition, that something is to be perform'd on the other part. Two men, who pull the oars of a boat, do it by an agreement or convention, tho' they have never given promises to each other. Nor is the rule concerning the stability of possession the less deriv'd from human conventions, that it arises gradually, and acquires force by a slow progression, and. by our repeated experience of the inconveniences of transgressing it. On the contrary, this experience assures us still more, that the sense of interest has become common to all our fellows, and gives us a confidence of the future regularity of their conduct: And 'tis only on the expectation of this, that our moderation and abstinence are founded. In like manner are languages gradually establish'd by human conventions without any promise. In like manner do gold and silver become the common measures of exchange, and are esteem'd sufficient payment for what is of a hundred times their value." HUME, David, 1978, p. 490.

377 HUME, David, 1978, p. 490-492, grifo do original, tradução minha. No original: "takes its rise from human conventions [...] intended as a remedy to some inconveniencies, which proceed from the concurrence of certain *qualities* of the human mind with the situation of external *objects*".

378 HUME, David, 1978, p. 490-492.

379 HUME, David. *Enquiry concerning the principles of morals.* Edited by Tom L. Beauchamp. Oxford: Oxford University Press, 1998, p. 98; HUME, David, 1978, p. 490-492, tradução minha. No original: "which carries [each], in concurrence with the others, into a general plan or system of actions".

o mesmo"[380]. É importante notar que, para Hume, a convenção se forma sem que promessas sejam feitas e/ou contratos firmados. Isso somente é possível porque "as ações de cada um de nós são referência para os outros e são realizadas dentro da suposição de que algo deve ser feito pela outra parte. [Assim como] dois homens que puxam os remos de um barco fazem isso por conta de um acordo ou convenção, embora nunca tenham feito promessas um ao outro"[381].

Gerald Postema chama a atenção para a originalidade metodológica da teoria humeana. Em primeiro lugar, Hume procura apresentar a natureza da convenção com atenção à maneira como a sua força racional nasce de sua capacidade de resolver problemas relacionados à interação humana, em vez de oferecer uma explicação sobre o uso convencional desse conceito. Por outro lado, a sua teoria oferece uma descrição dos elementos estruturais das convenções. Postema resume os cinco principais pontos da concepção humeana que influenciam o pensamento contemporâneo[382].

Em primeiro lugar, o ambiente natural das convenções no contexto da grande interdependência e das interações recorrentes características da vida social. Em segundo lugar, o arranjo convencional é formado por diferentes ações correlatas reunidas dentro de um esquema ou sistema que é atribuído a cada parte. Em terceiro lugar, embora seja absolutamente necessário que exista uma correlação estruturada de ações individuais, não é tão importante que esse padrão já seja praticado. Assim, embora

380 Hume, David, 1978, p. 490-492, tradução minha. No original: "a sense of common interest, suppos'd to be common to all [...] where every single act is perform'd in expectation that others are to perform the like".
381 Hume, David, 1978, p. 490-492, tradução minha. No original: "the actions of each of us have a reference to those of the other, and are perform'd upon the supposition, that something is to be perform'd on the other part. [Just as] two men, who pull the oars of a boat, do it by an agreement or convention, tho' they have never given promises to each other".
382 Postema, Gerald. *Legal philosophy in the twentieth century: the common law world*, 2011a, p. 488. Cfr. também Rescorla, Michael, 2013, e Marmor, Andrei, *Social conventions*, 2009; Hansen, Pelle Guldborg. *Social convention*: in defense of David Lewis. 2009. Ph.D. thesis. Disponível em: <http://loriweb.org/blog/2010/02/11/ph-d-defense-at-ruc-pelle-guldborg-hansen-social-convention-in-defense-of-david-lewis/>. Acesso em: 7 jul. 2013, p. 39-52.

comuns, essas regularidades de conduta são importantes apenas porque tornam manifesto para todas as partes o padrão de ações correlacionadas que é normativo para elas. Em quarto lugar, as ações e as expectativas das partes são interdependentes. Como afirma Hume, "cada ato é realizado na expectativa de que outros farão o mesmo"[383]. Em quinto lugar, as convenções são artificiais. Para Hume, anota Postema, isso significa que os padrões de comportamento nos quais se manifestam as regras convencionais "não são parte do repertório de ação/disposição de criaturas humanas na ausência de suas inteligentes e intencionais [*purpose-driven*] ações comuns e construções"[384]. Nesse sentido, as convenções são socialmente construídas, ainda que se possa dizer que são constituídas de forma espontânea, conforme ressalta Hayek, dentre outros[385].

David Lewis elaborou seu livro mais importante, *Convention: A Philosophical Study*[386], como tese de doutoramento, defendida em 1967 sob a orientação de W. V. O. Quine. Nesse livro, procurou apresentar uma resposta aos argumentos de Quine e outros sobre a natureza não convencional da linguagem. Para Quine, na medida em que convenções são acordos, elas requerem a linguagem como um elemento antecedente a qualquer convenção[387]. Lewis procurou mostrar como as convenções não requerem um acordo, visto que são regularidades em ação que ser-

383 Hume, David. *A treatise on human nature.* Edited by David Fate Norton and Mary J. Norton. Oxford: Oxford University Press, 2000, p. 320, tradução minha. No original: "every single act is perform'd in expectation that others are to perform the like."

384 Postema, Gerald. *Legal philosophy in the twentieth century: the common law world,* 2011a, p. 488, tradução minha. No original: "are not part of the action/disposition repertoire of human creatures in the absence of their intelligent, purpose-driven, common actions and construction".

385 Cfr. Especialmente Hayek, Friedrich. *Direito, legislação e liberdade*: uma nova formulação dos princípios liberais de justiça e economia política. São Paulo: Visão, 1985. 3 v, e Hayek, Friedrich. *Os fundamentos da liberdade.* São Paulo: Visão, 1983. Analisei esse ponto em Macedo Junior, Ronaldo Porto, *O conceito de direito social: racionalidades em conflito — Ewald contra Hayek,* 2013b.

386 Lewis, David, 1969.

387 Quine, W. V. Truth by convention. In: Lee, O. H. (Ed.). *Philosophical essays for A. N. Whitehead.* New York: Longmans, 1936. p. 90-124. Republicado em QUINE, W. V. Truth by convention. In: QUINE, W. V. *The ways of paradox.* Revised edition. Cambridge: Harvard University Press, 1976. p. 77-106.

vem para solucionar problemas de coordenação. Nesse sentido, podemos participar de uma convenção mesmo sem jamais concordarmos com ela. Lewis apresentou uma teoria da convenção de matriz humeana utilizando-se da parafernália teórica da teoria dos jogos. A sua inspiração mais direta foi a obra de Thomas Schelling *The Strategy of Conflict*[388], com base na qual explorou o tema da solução dos problemas de coordenação, ou seja, situações nas quais determinados agentes possuem mais de uma forma para coordenar suas ações de modo a atingir o benefício mútuo.

Para Lewis, agentes racionais escolhem ações que visam maximizar a satisfação de suas preferências. Para atingirem tais objetivos nas interações sociais de que participam, eles precisam coordenar suas ações. Um exemplo clássico desse tipo de problema nós encontramos na fixação de uma mão de direção para os motoristas ou de uma unidade monetária para as trocas econômicas. Há inúmeras situações nas quais não se pode contar, contudo, com uma instância ou um poder central capaz de coordenar as ações por meio de regras impositivas.

O exemplo paradigmático por ele escolhido para exemplificar situações desse tipo, que estimulam a formação de convenções sociais, envolve uma comunicação telefônica. Imagine-se que dois indivíduos (Francisco e João) estejam falando por telefone e a conversa é interrompida por uma falha no sistema de telefonia. Quem deverá refazer a ligação? Presume-se que os dois amigos querem continuar a conversa, mas que não combinaram previamente quem deveria retornar caso a ligação fosse interrompida. Há duas alternativas: Francisco pode retornar ou João pode refazer a ligação. Sabemos também que, se ambos tentarem ligar ao mesmo tempo, não conseguirão restabelecer a ligação, visto que a linha indicará ocupado para ambos. É importante destacar que existe uma *arbitrariedade* na solução a ser adotada. Qualquer das alternativas é possível, ainda que não seja necessário imaginar que sejam *indiferentes*. Francisco, por exemplo, pode preferir que João ligue para não ter de pagar os impulsos; ou João pode preferir que Francisco ligue, pois para este bastará rediscar, ao passo que aquele terá de procurar o telefone de Francisco numa agenda.

388 SCHELLING, Thomas C. *The strategy of conflict*. Cambridge, USA: Harvard University Press, 1963.

Na medida em que o problema se repita e se torne comum a queda de ligações nas conversas telefônicas entre os amigos, uma convenção poderá surgir para solucionar o problema de coordenação. A repetição da iniciativa de retornar a ligação nas últimas vezes em que a linha caiu poderá criar em ambos a expectativa de que a mesma ação será praticada sempre que o problema se renovar. Nesse caso, poderá se formar uma convenção.

O exemplo é instrutivo para observar como Lewis entende a convenção como uma solução para um problema recorrente de coordenação que é *arbitrário* e *autoperpetuante* (*self-perpetuating*), visto que ninguém tem uma razão para desviar-se da solução que de algum modo *equilibra* uma solução. Nesse caso, a solução e o comportamento dos agentes são as razões pelas quais o comportamento se torna normativo. Numa convenção, um agente se comporta de determinada maneira porque os outros agem da mesma forma. Nas palavras de Ullmann-Margalit, na interação entre os agentes racionais "a melhor escolha para cada um depende do que ele espera que os outros façam, sabendo que cada um dos outros está tentando adivinhar o que *ele* possivelmente vai fazer"[389].

Nesse contexto, os agentes identificam uma situação que exige cooperação em razão de três fatores. Em primeiro lugar, é necessária a *interdependência de suas preferências*. Isso significa que cada um pode se beneficiar mais com a cooperação com outros em torno de um esquema comum do que sem ela. Em segundo lugar, é preciso que exista a *preferência mútua condicional*. Assim, certas estratégias ou ações são preferíveis a outras disponíveis apenas se os outros agentes também escolherem de forma adequada as ações correlacionadas. Em terceiro lugar, há o fator *incerteza*. Deve ser incerta a forma como os outros agentes agirão[390].

[389] ULLMAN-MARGALIT, Edna. *The emergence of norms*. Oxford: Clarendon, 1977, p. 78, apud POSTEMA, Gerald. *Legal philosophy in the twentieth century: the common law world*, 2011a, p. 487, grifo do original, tradução minha. No original: "the best choice for each depends on what he expects the others to do, knowing that each of the others is trying to guess what *he* is likely to do".

[390] POSTEMA, Gerald. *Legal philosophy in the twentieth century: the common law world*, 2011a, p. 487.

Numa situação cooperativa, como a situação telefônica proposta, é importante destacar a importância do *equilíbrio*[391]. Este consiste na estabilização de uma série de estratégias de ação. Uma situação está em equilíbrio quando nenhuma das partes tem uma razão para unilateralmente escolher uma estratégia diferente. No exemplo anterior, o equilíbrio é atingido quando Francisco e João não têm uma razão para escolher uma solução distinta daquela que atribui o ônus de retornar a ligação a quem a fez originalmente. O equilíbrio cria expectativas que reforçam a estabilização do próprio equilíbrio. Evidentemente as convenções não são as únicas soluções para problemas de cooperação. Convenções são uma subespécie de soluções de equilíbrio para situações que exigem cooperação.

As convenções resolvem problemas de cooperação porque estabelecem formas pelas quais se pode eliminar o risco da incerteza, fixando uma regra que permite aos agentes atingirem seus objetivos de forma cooperativa. Elas são uma importante subespécie de solução para problemas de cooperação e apresentam uma saída para os desafios que foram lançados para a natureza normativa da *regra de reconhecimento*. Em outras palavras, elas permitiriam explicar como a regra de reconhecimento é capaz de criar obrigações jurídicas em sentido forte (*duties*) para as autoridades. Cabe ainda avaliar como as convenções resolvem problemas de cooperação, isto é, como são capazes de impedir a ocorrência de um impasse que poderia inviabilizar uma solução para o problema.

David Lewis oferece uma resposta para os problemas de cooperação que, apesar de inspirada na teoria dos jogos, apresenta uma contribuição original. Embora seja possível afirmar que a discussão revitalizada por Lewis caminhe passo a passo com os debates dentro da teoria dos jogos,

[391] Conforme aponta Michael Rescorla, "Lewisian convention is a special case of *Nash equilibrium*, the central idea behind modern game theory. An assignment of strategies to players is a Nash equilibrium if no agent can improve his payoff by deviating unilaterally from it. An equilibrium is *strict* if each agent *decreases* his payoff by deviating unilaterally from it. Intuitively, a Nash equilibrium is a 'steady state', since each player behaves optimally, given how other players behave. In this sense, Nash equilibrium 'solves' the strategic problem posed by a game, so it is sometimes called a 'solution concept'. However, Lewisian convention goes well beyond Nash equilibrium. In a Lewisian convention, everyone prefers that *everyone else* conform if at least all but one conform. Equilibria with this property are sometimes called *coordination equilibria*". Rescorla, Michael, 2013, grifo do original.

existem algumas diferenças importantes. Para a versão mais tradicional da teoria dos jogos, as pessoas que se deparam com problemas de coordenação marcados por significativas ambiguidades chegariam a um impasse racional. Isso porque suas preferências e suas expectativas seriam mutuamente condicionais e, assim, cada agente preferiria uma situação de equilíbrio diferente caso o outro a escolhesse. Um bom exemplo seria a clássica situação do *dilema do prisioneiro*[392].

Conforme aponta Thomas Schelling, na vida real as pessoas usualmente são capazes de coordenar suas ações "lendo a mesma mensagem em uma situação comum e identificando o curso da ação no qual suas expectativas sobre cada um podem mconvergir"[393]. Dessa forma, com

[392] Nessa situação clássica, dois suspeitos, A e B, são presos pela polícia. A polícia tem provas insuficientes para os condenar, mas, separando os prisioneiros, oferece a ambos o mesmo acordo: se um dos prisioneiros, confessando, testemunhar contra o outro e esse outro permanecer em silêncio, o que confessou sai livre enquanto o cúmplice silencioso cumpre 10 anos de sentença. Se ambos ficarem em silêncio, a polícia só os pode condenar a 6 meses de cadeia cada um. Se ambos traírem o comparsa, cada um leva 5 anos de cadeia. Cada prisioneiro faz a sua escolha sem saber que decisão o outro vai tomar, e nenhum tem certeza da decisão do outro. As questões que o dilema propõe são: o que vai acontecer?; como o prisioneiro vai reagir?; pode haver dois vencedores no jogo? A segunda solução (ambos ficarem em silêncio) seria a melhor para ambos, quando analisada em conjunto. Entretanto, os jogadores confrontam-se com alguns dilemas: devem confiar no cúmplice e permanecer negando o crime, mesmo correndo o risco de serem colocados numa situação ainda pior, ou devem confessar e esperar ser libertados? O risco é o de que, se ambos optarem por delatar o outro, ambos ficarão numa situação pior do que se permanecessem calados. Nesse caso, as escolhas de cada um ficam condicionadas às estratégias do outro, sobre as quais, contudo, se tem elevado grau de incerteza. O enunciado clássico do dilema do prisioneiro está representado no seguinte quadro de ganhos:

	Prisioneiro "B" nega	**Prisioneiro "B" delata**
Prisioneiro "A" nega	Ambos são condenados a 6 meses	"A" é condenado a 10 anos; "B" sai livre
Prisioneiro "A" delata	"A" sai livre; "B" é condenado a 10 anos	Ambos são condenados a 5 anos

Cfr. Axelrod, Robert. *The evolution of cooperation*. Revised edition. [S.l]: Basic Books, 2006.

[393] Schelling, Thomas C., 1963, p. 54, apud Postema, Gerald. *Legal philosophy in the twentieth century: the common law world*, 2011a, p. 491, tradução minha. No original: "by read[ing] the same message in the common situation [and] identify[ing] the one course of action that their expectations of each other can converge on".

esse tipo de conhecimento, as partes podem identificar os padrões *salientes* (*salient*) de combinação de estratégias que imaginam estarem disponíveis para todos e, com base neles, tomar sua decisão.

Lewis argumenta que as convenções são capazes de resolver os problemas de convenção justamente em razão dessa *saliência*[394]. Assim, padrões de comportamento públicos e observáveis são incorporados na resolução de problemas de coordenação na medida em que indicam as soluções convencionais e servem de base para a consideração das expectativas comportamentais de terceiros com base no conhecimento que se atribui aos agentes envolvidos. O que é importante destacar é que a solução dos problemas de cooperação pela via da convenção depende não tanto da regularidade comportamental, mas sim da *saliência* dos padrões e dos esquemas de ação que a regularidade cria e explicita.

No exemplo da ligação telefônica, nenhuma solução convencional seria produzida se os agentes não conseguissem formar convicções sobre o comportamento do outro em razão, por exemplo, da crença de que João e Francisco sempre jogam dados para decidir situações de dúvida como aquela. As expectativas mútuas são, portanto, uma parte muito importante para o modelo explicativo de Lewis.

David Lewis oferece a seguinte definição formal de convenção:

> "Uma regularidade *R* no comportamento de membros de uma população *P* quando eles são agentes em uma situação recorrente *S* é uma *convenção* se, e apenas se, for verdade que, e for conhecimento comum em *P* que, em qual-

394 De acordo com Rescorla, Michael, 2013, "A convention is salient (it is a focal point) if it 'stands out' from the other choices. A candidate convention might acquire salience through precedent, explicit agreement, or its own intrinsic properties. Schelling conducted a famous experiment to illustrate the concept of salience. He asked subjects to choose a time and place to meet a friend on a given day in New York City, without any possibility of prior communication about where or when to meet. Most respondents chose noon at Grand Central Station. Somehow, then, this choice stands out as the most conspicuous. As Schelling's example illustrates, salience is a 'subjective' psychological trait that does not follow in any obvious way from the rational structure of the strategic situation. Hume already anticipated a role for subjective psychological traits, noting that our choice of convention often depends upon 'the imagination, or the more frivolous properties of our thought and conception'".

quer momento de *S* entre membros de *P*, (1) todos se conformam com *R*; (2) todos esperam que todos se conformem com *R*; [e] (3) todos preferem se conformar com *R* com a condição de que os outros também se conformem, já que *S* é um problema de coordenação e de conformidade uniforme com *R* é um equilíbrio de coordenação em *S*"[395].

O amplo debate sobre o tema por diversos autores inclui diversas redefinições e refinamentos desse conceito central[396]. O próprio Lewis faz algumas revisões do conceito em textos posteriores[397]. O importante a notar, ao menos para os objetivos mais diretos deste trabalho, que não envolvem todos os detalhes e as complexidades envolvidas no debate técnico sobre o convencionalismo filosófico, é o fato de que, para Lewis, as convenções são esquemas de ações correlacionadas que permitem que agentes resolvam problemas de cooperação recorrentes em suas práticas interativas. Os padrões comportamentais repetidos criam expectativas que, de algum modo, produzem uma *pressão racional* (*rational pressure*) para que os membros de um grupo os sigam. Conforme aponta Postema,

[395] Lewis, David, 1969, p. 58, tradução minha. No original: "A regularity *R* in the behavior of members of a population *P* when they are agents in a recurrent situation *S* is a convention if and only if it is true that, and it is common knowledge in *P* that, in any instance of *S* among members of *P*, (1) everyone conforms to *R*; (2) everyone expects everyone else to conform to *R*; [and] (3) everyone prefers to conform to *R* on condition that the others do, since *S* is a coordination problem and uniform conformity to *R* is a coordination equilibrium in *S*".

[396] Postema apresenta a seguinte redefinição: "A convention exists in a community when, with regard to a pattern or scheme of actions *S*, it is common knowledge among members of that community that 1 most members expect most of their fellow members to do their parts in *S*, 2 most prefer or have good reason not to act unilaterally against this expectation, 3 most on the whole prefer general conformity to some such pattern or scheme to most members going their own ways, and 4 this common knowledge puts rational pressure on members of the community do their part in *S*". Postema, Gerald. *Legal philosophy in the twentieth century: the common law world*, 2011a, p. 491-492.

[397] Cfr. Lewis, David. Languages and language. In: Gunderson, Keith (Ed.). *Minnesota studies in the philosophy of science*. Minneapolis: University of Minnesota Press, 1975. v. 7. p. 3-35; Lewis, David. *Languages and language*. Oxford: Oxford University Press, 1983. (Philosophical papers, v. 1). Cfr. Rescorla, Michael, 2013; Hansen, Pelle Guldborg, 2009. Essa nova vertente reformulada de seu pensamento serve de matriz teórica para a reapreciação do tema do convencionalismo jurídico da parte de Zipursky, Benjamin, 2001.

"situado em seu *habitat* natural de interação social e de raciocínio prático, convenções preenchem o espaço entre fatos sociais consistentes em comportamentos e atitudes convergentes, de um lado, e as normas sociais com a genuína força prática, de outro"[398]. Nesse sentido, é possível afirmar que as convenções apresentam uma possível solução para o problema da circularidade anteriormente apontada. Para Postema, "nós podemos até dizer, com apenas um ligeiro exagero, que as convenções são fatos sociais com força normativa"[399].

Nesse ponto cabe perguntar se podemos compreender essa *pressão racional* como efetivas razões capazes de criar uma regra que constitui uma obrigação no sentido que o próprio Hart (inspirado em Wittgenstein) atribuía à regra de reconhecimento. Para Hart, uma *regra social* existe para uma comunidade quando nesta há um comportamento convergente dos seus membros e uma atitude crítica e reflexiva por eles compartilhada com respeito a esse padrão. A regra constitui uma *razão para a ação*, criando uma obrigação, a qual o autor corretamente insistia inexistir quando se observa a mera repetição de um *hábito*.

Para uma parcela significativa dos adeptos da teoria dos jogos, as convenções estabelecem verdadeiras razões que regulam as ações daqueles que as aceitam. Contudo, Postema bem observa, essa conclusão não é acertada[400]. Isso porque a *pressão racional* (e a força normativa) é interna ao quadro de preferências que pode ser atingido de forma cooperativa por meio da convenção. Contudo, a *pressão racional* não constitui uma *razão* para aceitar um padrão de ação de forma independente com respeito às eventuais outras razões que as partes podem ter para buscar a cooperação. Em outras palavras, não é autoevidente que a existência de

[398] POSTEMA, Gerald. *Legal philosophy in the twentieth century: the common law world*, 2011a, p. 492, tradução minha. No original: "set in their natural habitat of social interaction and practical reasoning, conventions bridge the gap between social facts of convergent behavior and attitudes, on the one hand, and social norms with genuine practical force, on the other".

[399] POSTEMA, Gerald. *Legal philosophy in the twentieth century: the common law world*, 2011a, p. 492, tradução minha. No original: "we might even say, with only slight exaggeration, that conventions are social facts with normative force".

[400] Cfr. POSTEMA, Gerald. *Legal philosophy in the twentieth century: the common law world*, 2011a, p. 492.

pressão racional para cooperar possa ser admitida como um comportamento necessário e racional de todo ser humano. As razões que os agentes têm para cooperar (e, portanto, procurar estabelecer convenções) dependem de outras razões, mais profundas — por exemplo, a justiça ou a fidelidade —, para que os agentes continuem a cooperar e a convenção seja mantida. Caso inexistam tais outras razões básicas, os agentes podem abandonar uma convenção. Por tal motivo, as convenções podem não apenas não gerar nenhuma *razão para ação* (mesmo quando produzem *pressão racional*), como também ser descontinuadas em face da existência de razões mais fortes em sentido contrário.

Um exemplo banal dessa situação poderia ser encontrado no abandono, por parte dos prisioneiros de um campo de concentração, da convenção de fazer fila diante da constatação de que a fila os conduzirá ao extermínio. Por motivo semelhante, poderíamos dizer que a convenção segundo a qual duas pessoas não devem falar ao mesmo tempo comumente tem como pressuposto (ou razão de base) a ideia de que é possível chegar a um melhor argumento por meio da confrontação de ideias. Geralmente não respeitamos essa convenção quando constatamos que a pessoa que fala está apenas "roubando nosso tempo" por alguma motivação escusa ou imoral. Muitas vezes, portanto, o *sentido de uma convenção*, isto é, aquilo que a torna aceitável, é algum valor moral sem cuja consideração não é possível descrever a sua natureza normativa (obrigatória). Esse ponto é importante, como se verá novamente adiante, para compreender os limites da explicação oferecida por Jules Coleman e Scott Shapiro quanto às razões não morais para a existência de uma regra de reconhecimento.

III. Desacordos e convenções

Há também outros dois aspectos importantes a serem considerados a respeito da explicação lewisiana da convenção. Em primeiro lugar, cabe destacar que as convenções não surgem necessariamente em contextos de rotinas estáticas nas quais se observa uma repetição absolutamente idêntica de comportamentos. Na verdade, é possível constituir convenções em *contextos dinâmicos* nos quais os agentes são capazes de identificar dentro das rotinas os seus aspectos *salientes* e *relevantes*. Desse modo, diante de um contexto de práticas rotineiras no interior das quais se observam padrões, os próprios precedentes de uma convenção somente podem ser assim identificados dentro de um *quadro de referência*. Assim, "é a *saliência* no contexto do problema da cooperação que determina o conteúdo da convenção sobre qualquer ocasião particular para a sua aplicação. As observações da conduta contribuem para, mas não necessariamente estabelecem, o reconhecimento da saliência pelas partes"[401]. Dessa forma, as convenções surgem no interior de um processo dinâmico, intersubjetivo e racional que oferece recursos que permitem aos participantes lidar com situações novas por meio de extensões dos padrões familiares[402].

Em segundo lugar, deve-se atentar para o fato de que não existe uma distinção clara e forte entre *aceitar uma regra convencional* e *interpretá-la*, ao menos em contextos nos quais pode haver um desacordo argumentativo sobre o seu correto significado — por exemplo, nas práticas jurídicas. Esse ponto é central na crítica de Dworkin aos convencionalistas[403]. Isso porque, embora a convenção seja expressa e manifesta em muitos casos, há outros nos quais algum tipo de juízo sobre a saliência, sobre o que é relevante na rotina, por ser menos direto e óbvio, exige interpretação.

[401] POSTEMA, Gerald. *Legal philosophy in the twentieth century: the common law world*, 2011a, p. 493, tradução minha. No original: "For it is salience in the context of the cooperation problem that determines the content of the convention on any particular occasion of its application; the observations of conduct contribute to, but do not necessarily settle, the parties' recognition of salience".

[402] "Thus, conventions [...] are located in a dynamic, intersubjective, rational process providing resources that enable participants to meet novel situations with extensions of the familiar patterns." POSTEMA, Gerald. *Legal philosophy in the twentieth century: the common law world*, 2011a, p. 493.

[403] Esse ponto merece a objeção e a crítica de PATTERSON, Dennis. *Law and truth*. New York: Oxford University Press, 1996, p. 71-98. O autor chama a atenção para o fato de que nem sempre é necessário que uma regra seja interpretada para que possa ser seguida. Patterson censura Dworkin por ter cometido tal equívoco. Penso que, a despeito de a distinção de Wittgenstein estar correta, o que Dworkin realmente afirma é que, em contextos nos quais há práticas argumentativas complexas e interpretativas e nos quais as regras têm o seu próprio significado, de algum modo, contestado, a intepretação da regra é um dos elementos que constituem a própria regra ou normatividade, como é o caso do direito. Esse não seria o caso dos jogos simples, ou da contagem de sequências numéricas, como são os exemplos do próprio Wittgenstein, mas seria o caso de práticas argumentativas como os desacordos sobre poderem ou não os bebês ingressarem na igreja com gorros.

Ademais, tanto os casos óbvios e manifestos (*easy cases*) quanto os casos difíceis (*hard cases*) aparentemente envolvem o mesmo tipo de raciocínio jurídico[404].

Por fim, cabe destacar que os desacordos sobre as convenções envolvem com frequência diferentes entendimentos sobre a *intenção* (propósito ou *point*, para usar a terminologia de Dworkin) e a força da própria regra convencional. É interessante lembrar o exemplo proposto por Dworkin em "Modelo de regras II" sobre a controvérsia estabelecida entre os frequentadores de uma igreja com respeito ao sentido e à aplicabilidade, aos bebês com gorros, da regra convencional segundo a qual pessoas do sexo masculino não devem ingressar numa igreja cobrindo a sua cabeça. Naquele exemplo, a controvérsia entre os grupos de igrejeiros se reportava ao sentido e à intenção da regra[405].

Os trabalhos pioneiros de Gerald Postema e Jules Coleman publicados no início dos anos 1980 produziram um refinamento da ideia de regra de reconhecimento com base no conceito de convenção apresentado por Lewis[406]. Os trabalhos de ambos os autores tiveram grande repercussão no meio acadêmico e são marcados pela ambição de mostrar que a normatividade do direito somente poderia ser compatibilizada com a tese das fontes sociais se fosse possível explicar como o comportamento con-

404 Esse ponto não é unânime entre os críticos. Para autores como Patterson (Patterson, Dennis, 1996, p. 71-98), na interpretação que faz de Wittgenstein (Wittgenstein, Ludwig, 2009, § 201, "there is a way of grasping a rule which is not an interpretation"), não é correto afirmar que sempre que seguimos uma regra devemos interpretá-la. Contudo, também não é trivial imaginar que a identificação da saliência de um padrão e o reconhecimento de uma regra convencional seja possível sem interpretação. Evidentemente tudo depende também do que se entende por interpretação. Cfr. também Patterson, Dennis (Ed.). *Wittgenstein and legal theory*. Boulder: Westview Press, 1992.

405 Na mesma direção da crítica de Dworkin, Postema afirma que "precisely because these different understandings arise within and with respect to a practice regarded by all as the practice of a common rule, the interpretations are correctly regarded as discrepant and thus in need of being made consilient, not on the part of this or that party individually but on the part of all governed by it". Postema, Gerald. *Legal philosophy in the twentieth century: the common law world*, 2011a, p. 493.

406 Especialmente Postema, Gerald, *Coordination and convention at the foundations of law*, 1982, e Coleman, Jules, *Negative and positive positivism*, 1982, republicado em Coleman, Jules, *Negative and positive positivism*, 1982, p. 28-48.

vergente se tornava normativo. Isso implicava mostrar como a regra de reconhecimento seria uma regra convencional que proporcionava coordenação social.

Para ambos, os comportamentos convergentes e as atitudes das autoridades (*officials*) que constituem a regra de reconhecimento estão sediados na ideia de expectativas recíprocas que dão origem à regra convencional. A prática de aplicação das regras pelas autoridades fixa a regra de reconhecimento, que institui o critério de validade das normas do sistema. A unidade do sistema jurídico é garantida pela regra de reconhecimento, que institui um acordo básico entre essas autoridades. Dessa forma, seria possível explicar como, apesar de seus desacordos (inclusive desacordos sobre princípios), os agentes reconheceriam a necessidade profunda de coordenar as suas decisões ao aplicarem o direito com base num conjunto de critérios comuns[407]. Dessa forma, se as ações das autoridades convergem em torno de certos padrões e isso gera expectativas recíprocas, então seria possível explicar o surgimento da pressão normativa (*normative pressure*) para que sigam esses padrões[408]. Essa explicação parecia oferecer uma primeira resposta ao *desafio dworkiniano* de explicar os desacordos teóricos no direito, uma vez que, apesar da possibilidade da existência de um desacordo sobre um critério ideal de validade, as autoridades judiciais estariam comprometidas com relação à necessidade mútua de coordenação. Nesse sentido, o critério acolhido e utilizado seria por elas acolhido como normativo.

Contudo, como responder à objeção de que a convenção pressupõe *outras razões*, mais básicas, que apontem para a necessidade da cooperação? Segundo Postema, "claro, é possível que as partes de uma convenção achem que considerações concorrentes destroem qualquer razão para concordar [*comply*] em alguns casos"[409]. Num certo sentido, sempre que

[407] Postema, Gerald. *Legal philosophy in the twentieth century: the common law world*, 2011a, p. 484.

[408] Postema, Gerald. *Legal philosophy in the twentieth century: the common law world*, 2011a, p. 484.

[409] Postema, Gerald. *Legal philosophy in the twentieth century: the common law world*, 2011a, p. 495, tradução minha. No original: "Of course, it is possible that parties to the convention might find that competing considerations defeat any reason to comply in some cases".

o sistema jurídico fosse profundamente injusto, inexistiria razão para manter uma convenção. Da mesma forma, num exemplo mais simples, como o da convenção para formar uma fila, algo semelhante ocorreria. Afinal, que razões teria alguém para manter-se numa fila que o levasse a sua execução? Por esse motivo, seria possível afirmar que "cada um tem razões para concordar [*comply*] e nenhuma razão para desertar unilateralmente, em relação às considerações que caem dentro dos parâmetros do quadro de cooperação"[410]. Não obstante, para Coleman e Postema o argumento convencionalista se apresenta como uma parte importante das razões que uma autoridade tem para aceitar a regra. Entretanto, ele seria "apenas *parte* dessa razão, porque a relevância prática da convergência depende do contexto de considerações práticas que exigem cooperação e de a convenção fornecer o melhor meio disponível para alcançá-la"[411].

Dessa forma, seguir uma prática acolhida pelas outras autoridades exigiria uma força racional adicional. Caso o padrão seguido pelas autoridades fosse outro, então essa força adicional tomaria outro sentido. Em razão disso, o próprio Postema constata que, se por um lado o convencionalismo lewisiano oferece uma alternativa para a compreensão dos fundamentos do direito e da regra de reconhecimento como uma convenção, por outro, o teórico do direito não poderia ser exclusivamente convencionalista (*crudely conventionalist*). Em outras palavras, ele não poderia ser convencionalista apenas porque o pensamento dos participantes o faz ser convencionalista. Desse modo, para Postema

> essa prática, e as crenças a seu respeito (especialmente aquelas ligadas a expectativas recíprocas a respeito da conformidade e da confiança [*compliance and dependability*]), são *partes* de um argumento que apela para princípios de escolha racional em contextos de interação social que requerem cooperação,

[410] Postema, Gerald. *Legal philosophy in the twentieth century: the common law world*, 2011a, p. 495, tradução minha. No original: "each has a reason to comply and no reason unilaterally to defect, relative to the considerations falling within the parameters of the cooperation framework".

[411] Postema, Gerald. *Legal philosophy in the twentieth century: the common law world*, 2011a, p. 495, tradução minha. No original: "only part of such a reason, because the practical relevance of the convergence depends on the context of practical considerations that call for cooperation and the convention's providing the best available way to achieve it".

os quais, quando tomados conjuntamente, podem gerar para os indivíduos participantes razões para agir de acordo com a convenção (ou pelo menos sujeitá-las a exigências normativas).[412]

É importante destacar que, para esse tipo de explicação convencionalista, a mera convergência de comportamentos não é *condição suficiente* para constituir uma convenção. Isso porque as regularidades somente são capazes de criar convenções na medida em que forjem expectativas recíprocas dentro de um esquema de ação que pode solucionar um problema de cooperação. Desse modo, "a característica essencial, a força motriz, nessa abordagem das convenções, é o processo da *razão prática*, por meio do qual as partes negociam a solução para o seu problema"[413]. Em razão disso e do caráter dinâmico das convenções, elas somente são inteligíveis no interior de uma *matriz dinâmica* (*dynamic matrix*) compartilhada pelos agentes. Essa matriz deve estar disponível a todos, e todos de algum modo contribuem para ela. Ela confere força às convenções e permite que os participantes resolvam novas situações que eventualmente surjam no curso dessa prática. Assim, segundo essa interpretação do conceito de convenção, o contexto que confere o significado prático aos comportamentos convergentes fornece também os recursos para que

[412] Postema, Gerald. *Legal philosophy in the twentieth century: the common law world*, 2011a, p. 495, tradução minha. No original: "That practice, and the beliefs about it (especially those linked to reciprocal expectations about compliance and dependability), are parts of an argument that appeals also to principles of rational choice in contexts of social interaction calling for cooperation, which when all are taken together may yield for individual participants reasons for acting in accord with the convention (or at least subject them to normative requirements)".

[413] Postema, Gerald. *Legal philosophy in the twentieth century: the common law world*, 2011a, p. 495, grifo meu, tradução minha. No original: "the essential feature, the driving force, in this account of conventions is the process of practical reason by which the parties negotiate a solution to their problem". Ainda segundo Postema, "[convention theory] encourages us to view social rules not as static entities, but as dynamic, intersubjective, rational processes located in on-going practices of social interaction which provide resources for solving cooperation problems they in part generate". Postema, Gerald. Incorporation, conventionality and the practical difference theory. *Legal Theory*, Oxford, v. 4, p. 381-425, 1998, p. 472.

os agentes possam lidar com situações nas quais inexiste convergência comportamental.

Aparentemente essa forma de conceber as práticas de aceitação pelas autoridades da regra de reconhecimento seria capaz de responder a dois pontos centrais do *desafio dworkiniano*, a saber, como a regra de reconhecimento se torna normativa e como é possível haver controvérsias sobre os fundamentos do direito. Isso porque, embora os comportamentos convergentes não sejam capazes, *per se*, de oferecer razões para obedecer, eles são capazes de gerar *força racional* para encontrar uma solução de coordenação. Assim, por um lado, a regra de reconhecimento, quando vista do ponto de vista externo, pode ser descrita como um fato social (como afirmou Hart) e, por outro lado, quando vista da perspectiva interna das autoridades, ela tem um significado normativo (muito embora não seja uma razão forte para a ação, conforme acentuado anteriormente).

Segundo tal entendimento, defendido por Postema em seu texto *Coordination and Convention at the Foundations of Law* (1982)[414], a resposta dada por Hart a Dworkin no *Postcript* estaria correta. Afinal, a regra de reconhecimento *existiria* como uma questão de fato relacionada aos comportamentos convergentes, e a sua força normativa (ainda que não uma razão) residiria em seu caráter convencional, expresso pelo que Hart denominara *aceitação*. Ainda que as razões para a aceitação não pudessem ser explicadas por esse modelo, seria possível, por meio dele, mostrar como nasce a normatividade da regra de reconhecimento e, portanto, o motivo pelo qual os juízes a reconhecem no momento em que aplicam o direito.

Essa versão do modelo convencionalista para a regra de reconhecimento dispensava o recurso a razões ou fundamentos morais para a ação ou para a explicação da força normativa da regra de reconhecimento. Conforme sintetiza Postema em 1982, "ele fornece uma maneira comum de agir em um grande número de ocasiões, nas quais muitas vezes é mais importante que haja uma maneira comum de agir do que saber se essa é *a* maneira certa, justa ou, simplesmente, a melhor maneira"[415]. Dessa

[414] Postema, Gerald, *Coordination and convention at the foundations of law*, 1982, p. 198.

[415] Postema, Gerald, *Coordination and convention at the foundations of law*, 1982, p. 199, grifo do original, tradução minha. No original: "It provides a common way of acting on a large

forma, também fica dispensada a afirmação de que as razões pressupostas para a ação têm caráter moral. Elas podem ter um caráter moral (o positivismo inclusivista admite e explora essa possibilidade) ou podem estar assentadas em valores convencionais contingentes historicamente constituídos. O certo é que essa explicação afastaria a existência de uma *conexão conceitual básica* entre razões morais e obrigação jurídica, conforme alegavam Dworkin, Finnis e outros críticos do positivismo jurídico. Em outras palavras, consoante sempre insistiram os positivistas em sua defesa da *tese da separabilidade*, a moral não é parte necessária do conceito de direito.

Essa solução não colocaria um ponto final na solução convencionalista. Como reconheceu um dos mais influentes elaboradores da resposta convencionalista, Gerald Postema, "se a alegada pressão racional tem dimensões morais não pode ser definido nessa abordagem apelando apenas ao quadro de convenção"[416]. Para que uma resposta seja dada a esse ponto é necessário avaliar mais profundamente se a finalidade, o propósito ou o *point* do direito, fixados pela regra de reconhecimento, atendem às exigências da moralidade política, como a justiça e a igualdade. Ademais, é necessário avaliar se tais objetivos ou finalidades são atendidos mediante um custo moral razoável (*whether these ends are effectively served at a reasonable moral cost*)[417].

Várias dúvidas e desafios foram lançados à solução oferecida pelo convencionalismo lewisiano com respeito à dimensão normativa do direito. Isso ocorre porque os únicos agentes que estariam vinculados normativamente pela regra de reconhecimento seriam as autoridades jurídicas e, portanto, apenas elas teriam razões fundadas em convenções para aplicar as regras reconhecidas como válidas. A explicação lewisiana defendida por Coleman e Postema em seus primeiros textos não ofereceria uma resposta satisfatória sobre como são criadas *razões jurídicas* capazes de impor

number of occasions, where often it is more important that there be a common way of acting than that it be *the* right, just, or otherwise best way".

[416] Postema, Gerald. *Legal philosophy in the twentieth century: the common law world*, 2011a, p. 497, tradução minha. No original: "Whether the alleged rational pressure has moral dimensions cannot be settled on this account by appeal to the convention-frame alone".

[417] Postema, Gerald. *Legal philosophy in the twentieth century: the common law world*, 2011a, p. 497.

deveres em sentido forte (*duties*). Cabe lembrar que esse conceito de obrigação (*to have an obligation*), em oposição *a ter sido obrigado a fazer algo* (*being obliged to*), fora uma das contribuições teóricas mais importantes de Hart em *O conceito de direito*. Como responder a essa questão?

Algumas alternativas teóricas foram propostas para responder a esse desafio. Uma delas foi apresentada por Jules Coleman em seu ensaio *Authority and Reason*[418], no qual ele afirma que o problema central residiria em explicar não a *normatividade dos fundamentos convencionais do direito*, mas antes a *normatividade das leis* que pudessem ser identificadas por esse meio. Segundo Coleman, a regra de reconhecimento de Hart ofereceria apenas "um guia para as autoridades, não [para] 'cidadãos comuns' e, assim, ele não pode transferir a sua 'autoridade' para regras jurídicas ordinárias que governam os cidadãos"[419]. Desse modo, a solução para o problema não é reformular a explicação da normatividade convencional da regra de reconhecimento. O que é preciso é suplementar essa explicação com uma abordagem independente sobre as razões para entender a autoridade das regras jurídicas[420]. Em outras palavras, é necessário agregar uma teoria da autoridade à explicação convencionalista da regra de reconhecimento.

O artigo de Coleman propõe uma abordagem híbrida da normatividade do direito. Por um lado, os fundamentos do direito podem ser explicados nos termos convencionalistas até aqui enunciados. Por outro lado, as regras jurídicas validadas por essas convenções teriam o fundamento para a obediência dos cidadãos à sua autoridade explicada em termos *razianos*, de acordo com a sua *concepção da autoridade como serviço* (*service conception of authority*)[421]. Em linhas gerais, essa explicação afirma que a

[418] Coleman, Jules. Authority and reason. In: George, Robert P. (Ed.). *The autonomy of law*. Oxford: Clarendon, 1996. p. 287-319.

[419] Coleman, Jules, *Authority and reason*, 1996, p. 298, tradução minha. No original: "a guide for officials, not [for] 'ordinary citizens' and so it cannot transfer its 'authority' to ordinary legal rules governing citizens".

[420] Coleman, Jules, *Authority and reason*, 1996, p. 302-305.

[421] Sobre esse conceito, ver: Raz, Joseph, 1995b; Raz, Joseph, 1990, p. 18. Em Raz, Joseph, 1986, este autor apresenta a formulação mais completa de sua concepção de autoridade como serviço, que ele denomina "*the service conception*" em *The morality of freedom*. Segundo ele, "The service conception of authority has three criteria that must be met for an author-

força normativa das regras jurídicas não deriva de sua validade, mas sim do fato de ela permitir que os indivíduos ajam segundo razões não jurídicas. Estas podem ser razões para cooperar entre si de modo a atingir objetivos comuns, etc. O importante a destacar é que as razões dos indivíduos não precisam ser orientadas para a coordenação.

Um dos problemas dessa alternativa explicativa reside no fato de que Coleman não consegue integrar os dois aspectos de sua abordagem. A bem dizer, ele intencionalmente quer manter esses aspectos separados. Isso permitiria entender como o argumento para explicar a *autoridade do direito* poderia depender de considerações morais, ao passo que a *normatividade da regra de reconhecimento* poderia se manter afastada de considerações morais. Postema critica essa solução chamando a atenção para o fato de que a convenção pensada dentro do modelo lewisiano visava explicar apenas a possibilidade do direito, ao passo que a teoria da autoridade de Raz visava explicar como o direito pode ser autoritativo (*authoritative*), isto é, ter autoridade[422].

ity to count as an authority: 1. The Dependence Thesis: 'all authoritative directives should be based on reasons which already independently apply to the subjects of the directives and are relevant to their action in the circumstances covered by the directive.' (RAZ, Joseph. *The morality of freedom*. Op. cit, 1986, p. 47); 2. The Preemption Thesis: 'the fact that an authority requires performance of action is a reason for its performance which is not to be added to all other relevant reasons when assessing what to do, but should exclude and take the place of some of them.' (RAZ, Joseph. *The morality of freedom*. Op. cit, 1986, p. 46); 3. The Normal Justification Thesis: 'the normal way to establish that a person has authority over another person involves showing that the alleged subject is likely better to comply with reasons which apply to him other than the alleged authoritative directives if he accepts the directives of the alleged authority as authoritatively binding and tries to follow them, rather than by trying to follow the reasons which apply to him directly.' (RAZ, Joseph. *The morality of freedom*. Op. cit, 1986, p. 53)". A combinação dessas três teses, segundo ele, mostra como as autoridades fornecem razões para agir dos seus subordinados. Estas não são razões substantivas, dependentes de sua legitimidade moral, mas sim razões exclusionárias, que limitam e dispensam essas razões substantivas.

422 Postema seguira uma estratégia teórica distinta, buscando integrar esses dois aspectos em torno da normatividade da regra de reconhecimento. Foge do escopo desta trabalho examinar os seus resultados, que buscaram inspiração nos trabalhos de Lon Fuller para afirmar que a estrutura e a dinâmica entre as autoridades são influenciadas pela interações entre as autoridades e os cidadãos em geral. Cfr. COLEMAN, Jules, *Authority and reason*, 1996, p. 186-193.

Uma resposta mais abrangente e completa seria oferecida por Coleman em 2001, com a publicação de *The Practice of Principle*, com base nas *Claredom Lectures in Law* apresentada na Universidade de Oxford em 1998. É o que examinarei a seguir, para então analisar as razões de seu fracasso.

Capítulo IV
O CONVENCIONALISMO REVISITADO (JULES COLEMAN E ANDREI MARMOR)

Conforme destacado no final do capítulo anterior, importantes dúvidas e desafios foram lançados à solução oferecida pelo convencionalismo lewisiano com relação à dimensão normativa do direito. Alguns deles levaram seus principais defensores a reformular as suas próprias posições. Dois casos mais paradigmáticos me parecem ser os de Jules Coleman e Andrei Marmor. Neste capítulo reconstituirei o pensamento de Coleman e Marmor para posteriormente avaliar se eles foram capazes de oferecer uma resposta satisfatória às objeções de Dworkin, em particular àquelas propostas em seu argumento acerca da possibilidade dos desacordos teóricos e da normatividade fundada em razões não morais para a regra de reconhecimento. A meu ver, Coleman e Marmor apresentam dois tipos principais de objeções, que foram lançadas às teorias convencionalistas inspiradas em David Lewis.

Andrei Marmor e outros[423] apresentam primeiro uma crítica ao conceito geral de convencionalismo desenvolvido por Lewis, propondo uma teoria reformulada do conceito de convenção inspirados nos trabalhos de John Searle e Neil Maccormick[424] defendendo a ideia de que a regra de

[423] GILBERT, Margaret. *On social facts*. Princeton: Princeton University Press, 1989a; GILBERT, Margaret. Rationality and salience. *Philosophical Studies*, New York, v. 55, p. 223-239, 1989b. GILBERT, Margaret. Rationality, coordination, and convention. *Synthese*, New York, v. 84, p. 1-21, 1990. Todos citados por MARMOR, Andrei. On convention. *Synthese*, New York, v. 107, p. 349-71, 1996. Marmor desenvolveu suas ideias em diversos artigos cujos pontos centrais foram recentemente condensados em MARMOR, Andrei, *Social conventions*, 2009.
[424] O seu argumento é desenvolvido também por John Searle em SEARLE, John. *Speech Acts*: an essay in the philosophy of language. Cambridge: Cambridge University Press, 1970. A obra reúne influentes artigos em que desenvolve o conceito de "fato institucional":

reconhecimento seria uma *convenção constitutiva*, e não uma *convenção cooperativa*. Essa nova visão estava em desacordo com as ideias que Coleman defendera em seus primeiros ensaios sobre o convencionalismo[425]. Em segundo lugar, autores como o próprio Jules Coleman, Scott Shapiro e outros[426] revisaram a sua explicação do convencionalismo jurídico como uma explanação adequada dos fundamentos sociais do direito, inspirada pela teoria das práticas sociais compartilhadas (*shared cooperative practices* — SCP) de Michael Bratman[427].

O desenvolvimento do convencionalismo jurídico como um fundamento social para o direito seguiu, basicamente, dois caminhos. Algumas críticas se dirigiram à aplicabilidade do modelo convencionalista tradicional (como visto, inspirado em David Hume e, mais recentemente, em David Lewis) para compreender a prática das autoridades jurídicas. Outras questionaram os seus limites para oferecer uma explicação satisfatória sobre o tipo de normatividade que se exige das convenções fundacionais, como a regra de reconhecimento. Esses dois caminhos foram perseguidos por Jules Coleman, que foi um dos protagonistas desse movimento. Por esse motivo, iniciarei minha análise das reformulações do convencionalismo jurídico reexaminando o pensamento desse autor.

Searle, John, 1964; Searle, John, 2005. Neil Maccormick e Otta Weinberger utilizam-se do conceito e o empregam (com algumas modificações) no campo teórico jurídico. Ver, em Maccormick, Neil; Weinberger, Otta, 1986, "Introduction" (p. 1-30) e "Law as institutional fact" (p. 49-76). Ver também Bankowski, Zenon. Speech Acts, legal institutions and real laws. In: Maccormick, Neil; Bircks, Peter (Eds.). *The legal mind*: essays for Tony Honoré. Oxford: Oxford University Press, 1986. p. 121-135. Desse autor, ver ainda Maccormick, Neil, 1996-1997; Maccormick, Neil, 1998; Maccormick, Neil, 2007.

425 Em particular, Coleman, Jules, *Negative and positive positivism*, 1982, republicado em Coleman, Jules, *Negative and positive positivism*, 1983, p. 28-48, mas também Coleman, Jules, *Authority and reason*, 1996.

426 Especialmente Postema, Gerald, *Incorporation, conventionality and the practical difference theory*, 1998, republicado em Coleman, Jules (Ed.). *Hart's Postscript: essays on the postscript to "The concept of law"*, 2001a; Coleman, Jules. *The practice of principle: in defense of a pragmatist approach to legal theory*, 2001c.

427 Bratman, Michael E. Shared cooperative activity. *Philosophical Review*, Ithaca, NY, v. 101, n. 2, p. 327-341, 1992.

I. O primeiro e o segundo convencionalismo de Coleman

Conforme enfatizei, uma parcela dos críticos do convencionalismo objetou que as características da normatividade gerada pelas convenções não seriam adequadas para explicar os fundamentos do direito na medida em que não produziam razões para a ação capazes de explicar o dever em sentido forte (*duty*) dos juízes de seguir a regra de reconhecimento. Em outras palavras, os juízes poderiam ter outras razões para seguir uma convenção — por exemplo, razões morais. Nesse caso, o que se argumentou foi que, ainda que certas soluções para problemas de cooperação pudessem explicar o surgimento de convenções cooperativas, elas não produziriam uma *regra*, mas tão somente uma *combinação de estratégias e escolhas pessoais para cada uma das partes.* Estas não seriam *regras sociais*, que criam obrigações, mas sim estratégias privadas e pessoais. Essa força normativa não funcionaria como uma verdadeira regra, porquanto nela não haveria razões para agir. Desse modo, "para funcionarem como normas, elas [as regras sociais] precisam não apenas traçar uma sequência de ações a serem praticadas, mas funcionar para cada uma delas como padrões para avaliar e justificar condutas (as próprias e as de outras pessoas)"[428].

Vale lembrar que esse era exatamente o sentido que o próprio Hart wittgensteinianamente emprestava à ideia de *regra* ao reconhecer que ela deveria atuar como padrão de avaliação (*evaluative standard*) que funciona como critério determinante no raciocínio prático das autoridades. Afinal, as regras jurídicas não são *convites* para a ação, mas sim impõem deveres (*duties*) àqueles aos quais se dirige. Em outras palavras, a explicação convencionalista defendida por Coleman em seus primeiros textos, ainda fortemente marcada pelos pressupostos do *individualismo metodológico* incorporado na teoria dos jogos que servira de referência para a própria teoria de David Lewis, descreveria apenas disposições privadas para agir de modo a imitar um comportamento de seguir uma convenção. Imitar um comportamento, entretanto, não equivale a tomar a regra como razão para a ação. Ainda que eventualmente se possa oferecer uma resposta

[428] Postema, Gerald. *Legal philosophy in the twentieth century: the common law world*, 2011a, p. 501, tradução minha. No original: "to function as norms, they must not only plot out a sequence of actions to be done, but they must function for each as standards for evaluating and justifying conduct (their own and that of others)".

satisfatória a essa objeção[429], o importante é considerar se esse tipo de razão seria aquele exigido para explicar as obrigações jurídicas, em especial aquelas diante da regra de reconhecimento.

Para Leslie Green, por exemplo, as convenções com frequência se referem a questões sobre as quais existe algum tipo de indiferença moral. Nesse sentido, seriam sintomáticos os exemplos elencados pelos principais convencionalistas, como questões de moda, convenções sobre o uso telefone, mão de direção para os carros, etc. Para ele, as condições de existência de uma convenção não são suficientes para constituírem obrigações e deveres (*duties*)[430]. Ademais, as normatividades convencionais seriam referidas apenas ao interesse mútuo, ao passo que as razões para as convenções jurídicas não estariam necessariamente vinculadas ao pressuposto de satisfazer o auto interesse pessoal.

Esse ponto é importante para compreender o motivo pelo qual essa forma de conceber as convenções não oferece uma resposta satisfatória para explicarmos a autoridade do direito que se queira manter fiel à tese positivista da separabilidade. Aqui a minha visão diverge daquela defendida por Gerald Postema, para quem as objeções de Leslie Green poderiam ser respondidas na medida em que, para Postema, algumas convenções poderiam ser triviais ou estar fundadas em meras preferências pessoais. Além disso, na abordagem lewisiana *as razões para a ação que são fornecidas pelas convenções* dependem das outras razões que as partes têm para procurar uma solução cooperativa. Algumas convenções podem servir para a satisfação de interesses pessoais e outras podem estar fundadas em razões morais. Segundo Postema, uma parte dos argumentos sobre as razões para obedecer ao direito e aceitar a regra de reconhecimento estão relacionadas a algum fundamento de moral política, como justiça

[429] Postema chama a atenção para o fato de que essa objeção, *per se*, talvez pudesse ser superada. Contudo, conforme se verá, isso não elidiria a objeção mais importante acerca do caráter da normatividade oferecida pelo convencionalismo. Postema, Gerald, *Incorporation, conventionality and the practical difference theory*, 1998, 471. Postema, Gerald. *Legal philosophy in the twentieth century: the common law world*, 2011a, p. 501.
[430] Green, Leslie, 1999, p. 43-44.

ou equidade. Para ele, esse argumento pode não estar correto, mas isso não teria sido demonstrado de forma cabal[431].

Acredito, contudo, que o principal problema dessa abordagem é que ela não oferece uma resposta às objeções de Dworkin, mas antes uma rendição, visto que esse tipo de concessão acaba desnaturando o próprio positivismo. A solução proposta por Postema em seus primeiros textos[432], nesse ponto relativo à incorporação de valores de fundo para as convenções, muito se assemelha àquela apresentada por Marmor[433] e recebe uma crítica convincente de Dworkin[434], conforme veremos com mais detalhe adiante. Afinal, reconhecer, como faz Marmor, que a razão para aceitarmos a regra de reconhecimento como obrigatória reside no fato de que ela está apoiada numa hipótese política, numa ideia de justiça, significa admitir que Dworkin estava certo na sua afirmação de que o direito é um conceito interpretativo e implica abandonar o campo de explicação que se pode coerentemente denominar de *positivista*. Contrariamente a Postema, portanto, acredito que a objeção de Green dificilmente poderia ser respondida de modo satisfatório.

Leslie Green observou também que as convenções, tal como descritas no modelo lewisiano, não seriam capazes de explicar a natureza obrigatória dos deveres jurídicos, na medida em que a exigência de conformidade com ela (*compliance*) está condicionada às preferências das partes e ao comportamento convergente dos demais agentes. Para ele, como para Joseph Raz, o direito requer *autoridade* e deve ser capaz de impor obrigações incondicionalmente[435]. Dessa forma, as normas jurídicas devem oferecer *razões exclusionárias* que afastem do agente outras formas de razão prática fundadas em argumentos morais substantivos.

Green questiona, portanto, se a regra de reconhecimento é capaz de oferecer *razões autoritativas*. Vimos que algumas respostas a suas objeções

431 Postema, Gerald. *Legal philosophy in the twentieth century: the common law world*, 2011a, p. 501.

432 Postema, Gerald, *Coordination and convention at the foundations of law*, 1982.

433 Ver também Marmor, Andrei. *Objective law and positive values*. Oxford: Oxford University Press, 2001b, p. 28-29.

434 Dworkin, Ronald, *The concepts of law*, 2006h, p. 223-240.

435 Green, Leslie. *The authority of the State*. New York; Oxford: Clarendon Press; Oxford University Press, 1988, p. 118-121; Green, Leslie, 1999, p. 43-46; Green, Leslie, 1983.

(como aquela oferecida por Coleman em *Authority and Reason*) procuraram afirmar que a regra de reconhecimento deve ser compreendida apenas como um critério de identificação da validade das regras, mas não como uma regra capaz de impor a obrigação de ser seguida. Tal solução, contudo, não oferece uma resposta satisfatória dos comportamentos dos agentes jurídicos, em particular dos juízes, que aceitam a validade das regras como uma razão para obedecer, e ainda desnatura o próprio conceito de regra como "capacidade de impor deveres" (*duties*). Esse conceito de regra e sua conexão com o conceito de dever, como já argumentei, foi amplamente enfatizado e convincentemente argumentado pelo próprio Hart. Veremos também adiante como, para Andrei Marmor, as convenções lewisianas seriam obrigatórias e capazes de oferecer razões exclusionárias apenas se as autoridades estivessem comprometidas em resolver algum problema de coordenação[436]. É questionável, veremos, se essa exigência pode ser atribuída de forma generalizada às regras jurídicas. Várias dessas objeções levaram os teóricos do convencionalismo jurídico a reformular suas bases. É o que veremos a seguir.

I.1. Jules Coleman e o convencionalismo como empreendimento conjunto

Para Jules Coleman, a intuição convencionalista de Hart, contida em *O conceito de direito* e tornada explícita no *Postscript*, estava basicamente correta. Por tal motivo, a própria possibilidade da autoridade do direito pode e deve ser explicada como uma prática social convencional[437]. Ele

[436] Marmor, Andrei, *Positive law and objective values*, 2001c, p. 28-29.

[437] "Like every legal positivist, I maintain that the possibility of law is to be explained in terms of social facts. Like Hart, I further maintain that the possibility of legal authority is to be explained in terms of a conventional social practice, namely the adherence by officials to a rule of recognition that imposes a duty on them to apply all and only those rules valid under it. This is the conventionality thesis. In explaining the possibility of legal authority in terms of a rule of recognition, the conventionality thesis gives content to the idea that law is a normative social practice which, while satisfying the social fact thesis, nevertheless avoids reducing legal authority to social facts. The conventionality thesis provides an answer to the first of the three sets of questions pertaining to legal authority identified in the previous lecture: what are the possibility conditions of legal authority?" Coleman, Jules. *The practice of principle: in defense of a pragmatist approach to legal theory*, 2001c, p. 77.

deixara clara essa defesa em *Negative and Positive Positivism* (1982)[438], ao expressamente defender uma concepção lewisiana de convenção como resposta às objeções de Dworkin. Nesse texto, Coleman acreditava ter oferecido uma resposta satisfatória sobre a possibilidade de fatos sociais convencionais produzirem razões para os agentes que as aceitam. No entanto, algumas objeções a sua teoria o fizeram apresentar uma mudança significativa. Em *The Practice of Principle* (2001), Coleman direciona a sua atenção para as inter-relações entre as intenções dos agentes numa prática social convencional[439]. Nesse livro, ele argumenta que o caráter convencional da regra de reconhecimento é mais bem compreendido como um produto de *compromissos conjuntos* (*joint commitments*) das autoridades encarregadas de aplicar o direito a um *empreendimento cooperativo compartilhado* (ECC, ou SCE, sigla de *shared cooperative enterprise*). Esse novo modelo explicativo seria capaz de oferecer uma resposta mais satisfatória ao tipo de normatividade (*duty-imposing normativity*) exigido pela regra de reconhecimento. Ele permitiria também oferecer uma resposta ao *desafio dworkiniano* de explicar como são possíveis os desacordos teóricos[440].

Um caráter comum a todas as conceituações convencionalistas consiste no reconhecimento de que, para que uma convenção exista, é necessário que seja *praticada como uma regra social*. Segundo Hart, uma regra é social quando verificamos a existência de um comportamento convergente (o qual também encontramos nas práticas meramente habituais) e de uma atitude crítica e reflexiva tomada como um critério de avaliação das ações (inexistente num mero *hábito*).

Coleman apresenta uma nova caracterização dessa atitude normativa distinguindo três aspectos. Em primeiro lugar, a atitude implica que o comportamento convergente seja regulado pela regra e concordante com ela. Assim, "se a maioria daqueles cujo comportamento converge

[438] Coleman, Jules, *Negative and positive positivism*, 1982, reeditado em Coleman, Jules, *Negative and positive positivism*, 1982, p. 28-48.

[439] Coleman, Jules. *The practice of principle: in defense of a pragmatist approach to legal theory*, 2001c, p. 67-102.

[440] Coleman, Jules. *The practice of principle: in defense of a pragmatist approach to legal theory*, 2001c, p. 96-100.

de alguma maneira [...] não compartilhar a visão de que o seu comportamento nas áreas convergentes é governado por uma regra, então ele não é governado por uma regra social"[441]. Em segundo lugar, a atitude envolvida nessa prática convergente deve tomar a própria regra como razão para ser seguida (*as the reason for one's compliance*)[442], e não algum elemento externo à regra, como sanção, eficiência, etc. Em terceiro lugar, essa atitude pressupõe uma forma particular de compromisso compartilhado (*shared commitment*) com respeito a um projeto. *Obedecer a uma regra* não se resume a *agir em conformidade* com ela; implica *segui-la*. Isso sempre geraria incertezas sobre o *modo como* a regra deve ser seguida no futuro, uma vez que a descrição do passado não é capaz de determinar se a regra terá o seu significado *alterado* ou mantido em relação às expectativas do presente. Imaginar que seguir uma regra consiste meramente em agir de forma convergente com ações passadas é um erro. É um equívoco acreditar que o conteúdo da regra de reconhecimento é constituído apenas pelos comportamentos convergentes. Para Coleman, "cometer esse erro significa não levar a sério a afirmação de que a prática das autoridades é uma prática de *seguir uma regra*. Porque deve [*must*] sempre haver um espaço entre a mera descrição de um comportamento governado por regra e o conteúdo da regra que o guia"[443]. Esse erro estaria relacionado à não compreensão da *lição* wittgensteiniana sobre o significado da prática de *seguir uma regra*.

Coleman pretende refinar o sentido de regra convencional de modo a oferecer uma resposta satisfatória ao *desafio dworkiniano*, em particular ao argumento de que não são possíveis os desacordos sobre convenções. Ele

[441] Coleman, Jules. *The practice of principle: in defense of a pragmatist approach to legal theory*, 2001c, p. 82, tradução minha. No original: "If the majority of those whose behavior has converged in some way [...] do not share the view that their behavior in the convergent areas is governed by a rule, then it is not governed by a social rule".

[442] Coleman, Jules. *The practice of principle: in defense of a pragmatist approach to legal theory*, 2001c, p. 82.

[443] Coleman, Jules. *The practice of principle: in defense of a pragmatist approach to legal theory*, 2001c, p. 79, tradução minha. No original: "To make this mistake is not to take seriously the claim that the practice of officials is a practice of following a rule. For there must always be a gap between the mere description of rule-guided behavior and the content of the rule that guides it". Coleman observa que essa concepção está baseada num erro conceitual.

procurou mostrar como se forma o tipo de normatividade constituída com base nas convenções sociais e como estas podem produzir razões capazes de gerar obrigações em sentido forte (*duties*). A sua estratégia identificou no ponto de vista interno o elemento central dessa explicação[444].

Para ele, o caráter obrigatório (*duty imposing*) da regra de reconhecimento seria uma questão não determinada pela *crença* de que a regra é vinculante, mas sim relacionada ao fato de esta envolver o exercício da capacidade de adotar a prática ou o padrão de comportamento como uma norma. Coleman assume ter tomado essa ideia dos estudos de Allan Gibbard sobre o tema[445]. Nesse ponto, Coleman segue uma trilha curiosamente (visto que antes o utilizava para apresentar a sua concepção de regra e criticar Dworkin) anti-wittgensteiniana para a explicação da regra. Para ele, tal "capacidade" é manifesta na *disposição psicológica* de se conformar à norma e, dessa forma, tomá-la como medida de avaliação dos comportamentos dos indivíduos. Essa *disposição* é uma espécie de compromisso (*commitment*)[446].

O exemplo que ele apresenta é o de uma pessoa que estabelece uma regra pessoal de fazer 100 exercícios de flexão abdominal todos os dias. Pode ser que o hábito de fazer tais exercícios diários não crie nenhuma razão para fazer o exercício — porque poderia ter outras razões para fazê-los, como manter boa saúde, emagrecer, etc. Contudo, essa ausência de razão adicional para se exercitar se altera se a pessoa toma uma atitude distinta, *adotando o comportamento como uma norma*. Isso porque essa atitude (*stance*) poderia então ser compreendida como um conjunto de *disposições normativas*. Nesse caso, estariam envolvidas, como afirmava Hart, tanto a disposição de se conformar a um padrão de comportamento como a capacidade de realizar uma avaliação reflexiva de sua conduta com base nesse padrão. Aqui, segundo Coleman, seria correto afirmar que a pes-

[444] COLEMAN, Jules. *The practice of principle: in defense of a pragmatist approach to legal theory*, 2001c, p. 87-88.

[445] GIBBARD, Allan. *Wise choices, apt feelings*: a theory of normative judgment. Cambridge, USA: Harvard University Press, 1990, apud COLEMAN, Jules. *The practice of principle: in defense of a pragmatist approach to legal theory*, 2001c, p. 87.

[446] COLEMAN, Jules. *The practice of principle: in defense of a pragmatist approach to legal theory*, 2001c, p. 88-89.

soa fez "desse comportamento uma regra ou norma" *para si*[447]. Uma nova razão para a ação foi agregada à situação.

Para ele, o ponto de vista interno cria uma razão para aqueles que o adotam: "o ponto de vista interno realmente 'transforma comportamento em regra'; transforma um fato social em um fato normativo"[448]. Por esse mesmo motivo, ele conclui que as regras sociais podem se tornar razões para a ação. O *ponto de vista interno* é o elemento central para explicar esse fato. Ele desempenha diversas funções, visto que "ajuda a tornar inteligível o discurso normativo do direito e é, portanto, um indicador confiável de um 'dever' [*ought*], e desse modo, auxilia a tornar mais inteligível a aptidão da linguagem normativa do direito"[449]. É uma condição das regras sociais e, portanto, da própria regra de reconhecimento. Por fim, é elemento central da explicação sobre o modo como as regras sociais podem ser razões[450]. Esse argumento constitui-se no ponto central do esforço de Coleman para explicar como uma regra convencional como a regra de reconhecimento pode ser normativa e criar razões para a ação capazes de explicar a obrigação dos juízes de a ela obedecerem. A regra de reconhecimento criaria razões não morais para a autoridade.

Postema enfatiza alguns pontos importantes a respeito das conclusões de Coleman[451]. Em primeiro lugar, para Coleman a adoção do ponto de vista interno ante um comportamento convergente equivale a aceitá-lo como uma norma e, desse modo, estar *psicologicamente disposto* a agir de

[447] COLEMAN, Jules. *The practice of principle: in defense of a pragmatist approach to legal theory*, 2001c, p. 89, tradução minha. No original: "made the behavior a rule or norm".
[448] COLEMAN, Jules. *The practice of principle: in defense of a pragmatist approach to legal theory*, 2001c, p. 89, tradução minha. No original: "the internal point of view actually does 'turn behavior into a rule'; it turns a social fact into a normative one".
[449] COLEMAN, Jules. *The practice of principle: in defense of a pragmatist approach to legal theory*, 2001c, p. 90, tradução minha. No original: "It helps make intelligible the normative discourse of law and is thus a reliable indicator of an 'ought', and thereby help make intelligible the aptness of the normative language of law". É revelador que Coleman se refira aqui à obrigação entendida como *ought*, e não como *duty*. Isso limita o sentido normativo forte que era exigido pelos críticos do modelo lewisiano de normatividade.
[450] COLEMAN, Jules. *The practice of principle: in defense of a pragmatist approach to legal theory*, 2001c, p. 90.
[451] POSTEMA, Gerald. *Legal philosophy in the twentieth century: the common law world*, 2011a, p. 507 et seq.

uma certa maneira. Em segundo lugar, essa *disposição psicológica* é uma condição suficiente para gerar razões para a ação. Não seria necessário investigar as razões pelas quais os agentes adquirem essas *disposições*. Assim,

> pode-se acolher esse ponto de vista por uma razão, mas também alguém pode acolhê-lo (ou adquiri-lo) por nenhuma razão em especial; e, mais importante ainda, quaisquer que sejam as razões que possam existir para adotar algo como uma norma, elas não influenciam os resultados adotados em termos de razões para concordar com [*comply with*] a norma. Adotá-lo é suficiente para esse propósito.[452]

Esse argumento tornaria o pensamento de Coleman e de Hart consistente com a defesa do positivismo inclusivista, visto que outras razões morais poderiam estar presentes para justificar o motivo pelo qual alguém aceita uma regra convencional. Em terceiro lugar, as convenções seriam capazes de produzir razões genuínas, e não apenas *pressão racional*, uma vez que, para existirem, seria necessária a adoção do ponto de vista interno. Assim, "onde quer que existam convenções numa comunidade, não apenas elas exigem o fornecimento de razões, mas tal exigência será sempre (necessariamente) verdadeira"[453].

Essas características do convencionalismo de Coleman em *The Practice of Principle* (2001) o distinguem do convencionalismo que ele mesmo defendera em *Negative and Positive Positivism* (1982) com base na reflexão de David Lewis. Para Lewis, o mero comportamento convergente e as crenças dos agentes não geram razões completas seja para a ação individual, seja para a ação coletiva. Os pressupostos do individualismo meto-

[452] Postema, Gerald. *Legal philosophy in the twentieth century: the common law world*, 2011a, p. 507 et seq, tradução minha. No original: "One may take up this point of view for a reason, but also one might take it up (or acquire it) for no particular reason; and, more importantly, whatever reasons there may be for adopting something as a norm do not influence whether the adopting results in reasons to comply with the norm. Adopting it is sufficient for that purpose".

[453] Postema, Gerald. *Legal philosophy in the twentieth century: the common law world*, 2011a, p. 507 et seq., tradução minha. No original: "wherever conventions exist in a community, not only do they claim to provide reasons, but that claim will always (necessarily) be true".

dológico (em especial tal como são apresentados pela teoria dos jogos) apenas indicavam a existência de *motivações* para a ação (ou *pressões racionais*). Por esse motivo, para explicar a relevância prática dos fatos sociais, seria necessário compreendê-los dentro de um contexto mais amplo de interações, que levaria em consideração tanto os princípios da racionalidade (instrumental) como, ao menos eventualmente, princípios morais. As convenções não apenas criam razões genuínas para a ação, como são geradas por sua aceitação *como normativas*.

Para Coleman, o ponto de vista interno pode explicar como a regra de reconhecimento cria razões para agir. *Contudo, ele não explica como essas razões podem se transformar em deveres fortes* (*duties*)[454], porque as razões para agir dentro do direito assumem a forma de deveres (*duties*) que possuem um caráter particular. As exigências impostas pelas convenções não podem ser unilateralmente canceladas. Ademais, elas são respostas a intenções de ações de outros[455]. É por esse motivo que, "quando juízes adotam a prática de aplicar a regra de reconhecimento, as ações e as intenções de outros juízes são razões para que cada um deles aja das maneiras indicadas pela regra"[456]. Existe uma estrutura normativa na atividade judicial que impõe que, se alguns juízes aplicam o critério de legalidade, então isso se torna uma razão para que os outros também se comportem assim. Esse é o aspecto central da normatividade da regra de reconhecimento.

Esse passo dado por Coleman em relação a Hart envolve considerar as *intenções dos agentes* como um elemento central para a compreensão da prática jurídica. Para o primeiro, é necessário que alteremos nossa atenção com a *capacidade psicológica* de adotar a prática ou o padrão como norma (como estava implícito no modelo lewisiano clássico) e observemos com

[454] "However, while the internal point of view explains how the rule of recognition can create reasons for acting, this does not yet explain how those reasons can be duties." COLEMAN, Jules. *The practice of principle: in defense of a pragmatist approach to legal theory*, 2001c, p. 90.
[455] COLEMAN, Jules. *The practice of principle: in defense of a pragmatist approach to legal theory*, 2001c, p. 90-92, 95-96.
[456] COLEMAN, Jules. *The practice of principle: in defense of a pragmatist approach to legal theory*, 2001c, p. 92, tradução minha. No original: "When judges adopt the practice of applying the rule of recognition, the actions and intentions of the other judges are reasons for each to act in ways indicated by that rule".

atenção a estrutura normativa do padrão de comportamento no qual nos engajamos (*on the normative structure of the pattern of behavior to which we commit*)[457]. É necessário, portanto, ir além do mero reconhecimento da atitude interna e considerar a estrutura da prática governada pela regra.

Coleman apresenta a teoria de Margareth Gilbert[458] sobre esse novo sentido normativo que atribui às convenções para expor suas ideias e posteriormente demarcar as diferenças com o seu próprio pensamento. Gilbert oferece um exemplo ilustrativo dessa questão ao retratar uma situação na qual dois indivíduos saem juntos para passear. Para ela, o que distingue essa atividade daquela outra em que pessoas (desconhecidas) andam uma ao lado da outra reside na estrutura normativa existente quando o passeio é *conjunto*. Isso ocorre porque, "se eu e você estamos dando uma caminhada, suas ações e intenções criam razões para mim, e as minhas criam razões para você. Por exemplo, o fato de você virar à esquerda — ou mesmo de você pretender ou preferir fazer isso — pode me dar razões para virar à esquerda"[459].

Nas práticas jurídicas, Coleman afirma ocorrer um fenômeno análogo, porque, quando "juízes adotam a prática de aplicar a regra de reconhecimento, as ações e as intenções de outros juízes são razões para cada um deles; é como se eles estivessem fazendo uma caminhada juntos, ao invés de simplesmente andarem um ao lado do outro"[460]. O modelo hartiano não explora completamente o significado da atitude interna. Para

[457] Coleman, Jules. *The practice of principle: in defense of a pragmatist approach to legal theory*, 2001c, p. 91.

[458] Gilbert, Margaret, 1989a, p. 377; Gilbert, Margaret. *Sociality and responsibility*. Lanham, USA: Rowman & Littlefield, 2000. p. 71-96, p. 84, apud Coleman, Jules. *The practice of principle: in defense of a pragmatist approach to legal theory*, 2001c, p. 91 et seq.

[459] Coleman, Jules. *The practice of principle: in defense of a pragmatist approach to legal theory*, 2001c, p. 91, tradução minha. No original: "if you and I are taking a walk together, your actions and intentions create reasons for me, and mine create reasons for you. For example, the fact that you turn lo the left—or even that you intend or prefer to do so—can give me a reason to turn left".

[460] Coleman, Jules. *The practice of principle: in defense of a pragmatist approach to legal theory*, 2001c, p. 91, tradução minha. No original: "judges adopt the practice of applying the rule of recognition, the actions and intentions of the other judges are reasons for each; it is as though they are going for a walk together, rather than simply walking alongside one another".

Coleman, "é essa a característica da normatividade da regra de reconhecimento que é deixada sem explicação pelo ponto de vista interno"[461]. Por esse motivo, "não é apenas que diferentes juízes decidem individualmente e separadamente para avaliar as condutas à luz de padrões que satisfazem determinados critérios, criando, assim, razões para eles mesmos que eles podem extinguir unilateralmente"[462]. Os juízes estão engajados numa prática que tem certa estrutura normativa e na qual o fato de que alguns juízes aplicam o critério de legalidade vem a constituir uma razão para que outros juízes ajam da mesma forma. E esse é o ponto central para explicar as obrigações jurídicas.

Apesar da afinidade da posição de Coleman com as ideias de Gilbert, ele segue mais de perto a teorização do tema proposta por Michael Bratman[463]. Quero antes destacar um ponto importante de concordância. Ele acompanha Gilbert com respeito ao reconhecimento de que a mera convergência comportamental não é capaz de explicar a normatividade da convenção e, tampouco, a obrigatoriedade de se obedecer à regra de reconhecimento (*duty-imposing character of conventions of recognition*). Isso porque, para que os compromissos (*commitments*) não sejam canceláveis unilateralmente, é necessário compreender que a prática jurídica envolve um compromisso (*commitment*) com uma atividade cooperativa.

Coleman identifica um problema nessa explicação que o afasta tanto de suas posições originais como das ideias de Lewis e Gilbert[464]. Ela é,

461 Coleman, Jules. *The practice of principle: in defense of a pragmatist approach to legal theory*, 2001c, p. 91, tradução minha. No original: "It is this feature of the normativity of the rule of recognition that is left unexplained by the internal point of view".

462 Coleman, Jules. *The practice of principle: in defense of a pragmatist approach to legal theory*, 2001c, p. 91, tradução minha. No original: "it is not just that different judges decide individually and separately to evaluate conduct in the light of standards that satisfy certain criteria, thereby creating reasons for themselves that they can unilaterally extinguish".

463 Uma análise mais pormenorizada das posições de Gilbert, seus limites e suas críticas, pode ser encontrada em Postema, Gerald. *Legal philosophy in the twentieth century: the common law world*, 2011a, p. 508-511; Hartogh, Govert den. A conventionalist theory of obligation. *Law and Philosophy*, New York, v. 17, p. 351-76, 1998; Marmor, Andrei, *Social conventions*, 2009, p. 3-7, p. 25-30. Cfr. Gilbert, Margaret, 2000; Bratman, Michael. *Faces of intention*. Cambridge: Cambridge University Press, 1999, capítulos 5 a 8.

464 "While I believe that the coordination convention account represents a genuine advance in interpreting Hart's position, and in our understanding of the rule of recogni-

por um lado, *muito forte* ou exigente e, por outro lado, *muito fraca* e incapaz de explicar as razões para agir capazes de criar obrigações para os juízes. Segundo Coleman, "a dificuldade com a abordagem da convenção de coordenação é que as convenções de coordenação são soluções para jogos nos quais as preferências *ex ante* dos participantes têm uma estrutura específica ou são ordenadas de maneiras bem específicas — maneiras que constituem o que chamamos de jogos de 'conflito parcial' ou de jogos de 'batalha dos sexos'"[465]. Esse é também o caso do exemplo paradigmático de David Lewis sobre a ligação telefônica interrompida e a decisão sobre quem deve tornar a ligar. Nesse exemplo, podemos admitir que as duas pessoas que conversam por telefone possuem preferências predeterminadas: continuar a conversa. Situações como essas constituem apenas um caso particular (e talvez não predominante) de práticas convencionais. Isso seria manifesto quando pensamos na regra de reconhecimento.

A exigência de que a convenção tenha a estrutura de um *jogo de conflito parcial* (*partial conflict game*) — nos quais os jogadores podem se beneficiar da cooperação, mas podem ter fortes incentivos para não cooperar — é *forte demais*. Ela demandaria algo que não encontramos na regra de reconhecimento, "[que seria] afirmar que é uma verdade conceitual sobre o direito que ele só pode existir se as autoridades têm preferências *ex ante* sobre possíveis critérios do direito que estão estruturados de uma certa maneira — uma que é passível de um tipo de representação em termos de teoria dos jogos (*game-theoretic representation*) deles"[466].

tion, I fear that it is ultimately not an adequate solution to the problem under discussion, which is to provide an account of the rule of recognition that explains why the behavior of some judges is or can be a reason for other judges." COLEMAN, Jules. *The practice of principle: in defense of a pragmatist approach to legal theory*, 2001c, p. 94.

[465] COLEMAN, Jules. *The practice of principle: in defense of a pragmatist approach to legal theory*, 2001c, p. 94, tradução minha. No original: "The difficulty with the coordination convention account is that coordination conventions are solutions to games in which the participants' *ex ante* preferences have a specific structure, or are ordered in certain specific ways—ways that constitute what we call 'partial conflict' or 'battle of the sexes' games".

[466] COLEMAN, Jules. *The practice of principle: in defense of a pragmatist approach to legal theory*, 2001c, p. 95, tradução minha. No original: "to claim that it is a conceptual truth about law that it can exist only if officials have *ex ante* preferences over possible criteria of law that are structured in a certain way—one that is amenable to a certain kind of game-theoretic representation of them".

Por outro lado, a convenção de coordenação seria muito *fraca*, uma vez que ela não captaria corretamente os tipos de razões que as autoridades jurídicas, em particular os juízes, seguem quando agem. Em outras palavras, "ainda que seja verdade que o fato de os juízes aplicarem certos critérios de legalidade pode ser a razão para qualquer juiz em particular fazer isso, não é simplesmente o fato de outros fazerem isso que explica a natureza da razão que um juiz em particular possui"[467]. Coleman acredita que essa razão para agir que possuem os juízes pode ser explicada de modo mais abrangente, com base nas ideias de Bratman, pela compreensão de que os critérios relevantes num caso concreto fazem parte de um plano ou projeto que está *a serviço de objetivos valiosos* (*serve valuable ends*). Tal fato é verdadeiro independentemente de os juízes possuírem outras razões pessoais para assim agir (por exemplo, serem respeitados, não serem punidos pela corregedoria, entenderem que é moralmente correto respeitar o direito, etc.).

Para Coleman, o *desafio dworkiniano* ainda não tinha sido bem respondido antes da elaboração que ele propõe em *The practice of principle*, pois o fundamento da normatividade da regra de reconhecimento na abordagem positivista que o precedera ainda era insatisfatório. Para ele, dois aspectos centrais associados à exigência de que a regra de reconhecimento seja capaz de impor aos juízes um dever de obedecer não eram explicados adequadamente pelo convencionalismo de Lewis. Em primeiro lugar, como visto, as obrigações não podiam ser canceladas unilateralmente. Em segundo lugar, a regra de reconhecimento impõe um tipo especial de obrigação, qual seja, o de comportar-se cooperativamente com outros agentes de modo a atingir certos fins. O recurso à explicação da existência de uma atitude interna não era capaz de atender a essas exigências essenciais[468]. Se o positivismo jurídico queria apresentar uma

[467] Coleman, Jules. *The practice of principle: in defense of a pragmatist approach to legal theory*, 2001c, p. 95, tradução minha. No original: "while it is true that the fact that judges apply certain criteria of legality can be a reason for any particular judge to do so, it is not simply the fact that others do so that explains the character of the reason that any particular judge has".

[468] Coleman, Jules. *The practice of principle: in defense of a pragmatist approach to legal theory*, 2001c, p. 95-96.

teoria da obrigação (*duty*) em face da regra de reconhecimento que não fosse dependente de razões morais (visto que isso significaria abandonar a tese da separabilidade que se constituía num outro pilar do positivismo e também num corolário da tese das fontes sociais), era necessário explicar como atender a tais exigências. Afinal, nada na atitude interna, que fora a "saída" encontrada por Hart para justificar a regra de reconhecimento, permitia *per se* a adequada compreensão desses dois pontos[469].

Segundo Coleman, Michael Bratman conseguiu, ao tratar dos fundamentos da normatividade das convenções em geral, oferecer uma resposta filosófica para esse limite explicativo do convencionalismo lewisiano para a obrigatoriedade da regra de reconhecimento[470]. A sua explicação seria útil para compreender as convenções jurídicas. Segundo Bratman, existe um tipo de prática social que dele denomina "atividade cooperativa compartilhada" (SCA, sigla para *shared cooperative activity*)[471]. Nesse tipo de prática fazemos coisas conjuntamente como andar acompanhados, preparar um jantar ou participar de um quarteto musical. Para Coleman, a prática dos juízes de avaliar os comportamentos humanos com base em regras válidas é uma modalidade de *atividade cooperativa compartilhada*[472].

Para Bratman, uma *atividade cooperativa compartilhada* implica a existência de três características básicas: 1) — *Responsividade mútua* [*Mutual responsiveness*], isto é, cada agente deve ser responsivo às intenções e às ações dos outros. Dessa forma, cada agente deve levar em consideração as intenções e as ações dos outros, de modo a realizar a atividade conjunta.

[469] Ver também, Finnis, John, 2008.

[470] Coleman reconhece que a exploração dessa variante bratmaniana do convencionalismo foi pioneiramente sugerida e desenvolvida por Scott Shapiro (ver nota 24). Coleman, Jules. *The practice of principle: in defense of a pragmatist approach to legal theory*, 2001c, p. 96. Esse autor desenvolveu uma primeira formulação dessa ideia em Shapiro, Scott. Law, plans, and practical reason. *Legal Theory*, Oxford, v. 8, p. 387-441, 2002, p. 418-421. Cfr. Também Coleman, Jules. Facts, fictions, and the grounds of law. In: Campbell, Joseph Keim; O'rourke, Michael; Shier, David (Eds.). *Law and social justice*. Cambridge: MIT Press, 2005. p. 327-351. (Topics in contemporary philosophy), p. 328-329 e 343.

[471] Bratman, Michael E. Shared intention: *Ethics*, Chicago, v. 104, n. 1, p. 97-113, 1993; Bratman, Michael E., 1992.

[472] Bratman, Michael E., 1992, p. 328, apud Coleman, Jules. *The practice of principle: in defense of a pragmatist approach to legal theory*, 2001c, p. 96.

É possível também supor que cada indivíduo pode possuir o seu próprio subplano de ação (por exemplo, vestir-se antes de aproximar-se afetivamente da pessoa ao lado de quem se vai andar, etc.). Isso implica que os agentes fundem os seus subplanos de ação de modo a realizar o plano geral da ação (andar *com* outra pessoa); 2)- *Compromisso com a atividade conjunta* [*commitment to the joint activity*], isto é, os participantes devem ter um compromisso apropriado (ainda que por razões diferentes) para integrar a atividade, e sua mútua responsividade reside na busca desse compromisso. Em outras palavras, os agentes devem possuir um conhecimento compartilhado de que entendem a atividade como uma atividade conjunta. Isso não significa, porém, que precisem ter o mesmo motivo para ter tal intenção; 3) — *Compromisso com o apoio mútuo* [*commitment to the mutual support*], ou seja, cada agente está comprometido em apoiar os esforços dos outros para desempenhar o seu papel na atividade conjunta. Esse compromisso para se apoiarem mutuamente permite que eles realizem com sucesso a atividade conjunta mesmo se cada um deles precisar de ajuda de alguma forma. Em outras palavras, cada um deve estar comprometido a dar um apoio recíproco aos esforços do outro agente para realizar a atividade conjunta. Essa estrutura de intenções entrelaçadas (*interlocking structure of intentions*) permite que se atinja o objetivo de forma cooperativa e que se constitua também um *sistema de expectativas* para a ação[473].

Scott Shapiro, em seu livro *Legality*[474], oferece um exemplo elucidador de sua concepção de convenção como uma atividade cooperativa

[473] Essas ideias são expostas em Bratman, Michael E., 1992, p. 328, apud Coleman, Jules. *The practice of principle: in defense of a pragmatist approach to legal theory*, 2001c, p. 96, tradução minha e modificada. Grifos meus. No original Bratman afirma: "1- *Mutual responsiveness*: In SCA each participating agent attempts to be responsive to the intentions and actions of the other, 2- *commitment to the joint activity*: In SCA the participants each have an appropriate commitment though perhaps for different reasons to the joint activity and their mutual responsiveness is in pursuit of this commitment and 3- *commitment to the mutual support*: In SCA each agent is committed to supporting the efforts of the other to play her role in the joint activity. These commitments lo support each other put us in a position to perform the joint activity successfully even if we each need help in certain ways".

[474] Shapiro, Scott, 2011, p. 120 et seq. Sobre o pensamento de Shapiro, merece destaque o excelente trabalho de Piccelli, Eric Ribeiro. *O positivismo dos planos*: Introdução crítica ao pensamento de Scott Shapiro. 1ª ed. Belo Horizonte: Editora Arraes, 2019.

compartilhada envolvendo o planejamento de um jantar. A sua descrição é bastante reveladora, porquanto nela se constata como ele descarta do seu próprio exemplo qualquer tipo de intencionalidade dirigida a um valor. Ele assim descreve a situação.

> Estou sentado na minha mesa do escritório e pensando sobre o que fazer para o jantar de hoje. Devo comer fora ou cozinhar algo em casa? Como eu me sinto um pouco culpado por ter frequentado muitos restaurantes nos últimos tempos, decido pela última opção. Eu agora tenho um plano, isto é, cozinhar em casa o meu jantar de hoje. Confessadamente, não é um grande plano, porque não tenho comida em casa para cozinhar. Então a questão com a qual eu comecei — "onde devo comer?" — deve ser substituída por uma nova — "onde devo obter a comida para cozinhar?". Eu respondo a essa nova pergunta formando a intenção de comprar a comida no supermercado. Dessa maneira, eu agora tenho dois planos: um de cozinhar o jantar em casa hoje à noite e o outro de comprar comida no supermercado. Esses planos estão claramente relacionados entre si. Comprar comida no supermercado é um meio para fazer o jantar em casa hoje à noite. Quando um plano estabelece meios para ser alcançado, ou de ser realizado, o fim fixado por outro plano, nós diremos que ele é um "subplano" do segundo. Portanto, o plano de comprar comida no supermercado é um subplano do plano inicial de cozinhar o jantar hoje à noite.[475]

[475] Shapiro, Scott, 2011, p. 120, tradução minha. No original: "I am sitting at my desk in my office and thinking about what to do for dinner tonight. Should I eat out or cook dinner at home? Since I feel a bit guilty about having frequented restaurants so often lately, I decide on the latter option. I now have a plan, namely, to cook dinner at home tonight. Admittedly, it is not much of a plan, because I have no food at home to cook. So the question with which I started — where to eat? — has been replaced with a new query — where should I get food to cook? I respond to this new query by forming an intention to buy the food from a supermarket. And so I now have two plans: one to cook dinner tonight and one to buy food at the supermarket. These plans are clearly related to one another. Buying food at the supermarket is a means to cooking dinner at home tonight. When one plan specifies a means for accomplishing, or a way of realizing, the end fixed by another plan, we will say that it is a 'sub-plan' of the second. Thus, the plan to buy food at the supermarket is a sub-plan of the initial plan to cook dinner tonight".

É interessante notar que o *jantar-plano* de Shapiro vai ganhando complexidade, envolvendo subplanos de ir ao supermercado, comprar comida, etc., marcados por uma série de deliberações orientadas para a sua produção[476]. Sintomaticamente, em momento algum Shapiro associa algum *fim valorativo* a sua ação. Ela se dirige por intencionalidades guiadas por uma racionalidade instrumental. Para ele, "quando estabelecemos fins para nós mesmos, a racionalidade nos demanda que detalhemos os nossos planos" [477]. Isso, contudo, não exige que o planejamento seja completo, visto que podemos deixar nossos planos de forma apenas esboçada. Assim, podemos ganhar em flexibilidade para replanejar e introduzir melhorias no plano. É importante destacar que, "falando estritamente, a racionalidade não demanda que os planejadores formulem eles mesmos os cursos de ação"[478]; o que é essencial apenas é que sejam guiados por uma deliberação racional e instrumental. Assim, "quando dizemos que os planejadores estão racionalmente obrigados a 'preencher' os seus planos, *nós queremos dizer que eles são obrigados a adotar meios para os seus fins, não que eles são necessitam descobrir, eles mesmos, quais são esses meios*"[479]. Isso significa que no seu próprio exemplo do *jantar-plano* o valor do propósito do jantar

[476] "As plans are filled in, they thus naturally assume a nested structure. My plan to make dinner tonight specifies the overall goal I wish to achieve. My plan to buy food from a supermarket, as we mentioned, is a sub-plan of the overall plan of making dinner. My intention to buy chicken at the supermarket after work is, in turn, a sub-plan of the plan to buy food at the supermarket and, thus, a sub-sub-plan of the overall plan to cook dinner tonight. The nested structure of plans explains how past deliberation shapes present planning. When constructing my plan, I take my prior decisions about means and ends as given. These plans and sub-plans are settled and not up for reconsideration. Rather, my present deliberation is confined solely to those options that are not ruled out by past decisions. If I have decided to go to Stop & Shop to buy food, I figure out how to get there, not whether it might be better to go to Pathmark instead." Shapiro, Scott, 2011, p. 125.

[477] Shapiro, Scott, 2011, p. 125, tradução minha. No original: "When we set ends for ourselves, rationality thus demands that we flesh out our plans".

[478] Shapiro, Scott, 2011, p. 125, tradução minha. No original: "strictly speaking, rationality does not demand that the planners formulate courses of action themselves".

[479] Shapiro, Scott, 2011, p. 125, grifo meu, tradução minha. No original: "when we say that planners are rationally obligated to 'fill in' their plans, we mean they are required to adopt the means to their ends, not that they are required to figure out what those means are themselves".

não aparece como um elemento relevante. Ele é descrito como um meio pelo qual se poderá atingir um determinado objetivo cujos contornos não precisam ser problematizados.

O plano torna-se também um mecanismo pelo qual posso avaliar os diversos comportamentos de modo a saber se são adequados, eficientes ou consistentes. Aplicar o plano envolve, assim, três etapas: definir o seu *conteúdo*, o seu *contexto de aplicação* e o modo *como conformar o plano ao contexto*[480]. Shapiro não nega que um dos subplanos do jantar pode envolver o convite a algum amigo, o que poderia implicar novos subplanos para determinar o que ele deveria trazer, se um vinho ou uma sobremesa, etc. De qualquer modo, a sua análise sempre toma um objetivo no qual o valor da ação é reconhecido como *um dado* não problemático ou passível de reflexão reconstrutiva, como se estivesse vinculado a critérios de uma *moralidade convencional.*

Aqui cabe uma pequena digressão sobre o exemplo. É interessante notar como o *jantar-plano* de Shapiro ganharia novos e mais problemáticos contornos se a intencionalidade do agente fosse não apenas fazer um jantar, mas sim agir com *cortesia* para com um convidado. Nesse caso, num *jantar-cortesia,* poderíamos não apenas pensar na necessidade de fazer o planejamento racional da produção do jantar, como também adotar uma interpretação sobre a melhor forma de *expressar cortesia e* também sobre o que deveria ser compreendido como *cortesia.* Imagine que um membro de casal que faz o convite para o jantar defendesse a ideia de que a melhor expressão de cortesia num jantar seria oferecer os alimentos e os vinhos mais caros e sofisticados ao convidado. Tal pensamento poderia se basear na ideia de que a cortesia implica oferecer *o que há de melhor ao convidado.* Essa ideia poderia ser questionada pelo outro membro do casal, que defenderia a ideia de que ser cortês com um convidado implica deixá-lo à vontade, *propiciando um ambiente acolhedor e descontraído,* o qual poderia ficar comprometido com a oferta de comidas e vinhos muito caros e sofisticados. A sofisticação poderia até mesmo constranger o convidado por ter levado um vinho de qualidade muito inferior àquele servido no jantar. Nesse caso, o que estaria em questão seria, como insisti anteriormente,

[480] Shapiro, Scott, 2011, p. 126.

uma argumentação sobre a *concepção* do *conceito* de *cortesia* que deveria guiar a ação orientada para expressar cortesia ao convidado[481]. As práticas dentro de um *jantar-cortesia* viriam a assumir também uma dimensão valorativa, que exigiria uma atividade interpretativa no sentido proposto por Dworkin.

Voltemos à análise do direito como *atividade cooperativa compartilhada* e sua utilidade para pensar sobre a regra de reconhecimento. Para Coleman e Shapiro, o comportamento das autoridades para compartilhar critérios de legalidade para as suas ações apresentam os três elementos antes elencados (*responsividade mútua, compromisso com a atividade conjunta* e *compromisso com o apoio mútuo*). Os juízes são *responsivos* às intenções de outros juízes, em particular de tribunais superiores, visto que as veem como constrangimentos para suas próprias decisões. Conforme afirma, "a melhor explicação para a responsividade (*responsiveness*) dos juízes uns com os outros é o seu comprometimento para com o objetivo de tornar possível a existência de uma prática jurídica durável (ainda que juízes possam ter razões diferentes para pensar que uma prática jurídica durável e sustentável seja desejável)"[482]. Nesse ponto reside uma das debilidades das explicações defendidas por Hart e pelas explicações convencionalistas lewisianas sustentadas anteriormente pelo próprio Coleman e também por Gerald Postema: "Hart estava certo ao identificar a estrutura normativa da prática das autoridades, mas estava enganado (assim como eu e Gerald Postema) ao concluir que a regra de reconhecimento representa, na verdade, uma solução de equilíbrio de Nash para um jogo

[481] Em Macedo Junior, Ronaldo Porto, *Do xadrez à cortesia: Dworkin e a teoria do direito contemporânea*, 2013a, p. 203 et seq., analisei mais longamente um exemplo de um rapaz que convida uma garota para jantar e com ela divide a conta e é acusado por um amigo de ter agido com descortesia, para evidenciar essa dimensão interpretativa e argumentativa envolvida em determinadas práticas sociais com as quais o direito se assemelha. A comparação do direito à práticas de cortesia é feita pelo próprio Dworkin em Dworkin, Ronald, *Law's empire*, 1986, p. 47-49.

[482] Coleman, Jules. *The practice of principle: in defense of a pragmatist approach to legal theory*, 2001c, p. 97, tradução minha. No original: "the best explanation of judges' responsiveness to one another is their commitment to the goal of making possible the existence of a durable legal practice (though judges may have different reasons for thinking that a durable, sustained legal practice is desirable)".

de conflito parcial"[483]. A solução para a debilidade da explicação anterior fora encontrada no *insight* de Bratman: "a prática das autoridades necessária para a criação e a manutenção do direito é uma forma mais geral de coordenação social, uma forma que é normalmente mais familiar para nós. Bratman tem uma abordagem mais plausível e atraente de tais práticas e de suas condições de possibilidade"[484]. A solução de Bratman mostraria como uma *ação cooperativa compartilhada* se reporta a *intenções compartilhadas* (*shared intentions*) que não significam uma *intenção das intenções*, uma atitude mental, mas antes um estado de coisas (*state of affairs*) "que consiste primeiramente em atitudes (nenhuma das quais são intenções compartilhadas) dos participantes e nas inter-relações entre essas atitudes"[485].

Para o direito, as intenções compartilhadas (*shared intentions*) devem também ajudar a *coordenar nossas ações intencionais, coordenar o nosso planejamento* e *estruturar a negociação relevante* (*coordinate our intentional actions, to coordinate our planning, and to structure relevant bargaining*)[486]. Desse modo,

[483] COLEMAN, Jules. *The practice of principle: in defense of a pragmatist approach to legal theory*, 2001c, p. 97, tradução minha. No original: "While Hart was right to identify the normative structure of the practice of officials, he was wrong (as was I and Gerald Postema as well) to conclude that the rule of recognition represents, in effect, a Nash equilibrium solution to a game of partial conflict".

[484] COLEMAN, Jules. *The practice of principle: in defense of a pragmatist approach to legal theory*, 2001c, p. 97, tradução minha. No original: "The practice of officials necessary to create and sustain law is a more general form of social coordination, a form that is otherwise familiar to us. Bratman has a plausible and attractive account of such practices and of their possibility conditions".

[485] BRATMAN, Michael E., 1993, p. 107, apud COLEMAN, Jules. *The practice of principle: in defense of a pragmatist approach to legal theory*, 2001c, p. 97, tradução minha. No original: "that consists primarily in attitudes (none of which are themselves shared intentions) of the participants and interrelations between those attitudes".

[486] Michael E. Bratman (BRATMAN, Michael E., 1993, p. 99, apud COLEMAN, Jules. *The practice of principle: in defense of a pragmatist approach to legal theory*, 2001c, p. 97) observa que "In the latter case, our shared intentions 'will tend to provide a background framework that structures relevant bargaining' between us about how the joint activity is to proceed. In other words, when we participate jointly in SCA, we must share an intention that converges on a common goal—even if our reasons or motives for doing so are importantly different. The content of our shared intention is not fully specified, and indeed is specified more fully by the course our activity takes".

quando participamos de uma *atividade cooperativa compartilhada* devemos compartilhar uma intenção que, ainda que não seja completamente determinada, permita a convergência das ações dos participantes em torno de um objetivo comum. Esse processo pode envolver negociação, tal como um grupo musical pode discutir e redirecionar a gravação de uma música em estúdio pelo diálogo e pela crítica entre os músicos. O mesmo ocorre quando planejamos e construímos cooperativamente uma casa. Também no *jantar-plano* de Shapiro, o casal que organiza um jantar pode conversar, discutir e redirecionar os subplanos envolvidos no jantar — por exemplo, redefinir o cardápio, a decoração, etc.

Esse modelo permite compreender como a prática de constituição da regra de reconhecimento tem a estrutura normativa de uma *atividade cooperativa compartilhada*[487]. Ela mostraria como uma regra convencional pode gerar obrigações para os juízes. Além disso, essa abordagem ofereceria um quadro filosófico unificado pelo qual algumas respostas às objeções dworkinianas poderiam ganhar mais força e consistência. Isso em parte se deve ao fato de que, para Coleman, a defesa dos pontos centrais de sua defesa do convencionalismo apresentados em *Negative and Positive Positivism* ganhou poderosos novos argumentos. Conforme ele mesmo sintetiza, nesse texto de 1982 foram apresentados quatro argumentos

[487] Conforme aponta Kenneth Himma, "The notion of an SCA involves more than just a convergence of unilateral acceptances of the rule of recognition. It involves a joint commitment on the part of the participants to the activity governed by the rule ot recognition [...] And there is no mystery at least not one that a legal theorist is obliged to solve about how joint commitments can give rise to obligations; insofar as such commitments induce reliance and a justified set of expectations whether explicitly or not, they can give rise to obligations". Himma, Kenneth Einar, 2002b, p. 125-165. Coleman, Jules. *The practice of principle: in defense of a pragmatist approach to legal theory*, 2001c, p. 98, cita com aprovação a compreensão que Kenneth Himma faz das conclusões dele próprio: "What is conceptually essential to the social practice constituting a conventional rule of recognition [...] is that it has the normative structure of an SCA. It is a conceptual truth about law that officials must coordinate their behavior with one another in various ways that are responsive to the intentions and actions of the others; what a judge, for example, does in a particular case depends on what other judges have done in similar cases. Similarly, it is a conceptual truth that officials be committed to the joint activity and to supporting one another; officials responsible for promulgating law require an assurance of continuing support from officials responsible for enforcing and executing those laws".

básicos, a saber: 1)- "enquanto a conduta dos participantes é uma condição de existência de uma regra de reconhecimento convencional, o conteúdo da regra não é determinado pelo seu comportamento"; 2)- "práticas convencionais ou regras convencionais podem — de fato, a maior parte delas certamente deve [*must*] — admitir a possibilidade de desacordo". Ademais, "tais desacordos podem tomar duas formas: desacordos a respeito de como aplicar a regra ou sobre o seu conteúdo"; 3)- "embora ninguém, que eu saiba, tenha admitido que esse apelo a um argumento moral substantivo para resolver disputas na regra de reconhecimento possa ser compatível com a concepção da regra como uma convenção, eu prontamente afirmei essa compatibilidade". Dessa forma, para ele, "*pode haver um apelo geral e amplo a um princípio moral para resolver controvérsias sobre a regra de reconhecimento, eu afirmei — se a regra ela mesma especifica que as controvérsias a respeito do seu conteúdo devem ser [are to be] resolvidas dessa maneira*"[488].

I.2. A convenção e a possibilidade do desacordo teórico

Coleman argumenta que a *teoria das intenções compartilhadas* permitiria integrar todos esses argumentos elencados no final do item anterior. Para ele, "o quadro é criado e mantido pelo comportamento dos participantes, mas o conteúdo das regras que constituem as práticas não são as regras, e sim o resultado de negociações em curso"[489]. Isso permitiria responder ao *desafio dworkiniano* acerca da possibilidade dos desacordos teóri-

488 Coleman, Jules. *The practice of principle: in defense of a pragmatist approach to legal theory*, 2001c, p. 99, grifo meu, tradução minha. No original: "while the conduct of participants is an existence condition of a conventional rule of recognition, the content of the rule is not determined by their behavior"; "conventional practices or conventional rules can—indeed almost certainly must—admit of the possibility of disagreement"; "such disagreements may take either of two forms: disagreements about how to apply the rule, or disagreements about its content"; "whereas no one else, to my knowledge, has allowed that appeal to substantive moral argument to resolve disputes in the rule of recognition can be compatible with conceiving of the rule as a convention, I have stead-fastly asserted that compatibility"; "there can be general and widespread appeal to moral principle to resolve controversies about the rule of recognition, I claimed—if the rule itself specifies that controversies about its content are to be resolved that way".

489 Coleman, Jules. *The practice of principle: in defense of a pragmatist approach to legal theory*, 2001c, p. 99, grifo meu, tradução minha. No original: "the framework is created and

cos, porque "pode haver desacordos sobre o seu conteúdo — desacordos que, além do mais, são substantivos e importantes e que, dado o quadro, podem ser estabelecidos por um apelo aos argumentos morais substantivos a respeito do modo como alguém deve proceder e podem estimular discussões a respeito do objetivo [*point*] da prática"[490].

Isso ocorre porque as atividades cooperativas compartilhadas seriam formas comuns e usuais para coordenar ações entre indivíduos e admitiriam a possibilidade de "desacordo fundamental e penetrante a respeito de como continuar a atividade — e mesmo a respeito de seus propósitos e fins básicos"[491]. Elas seriam um "quadro para negociações em curso a respeito do próprio conteúdo, assim como os objetivos das práticas"[492]. Essa sua natureza permitiria compreender por que é possível haver desacordos sobre a própria regra de reconhecimento e, assim, responder às primeiras objeções que Dworkin lançara a Hart. Coleman teria oferecido uma resposta que explicaria como são possíveis os desacordos teóricos mesmo mantendo a ideia da natureza convencional da regra de reconhecimento. Conforme ele afirma,

> se a regra de reconhecimento governa a prática que é uma SCA [*shared cooperative activity*] nesse sentido, um quadro de coordenação, planejamento e negociação, não é surpreendente que os indivíduos engajados nessa prática tenham uma série de desacordos a respeito do que ela requer deles, qual é o seu conteúdo, como resolver disputas a respeito de qual o seu objetivo [*point*]

sustained by the behavior of participants, but the content of the rules that constitute the practice is not the rules are the result of ongoing negotiations".

490 Coleman, Jules. *The practice of principle: in defense of a pragmatist approach to legal theory*, 2001c, p. 99, grifo meu, tradução minha. No original: "there may well be disagreement about their content—disagreement, moreover, that is substantive and important, and which, given the framework, might well be settled by an appeal to substantive moral argument about how one ought to proceed, and that may invite discussion about the point of the practice".

491 Coleman, Jules. *The practice of principle: in defense of a pragmatist approach to legal theory*, 2001c, p. 157, tradução minha. No original: "fundamental and penetrating disagreement about how to continue the activity—and even about its basic ends or purposes".

492 Coleman, Jules. *The practice of principle: in defense of a pragmatist approach to legal theory*, 2001c, p. 157, tradução minha. No original: "framework for ongoing negotiation about the very content as well as the aims of the practices".

e como proceder. Não é surpreendente que, ao resolver tais disputas, as partes ofereçam concepções conflitantes da prática na qual eles participam conjuntamente, concepções que apelam para diferentes ideias sobre o seu objetivo ou sua função. Ao fazer isso, eles fazem podem produzir argumentos morais substantivos — todos enquadrados, porém, pela natureza da SCA.[493]

A conclusão de Coleman é que Dworkin estaria correto ao apontar para a existência de desacordos sobre os critérios de legalidade, os quais produziriam debates sobre a sua melhor interpretação. Contudo, ele estaria errado em disso concluir que não seria possível explicá-los com um fundamento convencionalista. Dessa forma, ele acredita ter satisfeito o *desafio dworkiniano*: "o positivismo é compatível com tudo o que o Dworkin diz sobre a possibilidade e o caráter do desacordo em argumentos jurídicos. Mais importante, ao caracterizar a prática judicial como SCA, positivistas têm uma explicação do sentido segundo o qual o direito é uma prática social ou convencional — uma explicação que não está disponível para Dworkin, dada a estrutura da sua teoria"[494].

Antes de analisar os motivos pelos quais acredito que Coleman está errado em sua conclusão, é importante destacar um aspecto relevante no qual o seu pensamento se distancia do pensamento de Bratman. Isso permitirá ver com mais clareza a fragilidade de seu argumento em face dos argumentos de Dworkin. Esse ponto é também destacado por Pos-

[493] Coleman, Jules. *The practice of principle: in defense of a pragmatist approach to legal theory*, 2001c, p.157-158, tradução minha. No original: "If the rule of recognition governs a practice that is an SCA in this sense, a framework of coordination, planning, and negotiation, it is unsurprising that individuals engaged in such a practice would have a range of disagreements about what it requires of them, what its content is, how to resolve disputes about what its point is, and how to proceed. It is not surprising that in resolving such disputes, the parties offer conflicting conceptions of the practice in which they jointly participate, conceptions that appeal to differing ideas of its point or function. In doing so, they may make substantive moral arguments—all framed, however, by the nature of the SCA".

[494] Coleman, Jules. *The practice of principle: in defense of a pragmatist approach to legal theory*, 2001c, p. 100, tradução minha. No original: "Positivism is compatible with everything Dworkin says about the possibility and character of disagreement in legal argument. More importantly, in characterizing judicial practice as SCA, positivists have an explanation of the sense in which law is a social or conventional practice—an explanation that is unavailable to Dworkin, given the structure of his theory".

tema[495]. Bratman argumenta que, numa *atividade cooperativa compartilhada*, os agentes seguem uma *racionalidade instrumental*. Assim, dado o compromisso com o objetivo cooperativo, os participantes devem fazer a sua parte para que o resultado seja atingido. Por esse motivo, o abandono unilateral de uma atividade cooperativa compartilhada pode não ser justificável. Contudo, se houver fundamentos morais que exijam o cumprimento do empreendimento cooperativo, pode ser errado ou imoral abandoná-lo.

Coleman admite a existência de *razões internas ao compromisso* que se reportam à natureza das relações bem como a suas intenções. Essas razões são interdependentes, na medida em que as individuais são afetadas pelas de outros indivíduos. Dessa forma, "ninguém tem razão para se comprometer com a prática na ausência de participação de outros, ou para continuar se a concordância geral [*general compliance*] não for mais esperada"[496]. Assim, em vez de afirmar que a estrutura de compromissos conjuntos consiste apenas na estrutura de obrigações e direitos recíprocos, ele a reporta às expectativas induzidas por esses compromissos. Em consequência, como observa Postema, "a justiça [*fairness*] requer que nós não derrotemos expectativas legítimas, especialmente aquelas que nos voluntaria e conhecidamente induzimos"[497]. Isso faz com que os deveres assim criados sejam também *deveres morais*[498].

[495] Postema, Gerald. *Legal philosophy in the twentieth century: the common law world*, 2011a, p. 512.
[496] Postema, Gerald. *Legal philosophy in the twentieth century: the common law world*, 2011a, p. 512, tradução minha. No original: "no one has reason to commit to the practice in the absence of the participation of others, or to continue should general compliance no longer be expected".
[497] Postema, Gerald. *Legal philosophy in the twentieth century: the common law world*, 2011a, p. 512, tradução minha. No original: "fairness requires that we do not defeat legitimate expectations, especially those we voluntarily and knowingly induce". Essa é a interpretação feita por Himma, Kenneth Einar, 2002b, p. 125-165. Coleman aceitou a interpretação de Himma. Postema considera e corretamente refuta o argumento de Himma segundo o qual esses deveres não seriam necessariamente morais. Para ele, "Himma, Kenneth Eimar. 2002. Substance and Method in Conceptual Jurisprudence and Legal Theory. Virginia Law Review 88: 1119-228., 1166 and n.124 argued that they are not necessarily moral duties because, if the shared cooperative activity can give rise to a moral obligation which is the most stringent kind, it can also give rise to less stringent, merely social obligations, but

Destaque-se que isso não significa que todas as atividades cooperativas compartilhadas geram deveres morais. Isso não ocorre, evidentemente, se a atividade for imoral, como uma atividade criminosa. Esse ponto é relevante pois indica como as práticas convencionais *per se* não são capazes de gerar obrigações morais. Essas obrigações somente nascem nas circunstâncias especiais que sejam ajustadas a uma teoria moral substantiva externa à própria convenção. É o ponto objetado por Dworkin em sua resposta a Coleman[499], conforme se verá adiante. Para ele, a posição de Coleman consiste não numa defesa do positivismo, mas sim numa rendição ao interpretativismo dworkiniano.

Antes de examinar com mais detalhes tais objeções, vale também destacar que, se por um lado, a explicação de Coleman consegue explicar como nascem as obrigações dos juízes de obedecer às *atividades cooperativas compartilhadas*, por outro lado, ela nada afirma sobre a existência de deveres (*duties*) dos cidadãos perante o direito. Nesse ponto também Coleman concorda com Hart. Para ambos, a normatividade do direito para os cidadãos depende exclusivamente do reconhecimento da validade das normas pelas autoridades. A condição para a existência do critério de validade reside na existência de uma atividade cooperativa compartilhada entre as autoridades (juízes). O caráter *autoritativo* do direito para os cidadãos não é, contudo, derivado dessa sua natureza convencional. Disso decorre a conclusão, de certo modo contraintuitiva, de que,

this is a non sequitur. The case for the duty-constituting character of the structure of the practice rests on an appeal to induced reliance and respect for legitimate expectations. These are relevant, duty-supporting considerations just because and insofar as they invoke distinctively moral principles of fairness or fidelity. If they underwrite duties, they underwrite moral duties". Postema, Gerald. *Legal philosophy in the twentieth century: the common law world*, 2011a, p. 513.

498 Coleman insiste nesse ponto em diversas passagens, afirmando, por exemplo, que, "já que a regra de reconhecimento é ela mesma um quadro de negociações a respeito de como continuar, não há nada *ad hoc* em supor que tal negociação possa envolver argumentos políticos ou morais a respeito do objetivo [*point*] da prática". Coleman, Jules. *The practice of principle: in defense of a pragmatist approach to legal theory*, 2001c, p. 100, tradução minha. No original: "since the rule ot recognition is itself a framework for bargaining about how to go on, there is nothing at all *ad hoc* in supposing that such bargaining might involve moral or political arguments about the point of the practice".

499 Dworkin, Ronald. *Thirty years on*, 2006i.

embora os cidadãos tenham obrigações jurídicas em face das leis válidas, isso não significa que eles tenham razões para aceitar ou seguir essas regras (*comply with the rules*). Eventualmente haverá motivos *hobbesianos* para obedecer às regras, como o medo de ser punido, mas não razões para obedecer ao direito. O caráter autoritativo do direito para os cidadãos demanda uma nova explicação. Como visto, Coleman se socorre da teoria da autoridade de Raz para completar o seu modelo explicativo do direito. Em outras palavras, a legitimidade das leis não depende de sua validade, mas sim dos fins a serviço dos quais está ligada, bem como dos meios de que se vale para servir a eles, serem moralmente valiosos[500]. Essa solução, contudo, tem a vulnerabilidade já apresentada de não oferecer uma teoria integrada das teorias da autoridade do direito e das obrigações jurídicas.

I.3. Objeções ao convencionalismo de Coleman

As teses de Coleman sobre o convencionalismo mereceram vários tipos de respostas e objeções, algumas delas já exploradas nas páginas anteriores[501]. Interessa-me aqui não fazer um mapa abrangente dessas objeções, mas tão somente analisar em que medida o seu convencionalismo renovado ofereceu uma resposta satisfatória tanto à questão da normatividade da regra de reconhecimento, como à possibilidade da existência de desacordos teóricos dentro de um marco teórico ainda positivista. Em outras palavras, sua crítica realmente respondeu ao *desafio dworkiniano*? Acredito que não. Vejamos os motivos.

[500] "The legitimacy of legal authority will no doubt depend on the value of the ends law serves. These ends may be heterogeneous—they may include personal security, an efficient cooperative system of production a nd exchange, or the creation of conditions under which individuals can be responsible for the lives they lead. Any or all of these are possible functions of law, but none is necessary to the concept of law. Whatever ends it serves, however, the distinctive feature of law according to most positivists is that it serves these ends through rules that purport to guide conduct. Law guides conduct by offering reasons for action." COLEMAN, Jules. *The practice of principle: in defense of a pragmatist approach to legal theory*, 2001c, p. 101.

[501] Uma avaliação mais abrangente é encontrada em POSTEMA, Gerald. *Legal philosophy in the twentieth century: the common law world*, 2011a, p. 514 et seq.; CAMPBELL, Joseph Keim; O'ROURKE, Michael; SHIER, David (Eds.). *Law and social justice*. Cambridge: MIT Press, 2005. (Topics in contemporary philosophy); BIX, Brian. *Analyzing law*: new essays in legal theory, Oxford: Clarendon, 1998.

Para Coleman, Dworkin acolhe uma definição equivocada de regra convencional, uma vez que assumiria que o mero comportamento convergente dos agentes seria capaz de determinar completamente o seu conteúdo normativo. Por esse motivo, segundo Coleman, Dworkin teria concluído que não seria possível haver desacordos teóricos sobre a regra convencional. Afinal, o desacordo seria a direta expressão da inexistência de uma convenção. Porém, Coleman argumenta que "o comportamento convergente estabelece a regra, mas não determina completamente o seu conteúdo, nem tampouco o objetivo [*scope*] das obrigações que a regra visa impor"[502].

Vários autores (entre os quais Dworkin e Postema[503]) chamaram a atenção para o caráter obscuro dessa afirmação. Por um lado, conforme aponta Postema, ele talvez pretendesse afirmar que os participantes compartilham um compromisso, "*seguir adiante*", na medida em que haveria uma regra implícita (*embedded*) na prática. Nesse caso, os agentes não formulariam a regra da mesma maneira, o que daria ensejo a desacordos sobre o modo como aplicar a regra em casos futuros, e o comportamento convergente seria apenas um mecanismo útil que poderia "nos ajudar a identificar qual regra está sendo praticada" e, dessa forma, permitir "a eliminação da vasta maioria de potenciais candidatos, mesmo que isso não resolva a disputa para algum dos candidatos"[504].

De qualquer modo, Coleman admite que as formulações das regras não poderiam ser excessivamente divergentes para que se pudesse dizer que os agentes estariam compartilhando da mesma regra. As regras sociais seriam quadros de interação que dependeriam que as intenções compartilhadas somente fossem estabelecidas na medida em que os

502 COLEMAN, Jules. *The practice of principle: in defense of a pragmatist approach to legal theory*, 2001c, p. 83, tradução minha. No original: "The convergent behavior fixes the rule, but does not determine its content; nor does the range of convergent behavior determine the scope of obligations the rule purports to impose".

503 POSTEMA, Gerald. *Legal philosophy in the twentieth century: the common law world*, 2011a, p. 505; DWORKIN, Ronald. *Thirty years on*, 2006i.

504 COLEMAN, Jules. *The practice of principle: in defense of a pragmatist approach to legal theory*, 2001c, p. 81, tradução minha. No original: "can help us to identify which rule is being practiced"; "to eliminate the vast majority of potential candidates even if it does not fix beyond dispute on a single candidate".

agentes seguissem a regra. Elas são "parâmetros dentro dos quais os termos de interação em curso são negociados ou se desenvolvem"[505]. Vejamos agora como Dworkin também recusa a explicação de Coleman para a possibilidade dos desacordos sobre as regras convencionais.

Dworkin apresenta uma resposta abrangente a Coleman numa resenha que faz de *The Practice of Principle*, posteriormente publicada como artigo, denominado "Thirty Years On"[506]. Nela, Dworkin conclui que a defesa do positivismo inclusivo de Coleman acaba sendo uma rendição e termina por produzir uma teoria do direito antipositivista (*his actual account is so stunningly like my own*)[507]. Para Dworkin, o uso que Coleman faz do conceito de convenção fracassa em seus propósitos de explicar os desacordos teóricos. Isso ocorre seja porque ele trivializa o conceito, tornando-o inútil, seja porque uma *convenção* não precisa ser uma *atividade cooperativa compartilhada* e um *sistema jurídico* não precisa (no sentido de ser uma verdade conceitual) depender da cooperação completa.

Insisti no fato de que Dworkin defendeu em seus textos a ideia de que o conteúdo do direito não pode ser determinado apenas em função dos comportamentos convergentes dos juristas, visto que são comuns os desacordos teóricos entre eles. Tais desacordos somente são resolvidos por meio de considerações morais e de raciocínio moral. Ademais, quando os desacordos são profundos, eles envolvem argumentos e justificativas sobre o propósito (*point*) fundamental do próprio direito. Para ele, radicado numa *hipótese política* (ou numa concepção de justiça). Essa concepção, contudo, em muito se assemelharia à descrição do direito defendida por Coleman e exposta anteriormente. Dworkin cita uma passagem de *The Practice of Principle* em que se afirma que:

505 Coleman, Jules. *The practice of principle: in defense of a pragmatist approach to legal theory*, 2001c, p. 80, nota 12, tradução minha. No original: "parameters within which the terms of ongoing interaction are negotiated or evolve".

506 Dworkin, Ronald. Thirty years on: review of Jules Coleman The Practice of Principle. *Harvard Law Review*, Cambridge, v. 115, n. 6, p. 1655-1687, Apr. 2002d. Republicado como Dworkin, Ronald. *Thirty years on*, 2006i.

507 "Inclusive Positivism is worst: it not positivism at all, but only an attempt to keep the name 'positivism' for a conception of law and legal practice that is entirely alien to positivism." Dworkin, Ronald. *Thirty years on*, 2006i, p. 187-188.

> O quadro [*framework*] é criado e sustentado pelo comportamento dos participantes, mas o conteúdo das regras que constituem a prática não. As regras são resultado de negociações em curso. Desse modo, pode haver desacordo a respeito de seu conteúdo — desacordo, além disso, que é substantivo e importante e que, dado o quadro, pode ser estabelecido por um apelo a um argumento moral substantivo sobre o modo como alguém deve [*ought to*] proceder e pode trazer discussões a respeito do objetivo [*point*] da prática.[508]

Acrescenta, ainda, que, segundo Coleman, as partes em conflito com frequência apresentam diferentes concepções da própria prática na qual participam, as quais, conforme salientei anteriormente, "apelam para diferentes ideias a respeito do seu objetivo [*point*] ou da sua função. Ao fazer isso, eles podem produzir argumentos morais substantivos."[509] Para Dworkin, essas conclusões não se coadunam com uma explicação coerentemente convencionalista das práticas sociais e do direito.

Para Coleman, o ponto central do positivismo é a tese de que os critérios para o direito são — e precisam — ser convencionais. A questão importante consiste em como compreender tal observação. Isso porque, se o seu significado fosse o de que os entendimentos entre os juristas são importantes para o funcionamento de sistema jurídicos complexos, então ele seria trivial e incontroverso[510]. Caso se afirmasse que tais enten-

[508] Coleman, Jules. *The practice of principle: in defense of a pragmatist approach to legal theory*, 2001c, p. 99, tradução minha. No original: "The framework is created and sustained by the behavior of participants, but the content of the rules that constitute the practice is not. The rules are the result of ongoing negotiations. Thus there may well be disagreement about their content—disagreement, moreover, that is substantive and important, and which, given the framework, might well be settled by an appeal to substantive moral argument about how one ought to proceed, and that may invite discussion about the point of the practice".

[509] Coleman, Jules. *The practice of principle: in defense of a pragmatist approach to legal theory*, 2001c, p. 158, apud Dworkin, Ronald, *Thirty years on*, 2006i, p. 189, tradução minha. No original: "appeal to differing ideas of its point or function. In doing so, they may make substantive moral arguments".

[510] Dworkin, Ronald. *Thirty years on*, 2006i, p. 189. Em sentido semelhante, sobre a função uniformizadora da dogmática jurídica nos entendimentos e nas práticas jurídicas, ver Faria, José Eduardo (Org.). *Direito e globalização econômica*: implicações e perspectivas. São Paulo: Malheiros, 1996.

dimentos comuns são convencionais, o seu sentido seria um pouco mais controvertido, mas não chegaria a ser surpreendente. Mas não é isso que ele quer dizer. Dworkin afirma que a postulação de Coleman "é poderosa porque insiste na tese muito mais forte de que os critérios do direito são exauridos por convenções: que raciocínios jurídicos válidos consistem apenas em aplicações de convenções jurídicas especiais para circunstâncias fáticas particulares"[511]. Em outras palavras, o *convencionalismo estrito* ou forte é o único que poderia trazer um potencial explicativo importante para a teoria do direito[512]. O desafio que se coloca é saber se tal compreensão do convencionalismo é plausível e consistente.

O convencionalismo de Coleman compartilha os pontos centrais da teoria hartiana segundo a qual a regra de reconhecimento é convencional (é *aceita*) e constitui-se na condição necessária e suficiente para a identificação das proposições jurídicas. Contudo, Dworkin corretamente observa que tal proposição é contraditória com o argumento contido na citação anterior, segundo a qual juristas e juízes "muitas vezes discordam a respeito do que o direito é de maneiras que refletem um desacordo moral que inclui um desacordo a respeito do próprio objetivo [*point*] das instituições jurídicas"[513]. Afinal, "convenção é construída no consenso, não no desacordo"[514].

Para recuperar o conceito básico de convenção, Dworkin retoma o caso paradigmático da convenção de que os veículos devem trafegar pelo lado direito em ruas de mão dupla. Uma convenção existe quando uma parcela majoritária dos agentes segue esse padrão de dirigir do lado direito e critica os que assim não fazem. Eles supõem que a convenção é uma parte essencial da razão para dirigir do lado direito. Isto é, as pessoas

[511] DWORKIN, Ronald. *Thirty years on*, 2006i, p. 190-191, tradução minha. No original: "is powerful because it insists on the much stronger thesis that the criteria of law are exhausted by conventions: that valid legal reasoning consists only of the application of special legal conventions to particular factual circumstances".

[512] Cfr. Capítulo II deste trabalho.

[513] DWORKIN, Ronald. *Thirty years on*, 2006i, p. 190, tradução minha. No original: "often disagree about what the law is in ways that reflect moral disagreement including disagreement about the very point of legal institutions".

[514] DWORKIN, Ronald. *Thirty years on*, 2006i, p. 191, tradução minha. No original: "convention is built on consensus, not on disagreement".

agem assim porque a maioria dos demais também o faz[515]. Quando um grupo discorda no momento de definir qual é o comportamento correto, é porque eles não possuem uma convenção.

O convencionalismo de Coleman procura explicar como seria possível aos juízes seguirem uma convenção sobre o critério de identificação do que é uma regra jurídica, exigido pelo direito, mesmo quando eles divergem sobre o que é exigido. Dworkin identifica duas estratégias fracassadas seguidas por Coleman. A primeira é a *estratégia da abstração* e a segunda é a *estratégia de afirmar que a interpretação judicial é um tipo de convenção*. A estratégia da abstração está baseada na distinção feita por Coleman entre dois tipos de desacordo. Segundo Coleman, os agentes podem discordar sobre o *conteúdo de uma convenção* (*i.e.*, sobre o que são as regras da convenção) ou sobre a *aplicação da regra convencional* a um caso particular[516].

Dworkin apresentou uma primeira refutação dessa distinção em sua "Reply by Ronald Dworkin", de 1983, ao texto *Negative and Positive Positivism*, caracterizando-a como *duvidosa* (*doubtful*)[517]. Coleman reagiu a tal

[515] Dworkin, Ronald. *Thirty years on*, 2006i, p. 191.

[516] Coleman afirma: "Dworkin's argument misses the important difference between what the rule is and what falls under it. Judges may agree about what the rule is but disagree with one another over what the rule requires. They could not disagree in every case or even in most cases, since such broad and widespread disagreement would render unintelligible their claim to be applying or following the same rule. Nevertheless, judges can disagree in some significant set of controversial cases, without in the process abandoning their agreement about what the rule is. It hardly follows from the fact that judges disagree about some of the demands of morality that they also disagree about whether the rule governing their behavior requires that they resolve disputes by determining what morality demands. In short, some disagreement about a rule's requirements is not incompatible with the rule's conventionality". Coleman, Jules. *The practice of principle: in defense of a pragmatist approach to legal theory*, 2001c, p. 116-117.

[517] Dworkin, Ronald, *A reply by Ronald Dworkin*, 1983a, p. 253. Lá ele apresentava um argumento semelhante, ainda que menos elaborado do que o que veio a oferecer em sua resenha ao livro de Coleman, afirmando que: "He [Coleman] says there is a difference between *controversy about what the reigning convention, properly understood, really is*, and controversy about *what follows from the reigning convention*, and he seems to think that controversy of the former sort poses a greater problem for law-as-convention. *This is a doubtful distinction.* If American judges disagree about whether they have the power to overrule congressional statutes they deem offensive to the Constitution, then we might report

crítica, insistindo que ela era filosoficamente esclarecedora e, em certa medida, quase trivial. Segundo Coleman,

> é simplesmente errado sugerir que não existe nenhuma distinção significativa entre *aplicação* e *conteúdo*. Às vezes você e eu podemos discordar a respeito de qual é a regra que nós estamos supostamente seguindo; noutras vezes nós sabemos perfeitamente bem qual é regra, mas discordamos quanto ao que ela exige de nós. O único ponto substantivo de Dworkin parece ser que nós sempre podemos descrever o mesmo desacordo alternativamente como um *desacordo a respeito da regra* ou um *desacordo a respeito da sua aplicação*. Mas mesmo isso parece pressupor, em vez de enfraquecer, a legitimidade dessa distinção. Dworkin quer dizer que essa distinção é inútil? Isso é simplesmente falso. Mesmo que fosse logicamente possível descrever qualquer desacordo a respeito de uma regra ou como um desacordo a respeito de seu *conteúdo* ou a respeito de sua *aplicação*, disso não se segue que os dois tipos de descrição seriam sempre igualmente adequados.[518]

this disagreement in either of the two ways. We might say either that they disagree about whether there is a convention that they have that power, or that they agree on a more abstract convention to the effect that judges have all but only he powers given to them by the best interpretation of the constitution, but disagree about whether it follows from that more abstract convention that they have the particular power in question. Neither their judicial nor their linguistic behavior would force us to choose one rather than the other of these descriptions". Grifos meus.

[518] COLEMAN, Jules. *The practice of principle: in defense of a pragmatist approach to legal theory*, 2001c, p. 116, grifos meus, tradução minha. No original: "It is plainly wrong to suggest that there is in general no meaningful distinction between application and content. Sometimes you and I may disagree about what the rule we are supposed to be following is; at other times we know perfectly well what the rule is, but disagree about what it requires of us. Dworkin's only substantive point seems to be that we can always describe the same disagreement alternately as a disagreement about the rule or a disagreement about its application. But even that seems to pre-suppose, rather than to undermine, the legitimacy of the distinction. Does Dworkin mean that the distinction can do no work? That is simply false. Even if it did turnout to be logically possible to describe any disagreement about a rule as a disagreement either about its content or about its application, it hardly follows that the two kinds of descriptions would be equally apt all the time".

Para Coleman, é fundamental insistir na relevância da distinção[519], visto que ele admite que, se os juízes discordassem sistematicamente sobre o conteúdo das regras que eles deveriam seguir, então o convencionalismo jurídico não atenderia ao *desafio dworkiniano* e não seria capaz de explicar os desacordos teóricos. Isso porque, como insistiu várias vezes Dworkin, o desacordo seria a prova de que inexistiria uma convenção. Nesse caso, portanto, seria obrigatório reconhecer que a regra de reconhecimento seria normativa num sentido moral, e não uma exclusiva regra social.

Dworkin tem o maior cuidado, em "Thirty Years On", de esclarecer as razões de sua crítica à distinção proposta por Coleman, afirmando que há casos nos quais a distinção entre *conteúdo* e *aplicação* é bastante clara e que, portanto, é possível afirmar que há desacordos sobre a aplicação de uma regra. O seu novo esforço é esclarecedor e merece atenção em face da longa controvérsia filosófica que está em questão. Ele mesmo fornece um exemplo envolvendo juízes de uma câmara que decidem terminar diariamente a sessão de julgamento até as sete da noite, mas que podem discordar sobre qual é o horário. Nesse caso, eles estariam discordando sobre a *aplicação da convenção*, e não sobre o *conteúdo da convenção*. Seria possível encontrar inúmeros casos análogos nos quais juízes podem ter conflitos sobre *aplicação* de regras.

O problema, contudo, reside nos tipos de desacordo que Coleman quer caracterizar como meros desacordos sobre aplicação. Dworkin oferece um novo exemplo desse tipo de desacordo, o qual não é aceitável considerar como desacordo de aplicação. Nele, juízes de um tribunal aceitam convencionalmente que devem acolher decisões dos tribunais

519 "if we accept this perfectly natural and common distinction, by treating some disagreements concerning the rule of recognition as 'application' rather than as 'content' disagreements, we gain many theoretical advantages. We may coherently maintain both that moral principles can be law in virtue of their merits, and the conventionality thesis; this in turn, I have argued, offers the noteworthy advantage of enabling us to explain the possibility of law by appealing to social facts. Again, I insist that one has to choose among incompatible but equally coherent interpretations by appealing to the norms that govern theory construction, which are themselves grounded in the theoretical interest in securing as full and comprehensive an understanding of legal practice as possible". COLEMAN, Jules. *The practice of principle: in defense of a pragmatist approach to legal theory*, 2001c, p. 117.

superiores, mas discordam sobre o dever de seguir suas próprias decisões passadas. Nesse caso, poderíamos dizer que esses juízes não compartilham uma convenção sobre a obrigatoriedade de seguir suas próprias decisões pretéritas. Para Dworkin, seria possível seguir uma *estratégia de abstração* que permitiria continuar a classificar esse desacordo como de aplicação. O argumento não é novo e já surgira em *O império do direito*, conforme visto no segundo capítulo deste livro. Segundo ele, "nós poderíamos redescrever a sua convenção em termos morais abstratos; nós poderíamos dizer, por exemplo, que eles compartilham uma convenção que requer que eles sigam precedentes em circunstâncias em que seria, tudo considerado, 'correto' ou 'adequado' ou 'desejável' que eles fizessem isso"[520]. Nesse caso, ele discordaria sobre a correta aplicação num nível mais abstrato de convenção, no qual apareceria o conceito de "correta" ou "desejável" aplicação.

Aqui a objeção de Dworkin ganha mais força e concretude. Isso porque a *estratégia de abstração* permitiria a conversão de qualquer desacordo sobre uma regra convencional num desacordo de aplicação de outra regra convencional mais geral e mais abstrata que compartilhem. Se aplicássemos a mesma estratégia para o exemplo da convenção sobre a mão direita de direção dos veículos, poderíamos afirmar que o desacordo sobre mudar de mão poderia ser compreendido como um desacordo sobre a aplicação da convenção acerca do melhor modo de *dirigir*.

Dworkin destaca acertadamente que Coleman procura interpretar desacordos desse tipo (que ele denomina de *desacordos teóricos*, em oposição a *desacordos empíricos*), comuns no campo jurídico, por meio da estratégia da abstração. O próprio Coleman oferece uma explicação (transcrita por Dworkin) desse tipo, ao afirmar que:

> Uma regra de reconhecimento que afirma que algumas normas são direito [*law*] *porque* elas expressam dimensões de justiça ou equidade trata a moralidade como condição suficiente de legalidade. Cláusulas como a que protege

[520] DWORKIN, Ronald. *Thirty years on*, 2006i, p. 192, tradução minha. No original: "we could re-describe their convention in abstract moral terms; we might say, for example, that they share a convention that requires them to follow precedent in circumstances when it would be 'right' or 'proper' or 'desirable', all things considered, for them to do so".

> a igualdade da 14ª Emenda à Constituição dos Estados Unidos ou disposições similares da Carta Canadense são, supostamente, aspectos das regras de reconhecimento que tratam certas características da moralidade de uma norma como uma condição necessária da sua legalidade. Por outro lado, o princípio 'nenhum homem pode se beneficiar da sua própria torpeza' pode ser pensado como direito porque ele expressa uma dimensão da justiça ou da equidade, caso em que expressá-la parece ser suficiente para a sua legalidade.[521]

O excerto revela que, para Coleman, desacordos sobre a *Equal Protection Clause* são *desacordos sobre a aplicação* de convenções morais abstratas. Por igual motivo, os desacordos morais comuns existentes nos tribunais superiores deveriam também ser vistos como desacordos de aplicação. Poderíamos dizer também que até mesmo em casos como *TVA v. Hill* o desacordo entre os *justices* Burger e Powell seria apenas um *desacordo de aplicação* sobre a "correta concepção" de direito! Pelos mesmos motivos, as divergências entre as opiniões majoritárias da Suprema Corte americana nos casos *Plessy v. Ferguson* (1896) e *Brown v. Board of Education* (1954) seriam também meros *desacordos de aplicação*.

A conclusão de Dworkin é que Coleman usa a *estratégia da abstração* para trivializar o positivismo e, de certa forma, esvaziar o próprio convencionalismo. Ele indica três formas pelas quais isso é feito. Em primeiro lugar, "já que não há limites para o nível de abstração de uma convenção que podemos [*may*] atribuir a advogados, nós podemos [*can*] usar a estratégia de considerar qualquer prática jurídica como convencional,

[521] Coleman, Jules. *The practice of principle: in defense of a pragmatist approach to legal theory*, 2001c, p. 192, apud Dworkin em Dworkin, Ronald. *Thirty years on*, 2006i, p. 192, tradução minha. No original: "A rule of recognition that claims that certain norms are law because they express a dimension of justice or fairness treats morality as a sufficient condition of legality. Clauses like the equal protection clause of the 14th Amendment to the United States Constitution or similar provisions in the Canadian Charter are, arguably, instances of rules of recognition that treat certain features of the morality of a norm as a necessary condition of its legality. On the other hand, the principle 'No man should profit from his own wrongdoing' might be thought to be law because it expresses a dimension of justice or fairness, in which case its doing so appears to be sufficient for its legality".

não importando o quanto ela pareça desafiar os requisitos tradicionais do positivismo"[522].

Em segundo lugar, "o positivismo resgatado dessa maneira não pode mais afirmar que mostra o que é distintivo do direito e do raciocínio jurídico, porque, uma vez que aceitamos a estratégia, podemos facilmente considerar quaisquer práticas morais de uma comunidade como baseadas em convenções do mesmo jeito"[523]. Afinal, embora os norte-americanos discordem sobre diversos temas morais, eles concordam que as pessoas devem "agir corretamente" e "com justiça". Evidentemente essa crítica de Dworkin tem como pano de fundo a visão de que Coleman é vítima de uma confusão conceitual ao não perceber que esses conceitos são *interpretativos*, e não *criteriais*. Apenas o significado destes últimos pode ser determinado convencionalmente e pelo mero uso compartilhado[524].

Em terceiro lugar, "a estratégia elimina a própria ideia de convenção"[525]. Isso porque uma convenção, por definição, existe quando pessoas agem de forma convergente e tomam esse mesmo comportamento como razão parcial de suas ações. Em outras palavras, o critério de correção da ação

[522] Dworkin, Ronald. *Thirty years on*, 2006i, p. 193, tradução minha. No original: "since there is no limit to how abstract a convention we may attribute to lawyers, we can use the strategy to count any legal practice as conventional no matter how much it seems to defy positivism's traditional requirements". Continua: "Imagine a community whose judges agree only that they should decide cases in the 'proper' or 'desirable' or 'fair' way, but disagree radically about which methods of finding law result in proper or fair or desirable decisions, because they disagree radically about what is proper or desirable or fair. According to the abstraction strategy, their practice satisfies positivism's test for a legal system, because they share a conventional rule of recognition—the abstract moral rule that whatever is proper or fair or desirable is law—and disagree only about the application of that supposedly conventional rule to particular cases".

[523] Dworkin, Ronald. *Thirty years on*, 2006i, p. 193, tradução minha. No original: "positivism rescued in this way can no longer claim to show what is distinctive about law and legal reasoning, because once we accept the strategy we can easily regard any community's moral practices as resting on convention in the same way".

[524] Cfr. Dworkin, Ronald, *Law and morals*, 2006f; Dworkin, Ronald, *Hart's postscript and the character of political philosophy*, 2006c; Dworkin, Ronald, *Justice for hedgehogs*, 2011, em especial p. 123-190.

[525] Dworkin, Ronald. *Thirty years on*, 2006i, p. 193-194, tradução minha. No original: "the strategy eviscerates the idea of convention itself".

é fixado *exclusivamente* pela prática social dos agentes, dispensando qualquer *interpretação valorativa*. Dworkin discorda disso, mas é por isso mesmo que ele recusa o positivismo jurídico. Afinal, "é implausível pensar que a convicção de todo juiz de que ele deve [*ought to*] decidir casos de uma maneira 'adequada' [*proper*] depende de um comportamento convergente dos outros juízes. Um juiz pensaria que ele deve [*should*] decidir o caso de uma maneira adequada independentemente do que os outros juízes pensam ou façam. Qual é a alternativa? Decidir inadequadamente?"[526].

A consequência desse argumento é que, ainda que Coleman não pretendesse levar a estratégia da abstração a um grau tão elevado, "uma vez que ele tenha dado o primeiro passo na escada da abstração — já que ele declara que qualquer disputa em particular a respeito dos padrões adequados para a identificação do direito é na verdade uma disputa a respeito da correta aplicação de uma convenção mais abstrata —, ele não tem mais como limitar o grau de abstração da estratégia que ele pode usar"[527]. Por outro lado, o exemplo fornecido pelo próprio Coleman parece sugerir o contrário, visto que ele de fato estaria aberto a empregá-lo para descrever desacordos sobre a *Equal Protection Clause*. Seria um equívoco afirmar que os juízes reconhecem que a validade das leis depende de testes morais e apenas discordam sobre quais seriam tais testes. Na realidade, a própria afirmação de que o direito depende de convenções morais é altamente controversa e rejeitada por ministros da Suprema Corte norte-americana e juristas em geral. O desacordo entre os defensores de uma leitura moral e as interpretações "convencionalistas" que afirmam que os fatos convencionais do passado devem regular o futuro constitui-se num dos temas

[526] DWORKIN, Ronald. *Thirty years on*, 2006i, p. 193-194, tradução minha. No original: "But it is implausible to think that any judge's conviction that he ought to decide cases in a 'proper' way depends on the convergent behavior of other judges. A judge would think he should decide in a proper way whatever other judges do or think. What is the alternative? Deciding improperly?".

[527] DWORKIN, Ronald. *Thirty years on*, 2006i, p. 194, tradução minha. No original: "once he takes the first step up the ladder of abstraction—once he declares that any particular dispute about the proper standards for identifying law is actually a dispute about the correct application of a more abstract convention—he has no way of limiting the degree of abstraction the strategy might use".

que mais acirradamente dividem os juízes, não apenas nos Estados Unidos, como na maioria das democracias contemporâneas.

A segunda estratégia seguida por Coleman para explicar os desacordos afirma que "o empreendimento judicial em qualquer comunidade que tenha direito é ele mesmo um tipo de convenção"[528]. Nesse caso, o direito tem um fundamento convencional não por haver aceitação de uma regra de reconhecimento que é convencional, mas porque as autoridades aceitam que a sua própria atividade é uma atividade cooperativa compartilhada. Assim, conforme visto, as atividades dos juízes envolveriam *mútua responsividade*, compromisso com uma atividade conjunta e compromisso com o apoio mútuo. Em razão disso, os desacordos entre os juízes (inclusive os que envolvem argumentos morais substantivos) seriam consistentes com a regra de reconhecimento, porque suas atividades seriam convencionais, isto é, "a sua existência não depende de argumentos oferecidos em seu favor, mas sim do fato de serem praticados — do fato de indivíduos exibirem as atitudes constitutivas de intenções compartilhadas"[529]. Em síntese, o fato de que as atividades dos juízes são descritas como atividades cooperativas compartilhadas — e, portanto, convencionais — daria a resposta às objeções dworkinianas.

Dworkin mostra de forma convincente como tal resposta fracassa. Em primeiro lugar, ele destaca que até mesmo os exemplos canônicos de Coleman do que seria uma *atividade cooperativa compartilhada*, como "andar junto", não constituem ou envolvem necessariamente uma convenção. Assim, duas pessoas que andam juntas podem adotar convenções (que o homem deve andar do lado da rua na calçada, por exemplo), mas isso não é necessário. Ademais, se não o fazem, isso não significa que necessariamente não estão engajados numa atividade, são indiferentes às intenções dos outros ou estão descomprometidos com o projeto (mútua

[528] Dworkin, Ronald. *Thirty years on*, 2006i, p. 195, grifo do original, tradução minha. No original: "judicial enterprise in any community that has law at all, is itself kind of convention".

[529] Coleman, Jules. *The practice of principle: in defense of a pragmatist approach to legal theory*, 2001c, p. 158, tradução minha. No original: "Its existence does not depend on the arguments offered on its behalf but rather on its being practiced—on the fact that individuals display the attitudes constitutive of shared intentions".

responsividade, compromisso com uma atividade conjunta e compromisso com o apoio mútuo). Eles podem precisar se comunicar e ajustar seus comportamentos em face do que o outro faz, contudo nem por isso a atividade que praticam é necessariamente convencional. Desse modo, "cada parte de uma atividade cooperativa compartilhada pode julgar por si mesma o que é apropriado para ela fazer a cada momento, dado o que as outras estejam fazendo e sem nenhuma orientação de qualquer convenção constituída pelo comportamento passado ou pelo comportamento esperado de outras pessoas"[530].

Em segundo lugar, Dworkin rejeita a ideia de que "é uma *verdade conceitual* a respeito do direito que as autoridades precisam [*must*] coordenar seu comportamento umas com as outras de várias maneiras que são responsivas com as intenções e com as ações de outros"[531]. Isso porque essa descrição altamente abstrata se ajustaria a praticamente toda forma de vida social. Afinal, "pessoas que se consideram morais também aceitam que elas devem coordenar seus comportamentos com os de outras pessoas 'de várias maneiras', mesmo que elas discordem a respeito do que o comprometimento abstrato realmente exige"[532]. Um exemplo disso pode ser encontrado na forma como os juízes em geral (e os americanos em particular, que Dworkin toma como exemplo) divergem profundamente sobre o objetivo (*point*) que querem emprestar ao direito. Uns pretendem torná-lo mais eficiente, outros reduzir a desigualdade, outros proteger as liberdades, etc. Nesse sentido, eles estão "mais divididos do

[530] Dworkin, Ronald. *Thirty years on*, 2006i, p. 196, tradução minha. No original: "Each party to a shared cooperative activity may judge for himself what is appropriate for him to do at each moment, given what others are doing, and with no guidance from any convention constituted by other people's past or expected behavior".

[531] Coleman, Jules. *The practice of principle: in defense of a pragmatist approach to legal theory*, 2001c, p. 98, tradução minha. No original: "it is a conceptual truth about law that officials must coordinate their behavior with one another in various ways that are responsive to the intentions and actions of others".

[532] Dworkin, Ronald. *Thirty years on*, 2006i, p. 196, grifo do original, tradução minha. No original: "people who take themselves to be moral also accept that they must coordinate their behavior with others 'in various ways' even though they disagree about what that abstract commitment actually requires". Ademais, as exigências de Bratman para a caracterização de uma atividade cooperativa compartilhadas seriam empíricas, e não conceituais.

que unidos por essas ambições. Eles caminham e constroem suas casas sozinhos ou em partes [*in parties*] mas não conjuntamente"[533].

I.4. Excurso filosófico sobre Coleman e Dworkin e o sentido de *seguir a regra*

Conforme apontei anteriormente, o debate sobre os limites e as virtudes do convencionalismo jurídico assume feições técnicas e bastante abstratas. Isso em parte se deve ao fato de relacionar-se diretamente ao debate sobre convencionalismo filosófico, que tem ocupado um lugar destacado no seio da filosofia analítica, em particular aquela formada após a *virada linguística*. Para além dos aspectos já discutidos com base na perspectiva filosófica de David Lewis e Michael Bratman, dentre outros, um dos temas de conexão da agenda do convencionalismo filosófico se refere ao tipo de *relação que se pode estabelecer entre uma convenção e a regra que a constitui, bem como ao grau de determinação dessa mesma regra.*

Coleman apresenta um argumento filosófico acerca da relação entre uma convenção e uma regra e entende aí residir um erro filosófico comum a diversos críticos do positivismo, notadamente Dworkin. Segundo ele, "é comum ser dito, erradamente, que, porque a regra de reconhecimento é uma regra convencional, o seu *conteúdo* é constituído pelo comportamento das autoridades"[534]. Desse modo, "a visão padrão, implícita em quase todos os escritos sobre o assunto, é a de que, porque a regra depende de comportamento convergente para a sua existência como uma regra reguladora, seu conteúdo é determinado completamente por esse comportamento"[535]. Para ele, esse ponto é importante visto que muitas

[533] Dworkin, Ronald. *Thirty years on*, 2006i, p. 196, tradução minha. No original: "more divided than united by these ambitions. They take their walks and build their houses alone or in parties not all together".

[534] Coleman, Jules. *The practice of principle: in defense of a pragmatist approach to legal theory*, 2001c, p. 79, tradução minha. No original: "It is often said, mistakenly, that because the rule of recognition is a social or conventional rule, its *content* is constituted by the behavior of officials".

[535] Coleman, Jules. *The practice of principle: in defense of a pragmatist approach to legal theory*, 2001c, p. 79, tradução minha. No original: "the standard view, implicit in almost all writing on the subject, is that because the rule depends on convergent behavior for its existence as a regulative rule, its content is determined fully by that behavior".

críticas à caracterização da regra de reconhecimento como uma regra convencional aceitaram essa pressuposição filosófica errônea. Isso porque, se o conteúdo da regra é *completamente determinado* pelo comportamento convergente, então as obrigações que a regra de reconhecimento cria se limitam aos casos em que há comportamento convergente. Não seria possível dar um sentido à regra que ultrapassasse o limite do que já foi o comportamento no passado. Ademais, nenhum comportamento poderia ser dito violador da regra, o que, em última instância, significaria a inexistência de uma regra, já que estaria ausente a ideia de bipolaridade, isto é, a possibilidade de um comportamento seguir a regra ou não.

Segundo Coleman, Dworkin acolhe esse "infeliz argumento", uma vez que, apesar de "observar corretamente que ser praticada é uma condição de existência de uma regra social, ele entende que isso quer dizer que a convergência do comportamento determina completamente o conteúdo de uma regra e, desse modo, delimita o escopo da obrigação que ela impõe"[536]. Dworkin teria incorrido num *erro filosófico* que tem um lugar central na história da filosofia da linguagem contemporânea. Para Coleman, "é essa interpretação errada a respeito da relação entre a regra e a prática que a objeção de Dworkin procura explorar"[537]. Desse modo, o erro filosófico básico residiria em supor que o conteúdo semântico da regra de reconhecimento é determinado pelo comportamento convergente e, assim, não compreender que a prática das autoridades consiste em *seguir uma regra*, na acepção wittgensteiniana do conceito.

A referência de Coleman às *Investigações filosóficas* de Wittgenstein é expressa na seguinte passagem do texto. Para Wittgenstein, segundo Coleman, "um padrão de comportamento não pode jamais determinar completamente o conteúdo de uma regra, porque qualquer padrão de comportamento é consistente com um número indefinido de regras dife-

536 COLEMAN, Jules. *The practice of principle: in defense of a pragmatist approach to legal theory*, 2001c, p. 79, nota 10, tradução minha. No original: "rightly notes that being practiced is an existence condition of a social rule, he takes this to mean that the convergence of behavior fully determines the content of the rule and, thus, delimits the scope of the obligations it imposes".

537 COLEMAN, Jules. *The practice of principle: in defense of a pragmatist approach to legal theory*, 2001c, p. 79, nota 10, tradução minha. No original: "It is this mistaken interpretation of the relationship between rule and practice that Dworkin's objection seeks to exploit".

rentes, cada qual 'cobre' comportamentos pretéritos e assim cada qual poderia resultar em um comportamento futuro diferente"[538]. Por esse motivo, "se somente o comportamento determinou a regra, então a regra seria tão indeterminada que qualquer curso futuro de comportamento seria consistente com ele — que seria o mesmo que dizer que não existe nenhuma regra"[539].

O ponto central de Coleman é que, "ao dizer que existe uma *prática* das autoridades de aderir e de se conformar a certos critérios como constitutivos da classe 'direito', queremos afirmar mais do que que os seus comportamentos convergem ao aplicar esses critérios"[540]. Esse ponto marca a forma pela qual a normatividade da regra é reconhecida. Para ele, "a fim de que o seu comportamento constitua uma prática no sentido relevante, ele precisa [*must*] refletir uma *compreensão compartilhada* [*shared grasp*] *da regra* que eles estão aplicando.[541]. Isso permitiria a projeção do significado da regra para situações futuras. Em suas palavras, "a prática

[538] COLEMAN, Jules. *The practice of principle: in defense of a pragmatist approach to legal theory*, 2001c, p. 80, grifo meu, tradução minha. No original: "a pattern of behavior can never fully determine the content of a rule, because any pattern of behavior is consistent with an indefinite number of different rules, each of which 'covers' past behavior, yet each of which would result in different future behavior". Apesar de Coleman não fazer qualquer indicação precisa da passagem das *Investigações filosóficas* à qual se reporta, parece-me evidente que esta seria o parágrafo 202 — "And hence also 'obeying a rule' is a practice. And to *think* one is obeying a rule is not to obey a rule. Hence it is not possible to obey a rule 'privately': otherwise thinking one was obeying a rule would be the same thing as obeying it". WITTGENSTEIN, Ludwig, 2009.

[539] COLEMAN, Jules. *The practice of principle: in defense of a pragmatist approach to legal theory*, 2001c, p. 80, tradução minha. No original: "If the behavior alone determined the rule, then the rule would be so indeterminate that any future course of behavior would be consistent with it—which is to say that there would be no rule at all". Em nota de rodapé, Coleman chama a atenção para a semelhanca desse argumento de Wittgenstein com o argumento defendido por Nelson Goodman em GOODMAN, Nelson. *Fact, fiction and forecast*. 4th ed. Cambridge, USA: Harvard University Press, 1983.

[540] COLEMAN, Jules. *The practice of principle: in defense of a pragmatist approach to legal theory*, 2001c, p. 80, tradução minha. No original: "in saying that there is a practice of officials of adhering and conforming to certain criteria as constitutive of the class 'law', we mean to be asserting more than that their behavior converges on applying these criteria".

[541] COLEMAN, Jules. *The practice of principle: in defense of a pragmatist approach to legal theory*, 2001c, p. 80, grifo meu, tradução minha. No original: "In order for their behavior to

exige não apenas que o comportamento passado das autoridades tenha concordado com a regra, mas também que eles *compartilhem uma compreensão [shared grasp] de como 'continuar' ou 'projetar' a regra que cobrirá futuros comportamentos*"[542]. Isso importará também que esse comportamento fixará um critério para determinar *quando se segue* e *quando se deixa de seguir uma regra.*

Para Coleman, por um lado, essa compreensão do que significa captar uma regra (*grasp a rule,* em alemão, *Auffassung*) permite compreender o motivo pelo qual os agentes, numa prática convencional (como a regra de reconhecimento), poderiam apresentar distintas formulações sobre a regra que estão seguindo. Isso seria ainda mais comum sempre que fosse demandada a especificação de todos os seus detalhes ou ainda a projeção de todos os seus efeitos para casos futuros ou hipotéticos. Por outro lado, ele observa que há um limite para esse tipo de desacordo na formulação da regra. Isso porque, "se a mesma regra está sendo seguida, então os *participantes* precisam [*must*] compartilhar compreensões [*share a grasp*] ou entendimentos da regra que são refletidos tanto em comportamento convergente quanto em entendimentos amplamente compartilhados da aplicação da regra a uma série de paradigmas e hipóteses"[543]. Dessa forma, Coleman chega à conclusão de que os agentes devem compartilhar um quadro de interação (*framework of interaction*). Assim, "em lugar de dizer que o conteúdo da regra é determinado por comportamentos convergentes, podemos dizer que o comportamento *fixa* a regra"[544]. Isso

constitute a practice in the relevant sense, it must reflect a shared grasp of the rule they are applying".

542 COLEMAN, Jules. *The practice of principle: in defense of a pragmatist approach to legal theory,* 2001c, p. 80, grifo meu, tradução minha. No original: "the practice requires not only that officials' past behavior has accorded with the rule, but also that they share a grasp of how to 'go on' or to 'project' the rule to cover future behaviors".

543 COLEMAN, Jules. *The practice of principle: in defense of a pragmatist approach to legal theory,* 2001c, p. 81, tradução minha. No original: "if the same rule is being followed, then participants must share a grasp or understanding of the rule that is reflected both in convergent behavior and in broadly shared understandings of the rule's application to a range of paradigms and hypothetical".

544 COLEMAN, Jules. *The practice of principle: in defense of a pragmatist approach to legal theory,* 2001c, p. 80, grifo do original, tradução minha. No original: "instead of saying that the content of the rule is determined by the convergent behavior, we might say that the

significa que o comportamento pode ajudar a identificar a regra e também permitir que futuros agentes dessa prática "ganhem a compreensão exigida [*requisite grasp*] de como 'prosseguir', permitindo, assim, que os sistemas jurídicos persistam ao longo do tempo"[545]. Esse argumento, porém, ao invés de robustecer a tese convencionalista, a enfraquece.

Dworkin rejeita a crítica de Coleman de que ele teria cometido o erro filosófico de pensar que "a convergência de comportamento que constitui uma convenção determina completamente o conteúdo da regra", anteriormente indicada[546]. Isso porque Coleman não teria feito uma importante distinção, o que tornaria inadequada a imputação desse erro a ele. Tal distinção é descrita a seguir. Por um lado, Dworkin concorda com a afirmação de que "a comunidade não tem uma regra convencional que exija um comportamento específico a não ser que a maioria das pessoas nessa comunidade exibam esse comportamento"[547]. Para exemplificar o ponto, poderíamos dizer que não existe uma regra estabelecendo a correta mão de direção na qual devemos conduzir nosso veículo se metade da população acredita ser a esquerda ao passo que outra metade pensa

behavior fixes the rule". Coleman adverte que deve a Scott Shapiro essa ideia, desenvolvida em Shapiro, Scott, 2011, p. 119-123.

545 Coleman, Jules. *The practice of principle: in defense of a pragmatist approach to legal theory*, 2001c, p. 80, tradução minha. No original: "gain the requisite grasp of how to 'go on', thus enabling legal systems to persist over time". "By this I mean, first, that the behavior can help us to identify which rule is being practiced; certainly it can eliminate the vast majority of potential candidates. Moreover, given the background of a common culture and language in which the capacities needed to grasp the standard interpretation of a rule are embodied the convergence of behavior can suffice to enable succeeding generations of officials to gain the requisite grasp of how to 'go on', thus enabling legal systems to persist over time." Coleman, Jules. *The practice of principle: in defense of a pragmatist approach to legal theory*, 2001c, p. 80.

546 É interessante notar que esse suposto erro filosófico atribuído a Dworkin é também, a meu ver erroneamente, associado à sua famosa tese da existência de uma resposta certa para os casos difíceis. Alguns críticos afirmam que Dworkin acredita em tal ideia por não compreender que uma regra social não pode determinar completamente o seu conteúdo, em particular em casos futuros.

547 Dworkin, Ronald. *Thirty years on*, 2006i, p. 197, tradução minha. No original: "a community does not have a conventional rule requiring specific behavior unless most people in the community exhibit that behavior".

ser a mão direita de direção e, assim, se comportem de forma indiferente a qualquer critério que não sua própria convicção. Para Dworkin, esse é o motivo que o leva a construir o centro de sua crítica ao convencionalismo jurídico e afirmar que, "se os juízes discordam fundamentalmente a respeito dos critérios para a identificação do direito [*law*] válido, então eles não compartilham a convenção que estipula critérios para a identificação do direito [*law*] válido"[548]. Por outro lado, é possível pensar que "é suficiente para uma convenção fixar uma regra particular de que há um comportamento convergente consistente com essa regra"[549]. Apesar de Coleman atribuir esse argumento a Dworkin, este rejeita tal atribuição e afirma que, nesse ponto, também acompanha a reflexão wittgensteiniana. Todavia, entende que a *lição* de Wittgenstein se aplica corretamente a um erro que incorretamente lhe é atribuído.

Dworkin propõe um exemplo com base no qual se poderia dar concretude jurídica a essa discussão filosófica. Ele imagina uma situação na qual os juízes de uma cidade sempre decidissem os casos civis em favor do partido mais antigo e sempre justificassem tal conduta pelo fato de que o vencedor é o partido mais antigo. Nesse caso, não se poderia concluir que esses juízes estariam seguindo a regra que exige que eles sempre decidam em favor do partido mais antigo. Isto porque, da mesma forma como no exemplo da sequência numérica de Wittgenstein[550], metade dos juí-

[548] Dworkin, Ronald. *Thirty years on*, 2006i, p. 197, tradução minha. No original: "if judges disagree fundamentally about the criteria for identifying valid law, then they do not share a convention that stipulates criteria for identifying valid law".

[549] Dworkin, Ronald. *Thirty years on*, 2006i, p. 197, tradução minha. No original: "it is sufficient for a convention to fix a particular rule that there is convergent behavior consistent with that rule".

[550] Cfr. Wittgenstein, Ludwig, 2009, § 185, "Let us return to our example (143). Now—judged by the usual criteria—the pupil has mastered the series of natural numbers. Next we teach him to write down other series of cardinal numbers and get him to the point of writing down series of the form: o, n, zn, 3n, etc. at an order of the form '+n'; so at the order '+i' he writes down the series of natural numbers.—Let us suppose we have done exercises and given him tests up to 1000. Now we get the pupil to continue a series (say +2) beyond 1000— and he writes 1000, 1004, 1008, 1012. We say to him: 'Look what you've done!'— Pie doesn't understand. We say: 'You were meant to add to look how you began the series!' — He answers: 'Yes, isn't it right? I thought that was how I was meant to do it'. — Or suppose he pointed to the series and said: 'But I went on in the same way'. — It

zes poderia estar seguindo essa regra (*i.e.*, sempre decidam em favor do partido mais antigo) e outra metade poderia estar seguindo outra regra — por exemplo, "sempre decidam em favor do partido mais antigo, desde que o caso seja apreciado antes de 31/12/2004".

Segundo Coleman, se os juízes compartilham uma regra convencional para identificar o direito, então, "eles precisam [*must*] tender a concordar [...] quanto a qual comportamento futuro estará de acordo com a regra e qual não estará"[551]. Ainda que possa haver alguma divergência entre as formulações das regras que estão seguindo, especialmente quando demandados a especificar todos os seus detalhes, o importante é que os juízes cheguem à mesma decisão. As diferenças nas formulações da regra não são importantes. Em suas palavras, "se a mesma regra está sendo seguida, então os participantes precisam [*must*] *compartilhar compreensões* [*share a grasp*] *ou entendimentos da regra* que está sendo refletida [...] no comportamento convergente"[552]. O problema, entretanto, é que essas formulações acabam concedendo o que Coleman depois pretende rejeitar, ou seja, "que compartilhar uma regra requer, no mínimo, compartilhar um entendimento do que a regra concreta e realmente requer em situações fáticas completamente especificadas"[553].

would now be no use to say: 'But can't you see...?' — and repeat the old examples and explanations. — In such a case we might say, perhaps: It comes natural to this person to understand our order with our explanations as we should understand the order: 'Add 2 up to 1000, 4 up to 2000, 6 up to 3000 and so on'. Such a case would present similarities with one in which a person naturally reacted to the gesture of pointing with the hand by looking in the direction of the line from finger-tip to wrist, not from wrist to finger-tip". Sobre esse ponto, ver também Hacker, P. M. S., 1996.

[551] Coleman, Jules. *The practice of principle: in defense of a pragmatist approach to legal theory*, 2001c, p. 81, apud Dworkin, Ronald. *Thirty years on*, 2006i, p. 198, tradução minha. No original: "they must tend to agree [...] on which future behavior will accord with the rule and which will not".

[552] Coleman, Jules. *The practice of principle: in defense of a pragmatist approach to legal theory*, 2001c, p. 81, apud Dworkin, Ronald. *Thirty years on*, 2006i, p. 198, grifo meu, tradução minha. No original: "if the same rule is being followed, then participants must share a grasp or understanding of the rule that is reflected [...] in convergent behavior".

[553] Dworkin, Ronald. *Thirty years on*, 2006i, p. 198, tradução minha. No original: "that sharing a rule requires at a minimum, sharing an understanding of what the rule actually and concretely requires in fully specified factual situations".

Alguns argumentos adicionais reforçam a ideia de que a aposta de Coleman e Shapiro de apresentar uma nova defesa do convencionalismo jurídico com base na teoria das atividades cooperativas compartilhadas fracassa em responder ao *desafio dworkiniano*. O primeiro ponto se refere à forma como esses autores concebem os desacordos judiciais. *Ambos desconsideram a natureza basicamente argumentativa dos desacordos judiciais*. Ao seguirem Bratman, caracterizaram a atividade cooperativa compartilhada como uma atividade conciliatória, envolvendo *negociação*. Contudo, são as práticas judiciais essencialmente assemelhadas a *negociações* e os desacordos judiciais *desacordos negociais*? Afinal, os desacordos judiciais, ainda que possam envolver algum tipo de atividade de conciliação da parte do juiz (os sistemas jurídicos costumam criar até incentivos para que o juiz possa agir muitas vezes como um conciliador ou mediador), não possuem o caráter de desacordos negociais. Desacordos e negociações podem ser explicados por ações racionais instrumentalmente orientadas. Desacordos jurídicos em geral são diferentes. O direito exige a produção de *argumentos* e *justificações*[554]. Em outras palavras, praticar o direito envolve oferecer, contrastar, expandir, restringir e rejeitar razões substantivas que produzem melhores justificativas para uma decisão. Conforme insiste Dworkin, a condição de verdade das proposições jurídicas produzidas no contexto das práticas judiciais depende de uma vasta rede de convicções, regras, princípios e razões. O direito é uma prática argumentativa, e não uma mera prática negociada de implementação de um plano[555].

Postema observa que, mesmo que pudéssemos imaginar que Coleman estaria utilizando os conceitos de negociação e transação ("*bargaining*" e "*negotiation*") de forma ampla e genérica para indicar um processo de produção de consenso por meio de uma prática discursiva, esse entendimento seria inconsistente com o pensamento de Bratman, de quem ele toma de empréstimo a ideia de plano pensado como um objetivo

[554] Conforme nota Postema, "Legal practice is first and foremost a practice of discursive argument". POSTEMA, Gerald. *Legal philosophy in the twentieth century: the common law world*, 2011a, p. 517. Para Dworkin, "Legal practice, unlike many other social phenomena, is *argumentative*". DWORKIN, Ronald, *Law's empire*, 1986, p. 13, grifo do original.

[555] Cfr. DWORKIN, Ronald, *Law's empire*, 1986, p. 13. Cfr. também POSTEMA, Gerald. *Legal philosophy in the twentieth century: the common law world*, 2011a, p. 518.

intencional. A questão importante aqui não é saber o quanto ele foi fiel às ideias de Bratman que lhe serviram de inspiração, mas sim o quanto o *conceito de intenção reportado a um plano* apresenta diferenças importantes com relação à *intencionalidade valorativa* que encontramos em empreendimentos como a interpretação artística, a argumentação moral e o direito. Acredito que há aqui diferenças essenciais.

Se pensarmos no exemplo do *jantar-plano* de Shapiro, logo veremos como o tipo de intencionalidade que é atribuído à prática de organizar o jantar se resume simplesmente a produzir o jantar. O seu objetivo é realizar o jantar e coordenar as atividades de produção, organização e consumo do jantar. Como poderia o modelo das *atividades cooperativas compartilhadas* explicar um jantar organizado com a intenção de expressar "cortesia e celebrar o valor da amizade" ao convidado? Nesse caso, não seria necessário que os agentes compreendessem o significado de cortesia e amizade? A questão que se põe, portanto, diz respeito ao quanto se pode manter uma teoria da intencionalidade das atividades cooperativas para descrever a intencionalidade (Dworkin muitas vezes denomina de *point* em práticas interpretativas) nas práticas que envolvem e pressupõem a compreensão de valores em sua dimensão *concorrente*. Isto é, em práticas que não podem, por esse mesmo motivo, ser descritas *de fora*, arquimedianamente.

Para Coleman, a existência de uma atividade cooperativa compartilhada exige que "indivíduos exibam as atitudes constitutivas de intenções compartilhadas"[556], e não a existência dos *melhores argumentos* que a *justifiquem*, como afirma Dworkin. É evidente que uma atividade cooperativa compartilhada envolve comunicação e argumentos. Contudo, ela não envolve *justificações*, da mesma forma que o exemplo do *jantar-plano* utilizado por Shapiro não pressupunha *justificações*. Bastava a existência da intenção de cada convidado para realizar a atividade almejada, isto é, jantar. As razões para jantar e o valor do jantar não se apresentavam como dimensões relevantes ou essenciais, ainda que pudessem estar presentes. Contudo, para realizar um *jantar de celebração da amizade*, um *jantar-corte-*

[556] Coleman, Jules. *The practice of principle: in defense of a pragmatist approach to legal theory*, 2001c, p. 158, tradução minha. No original: "individuals display the attitudes constitutive of shared intentions".

sia, é necessário que os agentes compreendam e compartilhem o valor da amizade e da cortesia. Nesse caso, para que possam coordenar suas ações, é necessário que *interpretem* o que mais adequadamente se ajusta à melhor compreensão desse objetivo valorativo.

Talvez Coleman pudesse replicar, como sugere Postema[557], que o que garante a convencionalidade da prática é o fato de que sua existência não depende da correção dos argumentos apresentados pelos agentes, mas tão somente do fato de que suas intenções permitem a cooperação. Isso significaria dizer que a condição de verdade das proposições jurídicas não seria relevante para descrever as práticas jurídicas. Mas, se não são, como seria possível explicar que elas perseguem um objetivo comum? A única saída seria, mais uma vez, recorrer à *estratégia da abstração* e definir o objetivo em termos tão abstratos que perderiam qualquer significado. Dworkin teria razão novamente em afirmar que essa estratégia não apresentaria uma versão consistente para o convencionalismo, mas antes o faria depender, em última instância, de uma prática interpretativa que pudesse conferir um significado para a intencionalidade básica do direito, ou o seu *point*, a saber, a justiça. Isso seria uma rendição *ad Dworkin*.

Haveria alguma outra alternativa para a defesa de uma teoria do direito apoiada numa fundamentação convencionalista? Acredito que Andrei Marmor oferece uma original reformulação do convencionalismo jurídico. Cumpre analisar se ela está em condições de responder ao *desafio dworkiniano*.

II. Marmor e as convenções constitutivas

Andrei Marmor vem desenvolvendo, ao menos desde meados da década de 1990[558], uma defesa do convencionalismo jurídico distinta daquela de Coleman e Shapiro, ainda que igualmente inspirada nos trabalhos de David Lewis. Ele afirma que o principal problema das respostas conven-

[557] Postema, Gerald. *Legal philosophy in the twentieth century: the common law world*, 2011a, p. 518.

[558] Marmor, Andrei, *On convention*, 1996; Marmor, Andrei, *How law is like chess*, 2006a, p. 363, p. 369-371; Postema, Gerald. *Legal philosophy in the twentieth century: the common law world*, 2011a, p. 519; e especialmente em Marmor, Andrei, *Social conventions*, 2009, que resume, reformula e consolida e argumentos apresentados em textos anteriores.

cionalistas aos desafios de Dworkin reside na compreensão equivocada sobre o tipo de convenção que constitui a regra de reconhecimento. Para ele, essa é uma *convenção constitutiva*, e não uma *convenção cooperativa*, ao contrário do que defendem Coleman e Shapiro. De certo modo, Marmor compartilhou das críticas de Dworkin e outros[559] no sentido de que a regra de reconhecimento não pode ser vista como uma solução a um problema de coordenação[560]. Ademais, ele não acredita que as "saídas" encontradas por Coleman e Shapiro sejam capazes de oferecer uma resposta satisfatória à questão da possibilidade das controvérsias teóricas.

A abordagem convencionalista do direito defendida por Andrei Marmor apresenta uma análise das convenções que pode ser dividida em três aspectos centrais. Em primeiro lugar, ele apresenta uma análise geral das convenções. Em segundo lugar, apresenta uma descrição da regra de reconhecimento como um tipo especial de convenção, a *convenção constitutiva* (*constitutive convention*). Em terceiro lugar, complementa o seu modelo com uma análise das *convenções constitutivas profundas* (*deep conventions*), que se opõem às *convenções constitutivas de superfície* (*surface conventions*). Segundo ele, as regras de reconhecimento são convenções constitutivas de superfície que fixam o que deve ser considerado como direito numa determinada sociedade e especificam convenções profundas que lhes conferem significado[561]. Penso que a resposta de Marmor também não satisfaz o *desafio dworkiniano*. Para mostrá-lo, porém, é necessário avançar nos detalhes de sua explicação.

559 Cfr. Zipursky, Benjamin, 2001; Stavropoulos, Nicos, 2001; Dickson, Julie, 2007; Perry, Stephen, 1995; Perry, Stephen. Two models of principles. *Iowa Law Review*, Iowa City, v. 82, p. 787-819, 1997; Perry, Stephen. Hart's methodological positivism. In: Coleman, Jules (Ed.). *Hart's Postscript*: essays on the postscript to "The concept of law". Oxford: Oxford University Press, 2001. p. 311-354; Perry, Stephen, 2007.

560 Marmor, Andrei, *Objective law and positive values*, 2001b, p. 12-13; Marmor, Andrei, *How law is like chess*, 2006a, p. 353-363.

561 Marmor, Andrei, *How law is like chess*, 2006a, p. 363, p. 369-371; Postema, Gerald. *Legal philosophy in the twentieth century: the common law world*, 2011a, p. 519; e Marmor, Andrei, *Social conventions*, 2009, que resume, reformula e consolida e argumentos apresentados em textos anteriores, inclusive Marmor, Andrei. Deep conventions. *Philosophy and Phenomenological Research*, Oxford, v. 74, p. 586-610, 2007.

II.1. Um novo tipo de regra convencional: as convenções constitutivas

A abordagem de Marmor procura oferecer uma definição formal de convenção de modo a nela integrar convenções que não são coordenativas. A definição oferecida por Marmor é a seguinte:

> Uma regra R é convencional se e apenas se todas as seguintes condições forem respeitadas: 1)- Há um grupo de pessoas, uma população P que normalmente segue R nas circunstâncias C. 2)- Há uma razão, ou uma combinação de razões, a que chamaremos de A, para os membros de P seguirem R nas circunstâncias C. 3)- Há pelo menos uma outra regra potencial S que, se os membros de P tivessem respeitado nas circunstâncias C, então A teria sido razão suficiente para que os membros de P seguissem S e não R nas circunstâncias C, ao menos parcialmente porque S é a regra geral seguida, e não R. As regras R e S são tais que é impossível (ou sem sentido) concordar com ambas concomitantemente nas circunstâncias C.[562]

Nessa definição é possível destacar:

(1) *O elemento normativo* (*the norm-rule element*). Isso significa que convenções são regras sociais, e não apenas regularidades comportamentais[563]. Elas servem de guia para nossas ações e orientam nosso raciocínio prático. Elas possuem um caráter prescritivo, e não apenas descritivo. Por fim, elas são vinculativas na medida em que não apenas se constituem em razões para agir (*accepted reasons for acting*), como constituem *razões exclu-*

[562] Marmor, Andrei, *Social conventions*, 2009, p. 2, tradução minha. No original: "A rule, R, is conventional, if and only if all the following conditions obtain: 1. There is a group of people, a population, P, that normally follow R in circumstances C. 2. There is a reason, or a combination of reasons, call it A, for members of P to follow R in circumstances C. 3. There is at least one other potential rule, S, that if members of P had actually followed in circumstances C, then A would have been a sufficient reason for members of P to follow S instead of R in circumstances C, and at least partly because S is the rule generally followed instead of R. The rules R and S are such that it is impossible (or pointless) to comply with both of them concomitantly in circumstances C". Uma versão ligeiramente distinta foi apresentada em Marmor, Andrei, *How law is like chess*, 2006a, p. 354-355.

[563] Marmor, Andrei, *Social conventions*, 2009, p. 3-7; Marmor, Andrei, *On convention*, 1996, p. 352-354.

sionárias (*exclusionary reasons*), que afastam outras razões substantivas (ou de primeira ordem) que o agente poderia ter para agir[564].

(2) *O elemento de concordância* (*the compliance element*). Ele indica que as convenções apenas existem se forem praticadas e seguidas por um grupo de agentes. As ações não devem ser apenas *conformes à regra*, elas devem *seguir a regra*, isto é, a regra deve ser tomada como razão (*behaving as required because it is required*)[565].

(3) *O elemento razões* (*the reasons element*). Os indivíduos possuem razões para concordar com (*comply*) as regras convencionais. Essas razões podem ser fracas e afastadas por outros tipos de razões. Contudo, deve existir um mínimo de razão para concordância com (*compliance*) a regra para que esta seja reconhecida como uma convenção. Uma vez que a sua abordagem é formal, Marmor não se preocupa em determinar que tipos de razões podem ser estas. É possível afirmar que eventualmente as convenções podem ser moralmente obrigatórias ou vinculativas, mas isso não decorre de uma razão convencional, mas sim do tipo de razão moral que pode existir para que se aceite uma convenção.

(4) *A condição de dependência da concordância* (*the compliance-dependence condition*). Essa condição garante, juntamente com a arbitrariedade, a convencionalidade das regras sociais[566]. Uma regra é *dependente de concordância* (*compliance-dependent*) apenas quando as razões que o agente possui para segui-la estão condicionadas ao fato de que outras pessoas também a seguem. Assim, "o fato de que a regra é eficaz constitui uma parte essencial das razões para cumpri-la", e "não há nenhum sentido [*point*] em seguir uma regra convencional que não seja realmente seguida pela comunidade pertinente"[567]. A dependência aqui destacada por Marmor é uma dependência da razão para concordar com (*comply*) a regra. Esse

564 Marmor, Andrei, *On convention*, 1996, p. 361-362; Marmor, Andrei, *Objective law and positive values*, 2001b, p. 3-4; apud Postema, Gerald. *Legal philosophy in the twentieth century: the common law world*, 2011a, p. 520.

565 Marmor, Andrei, *How law is like chess*, 2006a.

566 Marmor, Andrei, *On convention*, 1996, p. 350-359.

567 Marmor, Andrei, *Objective law and positive values*, 2001b, p. 17-18, tradução minha. No original: "the fact that the rule is efficacious forms an essential part of the reasons for complying with it"; "there is no point in following a conventional rule which is not actually followed by the pertinent community".

ponto é importante visto que, num certo sentido, todas as regras sociais seriam, de algum modo, dependentes de algum tipo de concordância geral (*general compliance*). Contudo, apenas as regras sociais convencionais são dependentes da concordância (*compliance-dependent*), no sentido de que a razão ou o propósito para que sejam aceitas depende da concordância geral (*general compliance*).

(5) *A condição de arbitrariedade* (*the arbitrariness condition*). A arbitrariedade é formada por quatro elementos, a saber: 1)- a regra praticada, 2)- uma população que pratica a regra, 3)- as razões que são acolhidas no momento em que são seguidas e 4)- outra regra, que se constitui numa alternativa para a primeira regra. Essa alternativa deve *estar disponível* para a população que segue uma determinada convenção e deve ser capaz de servir a essas mesmas razões caso venha a ser praticada[568]. Isso significa que as convenções são arbitrárias apenas se houver alguma alternativa a ser seguida pelos agentes que atenda às mesmas razões para agir atendidas pela convenção. Nesse sentido, conforme já salientei anteriormente, a *arbitrariedade* não se confunde com a *indiferença*.

(6) *O elemento de não transparência* (*the non-transparency element*). Para Marmor, as convenções não precisam ser uma questão de crença comum. Isso distingue a sua concepção de outras concepções de convenção[569]. Assim, *uma regra pode ser convencional ainda que ninguém numa dada população a reconheça como uma convenção*. O que importa é que a regra seja vista como fornecedora de razões vinculativas para a ação. Não é necessário que as razões para que sejam aceitas justifiquem as convenções.

Para compreender os limites da análise de Marmor, é importante destacar dois pontos nessa caracterização. Em primeiro lugar, a convencio-

568 Marmor assim define arbitrariedade (*arbitrariness*): "Given that *A* is the main reason for members of a population, *P*, for following a rule, *R*, in circumstances *C*, *R* is an arbitrary rule if and only if — there is at least one other rule, *R'*, so that if most members of *P* in circumstances *C*, were complying with *R'*, then for all members of *P*, *A* would be a sufficient reason to follow *R'* instead of *R*. The rules *R* and *R'* are such that it is normally impossible to comply with them concomitantly in circumstances C". Marmor, Andrei, *On convention*, 1996, p. 351-352, apud Postema, Gerald. *Legal philosophy in the twentieth century: the common law world*, 2011a, p. 521.

569 Marmor, Andrei, *On convention*, 1996, p. 351-354; Marmor, Andrei, *How law is like chess*, 2006a; Marmor, Andrei, *Objective law and positive values*, 2001b, p. 355.

nalidade da prática é uma função direta das razões que há para a concordância com ela (*compliance*). Dessa forma, se não existir conformidade (*compliance*), essas razões convencionais deixam de existir. Isso, contudo, não significa que não possam existir *outras razões*. Todavia, outras razões podem não ter uma natureza convencional. Em segundo lugar, Marmor observa que a *arbitrariedade* seria mais importante do que a *dependência da concordância*. Deve-se notar, porém, que a arbitrariedade é um caso especial de dependência da concordância. Alguns críticos observaram que, se a arbitrariedade for uma condição necessária para a convenção, então alguns exemplos clássicos de convenção deveriam ser excluídos[570]. Esse ponto, porém, não é relevante para a hipótese deste trabalho.

Para Marmor, as *convenções coordenativas*, tal como propostas por Lewis e por Coleman e Shapiro, constituem um caso particular de convenção. Afinal, somente algumas convenções podem ser consideradas soluções para problemas de coordenação[571]. Para ele, um caso exemplar de outro tipo de convenção seriam as regras do jogo de xadrez[572]. Antes da própria exis-

[570] Foge do objetivos deste trabalho analisar com detalhe essas críticas formuladas a Marmor. Gerald Postema, ao oferecer um amplo e bem informado panorama do assunto, observa que "Seamus Miller (1986, 136–8) correctly pointed out that in a classic 'stag-hunt' (assurance) game, for example, a co-operative convention may be required to secure our hunting stag together, although no convention is required for our hunting rabbits. Hunting rabbits may be a regularity of our behavior (and an equilibrium), but it may be strictly a matter of our 'going it alone'—no common rule is needed. So, there is no alternative rule to that of hunting stag together. Nevertheless, although it does not meet Marmor's condition of arbitrariness, the stag-hunting rule would seem to be a proper convention, for (1) the compliance-dependence condition still holds—the reasons for following the stag-hunt rule are conditional upon others following it as well—and (2) as Hume would have emphasized, the rule is artificial—the product of human intelligence and invention (albeit not necessarily intentional construction)—and, as a long tradition from the Greeks onward insisted, it is a matter of 'coming together' (*conventio*) and 'agreement' (*kata syntheken*, i.e., agreeing in the practice, if not explicitly agreeing upon it) in contrast with the 'going it alone' of rabbit-hunting". Postema, Gerald. *Legal philosophy in the twentieth century: the common law world*, 2011a, p. 523.

[571] Marmor, Andrei, *On convention*, 1996, p. 363-367; Marmor, Andrei, *Objective law and positive values*, 2001b, p. 12-13.

[572] Marmor expande os seus exemplos para contemplar as regras de etiqueta, moda e gênero artístico. Marmor, Andrei, *How law is like chess*, 2006a. Não quis destacar esse ponto aqui porque penso que nessa generalização reside uma das principais fragilidades

tência do jogo de xadrez não havia um problema enxadrístico a ser resolvido. Somente após a constituição do jogo é possível afirmar que pode surgir algum problema de coordenação enxadrístico[573]. Isso ocorre porque, ao lado das convenções coordenativas, há as *convenções constitutivas*, como aquela que constitui o xadrez. De forma semelhante, muitas constituições e vários regimes imperiais não foram criados para resolver problemas de coordenação, muito embora usualmente também sirvam para isso.

A inspiração de Marmor são confessadamente os trabalhos de Neil Maccormick[574] e, antes dele, John Searle. Searle distinguia entre *constitutive* e *regulative rules:* "regras regulativas regulam previamente ou de forma independente as formas existentes de comportamento [...] regras constitutivas não apenas regulam, elas criam ou definem novas formas de comportamento"[575]. As convenções constitutivas criam determinadas práticas ao mesmo tempo que as regulam. Ao constituírem essas atividades, elas criam também o seu valor, ou *point* e, desse modo, "é impossível especificá-las de forma independente e prévia às convenções"[576].

É importante notar que as *convenções constitutivas* criam práticas que possuem valor ou finalidade para os agentes que dela participam. Tais valores são internos às práticas e, em certo sentido, também autônomos, visto que essas convenções criam suas finalidades[577], ainda que não de

de seu argumento. Retornarei ao ponto mais adiante. Esse é o texto de Marmor: "Rules of games like chess, rules of etiquette and fashion, and artistic genres did not evolve, do not exist, to solve coordination problems, he argued, although they may give rise to such problems which then can generate coordination conventions". Marmor, Andrei, *On convention*, 1996, p. 364-365.

573 "Antecedent to the game of chess, there was simply no problem to solve." Marmor, Andrei, *Objective law and positive values*, 2001b, p. 13.

574 Cfr. Maccormick, Neil; Weinberger, Otta, 1986; Maccormick, Neil, 1998; e, especialmente, Maccormick, Neil, 2007, em particular os capítulos iniciais.

575 Searle, John, 1970, p. 33, tradução minha. No original: "regulative rules regulate antecedently or independently existing forms of behavior [...] constitutive rules do not merely regulate, they create or define new forms of behavior".

576 Marmor, Andrei, *On convention*, 1996, p. 366, tradução minha. No original: "it is impossible to specify them independently and antecedently of the conventions themselves".

577 Marmor, Andrei, *On convention*, 1996,p. 366-367. "the point of engaging in them is not fully determined by any particular purpose or value which is external to the conventions constituting the practice." Marmor, Andrei, *Objective law and positive values*, 2001b,

forma completa. Nessas práticas convencionais existe sempre algum grau de autonomia. A autonomia não é total, na medida em que "Todas as práticas sociais estão relacionadas às preocupações humanas gerais de um tipo ou de outro"[578]. Assim, "Há sempre algumas razões (ou necessidades, funções, etc.), no fundo [*background*], para a ocorrência desse tipo de prática, e essas razões estão intimamente envolvidas com os vários valores que a prática especifica [*instantiates*]"[579]. Em outras palavras, a autonomia da prática social "consiste no fato de que as convenções que constituem a prática são *radicalmente subdeterminadas* por esses valores gerais e por essas preocupações humanas que elas especificam"[580].

Os valores das práticas (o seu *point*) são construídos na convenção que constitui a prática. Esta, uma vez constituída, pode criar novos valores. Desse modo, "em cada prática social constituída pelas convenções, há uma mistura de preocupações gerais às quais essas práticas servem ou que estas especificam e valores associados à prática de maneiras que são constituídas pelas convenções que, por sua vez, constituem a própria prática"[581]. Os valores próprios dessa prática, nesse sentido, se *misturam com os valores não convencionais externos* a essa mesma prática[582].

p. 14., Cfr. também Postema, Gerald. *Legal philosophy in the twentieth century: the common law world*, 2011a, p. 523.

[578] Marmor, Andrei, *Objective law and positive values*, 2001b, p. 15, tradução minha. No original: "all social practices are related to general human concerns of one kind or another".

[579] Marmor, Andrei, *How law is like chess*, 2006a, p. 359, tradução minha. No original: "there are always some reasons (or needs, functions, etc.) in the background for having that kind of practice, and those reasons are closely entangled with the various values the practice instantiates".

[580] Marmor, Andrei, *Objective law and positive values*, 2001b, p. 15, grifo do original, tradução minha. No original: "consists in the fact that the conventions constituting the practice are radically underdetermined by those general values and human concerns that they instantiate".

[581] Marmor, Andrei, *Objective law and positive values*, 2001b, p. 15, grifo do original, tradução minha. No original: "Thus, in each social practice constituted by conventions, there is a mixture of general concerns these practices are there to serve or instantiate, and values associated with the practice in ways which are constituted by the conventions constituting the practice itself".

[582] Marmor, Andrei, *On convention*, 1996, p. 367; Marmor, Andrei, *Objective law and positive values*, 2001b, p. 15.

Para Marmor, as *convenções constitutivas* criam *razões incompletas* para a ação. As razões são completadas pelos propósitos (*points*) ou valores que servem de pressuposto (*background*) dessas convenções[583]. Desse modo, a *força das razões* criadas pelas convenções constitutivas depende do *point* ou propósito dessas mesmas práticas. Isso significa que tais convenções impõem obrigações morais apenas se as razões que elas oferecem forem do tipo que podem fundamentar obrigações de tipo moral. Como diz Postema, "assim, por exemplo, comportar-se de acordo com uma convenção tal como conceituada por Lewis forjada para resolver um problema de coordenação seria não só favorecido racionalmente, mas também obrigatório somente se as partes tivessem a obrigação [*obligation*] de resolver o problema de coordenação"[584]. A conclusão que se segue dessa abordagem não deixa de ser surpreendente, visto que faz a normatividade das convenções constitutivas depender de valores que são apenas parcialmente determinados pela própria convenção.

Poder-se-ia questionar se essas convenções constitutivas que criam regras sociais, como o jogo de xadrez, são de fato convenções. Para que o sejam, Marmor afirma ser necessário que, ao mesmo tempo, elas sejam arbitrárias e os valores aos quais elas servem sejam dependentes da conformidade comportamental (*compliance-dependent*)[585].

II.2. Valores, convenções profundas e convenções de superfície

As convenções constitutivas definem ou constituem ao menos em parte alguns dos valores que associamos com as atividades que elas regulam, bem como uma gama de práticas discursivas que se aplicam a elas. Uma convenção constitutiva, como um jogo de futebol, envolve, por exemplo, valores que associamos ao jogo, como a competitividade e a possibilidade de um dos times ganhar ou perder. Um jogo que jamais terminasse, sem

583 Marmor, Andrei, *Objective law and positive values*, 2001b, p. 26-28.

584 Marmor, Andrei, *Objective law and positive values*, 2001b, p. 28-29, apud Postema, Gerald. *Legal philosophy in the twentieth century: the common law world*, 2011a, p. 524, tradução minha. No original: "So, for example, compliance with a Lewis-convention designed to solve a coordination problem would not only be rationally favored, but also obligatory only if parties have an obligation to solve the coordination problem".

585 Cfr. Postema, Gerald. *Legal philosophy in the twentieth century: the common law world*, 2011a, p. 525.

ganhadores, estaria a serviço de valores internos distintos daqueles que atualmente associamos a ele. Conforme explica Marmor, "Quando as convenções constituem uma prática social, elas tipicamente constituem alguns dos valores que são inerentes à prática e ao tipo de discurso avaliativo que se aplica a ela"[586]. Nesse sentido, seguir convenções constitutivas implica uma atividade que tem valor para aqueles que se engajam nessa prática. Alguns deles somente fazem sentido no contexto dessas convenções.

É interessante notar que, para Marmor, mesmo valores relacionados a práticas interpretativas (no sentido definido por Dworkin) poderiam ser compreendidos como regulados por convenções constitutivas. As convenções que constituem formas de arte, como teatro ou ópera, também determinariam, "Em grande medida, os valores particulares do gênero e do discurso avaliativo que é considerado adequado aplicar a elas"[587]. É certo que nem todos os valores envolvidos são específicos do gênero teatral, contudo outros — por exemplo, a "expressividade dramática" — o são. Embora nem sempre seja fácil distinguir os valores que são constituídos pelas convenções dos valores que apenas se associam às atividades convencionais, isso não impede que reconheçamos que certos tipos de avaliação somente são possíveis com base em valores criados pela própria convenção.

Marmor se antecipa à crítica de que valores não poderiam ser constituídos por regras convencionais. Assim, seguir uma regra numa dada circunstância poderia ser valioso, mas a regra não *constituiria* o valor. Para ele, "Estritamente falando, uma regra não pode [*cannot*] constituir um valor, assim como não pode [*cannot*] constituir uma ação"[588]. Na verdade, "Regras orientam as ações de várias maneiras e, em uma estrutura sistemática, podem constituir uma prática social. É a prática de seguir as

[586] Marmor, Andrei, *Social conventions*, 2009, p. 36, tradução minha. No original: "when conventions constitute a social practice, they typically constitute some of the values that are inherent in the practice and the kind of evaluative discourse that applies to it".

[587] Marmor, Andrei, *Social conventions*, 2009, p. 36, tradução minha. No original: "to a considerable extent, the particular values of the genre, and the evaluative discourse that is deemed appropriate to apply to it".

[588] Marmor, Andrei, *Social conventions*, 2009, p. 38, tradução minha. No original: "strictly speaking, a rule cannot constitute a value, just as it cannot constitute an action".

regras que tem valor para aqueles que se engajam nisso"[589]. O importante seria saber como se estabelece a relação entre a prática e alguns dos valores que se associam a ela. Para responder a essa questão, Marmor propõe a distinção entre um *sentido forte* e um *sentido fraco* para a constituição de valores, os quais não seriam mutuamente exclusivos.

De acordo com o *sentido fraco de constituição de valor*, o valor de uma ação depende de ele fazer parte de um sistema de regras que constitui a prática. Nesse caso, realizar determinada ação apenas terá valor dentro de um contexto forjado pela convenção. Um exemplo disso seria a movimentação de um bispo na diagonal do tabuleiro de xadrez, que somente seria "valioso" no contexto do jogo. Marmor admite que esse sentido não seria controvertido.

As regras que constituem a prática também constituem os valores num *sentido forte*. Nesse caso, o valor não teria se materializado caso inexistisse a convenção constitutiva. Isso ocorreria, por exemplo, caso se pudesse afirmar que determinados valores da *performance* teatral não poderiam existir sem que houvesse a convenção que constitui o gênero teatral[590]. Marmor entende que as práticas sociais nos permitem apreciar valores que de outra forma não poderiam ser apreciados, o que seria suficiente para garantir o seu argumento de que os valores são internos às convenções. Seria dispensável defender a *versão ontológica* dessa tese segundo a qual as convenções dão existência aos valores. Bastaria reconhecer a *versão epistemológica* da tese, que afirma que determinados valores somente podem ser *conhecidos* porque existe a prática. Por fim, ele afirma também que, uma vez que a prática convencional se inicia, outros valores podem também ser reconhecidos pelos agentes que se engajam nessa atividade.

[589] Marmor, Andrei, *Social conventions*, 2009, p. 38, tradução minha. No original: "rules guide actions in various ways, and in a systematic structure they can constitute a social practice. It is the practice of following the rules that has value for those who engage in it".

[590] É interessante notar que ele inclui nos seus exemplos a própria prática de cortesia, exemplo utilizado por Dworkin justamente para demarcar a diferença com respeito ao xadrez. "And the same goes for appreciation of strategic computation in chess, and perhaps even certain manifestations of civility that are only created by existing practices of etiquette". Marmor, Andrei, *Social conventions*, 2009, p. 39. Analiso longamente as diferenças entre ambos os exemplos em Macedo Junior, Ronaldo Porto, *Do xadrez à cortesia: Dworkin e a teoria do direito contemporânea*, 2013a.

A forma como os valores se relacionam às *convenções constitutivas* não estava presente nas *convenções coordenativas* de Lewis e Postema. Isso porque, como afirma Marmor, "Quando a razão para ter uma regra social consiste na resolução de um problema de coordenação antecedente (recorrente), então seguir a regra para resolver o problema é mais ou menos tudo o que se pode fazer"[591]. Contudo, se as convenções constitutivas tendem a responder a diversos valores e necessidades humanas (e não apenas o interesse de coordenação), por que deveríamos considerar as regras que as compõem convencionais?

Marmor responde a essa questão combinando dois fatos. Em primeiro lugar, "É crucial perceber que as necessidades, as funções ou os valores a que tais convenções respondem *radicalmente subdeterminam o conteúdo das regras* que constituem a prática social relevante"[592]. Isso significa que nossos desejos de competir não fixam completamente os conteúdos dos jogos que podemos praticar para satisfazê-los. Da mesma forma, nossos valores artísticos não determinam completamente o que é arte dramática, nem tampouco nossos valores de respeito e consideração determinam a forma como podemos expressar cortesia. Em segundo lugar, as razões para seguir as regras constitutivas são dependentes de concordância (*compliance-dependent*). Isso significa que as razões para participar de uma prática convencional dependem ao menos parcialmente do fato de que a prática existe e está sendo seguida por indivíduos. Esses dois fatos explicariam por que as regras constitutivas são arbitrárias e, portanto, convencionais.

Postema chama a atenção para um aspecto importante da natureza desses valores internos dentro da concepção de Marmor que são objeto de crítica da parte de seus opositores. Estes afirmam que os valores internos formados por regras constitutivas dependem do fato de as regras

[591] Marmor, Andrei, *Social conventions*, 2009, p. 41, tradução minha. No original: "When the reason for having a social rule consists in solving an antecedent (recurrent) coordination problem, then following the rule to solve the problem is more or less all that there is to it".
[592] Marmor, Andrei, *Social conventions*, 2009, p. 41, grifo meu, tradução minha. No original: "it is crucial to realize that the needs, functions, or values that such conventions respond to, radically underdetermine the content of the rules that constitute the relevant social practice".

serem seguidas. Sem essa atividade de concordância, esses valores não existiriam. Contudo, conforme resume Postema, "Em relação a esses valores as regras não são arbitrárias, no sentido de Marmor, porque não existem alternativas relevantes para elas. Assim, o *status* convencional das regras constituidoras de prática repousa inteiramente sobre a sua relação com os propósitos de fundo [*background purposes*] e os valores a que elas servem"[593]. Marmor responde que as convenções constitutivas criam regras arbitrárias porquanto os valores de base que lhes são subjacentes e exigidos não determinam completamente o conteúdo das regras. Essa *subdeterminação* permite que seja imaginável mais de um modo de atingir esses valores, criando alternativas para a constituição da prática. Essa resposta exige uma ampliação de sua teoria. Para completar essa explicação, ele desenvolve a ideia de que haveria dois níveis das *convenções constitutivas*: as *convenções de superfície* e as *convenções profundas*.

Para Marmor, as *convenções profundas* são espécies mais abstratas de convenções constitutivas. Como tais, são relativamente autônomas e qualificam e *respondem a* necessidades humanas, propósitos e preocupações. Elas são profundas na medida em que, por um lado, são "responsivas aos [...] aspectos profundos da sociedade humana e da natureza humana" e "servem funções relativamente básicas em nosso mundo social"[594]. Por outro lado, "Elas 'permitem' a formação de convenções mais específicas e mais rasas, e só seguindo essas convenções de superfície convenções profundas são praticadas"[595]. As *convenções de superfície* são as *conven-*

[593] Postema, Gerald. *Legal philosophy in the twentieth century: the common law world*, 2011a, p. 525, tradução minha. No original: "relative to those values the rules are not arbitrary in Marmor's sense because there are no relevant alternatives to them. So, the conventional status of the practice-constituting rules rests entirely on their relationship to the background purposes and values they serve".

[594] Marmor, Andrei, *How law is like chess*, 2006a, p. 363, tradução minha. No original: "responsive to [...] deep aspects of human society and human nature"; "serve relatively basic functions in our social world".

[595] Marmor, Andrei, *Deep conventions*, 2007, p. 599, tradução minha. No original: "they 'enable' the formation more specific, shallower conventions, and only through following of these surface conventions are deep conventions practiced". Ver também Marmor, Andrei, *How law is like chess*, 2006a, p. 363.

ções profundas trazidas à prática[596]. Nesse sentido, elas são mutuamente dependentes. Isso porque, por um lado, as convenções profundas apenas ganham existência se forem concretamente especificadas por meio de convenções de superfície. Por outro lado, as convenções de superfície somente são possíveis porque existem as convenções profundas que verdadeiramente "constituem o que a prática é"[597].

O exemplo privilegiado de Marmor para expor suas ideias é o de um jogo de xadrez. Para ele, o xadrez é uma especificação (uma *convenção de superfície*) de uma *convenção profunda* que define uma atividade cujo propósito é "jogar um jogo competitivo" (*playing a competitive game*). Desse modo, as regras específicas que ditam as condições em que se ganha, se perde e se pontua e que definem como se organiza o xadrez são convenções de superfície[598].

Marmor destaca também que o que faz com que as convenções profundas sejam mesmo convenções, e não meros entendimentos ou valores compartilhados, é o fato de elas atenderem às exigências de convencionalidade, arbitrariedade e dependência de conformidade (*conventionality, arbitrariness* e *compliance dependence*), bem como de elas não determinarem completamente os valores a que servem. Na verdade, as convenções profundas não são senão uma forma pela qual tais valores podem ser contemplados ou realizados.

Com base nesse quadro teórico, Marmor defende uma versão do convencionalismo jurídico segundo a qual a regra de reconhecimento deve ser compreendida como uma *convenção constitutiva de superfície*. Para ele, "Como as regras do xadrez, que constituem a atividade de jogar xadrez, a função primária de uma convenção de reconhecimento é constituir (parcialmente) a prática autônoma do direito"[599]. A regra de reconhecimento

[596] Marmor, Andrei, *How law is like chess*, 2006a, p. 363-367; Marmor, Andrei, *Deep conventions*, 2007, p. 593-600.

[597] Marmor, Andrei, *Deep conventions*, 2007, p. 600, tradução minha. No original: "constitute what the practice is".

[598] Marmor, Andrei, *Deep conventions*, 2007, p. 594-595.

[599] Marmor, Andrei, *Objective law and positive values*, 2001b, p. 19-24, apud Postema, Gerald. *Legal philosophy in the twentieth century: the common law world*, 2011a, p. 527, tradução minha. No original: "Like the rules of chess that constitute the activity of playing chess,

é uma convenção de superfície ancorada em convenções profundas da sociedade que constituem o a natureza básica do direito[600].

Esse modelo pressupõe que as regras de reconhecimento e o sistema de regras jurídicas que elas instituem são subdeterminados pelas necessidades sociais e pelos valores que lhes servem de *point* ou propósito, fixados pelas convenções profundas[601]. O direito é determinado contingentemente pela sua história e, por esse mesmo motivo, poderia ser diferente. Aqui reside a sua marca de *arbitrariedade*. Nesse ponto, Marmor se distancia de explicações funcionalistas (como a de Shapiro e Coleman), que identificam as regras de reconhecimento como uma resposta funcional às exigências de coordenação provocadas pelo aumento de complexidade da sociedade. Para Marmor, embora elas possam cumprir uma certa função social (como enfatiza Hart ao descrever a sua natureza), isso não eliminaria a sua dimensão histórica — e, portanto, contingente e arbitrária.

Para Marmor, a normatividade do direito pode e deve ser explicada de forma análoga à normatividade de um jogo como o xadrez. O direito, tal como o xadrez, é uma prática convencional parcialmente autônoma que especifica alguns valores e padrões pelos quais se pode avaliar ações do ponto de vista dos valores enraizados em convenções profundas. Tais padrões criam razões condicionais para a ação daqueles que estão engajados na prática[602].

É importante destacar, seguindo Postema, que "A convenção de reconhecimento não constitui por si só razões para participar na prática; essas razões derivam, em vez disso, dos valores servidos ou especificados por ela (ou melhor, pelas necessidades e pelos valores servidos pela sua convenção profunda correlata), se houver."[603]. Ademais, essas "razões

the primary function of a convention of recognition is to constitute the (partially) autonomous practice of law".

600 Marmor, Andrei, *How law is like chess*, 2006a, p. 363, p. 369.

601 Marmor, Andrei, *Objective law and positive values*, 2001b, p. 20-21; Marmor, Andrei, *How law is like chess*, 2006a, p. 368-369.

602 Marmor, Andrei, *Objective law and positive values*, 2001b, p. 32.

603 Marmor, Andrei, *Objective law and positive values*, 2001b, p. 30-31, apud Postema, Gerald. *Legal philosophy in the twentieth century: the common law world*, 2011a, p. 527, tradução minha. No original: "the recognition convention does not by itself constitute reasons

convencionais" podem se constituir em obrigações morais "Quando as razões para participar são pesadas razões morais que vinculam os agentes aos meios necessários para alcançar os propósitos morais em questão"[604]. Isso significa que uma convenção constitutiva não cria obrigações morais apenas por criar razão convencional. Ela pode criar obrigações morais quando estiver apoiada em valores morais de fundo. Em outras palavras, os fundamentos do direito podem criar obrigações morais apenas se a convenção constitutiva que funda o direito tiver como seu *point* ou pano de fundo um valor moral.

Esse ponto é importante pois Marmor entende que a regra de reconhecimento compreendida como convenção constitutiva explica como as práticas podem gerar razões genuínas para a ação, mas ele não mostra que qualquer prática particular tem sucesso em fazê-lo. Ademais, elas são capazes de gerar normatividade apenas na medida em que servem a valores ou necessidades que lhes são externos. Isso significa que os agentes muitas vezes precisam *interpretar* as práticas à luz dos valores de base e dos padrões que constituem a própria prática. Aqui surge um ponto sensível de seu pensamento e que é alvo de objeção da parte dos críticos. Os participantes de uma prática podem muitas vezes discordar sobre o sentido e a melhor interpretação desses valores subjacentes às práticas. Nada garante que eles compartilhem as mesmas concepções sobre o *point* das práticas. Eles serão *conceitos contestados*[605]. Esse ponto é muito importante para compreender como Marmor imagina ter dado uma resposta convincente ao *desafio dworkiniano* acerca da contestabilidade da regra de reconhecimento. Afinal, a regra de reconhecimento é arbitrária e dependente de concordância, mas não é indiferente. Em face disso, é possível explicar como juízes muitas vezes estão de acordo sobre o significado

for participating in the practice; those reasons derive, rather, from the values served or instantiated by it (or rather, by the needs and values served by its correlative deep convention), if any".

604 Postema, Gerald. *Legal philosophy in the twentieth century: the common law world*, 2011a, p. 527, tradução minha. No original: "when the reasons for participating are weighty moral reasons that bind agents to the means necessary to achieve the moral purposes in view".

605 Marmor, Andrei, *How law is like chess*, 2006a, p. 358 e nota 28. Marmor, Andrei, *Social conventions*, 2009, p. 54, onde cita Gallie, W. B., 1956. Marmor, Andrei, *Objective law and positive values*, 2001b, p. 16; Marmor, Andrei, *How law is like chess*, 2006a, p. 358 e nota 28.

moral (e de justiça) de suas práticas das próprias regras jurídicas e se veem comprometidos com elas independentemente do comportamento de outros juízes.

II.3. O direito é como o xadrez?

Postema chama a atenção para as dificuldades do argumento de Marmor de que as regras de reconhecimento poderiam ser compreendidas como convenções constitutivas superficiais. O argumento se fundaria em dois pressupostos[606]. O primeiro é o de que as necessidades sociais atendidas pela regra de reconhecimento e as convenções profundas que lhe são subjacentes seriam subdeterminadas. O segundo é o de que a principal função das regras constitutivas (como a regra de reconhecimento) não é resolver problemas de coordenação, mas apenas constituir uma atividade autônoma, a exemplo do que seriam as regras de um jogo de xadrez. Todavia, essas postulações são insuficientes para responder a alguns problemas.

O primeiro problema está relacionado ao fato de que, se a cooperação não é o elemento distintivo da convenção, mas simplesmente a constituição de uma atividade autônoma, então é necessário *explicar como surge* e *qual é o propósito* dessa atividade. Para explicá-los, é então necessário formular uma hipótese interpretativa forte sobre a intencionalidade que está pressuposta nessas práticas. Afinal, se as convenções não existem para resolver problemas de coordenação, para que existiriam ou serviriam? Qual seria o seu *point*?

Entendo que o que torna o argumento de Marmor problemático não é o fato de excluir a ideia de que a convenção serve necessariamente para resolver problemas de cooperação, mas antes o fato de que a sua explicação sobre o *point* ou propósito da atividade autônoma definida pela convenção constitutiva acaba sendo *interpretativa*, ideia muito próxima daquela oferecida por Dworkin. Para Marmor, não podemos responder à questão acerca da intencionalidade das convenções de superfície sem analisarmos os valores de base (*background values*) que estão pressupostos nas convenções profundas. Afinal, as convenções estão a serviço desses

[606] Postema, Gerald. *Legal philosophy in the twentieth century: the common law world*, 2011a, p. 529.

valores. Ao dar esse passo, ainda que de maneira não confessada, Marmor compromete os seus compromissos metodológicos positivistas.

A resposta de Marmor para manter o seu argumento sobre a natureza convencional, não interpretativa, é a de que os valores a que servem as convenções são subdeterminados. Esse argumento não se sustenta. Conforme aponta Postema, o fato de uma atividade conferir uma forma específica a (e, portanto, em certo sentido determinar) um valor não completamente determinado não significa que o requisito da *arbitrariedade* das convenções tenha sido atendido. Isso porque, para Marmor, a subdeterminação significa que um valor pode ser realizado e respeitado de mais de uma forma. A cortesia, por exemplo, poderia ser realizada de muitas maneiras. Porém, "Somente quando o valor é o *dependente da concordância* [*compliance-dependent*] — isto é, somente quando, se a maioria das outras pessoas percebe o valor de alguma outra maneira, há razão para alguém abandonar a sua prática e adotar a dos outros — a atividade determinante é uma convenção"[607]. Dessa forma, é necessário mostrar também como a indeterminação dos valores é dependente da concordância (*compliance-dependent*).

A questão central que torna o argumento vulnerável, contudo, é relativa a saber como os valores identificados como *convenções profundas* podem ser um fundamento para o direito dentro de uma abordagem positivista, isto é, sem que se recorra a um argumento interpretativo semelhante àquele defendido por Dworkin. A forma como Marmor enuncia o seu argumento é provocativa. Este se dirige diretamente à forma como Dworkin apresenta a sua metáfora predileta para descrever o que é o direito. Se para Dworkin o direito se assemelha, em sua estrutura interpretativa, às práticas de cortesia, Marmor insiste que o direito ainda é como o xadrez. O contraste é claro, ainda que para Marmor também a cortesia seja semelhante ao xadrez[608]!

[607] POSTEMA, Gerald. *Legal philosophy in the twentieth century: the common law world*, 2011a, p. 529-530, tradução minha. No original: "only when the value is compliance-dependent—that is, only when, if most other people realize the value in some other manner one would have reason to abandon one's practice and adopt that of the others—is the determining activity a convention".

[608] Tratei longamente da concepção dworkiniana e de sua crítica à metáfora do xadrez usada para descrever o direito no livro MACEDO JUNIOR, Ronaldo Porto, *Do xadrez à cortesia: Dworkin e a teoria do direito contemporânea*, 2013a.

É ilustrativo entender como ele retoma o uso dessa clássica comparação em seu interessante artigo "Como o direito é como o xadrez"[609]. Conforme acentuei, a semelhança central que Marmor identifica entre o xadrez e o direito reside no fato de que esse jogo não visa resolver problemas de coordenação, mas antes constitui uma prática no interior da qual podem surgir problemas de coordenação. Estes últimos, se vierem a existir, têm a sua própria existência dependente da convenção constitutiva que criou o jogo. Ademais, assim como o xadrez representa uma possível resposta (*arbitrária*) ao interesse ou ao valor de praticar atividades lúdicas (que seriam as convenções profundas que lhe são pressupostas), também o direito teria determinados valores, que seriam as convenções profundas, que encontrariam uma realização *arbitrária* (ou histórica) por meio das regras de reconhecimento que instauram uma ordem jurídica.

Aqui, contudo, surge um primeiro e insuperável problema na resposta de Marmor. Isso porque ao contrário do xadrez, em que se poderia pensar que os valores se constituem de forma relativamente autônoma, no direito os valores não possuem essa mesma autonomia. Isso é especialmente verdadeiro quando nos lembramos do sentido *concorrente*, e não apenas *convencional*, pelo qual os valores "funcionam" dentro do direito, servindo-lhe de *point* ou propósito. O significado moral das práticas sociais em geral, inclusive o seu sentido normativo (*concorrente*), é dependente das *formas de vida* de uma dada comunidade. Nesse sentido, é altamente implausível pensar que os valores que constituem as *convenções profundas* do direito poderiam ser autônomos da mesma maneira como um jogo como o xadrez é autônomo. Ademais, conforme insistem Dworkin e outros, as *razões morais* para o nosso reconhecimento da obrigação de obedecer ao direito não são do mesmo tipo que as razões que temos para aceitar os compromissos dos jogadores para jogar o xadrez. Nossas razões para aceitar o uso da coerção estatal se relacionam aos valores de justiça e legitimidade, que são constituídos socialmente. Já nossas "razões" para jogar xadrez podem estar fundadas em meros interesses ou preferências, e não em valores sociais.

[609] Marmor, Andrei, *How law is like chess*, 2006a. Os principais argumentos desse artigo são também reproduzidos em Marmor, Andrei, *Social conventions*, 2009, em particular no capítulo 7, "The Conventional Foundations of Law", p. 155-176.

Esses pontos me parecem comprometer a estratégia seguida pelo convencionalismo de Marmor. O próprio significado de um valor contido nas *convenções profundas* depende de interpretação da prática à qual ele serve de propósito (*point*). Em outras palavras, o modelo de Marmor não permite compreender como as práticas são autorreflexivas, isto é, como elas mesmas servem de medida para a reavaliação da própria prática. Isso porque, para ele, as atitudes dos juízes e dos juristas podem servir de guia para os tipos de valores que são corretamente *servidos* pela prática. Desse modo, seria equivocado imaginar que juízes pensam sobre as suas práticas da mesma maneira que o fazem quando jogam xadrez: como se estivessem constituídas por valores autônomos. Ao argumentarem dentro das práticas jurídicas, os juízes interpretam reconstrutivamente valores, oferecendo melhores *concepções* desses *conceitos*, não aceitando simplesmente os valores do jogo como dados. Nossas práticas jurídicas, se fossem assemelhadas a um jogo, seriam, talvez, como um *jogo de xadrez argumentativo*, mas não como um jogo de xadrez regulado pela FIDE. Mas seria esse ainda um jogo de xadrez?

Postema apresenta críticas convergentes ao afirmar que:

> Pode-se razoavelmente argumentar, em termos muito gerais, que a prática jurídica não é muito parecida com a prática do xadrez — seus valores e seus padrões internos não são muito autônomos —, considerando algum sinais característicos do direito, como o fato de ele lidar diariamente e propositalmente com questões nas quais a dimensão moral é elevada. Muito do significado moral para as pessoas comuns — suas vidas, suas liberdades, suas propriedades, seus direitos civis, a organização das suas questões familiares e afins — depende das leis que são reconhecidas, aplicadas e implementadas pelas autoridades. Será difícil, então, argumentar plausivelmente no sentido de tratar a prática da autoridade nos fundamentos do direito como autônoma em relação às preocupações morais da mesma maneira que os jogos são autônomos. Igualmente, é difícil sustentar que as principais razões para continuar com a prática dependem apenas do comprometimento dos participantes, como é o caso da maior parte dos jogos.[610]

[610] Postema, Gerald. *Legal philosophy in the twentieth century: the common law world*, 2011a, p. 530, tradução minha. No original: "One might reasonably argue, in quite general terms,

É interessante notar que a estratégia de Marmor de construir seu argumento baseando-se no conceito de convenções profundas, no fundo, repete a estratégia da abstração utilizada por Coleman e corretamente criticada por Dworkin. Isso porque ambos tornam o conceito base tão genérico e abstrato que ele se torna semanticamente rarefeito e incapaz de criar determinações de sentido e, portanto, regras. Nesse sentido, a estratégia da abstração constitui-se num esquema teórico fracassado nessas diversas formulações do convencionalismo jurídico[611].

Por fim, em face da *condição de não transparência* mencionada anteriormente, bem como da exigência de arbitrariedade, tratar as regularidades e os hábitos como convenção não apenas demandaria lidar com as crenças e os argumentos dos participantes, mas *envolveria a elaboração de argumentos substantivos sobre os valores e os propósitos* (*points*) que são atendidos (ou servidos) pela própria prática. Mas isso não exige uma teoria sobre a hipótese moral e política do direito? Certamente. Em outras palavras, a resposta de Marmor ao *desafio dworkiniano* acaba por se assemelhar demasiadamente à resposta que o próprio Dworkin apresentou. Ela é indefensável dentro das premissas do positivismo metodológico que Marmor procurava preservar.

Outros críticos também apontaram para o fato de que, a despeito da originalidade da abordagem de Marmor do convencionalismo jurídico

that law practice is not likely to be very much like chess—its internal values and standards are not likely to be very autonomous—in view of some signal facts about law, for example, that it deals on a daily basis and by design with matters in which the moral stakes are very high. Much of moral significance to ordinary folks—their lives, liberties, property, civil rights, organization of their family affairs, and the like—depends on the laws officials recognize, apply, and enforce. It will be hard, then, to make a plausible case for treating the official practice at the foundations of law as autonomous from major moral concerns in the way many games are autonomous. Equally, it will be hard to maintain that the main reasons for carrying on the practice depend solely on the commitments of the participants, as is the case for most games". Ele continua: "Of course, officials themselves may think of the practice as a game; or they may treat it as deeply serious and anything in between. Such attitudes may guide us to the right kind of values served by the practice, but the case for them as the values thereby served cannot appeal to those attitudes, since, according to Marmor's non-transparency thesis, it is entirely possible that they have misunderstood their own practice".

[611] Pablo Antonio Lago chamou a minha atenção para esse ponto.

em comparação com as ideias de Lewis, Bratman, Coleman e Shapiro, ela acaba por convergir com a descrição desses autores com respeito ao reconhecimento da natureza cooperativa das convenções. Conforme salientei, Marmor diz que está errado afirmar que a *única* função da convenção é resolver problemas preexistentes de cooperação[612]. As convenções podem estar a serviço da realização de diversos valores, princípios, e objetivos, *dentre os quais*, resolver problemas de cooperação. Em certo sentido, a busca da *cooperação por si mesma* talvez sequer fosse inteligível, visto que ela parece sempre estar a serviço de outros fins e valores. Não obstante, conforme destaquei anteriormente, interpretações como as de Scott Shapiro, bem como os exemplos utilizados por Bratman, parecem negligenciar ou atribuir pouca atenção a esse ponto e insistem que por detrás das convenções profundas estariam presentes finalidades de coordenação.

O caráter constitutivo das convenções também somente seria inteligível na medida em que estivesse a serviço de *uma rede mais ampla de valores e objetivos*. Nesse sentido, as convenções constitutivas em geral seriam apenas parcialmente autônomas. O *seu caráter constitutivo* deveria ser compreendido apenas como uma função particular que pode ser realizada pelas convenções, *e não como um elemento essencialmente distintivo*. As dimensões constitutivas e coordenativas poderiam, assim, ser vistas como complementares, e não exclusivas.

Por fim, a concepção de Marmor estaria, em última instância, comprometida com a dimensão cooperativa das práticas convencionais, uma vez que *os valores aos quais elas servem devem possuir uma natureza cooperativa para que possam* atender à condição de conformidade. Isso porque o "serviço de valores dependentes da concordância [*service of compliance-dependent values*] requer um esquema de coordenação. A dependência de concordância de uma convenção seria ininteligível na ausência desse tipo de explicação"[613].

[612] Marmor, Andrei, *How law is like chess*, 2006a, p. 357-359.

[613] Postema, Gerald. *Legal philosophy in the twentieth century: the common law world*, 2011a, p. 532, tradução minha. No original: "Service of compliance-dependent values requires a scheme of coordination. Compliance-dependence of a convention would be unintelligible in the absence of this sort of explanation".

Em síntese, ao lado da introdução da dimensão interpretativa e da necessidade de argumentos morais substantivos (que estariam em conflito com as suas premissas positivistas), o convencionalismo de Marmor estaria também sujeito a críticas que minimizariam a sua originalidade e a sua diferença com relação às concepções de Lewis, Bratman e Coleman em alguns de seus aspectos essenciais. Todas elas acabam por reconhecer que as convenções possuem uma natureza fortemente cooperativa e dependente do comportamento conforme dos seus agentes.

O meu objetivo nunca foi apresentar uma avaliação completa e exaustiva dos argumentos que poderiam ser oferecidos a favor e contra o convencionalismo de Marmor. Pretendi apenas analisar em que medida oferece uma resposta às críticas de Dworkin. Contudo, esses problemas gerais de consistência de sua teoria também atingem, ao menos indiretamente, sua capacidade em apresentar-se como uma fundamentação sólida para o convencionalismo jurídico. Por essas razões, o convencionalismo de Marmor, assim como as versões alternativas de Coleman e Shapiro, fracassam diante do *desafio dworkiniano.*

CONCLUSÃO

O percurso teórico que analisei neste trabalho retrata um dos mais recentes episódios de uma agenda que teve como um de seus momentos inaugurais o *debate Hart-Dworkin*. Compreendê-lo não é apenas uma questão que deve despertar o interesse para o historiador das ideias, mas é também um exercício fundamental para entender a teoria do direito contemporânea[614]. O convencionalismo jurídico foi a principal resposta (ainda

[614] Evidentemente esse debate transcende as contribuições que nele fizeram os seus protagonistas, visto que envolveu grande parte dos teóricos do direito contemporâneos. Nesse sentido, parece-me temerária e retórica a conclusão de Brian Leiter sobre esse debate, proclamando a vitória de Hart. Cfr. Leiter, Brian. Explaining theoretical disagreements. *University of Texas Law*, Public Law Research Paper n. 124. Aug. 2007b. Disponível em: <http://papers.ssrn.com/sol3/papers.cfm?abstract_id=1004768>. Acesso em: 13 ago. 2013; Leiter, Brian, 2007a. É interessante observar a posição mais cautelosa assumida por Scott Shapiro, que, apesar de crítica com respeito a Dworkin, é capaz de identificar com mais precisão em que consiste o desafio dworkiniano. Comentando e criticando Brian Leiter, Shapiro afirma: "According to Leiter, the test of a theory is how well it fits the *totality* of the data. If Hart's account does a better job than Dworkin's in accounting for the whole range of legal phenomena, as Leiter believes it does, we must conclude that disagreements about interpretive methodology are indeed either insincere or confused. Leiter's methodological point is clearly correct: no jurisprudential theory can be expected to validate *every* intuition that lawyers have about the practice in which they engage. Yet, I think that Leiter underestimates the theoretical importance of this data point. The idea that the criteria of legality are determined by consensus is not just one aspect of the practice among many; on Hart's account, it is *the fundamental ground rule of law*. What ultimately makes it the case that some rule is a binding legal rule is that it is validated by some standard accepted by officials of the group. And herein lay the problem for Hart: the prevalence of disagreements about the criteria of legality, and the complete absence of criticism for engaging in them, strongly suggests that competent legal practitioners

que não a única[615]) oferecida pelo positivismo metodológico ao *desafio dworkiniano* sobre a constituição da obrigação jurídica e a normatividade da regra de reconhecimento sem recurso aos fundamentos morais. Os argumentos dados por Hart, Coleman, Shapiro, Marmor e outros ofereceram variantes convencionalistas para responder ao desafio. Apesar dos ganhos teóricos parciais gerados por elas, ao final penso que não foram bem-sucedidas.

Evidentemente os limites e as virtudes das soluções de cada um dos autores não são os mesmos. Contudo, penso que é possível sintetizar as *críticas gerais* que apresentei ao convencionalismo nos seguintes pontos centrais. Em primeiro lugar, o convencionalismo jurídico falha ao descrever e analisar a importância da *dimensão argumentativa do direito*. Em segundo lugar, ele fracassa por não apresentar uma descrição plausível

do not follow the ground rules that Hart claims they do. To be sure, this evidence is not dispositive. It is possible that legal experts are so confused about the practice in which they are engaged that they are simultaneously committed to mutually incompatible sets of fundamental ground rules. Sometimes they act on Hartian ones; other times they act on Dworkinian ones. Yet, as a methodological matter, any theory which flouts the principle of charity so brazenly should be severely penalized. The importance of Dworkin's challenge, therefore, is that it reveals the heavy theoretical costs incurred by Hart's version of legal positivism (as opposed to demonstrating logically that such a model must be false)". SHAPIRO, Scott. What is the rule of recognition (and does it exist)?. In: ADLER, Matthew; HIMMA, Kenneth (Eds.). *The rule of recognition and the U.S. Constitution*. Oxford: Oxford University Press, 2009, p. 235-268, p. 249, nota 50, grifo do original. Também disponivel em SHAPIRO, Scott. What is the rule of recognition (and does it exist)? *Yale Law School*, New Haven, Public Law Working Paper n. 184. Disponível em: <http://ssrn.com/abstract=1304645>. Acesso em: 17 jul. 2013.

615 Cabe ressaltar que o positivismo exclusivista de Joseph Raz procura oferecer uma resposta bastante distinta ao desafio dworkiniano. Para Raz, a prática de reconhecimento (*recognitional practice*) é uma prática normativa, porém não convencional. Esse argumento representa um sério desafio, não dworkiniano, ao convencionalismo. Foge, contudo, dos limites e dos propósitos do presente trabalho analisar a natureza e os limites de sua abordagem. Certamente isso demandaria um novo e cuidadoso trabalho de exegese e crítica. Cfr. RAZ, Joseph. On the authority and interpretation of constitutions: some preliminaries. In: ALEXANDER, Larry (Ed.). Constitutionalism. Cambridge: Cambridge University Press, 1998a. p. 152-193, p. 162. Texto republicado em RAZ, Joseph. On the authority and interpretation of constitutions: some preliminaries. In: RAZ, Joseph. Between authority and interpretation. Oxford: Oxford University Press, 2009a. p. 323-372.

do tipo de normatividade que as práticas jurídicas exigem e exibem. Em terceiro lugar, ele não consegue descrever de forma convincente o que fazem os juízes quando interpretam o direito e discordam de interpretações rivais. O insucesso do convencionalismo é *conceitual* e *descritivo*.

O primeiro aspecto foi destacado com insistência por Dworkin em diversos de seus textos: *o direito é uma prática social argumentativa*. Isso significa dizer que uma teoria adequada do direito precisa explicar não apenas as razões práticas que os indivíduos possuem para agir — por exemplo, quando jogam xadrez —, mas também as razões que têm quando argumentam, discordam e usam normativamente a *linguagem da moral dentro do direito*[616]. O convencionalismo jurídico não confere a devida importância a isso.

Muitos desacordos típicos do direito não são desacordos sobre a compreensão do significado dos valores num sentido convencional. Muitos também não são bem descritos se compreendidos como esforços de *negociação* e *cooperação* ou *sobre a aplicação de uma regra*. Na verdade, os desacordos teóricos possuem uma natureza argumentativa de um tipo especial. Eles são desacordos formulados linguisticamente e construídos dentro de um *jogo de linguagem* que tem como condição de sentido poderem ser verdadeiros quando e se estiverem alicerçados em melhores *justificativas*. Esse ponto foi objeto de grande insistência da parte de Dworkin[617].

O direito é uma prática regulada por regras sociais. Contudo, as regras que constituem essa prática produzem o seu sentido, ao menos parcialmente, também dentro do jogo argumentativo dessas práticas. É nisso que o direito se diferencia de um jogo de xadrez. No xadrez não se argumenta, não se usam palavras, não são feitas *justificações*, não se disputa o significado dos conceitos e menos ainda sobre valores e não se produzem melhores concepções de conceitos valorativos.

O segundo grande limite do convencionalismo é não ser capaz de apresentar uma descrição plausível do tipo de normatividade *que as práticas jurídicas exigem e exibem*. O direito é, assim como o xadrez, uma prática normativa, mas num sentido distinto. Ele difere do tipo de normatividade e condição de sentido de outras práticas sociais normativas. Muitas

616 Cfr. Hare, R. M., 1991.

617 Cfr., por exemplo, o artigo Dworkin, Ronald, *Legal theory and the problem of sense*, 1987b.

delas podem ser explicadas pelo recurso à normatividade produzida convencionalmente. Não há nada de errado na explicação lewisiana acerca das razões pelas quais se constitui uma regra para retornar ligações telefônicas quando estas são interrompidas. Não há nada de hipoteticamente equivocado em também compreender o *jantar-plano* de Shapiro como uma atividade cooperativa compartilhada (ainda que seja difícil pensar como jantares sociais reais possam se ajustar a sua descrição despojada de uma intencionalidade valorativa). Também não há problema em explicar um jogo de xadrez como uma convenção constitutiva. Contudo, o direito não se assemelha a essas práticas num aspecto central. Um dos pontos de dissemelhança relevante é justamente ele ser não apenas uma prática argumentativa, mas sobretudo *uma prática argumentativa sobre valores interpretativos* que não têm a sua condição de sentido inteligível *de fora, arquimedianamente*.

A prática de argumentação jurídica envolve a articulação e a formulação de justificativas baseadas em razões morais substantivas. A natureza argumentativa do direito, por esse motivo, implica que o sentido e o valor de verdade dos próprios argumentos se produzam dentro da rede de justificações dos valores de uma *moralidade concorrente*. Ele envolve apelos a razões e *melhores justificativas*, e não apenas fatos verificáveis como sua condição de sentido. Tais argumentos são contestáveis, derrotáveis (*defeaseable*), o que significa dizer que são abertos a novas interpretações e novos argumentos, eventualmente feitos em novas bases metodológicas. Por fim, as práticas argumentativas típicas do direito são produzidas na esfera pública e estão sujeitas aos critérios de objetividade que se constituem nessa dimensão. O direito não é como um jogo cujas regras podem ser fixadas bilateralmente por dois indivíduos contratantes, mas envolve uma referência a uma rede de crenças, convicções e conceitos definidos social e interpretativamente.

Talvez se pudesse contestar esse argumento e afirmar, como quer Hart[618], que os fundamentos do direito não são discursivos, argumentativos, ainda que as práticas jurídicas dos tribunais o sejam. O problema dessa resposta, contudo, é que, quando os juízes e as autoridades "reco-

618 Cfr. HART, H. L. A., 1994b.

nhecem do direito", o fazem também argumentativamente. O significado profundo da análise que faz Dworkin do caso *TVA v. Hill* é que os *justices* Burger e Powell divergem argumentativamente sobre o próprio significado de direito. Eles discordam e argumentam exatamente sobre *o que é o direito*, assim como *sobre o melhor método* pelo qual se pode responder à pergunta acerca do que é o direito. O mesmo pode ser dito com relação a outros precedentes nacionais citados, como o *caso Ellwanger*[619] e os casos sobre aborto de feto anencéfalo[620], violência presumida em caso de estupro[621] e constitucionalidade da lei de biossegurança[622], recente-

619 STF Habeas Corpus (HC 82424) de Sigfried Ellwanger, 12 de dezembro de 2002.

620 STF ADPF 54/DF, relator ministro Marco Aurélio, 11 e 12 de abril de 2012.

621 STJ, Habeas Corpus nº 88.664 — GO (2007/0187687-4) e especialmente STF Habeas Corpus 73.662-9 — MG, decidido em 16 de abril de 1996, relator ministro Marco Aurélio. Nesse julgamento, o STF decidiu pelo fim da presunção de violência nos crimes sexuais praticados contra pessoas com menos de 14 anos de idade, afirmando uma interpretação contrária à interpretação mais literal da norma penal. No seu voto, o ministro Marco Aurélio afirmou que: "Nos nossos dias não há crianças, mas moças de onze anos. [...] Ora, enrijecida a legislação — que, ao invés de obnubilar a evolução dos costumes, deveria acompanhá-la, dessa forma protegendo-a — *cabe ao intérprete da lei o papel de arrefecer tanta austeridade, flexibilizando, sob o ângulo literal, o texto normativo, tornando-o, destarte, adequado e oportuno, sem o que o argumento da segurança transmuda-se em sofisma e servirá, ao reverso, ao despotismo inexorável dos arquiconservadores de plantão, nunca a uma sociedade que se quer global, ágil e avançada — tecnológica, social e espiritualmente*". Grifo meu. Em seu voto, acompanhando o relator, o ministro Francisco Rezek deixou claro que o ponto central da divergência não se relacionava aos fatos ou mesmo à validade da norma do Código Penal que estabelecia a violência presumida em casos de estupro de menor de 14 anos, mas sim à concepção de direito defendida pelos ministros. Afirmou: "*observei que estamos diante de uma situação clara quanto aos fatos. Sobre esses fatos firmou-se uma tese jurídica, e quer-se saber se o Supremo Tribunal a abona ou rejeita.* A *tese* é a de que, ocorrendo crime contra os costumes, contando a vítima idade inferior a 14 anos (e o réu, naturalmente, idade superior a 18 anos), o estupro, que a ordem jurídica brasileira contemporânea denomina crime hediondo, é uma conclusão judiciária inevitável. A questão é saber se a presunção de violência, nesse caso, é inafastável, e se, portanto, os operadores do direito envolvidos num processo dessa índole estão dispensados de refletir: considerada apenas a idade das partes e a ocorrência do relacionamento sexual, proclamariam sumariamente a ocorrência de estupro. [...] Penso que a condenação por estupro, à vista dos artigos 213 e 224 do Código Penal, *não faz justiça no caso concreto*". Grifo meu. Esse posicionamento fica também patente no voto do ministro Maurício Corrêa quando afirma: "Deveria ou deverá o juiz estar algidamente circunscrito a vetustez de um ordenamento penal obsoleto, distante da atualidade e das inovações que

mente julgados pelos tribunais superiores brasileiros, nos quais não se discordava sobre a validade das normas, mas sobre concepções rivais de direito, bem como sobre os meios adequados para conhecer e interpretar (*interpretivamente*) o próprio direito. As explicações convencionalistas examinadas falham por não oferecer uma análise convincente desse elemento argumentativo central nas práticas de identificação do que é o direito pelos agentes que participam significativamente das práticas jurídicas centrais. Esse é o terceiro limite do convencionalismo jurídico: ele oferece uma explicação das práticas jurídicas que não se ajusta à forma como os agentes jurídicos efetivamente agem e discordam. Elas não são capazes de oferecer uma explicação satisfatória do *direito em desacordo*.

Conforme observa Postema, "A tarefa de identificar um problema de cooperação e negociar uma solução é racional, mas não fundamen-

galopam nas asas da criatividade humana, com as mais sofisticadas tecnologias, *ou deveria ou deverá emprestar a interpretação que a sua consciência ditar*, em razão desses fenômenos, já que o processo legislativo às vezes age rapidamente, quando há conveniência, mas que, a despeito da reformulação da legislação penal, caminha a passos de tartaruga? Entendo que não". Em sentido oposto foi o voto do ministro Carlos Velloso, que reconhecia não apenas a obrigação de respeitar o direito tal como ele estava expresso na norma válida reconhecida por todos, como também pelas suas finalidades, depois de invocar o entendimento reiterada, convergente e *convencionalmente* aceito do próprio STF no sentido de acolher essa interpretação literal do artigo 224, alínea "a", do Código Penal e rejeitar a interpretação oferecida pelos ministros que acompanhavam o relator. Afirmou que "*Tal interpretação, 'data venia', — além de negar o texto da lei, sua finalidade que é a proteção ao menor de quatorze anos, — não contribuiria, de outra parte, para a solução do gravíssimo problema da infância e da adolescência de nosso tempo, a qual não se restringe a mero amparo material a legiões de meninos e meninas que perambulam pelas ruas de nossas cidades, mas, simultaneamente, exige, dos Poderes Públicos e das instituições privadas, a assistência moral e espiritual, em ordem a que possam participar dos valores da cidadania e se integrar nos caminhos. da dignidade humana*". Grifos meus. Conteúdo disponível em: <http://www.stf.jus.br/portal/jurisprudencia/listarJurisprudencia.asp?s1=(73662.NUME.%20OU%2073662.ACMS.)&base=baseAcordaos>. Acesso em: 28 ago. 2013.

[622] STF, ADI 3510/DF, relator ministro Carlos Britto, 28 e 29 de maio de 2008 (ADI-3510). A questão sobre a qual houve desacordo nesse julgado fica bem expressa na própria ementa elaborada pelo tribunal para o caso: "Em conclusão, o Tribunal, por maioria, julgou improcedente pedido formulado em ação direta de inconstitucionalidade proposta pelo Procurador-Geral da República contra o art. 5º da Lei federal 11.105/2005 (Lei da Biossegurança), que permite, para fins de pesquisa e terapia, a utilização de células-tronco

talmente discursiva"[623], porque "Os argumentos tipicamente dispostos envolvem oferecer outras razões para que *eles acolham* uma solução, e não razões para a solução"[624]. No âmbito do direito isso não é correto. O alvo dos argumentos que contrastam nos desacordos não é a *coordenação do desacordo*, mas antes a disputa pelo melhor argumento. Afinal, um dos aspectos mais característicos do processo argumentativo que conduz às decisões judiciais não é chegar a um acordo, mas sim decidir *corretamente*[625]. Isso não impede, evidentemente, que o direito crie e incentive também mecanismos deliberadamente voltados à cooperação, à conciliação e à negociação, como audiências de conciliação e julgamento, arbitragem, etc. Não significa, tampouco, que não possam existir mecanismos convencionais voltados para a redução de complexidade e para o aumento

embrionárias obtidas de embriões humanos produzidos por fertilização in vitro e não usados no respectivo procedimento, e estabelece condições para essa utilização — v. Informativo 497. Prevaleceu o voto do relator Min. Carlos Britto, que salientou, inicialmente, que o artigo impugnado seria um bem concatenado bloco normativo que, sob condições de incidência explícitas, cumulativas e razoáveis, contribuiria para o desenvolvimento de linhas de pesquisa científica das supostas propriedades terapêuticas de células extraídas de embrião humano in vitro. Esclareceu que as células-tronco embrionárias, pluripotentes, ou seja, capazes de originar todos os tecidos de um indivíduo adulto, constituiriam, por isso, tipologia celular que ofereceria melhores possibilidades de recuperação da saúde de pessoas físicas ou naturais em situações de anomalias ou graves incômodos genéticos. Asseverou que as pessoas físicas ou naturais seriam apenas as que sobrevivem ao parto, dotadas do atributo a que o art. 2º do Código Civil denomina personalidade civil [...] *Assim, a Carta Magna não faria de todo e qualquer estádio da vida humana um autonomizado bem jurídico, mas da vida que já é própria de uma concreta pessoa, porque nativiva, e que a inviolabilidade de que trata seu art. 5º diria respeito exclusivamente a um indivíduo já personalizado*". Grifos meus. Informação e ementa oficial disponíveis em: <http://www.stf.jus.br/arquivo/informativo/documento/informativo508.htm>. Acesso em: 28 ago. 2013.

623 Postema, Gerald. *Legal philosophy in the twentieth century: the common law world*, 2011a, p. 537, tradução minha. No original: "The task of identifying a cooperation problem and negotiating to a solution is rational, but not fundamentally discursive".

624 Postema, Gerald. *Legal philosophy in the twentieth century: the common law world*, 2011a, p. 537, grifo do original, tradução minha. No original: "The arguments typically deployed involve offering others reasons for them to sign on to a solution, not reasons for the solution".

625 Postema, Gerald. *Legal philosophy in the twentieth century: the common law world*, 2011a, p. 538.

da eficiência decisória do sistema judicial, como a dogmática jurídica, os processos de socialização e formação de magistrados, e os mecanismos institucionais de uniformização (como incidentes de uniformização de jurisprudência e súmulas vinculantes), etc.[626] Contudo, a sua existência não exclui a pretensão de verdade das proposições jurídicas, apenas torna o contexto no qual a justificação é produzida mais complexo e exigente do ponto de vista interpretativo.

Um trabalho de análise do convencionalismo jurídico como este não pode antecipar completamente se outras reformulações do convencionalismo poderão atender convincentemente às exigências do *desafio dworkiniano*. É impossível predizer o futuro teórico dessa abordagem cujos traços distintivos essenciais são muitas vezes também fortemente disputados. Parece-me razoável imaginar que, para responder a tais exigências, reformulações profundas de método precisam ser feitas, notadamente para incorporar a dimensão argumentativa e valorativa das práticas jurídicas. Para tanto, acredito ser inevitável o abandono de algumas premissas importantes, não apenas do convencionalismo em geral, mas certamente da formulação positivista que esteve a ele associada até o presente momento, ao menos na voz de diversos de seus principais representantes.

Uma reformulação metodológica desse tipo pode nos levar a pensar num convencionalismo não positivista, como parecem sugerir Postema[627],

[626] Cfr. Faria, José Eduardo (Org.), 1996, especialmente p. 127-160; Campilongo, Celso Fernandes. *Política, sistema jurídico e decisão judicial*. 2. ed. São Paulo: Saraiva, 2011.

[627] Há esforços para reconstruir o convencionalismo jurídico de modo a reconhecer essa dimensão valorativa e argumentativa do direito. Um exemplo pode ser encontrado em Postema, Gerald. Custom in international law: a normative practice account. In: Murphy, James; Perreau-Saussine, Amanda. *The nature of customary law*: legal, historical and philosophical perspectives. Cambridge: Cambridge University Press, 2007. p. 279-306, p. 292-295, apud Postema, Gerald. *Legal philosophy in the twentieth century: the common law world*, 2011a, p. 538. Para Postema, os limites do convencionalismo de Coleman e Marmor não devem representar a decretação do fracasso geral do convencionalismo jurídico, mas sim "encourages the search for an account of this sub-class of discursive practices. However, such practices, if they are to be considered conventional even in an extended sense, must be compliance-sensitive, that is, compliance-dependent and recognized in the practice as such, and it is precisely this feature that critics of legal conventionalism have argued is not true, or at least not necessarily true, of practices at the foundations of law". Postema, Gerald. *Legal philosophy in the twentieth century: the common law world*, 2011a, p. 538.

Zipursky[628] e outros[629]. Talvez isso seja possível. A pergunta importante então será, mais uma vez, como tantas vezes se repetiu na história da filosofia: o que devemos entender, então, por *convencionalismo*?

Um outro ponto importante dos limites explicativos do convencionalismo jurídico para as práticas jurídicas está no fato de que as ações dos juízes muitas vezes não são bem descritas como uma atividade cooperativa, mas antes como uma ação individual (ainda que enraizada socialmente). Nesse sentido, as ações dos juízes teriam um grau de independência mais elevado do que o modelo convencionalista parece admitir. Essa autonomia, segundo Dworkin, seria explicável pela maneira pela qual os juízes *levam os direitos a sério* em seus esforços de compreender e produzir a melhor justificação para as suas decisões. Por esse motivo, a unidade do direito não seria estabelecida por convenção, mas sim pela teoria e pelo *solo comum* (Dworkin por vezes o denomina *Plateau*), isto é, pelo compartilhamento de *formas de vida* que nos permitem usar *conceitos interpretativos*, mesmo quando divergimos sobre a melhor *concepção* destes.

É nesse sentido que, para Dworkin, a atividade interpretativa inscrita na reflexão teórica (e que está presente nos desacordos teóricos manifestos em casos centrais das práticas jurídicas dos tribunais) tem uma dimensão protestante ("*protestant*"). Tal como a fé protestante permitia

[628] Cfr. Zipursky, Benjamin, 2001. Ele chega inclusive, de forma ao menos *prima facie* surpreendente, a afirmar que o próprio pensamento de Dworkin poderia ser mais bem compreendido como uma forma de convencionalismo. Que seja. O importante aqui é, entretanto, lembrar da advertência recorrente de Wittgenstein quando discutia o sentido de determinadas categorias filosóficas: ter presente qual é o sentido que se está atribuindo a esse uso do conceito. Com certeza Dworkin não pode ser bem qualificado como um convencionalista no sentido em que ele mesmo emprega o conceito. Porém, pode haver outro sentido segundo o qual ele seja mais bem compreendido como um convencionalista. Isso não é incomum na filosofia, e o próprio Dworkin afirma que compreender o positivismo de Hart como uma teoria convencionalista e, como tal, interpretativa, seria a melhor forma de interpretar esse autor, ainda que isso seja recusado pelo próprio Hart.

[629] Uma recente tentativa de explorar o convencionalismo dentro de um registro teórico inspirado em Lon Fuller pode ser encontrado em Postema, Gerald. Conformity, and congruence: rethinking the efficacy of law. In: Kramer, Matthew; Grant, Claire; Colborn, Ben; Hatzistavrou, Antony. (Eds.). The legacy of Hart. Oxford: Oxford University Press, 2008a. p. 45-65, p. 53-55.

que cada cristão propusesse a sua compreensão da Bíblia com base em seus melhores esforços interpretativos e em suas convicções pessoais, nossos juízes interpretam os direitos com base em suas convicções. Uma interpretação protestante da Bíblia dispensa a autoridade papal. De forma similar, os juízes não parecem tomar as atividades cooperativas compartilhadas de outros juízes como a sua principal razão de decidir, mas antes buscar a *resposta correta* para suas decisões. Mesmo quando tomam a decisão de outros juízes como referência, o fazem por identificar nelas uma evidência da correção, e não por serem as decisões já tomadas. Mas vale lembrar que isso não significa que a sua atividade seja destacada de outras práticas sociais. Afinal, também o protestante nem reza sozinho, nem dispensa o diálogo com interpretações da Bíblia feitas por terceiros.

A teoria do direito é muitas vezes vista com desconfiança pelos praticantes do direito. De um lado os hermetismos do discurso filosófico podem causar compreensível estranheza ao espírito usualmente mais "pragmático" de juízes, promotores e advogados. Por outro lado, há as desconfianças sustentadas pelos próprios filósofos, que muitas vezes fazem duras investidas contra o discurso teórico. Procurei mostrar com detalhes, muitas vezes técnicos, como o convencionalismo jurídico não apresenta uma descrição adequada dos fundamentos do direito. Insisti também no fato de que isso gera consequências normativas na medida em que afeta a forma como a deliberação prática de nossos tribunais e nossas justificações são construídas. Contudo, alguém poderia perguntar qual poderia ser o impacto disso não entre filósofos convencionalistas, mas sim entre juízes e advogados comuns. Qual poderia ser a relevância dessa investigação teórica para eles?

Penso que o convencionalismo e a tese das fontes sociais são não apenas *teses* filosóficas dos acadêmicos, mas esquemas mentais fortemente enraizados no senso comum dos juristas. Acredito também que o momento jurídico que vivemos recomenda aos juristas certos cuidados teóricos adicionais. O Brasil e a América Latina têm vivido um momento de ampliação do recurso à linguagem dos princípios tanto na doutrina como nas práticas judiciais[630]. Associado a ele, temos assistido também

[630] Cfr. Faria, José Eduardo (Org.), 1996, especialmente p. 127-160; Esquirol, Jorge L. The turn to legal interpretation in Latin America. *American University International Law*

à consolidação de uma espécie de hibridismo teórico-doutrinário[631] que reúne, usualmente de forma não muito consistente, conceitos e pressuposições teóricas distintas que se põem a serviço da construção de uma nova retórica dos princípios.

Procurei mostrar como a correta compreensão da natureza argumentativa do direito implica que se o compreenda como um discurso cujo sentido depende de sua *justificação* e de sua *interpretação moral*. Alguns

Review, Washington, v. 26, p. 1031-1072, 2011b; LOPES, José Reinaldo de Lima. Entre a teoria da norma e a teoria da ação In: STORCK, Alfredo Carlos; LISBOA, Wladimir Barreto (Orgs.). *Norma, moralidade e interpretação*: temas de filosofia política e do direito. Porto Alegre: Linus, 2009. p. 43-78; LOPES, José Reinaldo de Lima. Juízo jurídico e a falsa solução dos princípios e regras. *Revista de Informação Legislativa*, Brasilia, v. 40, n. 160, p. 49-64, 2003. MACEDO JUNIOR, Ronaldo Porto; BARBIERI, Catarina Helena Cortada (Orgs.). Direito e interpretação: racionalidades e instituições. São Paulo: Saraiva, 2011. Trata-se de obra coletiva com artigos dos seguintes autores: Catarina H. C. Barbieri ("Determinação e indeterminação do formalismo de Ernest Weinrib", p. 243-258), Ronaldo Porto Macedo Junior ("Interpretação da boa-fé nos contratos brasileiros: os princípios jurídicos em uma abordagem relacional — contra a euforia principiológica", p. 307-336), Carlos Ari Sundfeld ("Princípio é preguiça?", p. 287-306), Cláudio Michelon Júnior ("Princípios e coerência na argumentação jurídica", p. 261-286), Conrado Hübner Mendes ("Desempenho deliberativo de cortes constitucionais e o STF", p. 337-362), Dennis Patterson ("Após a análise conceitual: a ascensão da teoria da prática", p. 193-210), Diego López Medina ("Hermenêutica e linguagem na teoria do direito", p. 155-192), Dimitri Dimoulis ("Sentidos, vantagens cognitivas e problemas teóricos do formalismo jurídico", p. 213-242), Guilherme Leite Gonçalves ("Função interpretativa e hermenêutica da cordialidade: alternativas descritivas de diferenciação do direito no Brasil", p. 419-438), Jorge L. Esquirol ("O direito fracassado na América Latina", p. 439), Jorge Luiz Rodriguez e Pablo Eugenio Navarro ("Interpretação jurídica e a sistematização do direito", p. 63-90), Luis Fernando Schuartz ("Consequencialismo jurídico, racionalidade decisória e malandragem", p. 383-418), Neil MacCormick ("Direito, interpretação e razoabilidade", p. 31-44), Noel Struchiner ("Indeterminação e objetividade: quando o direito diz o que não queremos ouvir", p. 119-151), Tercio Sampaio Ferraz Júnior ("Direito, linguagem e interpretação", p. 103-118), Virgílio Afonso da Silva ("Ponderação e objetividade na interpretação constitucional", p. 363-380). Ver também "A hipótese do legislador racional e a noção de justiça", de Tercio Sampaio Ferraz Júnior (p. 21-41) e "A observação sociológica da interpretação jurídica", de Celso Fernandes Campilongo (p. 55-64). Todos publicados pela DIREITO GV no Caderno DIREITO GV nº 29 (*Cadernos DIREITO GV*, São Paulo, v. 6 n. 3, maio 2009).

631 SILVA, Virgílio Afonso da. Interpretação constitucional e sincretismo metodológico. In: SILVA, Virgílio Afonso da (Org.). *Interpretação constitucional*. São Paulo: Malheiros, 2003. p. 115-143, aponta este fenômeno no direito constitucional brasileiro.

dos mais interessantes casos discutidos por nossos tribunais confirmam amplamente essa ideia — por exemplo, o julgamento da Arguição de Descumprimento de Preceito Fundamental (ADPF) nº 54/DF pelo STF, que tratou da interrupção de gravidez em que o feto é anencéfalo[632]. A

[632] Os argumentos apresentados na ADPF — PLENÁRIO ADPF 54/DF, relator ministro Marco Aurélio, 11 e 12 de abril de 2012. (ADPF-54) que tratou da interrupção de gravidez em que o feto é anencéfalo. Nesse caso, segundo a ementa elaborada pelo tribunal, "O Plenário, por maioria, julgou procedente pedido formulado em arguição de descumprimento de preceito fundamental ajuizada a fim de declarar a inconstitucionalidade da interpretação segundo a qual a interrupção da gravidez de feto anencéfalo seria conduta tipificada nos artigos 124, 126 e 128, I e II, do CP. Prevaleceu o voto do Min. Marco Aurélio, relator. [...] sublinhou que o tema envolveria a dignidade humana, o usufruto da vida, a liberdade, a autodeterminação, a saúde e o reconhecimento pleno de direitos individuais, especificamente, os direitos sexuais e reprodutivos das mulheres." A ministra Rosa Weber expressou com precisão a dimensão interpretativa, argumentativa, valorativa e a natureza não criterial dos conceitos envolvidos, afastando-se de uma visão convencionalista ao afirmar que "*o debate teria se estruturado em torno de falácia naturalista.* Após realizar digressão sobre epistemologia a respeito de verificacionismo, falsificacionismo e empirismo, sumarizou que o conhecimento jurídico seria independente em relação às demais ciências. Assim, clarificou que impenderia discutir o conceito de vida de acordo com significação própria no âmbito da dogmática do direito, da legislação e da jurisprudência. Com isso, discorreu que da circunstância de a medicina descrever determinado fenômeno como fato não decorreria o dever jurídico de protegê-lo ou ignorá-lo. Asseverou que a ciência não poderia determinar dever de cuidado com base em fato que considerasse verdadeiro ou falso, dado que não possuiria total controle dos seus próprios conceitos, nem lhe seria dada a pretensão de estabelecer verdades que vinculassem outras áreas do conhecimento. *Demonstrou que, dos conceitos em ciência, como o de vida, não decorreriam definições lógicas, empiricamente precisas ou inquestionáveis, mas que estas seriam fruto das necessidades procedimentais e descritivas de acordo com o padrão de conhecimento de determinado momento.* [...] No que diz respeito ao método da ponderação valorativa, recorreu à proporcionalidade em sentido estrito, pois as ações que preservariam os valores em concorrência para a situação concreta seriam necessárias e adequadas. *Segundo esse princípio, que levaria à técnica da ponderação, impenderia estabelecer as razões argumentativas, que justificariam a restrição de abrangência de um princípio sobre outro, sempre com relação ao caso sob análise. Outrossim, referiu que não se avaliariam propriamente os valores em jogo, mas os argumentos esgrimidos.*" Grifos meus. Por outro lado, uma visão oposta, ancorada num convencionalismo pouco elaborado e fundada numa interpretação literal ficou patente nos votos vencidos dos ministros Ricardo Lewandowski e Cezar Peluso, presidente, que julgavam o pedido improcedente. "O Min. Ricardo Lewandowski sublinhava que *o legislador infraconstitucional* isentara de pena, excepcionalmente, o aborto, desde que praticado por médico, em duas hipóteses taxativamente definidas [...] No tocante à interpretação da

descrição da linguagem do direito como um discurso cínico ou cético é inadequada não porque desagrada a preferência dos defensores da leitura moral do direito, mas sim porque é uma teoria equivocada do próprio direito. Pensar que é possível descrever a teoria do direito como um mero *discurso racionalizador* capaz de servir a quaisquer fins instrumentais, sem que se pudesse com isso alegar qualquer desvio de um certo padrão de correção, é fruto de um equívoco filosófico.

Talvez esse tipo de abordagem baseado na melhor reconstrução do *advogado sofista* seja coerente com o estado espiritual em que vivemos. A *jaula de ferro* do mundo em que vivemos produz um certo cinismo generalizado e uma visão de mundo desconfiada das tentativas de reconstrução do sentido básico de nossas práticas. De certo modo, como anotaram alguns[633], a própria pergunta pelo sentido se transformou, no mundo em que vivemos, numa pergunta *fora de lugar*, piegas, ou, simplesmente, *sem sentido*. Enfim, traços marcantes do mundo em que vivemos parecem alimentar e até certo ponto explicar e pedir uma visão teórica do direito que limpe a linguagem jurídica do seu conteúdo gramaticalmente moral (*moral concorrente*). É necessário resistir a essa tentação.

O importante a notar é, contudo, se tais exigências são razões teóricas e práticas que seguimos quando praticamos argumentativamente o direito ou se são apenas esquemas mentais que nos induzem a pensar *de*

lei conforme a Constituição, nos termos em que requerido, *rememorava o princípio básico da conservação das normas — derivado da presunção de constitucionalidade destas —*, segundo o qual seria desejável conferir às leis interpretação conforme a Constituição, sem declará-las inconstitucionais, considerada a vontade soberana do legislador. *Asseverava, ademais, que quando a lei fosse clara não haveria espaço para interpretação, de modo que não seria dado ao intérprete afrontar sua expressão literal, a pretexto de extrair dela conteúdo em conformidade com o texto constitucional. Reputava caber ao STF apenas o papel de legislador negativo, para extirpar do ordenamento jurídico as normas incompatíveis com a Constituição.* [...] O Presidente Cezar Peluso considerava [...] que, se o anencéfalo morresse, ele só poderia fazê-lo por estar vivo. [...] Asseverava que *o simples fato de o anencéfalo ter vida e pertencer à espécie humana garantir-lhe-ia, apesar da deficiência, proteção jurídica e constitucional*". Grifos meus. Informação disponível em: <http://www.stf.jus.br/arquivo/informativo/documento/informativo661.htm>. Acesso em: 28 ago. 2013.

633 KRONMAN, Anthony. *Education's end*: why our colleges and universities have given up on the meaning of life. New York: Yale University Press, 2008; KRONMAN, Anthony. *The lost lawyer*: failing ideals of the legal profession. Cambridge: Harvard University Press, 2007.

fora sobre aquilo que tem o seu sentido determinado *de dentro*. Afinal, as práticas jurídicas têm o seu valor moral também determinados *de dentro das práticas jurídicas*. Isso significa dizer que, embora se deva reconhecer que nossos valores jurídicos inevitavelmente se reportam e se relacionam a uma rede de crenças e convicções mais amplas, que formam o que normalmente designamos como *moral*, existe uma dinâmica particular (ainda que porosa e não completamente autônoma) das práticas argumentativas que ganha sua determinação mais específica dentro desse "departamento da moral" que denominamos *direito*[634]. As continuidades e as descontinuidades que se estabelecem entre esses domínios da moral não se fixam nem a machadadas, nem por fronteiras cirúrgicas, mas antes se comunicam como a *corda de Wittgenstein*. Isto é, como jogos de linguagem que se articulam uns aos outros como as fibras de uma corda[635]. Contudo, para bem compreender isso temos de abandonar as ilusões de um convencionalismo fundado na crença de que as fontes do direito são direta e exclusivamente sociais e compreender que não podem ser avaliadas arquimedianamente.

634 Dworkin, Ronald, *Justice for hedgehogs*, 2011, p. 405.

635 "67. I can think of no better expression to characterize these similarities than 'family resemblances'; for the various resemblances between members of a family: build, features, colour of eyes, gait, temperament, etc. etc. overlap and criss-cross in the same way.— And I shall say: 'games' form a family. And for instance the kinds of number form a family in the same way. Why do we call something a 'number'? Well, perhaps because it has a—direct—relationship with several things that have hitherto been called number; and this can be said to give it an indirect relationship to other things we call the same name. And we extend our concept of number as in spinning a thread we twist fibre on fibre. And the strength of the thread does not reside in the fact that some one fibre runs through its whole length, but in the overlapping of many fibres." Wittgenstein, Ludwig, 2009, § 67.

REFERÊNCIAS

ADLER, Matthew; HIMMA, Kenneth (Eds.). *The rule of recognition and the U.S. Constitution.* Oxford: Oxford University Press, 2009.

ALEXY, Robert. *A theory of legal argumentation*: the theory of rational discourse as theory of legal justification. Translation by Ruth Adler and Neil MacCormick. Oxford: Oxford University Press, 2009.

ANDRADE, Carlos Drummond de. *O avesso das coisas.* 6. ed. Rio de Janeiro: Record, 2007.

ANSCOMBE, Elizabeth. On brute facts. *Analysis,* Oxford, v. 18, n. 3, p. 69-72, 1958.

ARENA, Federico José. *El convencionalismo jurídico*: Un recorrido analítico. Madrid: Marcial Pons, 2014.

ARISTÓTELES. De interpretatione. In: AGIONI, L. (Org.). *Ontologia e predicação em Aristóteles.* Tradução de L. Agioni. Campinas: Unicamp, 2000.

AXELROD, Robert. *The evolution of cooperation.* Revised edition. [S.l]: Basic Books, 2006.

BANKOWSKI, Zenon. Speech Acts, legal institutions and real laws. In: MACCORMICK, Neil; BIRCKS, Peter (Eds.). *The legal mind*: essays for Tony Honoré. Oxford: Oxford University Press, 1986. p. 121-135.

BARBIERI, Catarina Helena Cortada. Determinação e indeterminação do formalismo de Ernest Weinrib. In: MACEDO JUNIOR, Ronaldo Porto; BARBIERI, Catarina Helena Cortada (Orgs.). *Direito e interpretação*: racionalidades e instituições. São Paulo: Saraiva, 2011. p. 243-258.

BAYÓN MOHÍNO, Juan Carlos. "Derecho, convencionalismo y controvérsia". In: REDONDO, María Cristina; NAVARRO LÓPEZ, Pablo Eugenio (orgs.). *La relevancia del derecho*: Ensayos de filosofía jurídica, moral y política. Barcelona: Gedisa, 2002.

BEN-MENAHEM, Yemima. Explanation and description: Wittgenstein on convention. *Synthese,* New York, v. 115, n. 1, p. 99-130, 1998.

BEN-MENAHEM, Yemima. *Conventionalism*: from Poincaré to Quine. New York: Cambridge University Press, 2006.

BIX, Brian. *Law, language and legal determinacy*. Oxford: Clarendon, 1993.

BIX, Brian. *Analyzing law*: new essays in legal theory, Oxford: Clarendon, 1998.

BIX, Brian. H. L. A. Hart and the hermeneutic turn in legal theory. *Southern Methodist University Law Review*, Dallas, v. 52, p. 167-199, 1999. Disponível em: <http://papers.ssrn.com/sol3/papers.cfm?abstract_id=163810>. Acesso em: 20 ago. 2012.

BIX, Brian; COLEMAN, Jules. Legal positivism, and legal authority. *Quinnipiac Law Review*, Hamden, v. 16, p. 241-254, Fall, 1996.

BOBBIO, Norberto. *O positivismo jurídico*: lições de filosofia do direito. Compilação de Nello Morra. Tradução e notas de Márcio Pugliesi, Edson Bini e Carlos E. Rodrigues. São Paulo: Ícone, 1995.

BOBBIO, Norberto. *El problema del positivismo jurídico*. Traducción de Ernesto Garzón Valdéz. Mexico: Fontamara, 1999.

BRATMAN, Michael E. Shared cooperative activity. *Philosophical Review*, Ithaca, NY, v. 101, n. 2, p. 327-341, 1992.

BRATMAN, Michael E. Shared intention: *Ethics*, Chicago, v. 104, n. 1, p. 97-113, 1993.

BRATMAN, Michael. *Faces of intention*. Cambridge: Cambridge University Press, 1999.

CAMPBELL, Joseph Keim; O'ROURKE, Michael; SHIER, David (Eds.). *Law and social justice*. Cambridge: MIT Press, 2005. (Topics in contemporary philosophy).

CAMPILONGO, Celso Fernandes. A observação sociológica da interpretação jurídica. *Cadernos Direito GV*, São Paulo, v. 6 n. 3, p. 55-64, maio 2009.

CAMPILONGO, Celso Fernandes. *Política, sistema jurídico e decisão judicial*. 2. ed. São Paulo: Saraiva, 2011.

CARRIO, Genaro R. *Legal principles and legal positivism*. Buenos Aires: [S.n.], 1971.

CELANO, Bruno. "La regola di riconoscimento è una convenzione?", *Ragion Pratica*, 21, pp. 347-360, 2003.

CHRISTIE, George C. The model of principles. *Duke Law Journal*, Durham, p. 649-669, 1968. Disponível em: <http://scholarship.law.duke.edu/dlj/vol17/iss4/3>. Acesso em: 28 ago. 2013.

COLEMAN, Jules. Negative and positive positivism. *Journal of Legal Studies*, Chicago, v. 11, p. 139-164, 1982.

COLEMAN, Jules. Negative and positive positivism. In: COHEN, Marshall (Ed.). *Ronald Dworkin and contemporary jurisprudence*. Totowa, USA: Rowman and Allanheld, 1983. p. 28-48.

COLEMAN, Jules. Authority and reason. In: GEORGE, Robert P. (Ed.). *The autonomy of law*. Oxford: Clarendon, 1996. p. 287-319.

COLEMAN, Jules. Incorporationism, conventionality, and the practical difference thesis. *Legal Theory*, Oxford, v. 4, p. 381-426, 1998.

COLEMAN, Jules. Constraints on the criteria of legality. *Legal Theory*, Oxford, v. 6, p. 171-83, 2000.

COLEMAN, Jules (Ed.). *Hart's Postscript*: essays on the postscript to "The concept of law". Oxford: Oxford University Press, 2001a.

COLEMAN, Jules. Incorporationism, conventionality, and the practical difference thesis. In: COLEMAN, Jules (Ed.). *Hart's postscript*: essays on the postscript to "The concept of law". Oxford: Oxford University Press, 2001b. p. 99-148.

COLEMAN, Jules. *The practice of principle*: in defense of a pragmatist approach to legal theory. Oxford: Oxford University, 2001c.

COLEMAN, Jules; SIMCHEN, Ori. Law. *Legal Theory*, Oxford, v. 9, p. 1-41, 2003.

COLEMAN, Jules. Facts, fictions, and the grounds of law. In: CAMPBELL, Joseph Keim; O'ROURKE, Michael; SHIER, David (Eds.). *Law and social justice*. Cambridge: MIT Press, 2005. p. 327-351. (Topics in contemporary philosophy).

DICKSON, Julie. *Evaluation and legal theory*. Oxford: Hart, 2001.

DICKSON, Julie. Is the rule of recognition really a conventional rule? *Oxford Journal of Legal Studies*, Oxford, v. 27, n. 3, p. 373-402, 2007.

DIMOULIS, Dimitri. Sentidos, vantagens cognitivas e problemas teóricos do formalismo jurídico. In: MACEDO JUNIOR, Ronaldo Porto; BARBIERI, Catarina Helena Cortada (Orgs.). *Direito e interpretação*: racionalidades e instituições. São Paulo: Saraiva, 2011. p. 213-242.

DWORKIN, Ronald. Judicial discretion. *Journal of Philosophy*, v. 60, 1963.

DWORKIN, Ronald. Wasserstrom, "the judicial decision". *Ethics*, Chicago, v. 75, 1964.

DWORKIN, Ronald. Does law have a function? A comment on the two-level theory of decision. *Yale Law Journal*, New Haven, v. 74, p. 640-641, 1965a. Disponível em: <http://digitalcommons.law.yale.edu/fss_papers/3614>. Acesso em: 28 ago. 2013.

DWORKIN, Ronald. Philosophy, morality and law: observations prompted by professor Fuller's novel claim. *Ethics*, Chicago, v. 13, 1965b.

DWORKIN, Ronald. The elusive morality of law. *Vanderbilt Law Review*, Nashville,v. 10, p. 631-639, 1965c.

DWORKIN, Ronald. The model of rules. *University of Chicago Law Review*, Chicago, v. 35, p. 14-46, 1967.

DWORKIN, Ronald. Is law a system of rules? In: SUMMERS, R. (Ed.). *Essays in legal philosophy*. Oxford: Blackwell, 1968. p. 24-60.

DWORKIN, Ronald. Social rules and legal theory. *The Yale Law Journal*, New Haven, v. 81, n. 5, p. 855-890, Apr. 1972.

DWORKIN, Ronald. *Taking rights seriously*. Cambridge, USA: Harvard University Press, 1977a.

DWORKIN, Ronald. The model of rules I. In: DWORKIN, Ronald (Ed.). *The philosophy of law*. Oxford: Oxford University Press, 1977b. p 38-66.

DWORKIN, Ronald. The model of rules I. In: DWORKIN, Ronald. *Taking rights seriously*. Cambridge: Harvard University Press, 1977c. p. 14-45.

DWORKIN, Ronald. The model of rules II. In: DWORKIN, Ronald. *Taking rights seriously*. Cambridge: Harvard University Press, 1977d. p. 46-80.

DWORKIN, Ronald. Is there really no right answer in hard cases? *University of New York Law Review*, New York, v. 53, p. 1-32, 1978.

DWORKIN, Ronald. A reply by Ronald Dworkin. In: COHEN, Marshall (Ed.). *Ronald Dworkin and contemporary jurisprudence*. Totowa, USA: Rowman and Allanheld, 1983a. p. 247-300.

DWORKIN, Ronald. My reply to Stanley Fish (and Walter Benn Michaels): please don't talk about objectivity any more. In: MITCHELL, W. J. Thomas. *The politics of interpretation*. Chicago: University of Chicago Press, 1983b. p. 287-313.

DWORKIN, Ronald. *A matter of principle*. Cambridge, USA: Harvard University Press, 1985a.

DWORKIN, Ronald. How law is like literature. In: DWORKIN, Ronald. *A matter of principle*. Cambridge, USA: Harvard University Press, 1985b. p. 146-166.

DWORKIN, Ronald. On interpretation and objectivity. In: DWORKIN, Ronald. *A matter of principle*. Cambridge, USA: Harvard University Press, 1985c. p. 167-180.

DWORKIN, Ronald. *Law's empire*. Cambridge, USA: Belknap Press, 1986.

DWORKIN, Ronald. Comment. In: GAVISON, Ruth (Ed.). *Issues in contemporary legal philosophy*: the influence of H. L. A. Hart. Oxford: Oxford University Press, 1987a. p. 25-27.

DWORKIN, Ronald. Legal theory and the problem of sense. In: GAVISON, R. (Ed.). *Issues in contemporary legal philosophy*: the influence of H. L. A Hart. Oxford: Oxford University Press, 1987b. p. 9-13.

DWORKIN, Ronald. *Life's dominion*: an argument about abortion, euthanasia, and individual freedom. New York: Alfred A. Knopf, 1993.

DWORKIN, Ronald. Indeterminacy and law. In: GUEST, Stephen; FREEMAN, Michael (Orgs.). *Positivism today*. Dartmouth: Dartmouth, 1996a. p. 1-11. (Issues in Law and Society Series).

DWORKIN, Ronald. Objectivity and truth: you'd better believe it. *Philosophy and Public Affairs*, Hoboken, v. 25, p. 87-139, 1996b.

DWORKIN, Ronald. *Sovereign virtue*: the theory and practice of equality. Cambridge, USA: Harvard University Press, 2000.

DWORKIN, Ronald. *Levando os direitos a sério*. Tradução de Nelson Boeira. São Paulo: Martins Fontes, 2002a.

DWORKIN, Ronald. Modelo de regras I. In: DWORKIN, Ronald. *Levando os direitos a sério*. São Paulo: Martins Fontes, 2002b. p. 23-72.

DWORKIN, Ronald. Modelo de regras II. In: DWORKIN, Ronald. *Levando os direitos a sério*. São Paulo: Martins Fontes, 2002c. p. 73-125.

DWORKIN, Ronald. Thirty years on: review of Jules Coleman The Practice of Principle. *Harvard Law Review*, Cambridge, v. 115, n. 6, p. 1655-1687, Apr. 2002d.

DWORKIN, Ronald. The judge's new role: should personal convictions count? *Journal of International Criminal Justice*, Oxford, v. 1, p. 4-12, 2003.

DWORKIN, Ronald. *Uma questão de princípio*. Tradução de Luís Carlos Borges. 2. ed. São Paulo: Martins Fontes, 2005.

DWORKIN, Ronald. Darwin's new bulldog. In: DWORKIN, Ronald. *Justice in robes*. Cambridge, MA: Harvard University Press, 2006a. p. 75-104.

DWORKIN, Ronald. Hart and the concepts of law. *Harvard Law Review*, Cambridge, v. 119, p. 95-104, 2006b.

DWORKIN, Ronald. Hart's postscript and the character of political philosophy. In: DWORKIN, Ronald. *Justice in robes*. Cambridge, USA: Harvard University Press, 2006c. p. 140-186.

DWORKIN, Ronald. In praise of theory. In: DWORKIN, Ronald. *Justice in robes*. Cambridge, USA: Harvard University Press, 2006d. p. 49-74.

DWORKIN, Ronald. *Justice in robes*. Cambridge, USA: Harvard University Press, 2006e.

DWORKIN, Ronald. Law and morals. In: DWORKIN, Ronald. *Justice in robes*. Cambridge, USA: Harvard University Press, 2006f. p. 7-9.

DWORKIN, Ronald. Pragmatism in law. In: DWORKIN, Ronald. *Justice in robes*. Cambridge, MA: Harvard University Press, 2006g. p. 36-48.

DWORKIN, Ronald. The concepts of law. In: DWORKIN, Ronald. *Justice in robes*. Cambridge, USA: Harvard University Press, 2006h. p. 223-240.

DWORKIN, Ronald. Thirty years on. In: DWORKIN, Ronald. *Justice in robes*. Cambridge: Harvard University Press, 2006i. p. 187-222.

DWORKIN, Ronald. ¿Deben nuestros jueces ser filósofos? ¿Pueden ser filósofos? *Estudios de Derecho*, Medellín, v. 64, n. 144, 15-36, dic. 2007a.

DWORKIN, Ronald. *Can we disagree about law or morals?* Palestra apresentada por Dworkin no New York Institute of Philosophy, da NYU. 13 nov. 2007b. Disponível em: <http://www.thirteen.org/forum/topics/can-we-disagree-about-law-or--morals/14/>. Acesso em: 15 jul. 2012.

DWORKIN, Ronald. *Law and political morality*. Palestra no Holberg Prize Symposium. 2007c. Disponível em: <http://youtu.be/D8D5aIOHRNI>. Acesso em: 11 jul. 2012.

DWORKIN, Ronald. *O império do direito*. 2. ed. Tradução de Jefferson Luiz Camargo. Revisão de Silvana Vieira. São Paulo: Martins Fontes, 2007d.

DWORKIN, Ronald. *O domínio da vida:* aborto, eutanásia e liberdades individuais. 2. ed. Tradução de Jefferson Luiz Camargo. Revisão de Silvana Vieira. São Paulo: Martins Fontes, 2009.

DWORKIN, Ronald. *A justiça de toga*. Tradução de Jefferson Luiz Camargo. Revisão de Fernando Santos. Revisão técnica de Alonso Reis Freire. São Paulo: Martins Fontes, 2010.

DWORKIN, Ronald. *Justice for hedgehogs*. Cambridge, USA: Harvard University Press, 2011.

EDMONDS, David; EIDINOW, John. *O atiçador de Wittgenstein*. Rio de Janeiro: Difel Brasil, 2003.

ENDICOTT, Timothy. Herbert Hart and the semantic sting. *Legal Theory*, Oxford, v. 4, p. 283-300, 1998.

ENDICOTT, Timothy. Herbert Hart and the semantic sting. In: COLEMAN, Jules (Ed.). *Hart's Postscript*: essays on the postscript to "The concept of law". Oxford: Oxford University Press, 2001. p. 39-58.

ESQUIROL, Jorge L. O direito fracassado na América Latina. In: MACEDO JUNIOR, Ronaldo Porto; BARBIERI, Catarina Helena Cortada (Orgs.). *Direito e interpretação*: racionalidades e instituições. São Paulo: Saraiva, 2011a. p. 439-502.

ESQUIROL, Jorge L. The turn to legal interpretation in Latin America. *American University International Law Review*, Washington, v. 26, p. 1031-1072, 2011b.

EWALD, François. *L'État providence*. Paris: Grasset, 1986.

FARIA, José Eduardo (Org.). *Direito e globalização econômica*: implicações e perspectivas. São Paulo: Malheiros, 1996.

FERRAZ JÚNIOR, Tercio Sampaio. *Introdução ao estudo do direito*: técnica, decisão, dominação. 4. ed. São Paulo: Atlas, 2003.

FERRAZ JÚNIOR, Tercio Sampaio. A hipótese do legislador racional e a noção de justiça. *Cadernos Direito GV*, São Paulo, v. 6 n. 3, p. 21-41, maio 2009.

FERRAZ JÚNIOR, Tercio Sampaio. Direito, linguagem e interpretação. In: MACEDO JUNIOR, Ronaldo Porto; BARBIERI, Catarina Helena Cortada (Orgs.). *Direito e interpretação*: racionalidades e instituições. São Paulo: Saraiva, 2011 p. 103-118.

FINNIS, John. Revolutions and continuity of law. In: SIMPSON, Brian (Ed.). *Oxford studies in jurisprudence*, Oxford, v. 44, p. 65-69, 1973.

FINNIS, John. *Natural law and natural rights*. Oxford: Claredon, 1980.

FINNIS, John. *Lei natural e direitos naturais*. Tradução de Leila Mendes. São Leopoldo: Unisinos, 2007.

FINNIS, John. On Hart's ways: law as reason and as fact. In: KRAMER, Matthew (Ed.). *The legacy of H. L. A. Hart*. Oxford: Oxford University Press, 2008. p. 3-28. Disponível em: <http://ssrn.com/abstract=1100170>. Acesso em: 20 ago. 2012.

FISH, Stanley. Working on the chain gang: interpretation in the law and in litterary criticism. In: MITCHELL, W. J. Thomas (Ed.). *The politics of interpretation*. Chicago: University of Chicago Press, 1983. p. 271-286.

FISS, Owen M. Objectivity and interpretation. *Faculty Scholarship Series*, paper 1217, 1982. Disponível em: <http://digitalcommons.law.yale.edu/fss_papers/1217>. Acesso em: 6 set. 2012.

FISS, Owen M. Conventionalism. *Faculty Scholarship Series*, paper 1214, 1985. Disponível em: <http://digitalcommons.law.yale.edu/fss_papers/1214>. Acesso em: 3 set. 2012.

FISS, Owen M. *Um novo processo civil*: estudos norte-americanos sobre jurisdição, constituição e sociedade. Tradução coordenada por Carlos Alberto de Salles. São Paulo: Revista dos Tribunais, 2004.

FULLER, L. L. *The morality of law*. 2nd ed. New Haven; London: Yale University Press, 1969.

GALLIE, W. B. Essentially contested concepts. *Proceedings of the Aristotelian Society*: New Series, Hoboken, v. 56, p.167-198, 1956.

GARCÍA FIGUEROA, Alfonso Jaime. "El convencionalismo jurídico o o la irrelevancia del juspositivismo", *Persona y derecho*: Revista de fundamentación de las

Instituciones Jurídicas y de Derechos Humanos, 79, pp. 71-114, 2018._GIBBARD, Allan. *Wise choices, apt feelings*: a theory of normative judgment. Cambridge, USA: Harvard University Press, 1990.

GILBERT, Margaret. *On social facts*. Princeton: Princeton University Press, 1989a.

GILBERT, Margaret. Rationality and salience. *Philosophical Studies*, New York, v. 55, p. 223-239, 1989b.

GILBERT, Margaret. Rationality, coordination, and convention. *Synthese*, New York, v. 84, p. 1-21, 1990.

GILBERT, Margaret. Sociality and responsibility. Lanham, USA: Rowman & Littlefield, 2000. p. 71-96.

GONÇALVES, Guilherme Leite. Função interpretativa e hermenêutica da cordialidade: alternativas descritivas de diferenciação do direito no Brasil. In: MACEDO JUNIOR, Ronaldo Porto; BARBIERI, Catarina Helena Cortada (Orgs.). *Direito e interpretação*: racionalidades e instituições. São Paulo: Saraiva, 2011. p. 419-438.

GOODMAN, Nelson. *Fact, fiction and forecast*. 4th ed. Cambridge, USA: Harvard University Press, 1983.

GOODMAN, Nelson. Just the facts, ma'am!. In: KRAUSZ, Michael (Ed.). *Relativism*: interpretation and confrontation. Notre Dame: University of Notre Dame Press, 1989. p. 80-85.

GREEN, Leslie. Law, coordination and the common good. *Oxford Journal of Legal Studies*, Oxford, v. 3, p. 299-324, 1983.

GREEN, Leslie. Authority and convention. *The Philosophical Quarterly*, Oxford, v. 35, n. 141, p. 329-346, Oct. 1985. Special issue: Philosophy and the Law.

GREEN, Leslie. The political content of legal theory. *Philosophy of the Social Sciences*, New York, v. 17, p. 1-20, 1987.

GREEN, Leslie. *The authority of the State*. New York; Oxford: Clarendon Press; Oxford University Press, 1988.

GREEN, Leslie. Positivism and conventionalism. *Canadian Journal of Law and Jurisprudence*, v. 12, p. 35-52, 1999.

GREENAWALT, Kent. Hart's rule of recognition and the U.S. *Ratio Juris*, Malden, v. 1, p. 40-57, 1988.

GREENAWALT, Kent; ALEXANDER, Larry. Rules of recognition, constitutional controversies, and the dizzying dependence fo law on acceptancein. In: ADLER Matthew; HIMMA, Kenneth (Eds.). *The rule of recognition and the U.S. Constitution*. Oxford: Oxford University Press, 2009. p. 175-192.

GREENBERG, Mark. How facts make law. In: HERSHOVITZ, Scott. *Exploring law's empire*: the jurisprudence of Ronald Dworkin. New York: Oxford University Press, 2006. p. 225-264.

GROSS, Hyman. Standards as law. *Annual Survey of American Law*, New York, p. 575-580, 1969.

GUEST, Stephen. How to criticize Ronald Dworkin's theory of law. *Analysis*, Oxford, v. 69, n. 2, p.1-13, Apr. 2009. Disponível em: <http://www.ucl.ac.uk/~uctlsfd/papers/how_to_criticize_ronald_dworkins_theory_of_law.pdf>. Acesso em: 14 jul. 2013.

GUEST, Stephen. *Ronald Dworkin*. 3rd ed. Chicago: Stanford Law Books, 2012.

HABERMAS, Jürgen. Notas programáticas para a fundamentação de uma ética do discurso. In: HABERMAS, Jürgen. *Consciência moral e agir comunicativo*. Rio de Janeiro: Tempo Brasileiro, 1989. p. 61-143.

HABERMAS, J. *Between facts and norms*: contributions to a discourse theory of law and democracy. Cambridge: MIT Press, 1996.

HACKER, P. M. S. *Wittgenstein's place in twentieth-century analytic philosophy*. Oxford: Blackwell, 1996.

HACKER, P. M. S. Analytic philosophy: beyond the linguistic turn and back again. In: BEANEY, M. (Ed.). *The analytic turn*: analysis in early analytic philosophy and phenomenology. London: Routledge, 2007. p. 125-141.

HACKING, Ian. *Por que a linguagem interessa à filosofia*. São Paulo: Edunesp, 1999.

HANSEN, Pelle Guldborg. *Social convention*: in defense of David Lewis. 2009. Ph.D. thesis. Disponível em: <http://loriweb.org/blog/2010/02/11/ph-d-defense-at--ruc-pelle-guldborg-hansen-social-convention-in-defense-of-david-lewis/>. Acesso em: 7 jul. 2013.

HARE, R. M. *The language of morals*. Oxford, USA: Oxford University Press, 1991.

HART, H. L. A. Comment. In: GAVISON, Ruth. *Issues in contemporary legal philosophy*: the influence of H. L. A. HART. Oxford: Claredon, 1987.

HART, H. L. A. *O conceito de direito*. 3. ed. Tradução de A. Ribeiro Mendes. Lisboa: Calouste Gulbenkian, 1994a.

HART, H. L. A. Postscript. In: HART, H. L. A. *O conceito de direito*. 3. ed. Tradução de A. Ribeiro Mendes. Lisboa: Calouste Gulbenkian, 1994b. p. 301-310.

HART, H. L. A. *The concept of law*. 2nd ed. Oxford: Oxford University Press, 1994c.

HART, H. L. A. Postscript. In: HART, H. L. A. *The concept of law*. 2nd ed. Edition by Penélope A. Bullock and Joseph Raz. Oxford: Clarendon, 1997. p. 238-276.

HART, H. L. A. *Ensaios sobre teoria e filosofia do direito*. Tradução de José Garcez Ghirardi e Lenita Maria Rimoli Esteves. Revisão de Ronaldo Porto Macedo Junior e Leonardo Gomes Penteado Rosa. São Paulo: Elsevier, 2010. (Coleção Teoria e Filosofia do Direito).

HARTOGH, Govert den. A conventionalist theory of obligation. *Law and Philosophy*, New York, v. 17, p. 351-76, 1998.

HAYEK, Friedrich. *Os fundamentos da liberdade*. São Paulo: Visão, 1983.

HAYEK, Friedrich. *Direito, legislação e liberdade*: uma nova formulação dos princípios liberais de justiça e economia política. São Paulo: Visão, 1985. 3 v.

HERSHOVITZ, Scott (Ed.). *Exploring "Law's empire"*: the jurisprudence of Ronald Dworkin. New York: Oxford University Press, 2006.

HETCHER, Steven A. *Norms in a wired world*. Cambridge: Cambridge University Press, 2004.

HIMMA, Kenneth Einar. Ambiguously stung: Dworkin's semantic sting reconfigured. *Legal Theory*, Oxford, v. 8, n. 2, p. 145-184, June 2002a.

HIMMA, Kenneth Einar. Inclusive legal positivism. In: COLEMAN, Jules L.; SHAPIRO, Scott (Eds.). *The Oxford handbook of jurisprudence and philosophy of law*. Oxford: Oxford University Press, 2002b. p. 125-165. Disponível em: <http://papers.ssrn.com/sol3/papers.cfm?abstract_id=928098>. Acesso em: 4 set. 2012.

HIMMA, Kenneth Einar. Substance and method in conceptual jurisprudence and legal theory. *Virginia Law Review*, Charlottesville, v. 88, n. 5, p. 1119-1228, Sept. 2002c. Disponível em: <http://ssrn.com/abstract=929281>. Acesso em: 13 ago. 2013.

HIMMA, Kenneth Einar. Conceptual jurisprudence and the intelligibility of law's claim to obligate. In: CAMPBELL, Joseph Keim; O'ROURKE, Michael; SHIER, David (Eds.). *Law and social justice*. Cambridge: MIT Press, 2005. p. 311-326. (Topics in contemporary philosophy).

HOBBES, Thomas. *Leviatã, ou, matéria, forma e poder de um estado eclesiástico e civil*. Tradução de João Paulo Monteiro e Maria Beatriz Nizza da Silva. São Paulo: Nova Cultural, 2004.

HUME, David. A *treatise of human nature*. Edited by L. A. Selby-Bigge. Revised by P. Nidditch. Oxford: Oxford University Press, 1978.

HUME, David. *Enquiry concerning the principles of morals*. Edited by Tom L. Beauchamp. Oxford: Oxford University Press, 1998.

HUME, David. *A treatise on human nature*. Edited by David Fate Norton and Mary J. Norton. Oxford: Oxford University Press, 2000.

KELLEY, Patrick J. Who decides?: community safety conventions at the heart of tort liability. *Cleveland State Law Review*, Cleveland, USA, v. 38, p. 315-390, 1990.

KELSEN, Hans. *Teoria pura do direito*. Tradução de João Baptista Machado. São Paulo: Martins Fontes, 1999.

KRAMER, Matthew H. *In defense of legal positivism*: law without trimmings. Oxford: Oxford University Press, 2003.

KRESS, Kenneth. The interpretive turn. *Ethics*, Chicago, v. 97, p. 834-60, 1987.

KRONMAN, Anthony. *Max Weber*. Stanford: Stanford University Press, 1983.

KRONMAN, Anthony. *The lost lawyer*: failing ideals of the legal profession. Cambridge: Harvard University Press, 2007.

KRONMAN, Anthony. *Education's end*: why our colleges and universities have given up on the meaning of life. New York: Yale University Press, 2008.

KYMLICKA, Will. Contemporary political philosophy. 2nd ed. Oxford: Oxford University Press, 2002.

KYRITSIS, Dimitrios. What's good about legal conventionalism: a case of philosophical eclecticism. *Ratio Juris*, Malden, v. 24, n. 3, p. 335-346, Sept. 2011.

LACEY, Nicola. *A life of H. L. A. Hart*: the nightmare and the noble dream. Oxford: Oxford University Press, 2006.

LAISE, Luciano D. "Convencionalismo semántico e interpretación jurídica", *Problema. Anuario de Filosofía y Teoría del Derecho*, Ciudad de México, n. 11, pp. 273-339, dez. 2017. Disponível em:<http://www.scielo.org.mx/scielo.php?script=sci_arttext&pid=S2007-43872017000100273&lng=pt&nrm=iso>. Acesso em: 20 jul. 2021.

LEITER, Brian. Beyond the Hart/Dworkin debate: the methodology problem in jurisprudence. In: LEITER, Brian. *Naturalizing jurisprudence*. Oxford: Oxford University Press, 2007a. p. 153-181.

LETSAS, George. "'The Positivist May be Right'. Legal Conventionalism Revisited", *Problema. Anuario de Filosofía y Teoría del Derecho*, Ciudad de México, n. 10, jan. 2016, pp. 63-89. ISSN 2448-7937. Disponível em: <https://revistas.juridicas.unam.mx/index.php/filosofia-derecho/article/view/8195>. Data de acesso: 19 de julho de 2021.

LEITER, Brian. *Explaining theoretical disagreements. University of Texas Law*, Public Law Research Paper n. 124. Aug. 2007b. Disponível em: <http://papers.ssrn.com/sol3/papers.cfm?abstract_id=1004768>. Acesso em: 13 ago. 2013.

LEITER, Brian. The end of empire: Dworkin and jurisprudence in the 21st century. *University of Texas Law*, Public Law Research Paper n. 70. Disponível em: <http://ssrn.com/abstract=598265>. Acesso em: 15 jul. 2013a.

LEITER, Brian. The theory of esoteric law. *University of Texas Law*, Public Law Research Paper n. 121. Disponível em: <http://ssrn.com/abstract=965459>. Acesso em: 15 jul. 2013b.

LEWIS, David. *Convention*: a philosophical study. Cambridge: Harvard University Press, 1969.

LEWIS, David. Languages and language. In: GUNDERSON, Keith (Ed.). *Minnesota studies in the philosophy of science*. Minneapolis: University of Minnesota Press, 1975. v. 7. p. 3-35.

LEWIS, David. *Languages and language*. Oxford: Oxford University Press, 1983. (Philosophical papers, v. 1).

LISBOA, Wladimir Barreto. As novas sofísticas jurídicas: Chaïm Perelman e Stanley Fish. In: STORCK, Alfredo Carlos; LISBOA, Wladimir Barreto (Orgs.). *Norma, moralidade e interpretação*: temas de filosofia política e do direito. Porto Alegre: Linus, 2009. p. 165-190.

LOPES, José Reinaldo de Lima. Juízo jurídico e a falsa solução dos princípios e regras. *Revista de Informação Legislativa*, Brasília, v. 40, n. 160, p. 49-64, 2003.

LOPES, José Reinaldo de Lima. Entre a teoria da norma e a teoria da ação In: STORCK, Alfredo Carlos; LISBOA, Wladimir Barreto (Orgs.). *Norma, moralidade e interpretação*: temas de filosofia política e do direito. Porto Alegre: Linus, 2009. p. 43-78.

LÓPEZ MEDINA, Diego. Hermenêutica e linguagem na teoria do direito. In: MACEDO JUNIOR, Ronaldo Porto; BARBIERI, Catarina Helena Cortada (Orgs.). *Direito e interpretação*: racionalidades e instituições. São Paulo: Saraiva, 2011. p. 155-192.

LÓPEZ-PÉREZ, Nicolás. "Convencionalismo jurídico: teoría analítica del derecho para el siglo XXI", *Anuario de Filosofía Jurídica y Social*, 31, 2016, pp. 49-72.

LUDEÑA, Lorena Ramírez; VILAJOSANA, Josep (eds.) Convencionalismo y derecho. Madrid: Marcial Pons, 2016.

LUHMANN, Niklas. *Sistema jurídico y dogmatica jurídica*. Madrid: Centro di Estúdios Constitucionales, 1983.

LUHMANN, Niklas. *Sociologia do direito*. Rio de Janeiro: Tempo Brasileiro, 1985. v. 1.

LUQUE SÁNCHES, Pau; RATTI, Battista (eds.). *Acordes y desacuerdos*: Cómo y por qué los juristas discrepan. Madrid: Marcial Pons, 2012.

LYONS, David. Principles, positivism and legal theory. *Yale Law Journal*, New Haven, v. 87, p. 415-435, 1977.

MACCALLUM, Gerald. Dworkin on judicial discretion. *Journal of Philosophy*, New York, v. 60, n. 21, p. 638-641, 1963.

MACCORMICK, Neil. *H. L. A. Hart*. Stanford: Stanford University Press, 1981.

MACCORMICK, Neil. *Legal reasoning and legal theory*. Oxford: Oxford University Press, 1995.

MACCORMICK, Neil. Institutional normative order: a conception of law. *Cornell Law Review*, Ithaca, v. 82, p. 1051-1070, 1996-1997.

MACCORMICK, Neil. Norms, institutions, and institutional facts. *Law and Philosophy*, New York, v. 17, n. 3, p. 301-345, 1998.

MACCORMICK, Neil. *Institutions of law*: an essay in legal theory. Oxford: Oxford University Press, 2007.

MACCORMICK, Neil. *H. L. A. Hart*. 2nd ed. rev. Stanford: Stanford University Press, 2008.

MACCORMICK, Neil. *H. L. A. Hart*. Tradução de Cláudia Santana Martins. Revisão técnica de Carla Henriete Bevilacqua. Rio de Janeiro: Elsevier, 2010.

MACCORMICK, Neil. Direito, interpretação e razoabilidade. In: MACEDO JUNIOR, Ronaldo Porto; BARBIERI, Catarina Helena Cortada (Orgs.). *Direito e interpretação*: racionalidades e instituições. São Paulo: Saraiva, 2011. p. 31-44.

MACCORMICK, Neil; WEINBERGER, Otta. *An institutional theory of law*. Dordecht, The Netherlands: Kluwer, 1986.

MACEDO JUNIOR, Ronaldo Porto. *Contratos relacionais e defesa do consumidor*. 2. ed. rev., atual. e amp. São Paulo: Revista dos Tribunais, 2007a.

MACEDO JUNIOR, Ronaldo Porto. O método de leitura estrutural (textos em debate). *Cadernos Direito GV*, v. 4, n. 2, p. 5-41, mar. 2007b. Caderno especial. Disponível em: <http://bibliotecadigital.fgv.br/dspace/bitstream/handle/10438/2814/caderno%20direito%2016%20-%20revisado%20031207.pdf?sequence=1>. Acesso em: 28 ago. 2013.

MACEDO JUNIOR, Ronaldo Porto. O método de leitura estrutural. In: MACEDO JUNIOR, Ronaldo Porto. (Org.). Filosofia política. São Paulo: Atlas, 2008.

MACEDO JUNIOR, Ronaldo Porto. Como levar Ronald Dworkin a sério, ou, como fotografar um porco-espinho em movimento. In: GUEST, Stephen. *Ronald Dworkin*. Tradução de Carlos Borges. Revisão técnica de Rafael Mafei Rabelo Queiroz. Rio de Janeiro: Elsevier, 2010. p. VII-XVIII. (Coleção Teoria e Filosofia do Direito).

MACEDO JUNIOR, Ronaldo Porto. *Carl Schmitt e a fundamentação do direito*. 2. ed. São Paulo: Saraiva, 2011a.

MACEDO JUNIOR, Ronaldo Porto. Interpretação da boa-fé nos contratos brasileiros: os princípios jurídicos em uma abordagem relacional — contra a euforia principiológica. In: MACEDO JUNIOR, Ronaldo Porto; BARBIERI, Catarina Helena Cortada (Orgs.). *Direito e interpretação*: racionalidades e instituições. São Paulo: Saraiva, 2011b. p. 307-336.

MACEDO JUNIOR, Ronaldo Porto; BARBIERI, Catarina Helena Cortada (Orgs.). *Direito e interpretação*: racionalidades e instituições. São Paulo: Saraiva, 2011c.

MACEDO JUNIOR, Ronaldo Porto. Como dar seminários sobre textos conceitualmente complexos. In: FEFERBAUM Marina; GHIRARDI, José Garcez (Orgs.). *Ensino do direito para um mundo em transformação*. São Paulo: Fundação Getulio Vargas, 2012a. p. 95-146. (Coleção Acadêmica Livre). Disponível em: <http://direitogv.fgv.br/sites/direitogv.fgv.br/files/arquivos/anexos/ensino_do_direito_para_um_mundo_em_transformacao.pdf>. Acesso em: 16 jul. 2013.

MACEDO JUNIOR, Ronaldo Porto. Posner e a análise econômica do direito: da rigidez neoclássica ao pragmatismo frouxo. In: PÁDUA LIMA, Maria Lucia (Org.). *Direito e economia*: 30 anos de Brasil. São Paulo: Saraiva, 2012b. p. 260-281. v. 1.

MACEDO JUNIOR, Ronaldo Porto. *Do xadrez à cortesia*: Dworkin e a teoria do direito contemporânea. São Paulo: Saraiva, 2013a.

MACEDO JUNIOR, Ronaldo Porto. O conceito de direito social: racionalidades em conflito — Ewald contra Hayek. In: MACEDO JUNIOR, Ronaldo Porto. *Ensaios de teoria do direito*. São Paulo: Saraiva, 2013b. p. 57-108.

MACEDO JUNIOR, Ronaldo Porto; PICCOLO, Carla Henriete Bevilacqua. *Brazil in the twentieth century*. In: PATTARO, Enrico; ROVERSI, Conrado (Eds.). Philosophy of law. New York: Springer, 2014. (A treatise of legal philosophy and general jurisprudence, v. 12).

MACEDO JUNIOR, Ronaldo Porto. Teoria, Filosofia e Dogmática Jurídica: Rigor e Método. In: MACEDO JUNIOR, Ronaldo Porto (org.). *Teoria do Direito Contemporânea*. Autores e Temas. Curitiba: Juruá, 2017, p. 17-38.

MACEDO JUNIOR, Ronaldo Porto. A Integridade no Direito e os Protocolos de Hércules. Comentário à Integridade no Direito. In: COELHO, André; BUSTAMANTE, Thomas; DE MATOS, Saulo (Org.). *Interpretando O Império Do Direito*. Ensaios críticos e analíticos. 1ª ed. Belo Horizonte: Arraes Editores, 2018.

MARMOR, Andrei. On convention. *Synthese*, New York, v. 107, p. 349-71, 1996.

MARMOR, Andrei. Legal conventionalism. *Legal Theory*, Oxford, v. 4, p. 373-402, 1998.

MARMOR, Andrei. Legal conventionalism. In: COLEMAN, Jules (Ed.). *Hart's Postscript*: essays on the postscript to "The concept of law". Oxford: Oxford University Press, 2001a. p. 193-218.

MARMOR, Andrei. *Objective law and positive values*. Oxford: Oxford University Press, 2001b.

MARMOR, Andrei. *Positive law and objective values*. Oxford: Oxford University Press, 2001c.

MARMOR, Andrei. Exclusive legal positivism. In: COLEMAN, Jules; SHAPIRO, Scott (Eds.). *The Oxford handbook of jurisprudence and philosophy of law*. Oxford: Oxford University Press, 2002. p. 104-124.

MARMOR, Andrei. How law is like chess. *Legal Theory*, Oxford, v. 12, p. 347-371, 2006a.

MARMOR, Andrei. How law is like chess. *USC Law Legal Studies*, Paper n. 6-7. Apr. 2006b. Disponível em: <http://ssrn.com/abstract=897313>. Acesso em: 13 ago. 2013.

MARMOR, Andrei. Deep conventions. *Philosophy and Phenomenological Research*, Oxford, v. 74, p. 586-610, 2007.

MARMOR, Andrei. *Social conventions*. Princeton: Princeton University Press, 2009.

MARMOR, Andrei. *Philosophy of law*. Princeton: Princeton University Press, 2011.

MENDES, Conrado Hübner. Desempenho deliberativo de cortes constitucionais e o STF. In: MACEDO JUNIOR, Ronaldo Porto; BARBIERI, Catarina Helena Cortada (Orgs.). *Direito e interpretação*: racionalidades e instituições. São Paulo: Saraiva, 2011. p. 337-362.

MICHELON JÚNIOR, Cláudio. *Aceitação e objetividade*: uma comparação entre as teses de Hart e do positivismo precedente sobre a linguagem e o conhecimento do direito. São Paulo: Revista dos Tribunais, 2004.

MICHELON JÚNIOR, Cláudio. Princípios e coerência na argumentação jurídica. In: MACEDO JUNIOR, Ronaldo Porto; BARBIERI, Catarina Helena Cortada (Orgs.). *Direito e interpretação*: racionalidades e instituições. São Paulo: Saraiva, 2011. p. 261-286.

MOORE, Michael, Metaphysics, Espistemology and Legal Theory. Matter of Principle Book Review Copyright (c) 1987 Southern California Law Review 60 S. Cal. L. Rev. 453

MOORE, Michael S. The interpretative turn in modern theory: a turn from the worse. *Stanford Law Review*, Stanford, v. 41, p. 871-957, 1988-1989.

NAGEL, Thomas. *The view from nowhere*. Oxford: Oxford University Press, 1989.

NAGEL, Thomas. Dworkin: interpretation and the law. In: NAGEL, Thomas. *Other minds*: critical essays 1969-1994. Oxford: Oxford University Press, 1995. p. 194-202.

NARVÁEZ, Maribel. *Wittgenstein y la teoría del derecho*: una senda para el convencionalismo jurídico. Madrid; Barcelona: Marcial Pons, 2004.

NEVES, Marcelo. *Entre Hidra e Hércules*: princípios e regras constitucionais. São Paulo: Martins Fontes, 2013. v. 1.

OLSSON, Erik. Coherentist theories of epistemic justification. In: ZALTA , Edward N. (Ed.). *The Stanford encyclopedia of philosophy*. Spring 2013 edition. Disponível em: <http://plato.stanford.edu/archives/spr2013/entries/justep-coherence/>. Acesso em: 14 jul. 2013.

PATTERSON, Dennis (Ed.). *Wittgenstein and legal theory*. Boulder: Westview Press, 1992.

PATTERSON, Dennis. *Law and truth*. New York: Oxford University Press, 1996.

PATTERSON, Dennis. Após a análise conceitual: a ascensão da teoria da prática. In: MACEDO JUNIOR, Ronaldo Porto; BARBIERI, Catarina Helena Cortada (Orgs.). *Direito e interpretação*: racionalidades e instituições. São Paulo: Saraiva, 2011. p. 193-210.

PEREIRA, Oswaldo Porchat. O conflito das filosofias. In: PEREIRA, Oswaldo Porchat. *Vida comum e ceticismo*. São Paulo: Brasiliense, 1993. p. 5-21.

PERRY, Stephen. Interpretation and methodology in legal theory. In: MARMOR, Andrei (Ed.). *Law and interpretation*. Oxford: Clarendon, 1995. p. 97-135.

PERRY, Stephen. Two models of principles. *Iowa Law Review*, Iowa City, v. 82, p. 787-819, 1997.

PERRY, Stephen. Hart's methodological positivism. *Legal Theory*, Oxford, v. 4, p. 427-467, 1998.

PERRY, Stephen. Hart's methodological positivism. In: COLEMAN, Jules (Ed.). *Hart's Postscript*: essays on the postscript to "The concept of law". Oxford: Oxford University Press, 2001. p. 311-354.

PERRY, Stephen. Hart on social rules and the foundations of law: liberating the internal point of view. *Fordham Law Review*, New York, v. 75, p. 1171-209, 2007.

PICCELLI, Eric Ribeiro. *O positivismo dos planos*: Introdução crítica ao pensamento de Scott Shapiro. 1ª ed. Belo Horizonte: Editora Arraes, 2019

PLATÃO. O sofista. In: PLATÃO. *Diálogos*. São. Paulo: Nova Cultural, 2000.

POHLMAN, H. L. *Justice Oliver Wendell Holmes and utilitarian jurisprudence*. Cambridge, USA: Harvard University Press, 1984.

POSNER, Richard. A reply to some recent criticisms of the efficiency theory of the common law. *Hofstra Law Review*, Hempstead, USA, v. 9, p. 775-794, 1980-1981.

POSNER, Richard. Pragmatic adjudication. *Cardozo Law Review*, New York, v. 18, p. 1-20, 1996-1997.

POSNER, Richard. Conceptions of legal theory: a response to Ronald Dworkin. *Arizona State Law Journal*, Tempe, USA, v. 29, p. 377-388, 1997.

POSNER, Richard. Against constitutional theory. *New York University Law Review*, New York, v. 73, p. 1-22, Apr. 1998a.

POSNER, Richard. The problematics of moral and legal theory. *Harvard Law Review*, Cambridge, USA, v. 111, p. 1637-1716, 1998b.

POSNER, Richard. *Law, pragmatism and democracy*. Cambridge, USA: Harvard University Press, 2005.

POSTEMA, Gerald. Coordination and convention at the foundations of law. *Journal of Legal Studies*, Chicago, v. 11, n. 1, p. 165-203, Jan. 1982.

POSTEMA, Gerald. The normativity of law. In: GAVISON, Ruth (Org.). *Issues in contemporary legal philosophy*: the influence of H. L. A. Hart. Oxford: Clarendon, 1987. p. 81-105.

POSTEMA, Gerald. Incorporation, conventionality and the practical difference theory. *Legal Theory*, Oxford, v. 4, p. 381-425, 1998.

POSTEMA, Gerald. Custom in international law: a normative practice account. In: MURPHY, James; PERREAU-SAUSSINE, Amanda. *The nature of customary law*: legal, historical and philosophical perspectives. Cambridge: Cambridge University Press, 2007. p. 279-306.

POSTEMA, Gerald. Conformity, and congruence: rethinking the efficacy of law. In: KRAMER, Matthew; GRANT, Claire; COLBORN, Ben; HATZISTAVROU, Antony. (Eds.). *The legacy of Hart*. Oxford: Oxford University Press, 2008a. 45-65.

POSTEMA, Gerald. Conformity, custom, and congruence: rethinking the efficacy of law. In: KRAMER, Matthew; GRANT, Claire; COLBORN, Ben; HATZISTAVROU, Antony. *The legacy of Hart*. Oxford: Oxford University Press. 2008b. p. 45-65.

POSTEMA, Gerald. *Legal philosophy in the twentieth century*: the common law world. New York: Springer, 2011a. (A treatise of legal philosophy and general jurisprudence, v. 11).

POSTEMA, Gerald. Philosophy of the common law. In: COLEMAN, Jules; SHAPIRO, Scott (Eds.). *The Oxford handbook of jurisprudence and philosophy of law*. Oxford: Oxford University Press, 2011b. p. 588-622.

PROBERT, Thomas. The right way. In: POLLACK, Ervin H. (Ed.). *Human rights*: Amintaphil I. New York: Jay Stewart, 1971. p. 163-182.

QUINE, W. V. Truth by convention. In: LEE, O. H. (Ed.). *Philosophical essays for A. N. Whitehead*. New York: Longmans, 1936. p. 90-124.

QUINE, W. V. Truth by convention. In: QUINE, W. V. *The ways of paradox*. Revised edition. Cambridge: Harvard University Press, 1976. p. 77-106.

RAZ, Joseph. Legal principles and the limits of law. *Yale Law Journal*, New Haven, v. 81, p. 823-854, 1972.

RAZ, Joseph. *The authority of law*. Oxford: Clarendon, 1979.

RAZ, Joseph. Legal principles and the limits of law. In: COHEN, Marshall (Ed.). *Ronald Dworkin and contemporary jurisprudence*. Totowa, USA: Rowman and Allanheld, 1983. p. 73-87.

RAZ, Joseph. *The morality of freedom*. Oxford: Clarendon, 1986.

RAZ, Joseph. *Practical reason and norms*. Oxford: Oxford University Press, 1990.

RAZ, Joseph. *Authority, law and morality*. In: RAZ, Joseph. *Ethics in the public domain:* essays in the morality of law and politics. Oxford: Clarendon, 1995a. p. 210-237.

RAZ, Joseph. *Ethics in the public domain:* essays in the morality of law and politics. Oxford: Clarendon, 1995b.

RAZ, Joseph. On the authority and interpretation of constitutions: some preliminaries. In: ALEXANDER, Larry (Ed.). *Constitutionalism*. Cambridge: Cambridge University Press, 1998a. p. 152-193.

RAZ, Joseph. Two views of the nature of the theory of law: a partial comparison. *Legal Theory*, Oxford, v. 4, n. 3, p. 249-282, 1998b.

RAZ, Joseph. Two views of the nature of the theory of law: a partial comparison. In: COLEMAN, Jules (Ed.). *Hart's postscript*: essays on the postscript to "The concept of law". Oxford: Oxford University Press, 2001. p. 1-38.

RAZ, Joseph. On the authority and interpretation of constitutions: some preliminaries. In: RAZ, Joseph. *Between authority and interpretation*. Oxford: Oxford University Press, 2009a. p. 323-372.

RAZ, Joseph. *Razão prática e normas*. Tradução de José Garcez Ghirardi. Revisão técnica de Wladimir Lisboa. Rio de Janeiro: Elsevier, 2009b. (Coleção Teoria e Filosofia do Direito).

RAZ, Joseph. *A moralidade da liberdade*. Tradução de Carlos Henrique de Oliveira Blecher e Leonardo Gomes Penteado Rosa. Revisão técnica de Rafael Mafei Rabelo Queiroz. São Paulo: Elsevier, 2011.

REALE, Miguel. *Filosofia em São Paulo*. 2. ed. São Paulo: Grijalbo, 1976.

REALE, Miguel. *A filosofia no Brasil*. 2002. Disponível em: <http://www.miguelreale.com.br/artigos/filobras.htm>. Acesso em: 28 ago. 2013.

RESCORLA, Michael. Convention. In: ZALTA , Edward N. (Ed.). *The Stanford encyclopedia of philosophy*. Spring 2013 edition. Disponível em: <http://plato.stanford.edu/archives/spr2011/entries/convention/>. Acesso em: 7 jul. 2013.

RODRIGUEZ, Jorge Luiz; NAVARRO, Pablo Eugenio. Interpretação jurídica e a sistematização do direito. In: MACEDO JUNIOR, Ronaldo Porto; BARBIERI, Catarina Helena Cortada (Orgs.). *Direito e interpretação*: racionalidades e instituições. São Paulo: Saraiva, 2011. p. 63-90.

SANTOS, L. H. L. A essência da proposição e a essência do mundo. In: WITTGENSTEIN, L. *Tractatus logico-philosophicus*. São Paulo: Edusp, 1993.

SANTOS, L. H. L. A harmonia essencial. In: NOVAES, A. (Org.). *A crise da razão*. São Paulo: Companhia das Letras, 1996. p. 437-456.

SARTORIUS, Rolf. Social policy and judicial legislation. *American Philosophical Quarterly*, Chicago, v. 8, p. 151-160, Apr. 1971.

SCHAUER, Frederick. (Re)Taking Hart. *Harvard Law Review*, Cambridge, v. 119, p. 852-883, 2006.

SCHAUER, Frederick. How to understand the rule of recognition and the American Constitution. In: ADLER, Matthew; HIMMA, Kenneth (Eds.). *The rule of recognition and the U.S. Constitution*. Oxford: Oxford University Press, 2009a. p. 145-174.

SCHAUER, Frederick. Institutions and the concept of law: a reply to Ronald Dworkin (with some help from Neil Maccormick). In: BANKOWSKY, Zenon; DEL MAR, Maksymilian (Eds.). *Law as institutional normative order*: essays in honour of Sir Neil Maccormick. Burlington: Ashgate, 2009b. p. 35-44. Disponível em: <http://ssrn.com/abstract=1403311>. Acesso em: 7 set. 2012.

SCHELLING, Thomas C. *The strategy of conflict*. Cambridge, USA: Harvard University Press, 1963.

SCHMITT, Carl. *Teologia política*: quatro ensaios sobre a soberania. Tradução de Elisete Antoniuk. Belo Horizonte: Del Rey, 2006.

SCHUARTZ, Luis Fernando. Consequencialismo jurídico, racionalidade decisória e malandragem. In: MACEDO JUNIOR, Ronaldo Porto; BARBIERI, Catarina

Helena Cortada (Orgs.). *Direito e interpretação*: racionalidades e instituições. São Paulo: Saraiva, 2011. p. 383-418.

SEARLE, John. How to derive "ought" from "is". *The Philosophical Review*, Durham, v. 73, n. 1, p. 43-58, Jan. 1964.

SEARLE, John. *Speech Acts:* an essay in the philosophy of language. Cambridge: Cambridge University Press, 1970.

SEARLE, John. What is an institution? *Journal of Institutional Economics*, Cambridge, v. 1, n. 1, p. 1-22, 2005. Disponível em: <http://www.laisumedu.org/DESIN_Ibarra/desin/pdf-seminario2006/ seminario-2006-04d.pdf>. Acesso em: 5 set. 2012.

SEBOK, Anthony J. Finding Wittgenstein at the core of the rule of recognition. *Southern Methodist University Law Review*, Dallas, v. 52, p. 75-110, Winter 1999.

SHAPIRO, Scott. On Hart's way out. In: COLEMAN, Jules (Ed.). *Hart's Postscript*: essays on the postscript to "The concept of law". Oxford: Oxford University Press, 2001. p. 149-191.

SHAPIRO, Scott. Law, plans, and practical reason. *Legal Theory*, Oxford, v. 8, p. 387-441, 2002.

SHAPIRO, Scott. The Hart Dworkin debate: a short guide for the perplexed. In: DWORKIN, Ronald. *Contemporary philosophy in focus.* Edited by A. Ripstein. Cambridge: Cambridge University Press, 2007a. p. 22-55.

SHAPIRO, Scott. The Hart Dworkin debate: a short guide for the perplexed. *University of Michigan Public Law*, Working Paper n. 77, Feb. 2007b. Disponível em: <http://ssrn.com/abstract=968657>. Acesso em: 20 ago. 2012.

SHAPIRO, Scott. What is the rule of recognition (and does it exist)? In: ADLER, Matthew; HIMMA, Kenneth (Eds.). *The rule of recognition and the U.S. Constitution.* Oxford: Oxford University Press, 2009. p. 235-268.

SHAPIRO, Scott. *Legality*. Cambridge, USA: Harvard University Press, 2011.

SHAPIRO, Scott. What is the rule of recognition (and does it exist)? *Yale Law School*, New Haven, Public Law Working Paper n. 184. Disponível em: <http://ssrn.com/abstract=1304645>. Acesso em: 17 jul. 2013.

SILVA, Virgílio Afonso da. Interpretação constitucional e sincretismo metodológico. In: SILVA, Virgílio Afonso da (Org.). *Interpretação constitucional.* São Paulo: Malheiros, 2003. p. 115-143.

SILVA, Virgílio Afonso da. Ponderação e objetividade na interpretação constitucional. In: MACEDO JUNIOR, Ronaldo Porto; BARBIERI, Catarina Helena

Cortada (Orgs.). *Direito e interpretação*: racionalidades e instituições. São Paulo: Saraiva, 2011. p. 363-380.

SINGER, Peter. *Ética prática*. Tradução de Jefferson Luiz Camargo. São Paulo: Martins Fontes, 2002.

SMART, J. J. C.; WILLIAMS, Bernard. *Utilitarianism*: for and against. Cambridge: Cambridge University Press, 1991.

SOPER, Philip. Legal theory and the obligation of a judge: the Hart/Dworkin dispute. *Michigan Law Review*, Ann Arbor, v. 75, p. 473-519, 1977.

SOPER, Philip. Legal theory and the obligation of a judge. In: COHEN, Marshall (Ed.). *Ronald Dworkin and contemporary jurisprudence*. New York; London: Duckworth, 1983. p. 3-28.

STAVROPOULOS, Nicos. *Objectivity in law*. Oxford: Clarendon, 1996.

STAVROPOULOS, Nicos. Hart's semantics. In: COLEMAN, Jules (Ed.). *Hart's postscript*: essays on the postscript to "The concept of law". Oxford: Oxford University Press, 2001. p. 59-98.

STAVROPOULOS, Nicos. Interpretivist theories of law. In: ZALTA, Edward (Ed.). *The Stanford encyclopedia of philosophy*. Winter 2003. Disponível em: <http://plato.stanford.edu/entries/law-interpretivist>. Acesso em: 5 set. 2012.

STRUCHINER, Noel. *Para falar de regras*. 2005. 191 f. Tese (Doutorado em Filosofia) — Departamento de Filosofia, Pontifícia Universidade Católica, Rio de Janeiro, 2005.

STRUCHINER, Noel. Indeterminação e objetividade: quando o direito diz o que não queremos ouvir. In: MACEDO JUNIOR, Ronaldo Porto; BARBIERI, Catarina Helena Cortada (Orgs.). *Direito e interpretação*: racionalidades e instituições. São Paulo: Saraiva, 2011. p. 119-151.

SUNDFELD, Carlos Ari. Princípio é preguiça? In: MACEDO JUNIOR, Ronaldo Porto; BARBIERI, Catarina Helena Cortada (Orgs.). *Direito e interpretação*: racionalidades e instituições. São Paulo: Saraiva, 2011. p. 287-306.

TAPPER. Colin. A note on principles. *The Modern Law Review*, London, v. 34, n. 6, p. 628-634, 1971.

TRAKMAN, Leon E. *The law merchant*: the evolution of commercial law. Littleton, USA: Fred B. Rothman, 1983.

ULLMAN-MARGALIT, Edna. *The emergence of norms*. Oxford: Clarendon, 1977.

VIEHWEG, Theodor. *Tópica y filosofía del derecho*. 2. ed. Barcelona: Gedisa, 1997.

WALDRON, Jeremy. Who needs rules of recognition? In: ADLER, Matthew; HIMMA, Kenneth (Eds.). *The rule of recognition and the U.S. Constitution*. Oxford: Oxford University Press, 2009. p. 327-350.

WALDRON, Jeremy. Who needs rules of recognition? *NYU School of Law*, Public Law Research Paper n. 9-21. Disponível em: <http://ssrn.com/abstract=1358477>. Acesso em: 13 ago. 2013.

WALUCHOW, Wilfrid J. *Inclusive legal positivism*. Oxford: Clarendon, 1994.

WEBER, Max. *Economia e sociedade*. Tradução de Regis Barbosa e Karen Elsabe Barbosa. Revisão técnica de Gabriel Cohn. Brasília: Editora da UnB; São Paulo: Imprensa Oficial do Estado de São Paulo, 2004. v. 1.

WILLIAMS, Bernard. *Ethics and the limits of philosophy*. Cambridge, USA: Harvard University Press, 1985.

WINE ADVOCATE. Disponível em: <https://www.erobertparker.com/entrance.aspx>. Acesso em: 28 ago. 2013.

WITTGENSTEIN, Ludwig. *Tractatus logico-philosophicus*. São Paulo: Edusp, 2001.

WITTGENSTEIN, Ludwig. *Philosophical investigations*. 4th ed. Edited by P. M. S. Hacker and Joachim Schulte. Oxford: Wiley-Blackwell, 2009.

YOUNG, James O. The coherence theory of truth. In: ZALTA, Edward N. (Ed.). *The Stanford encyclopedia of philosophy*. Summer 2013 edition. Disponível em: <http://plato.stanford.edu/archives/sum2013/entries/truth-coherence/>. Acesso em: 13 ago. 2013.

ZIPURSKY, Benjamin. Legal coherentism. *Southern Methodist University Law Review*, v. 5, n. 50, p. 1679-1720, 1997.

ZIPURSKY, Benjamin. The model of social facts. In: COLEMAN, Jules (Ed.). *Hart's postscript*: essays on the postscript to "The concept of law". Oxford: Oxford University Press, 2001. p. 219-270.

ZIPURSKY, Benjamin. Pragmatism, positivism, and the conventionalistic fallacy. In: CAMPBELL, J. Keim; O'ROURKE, M.; SHIER, D. (Eds.). *Law and social justice*. Cambridge: MIT Press, 2005. p. 285-310. Disponível em: <http://ssrn.com/abstract=604584>. Acesso em: 13 ago. 2013.